André Wiesner

AF287607

Activity Tree Harvesting

Entdeckung, Analyse und Verwertung
der Nutzungskontexte SCORM-konformer Lernobjekte

Activity Tree Harvesting

Entdeckung, Analyse und Verwertung
der Nutzungskontexte SCORM-konformer Lernobjekte

von
André Wiesner

Dissertation, Karlsruher Institut für Technologie
Fakultät für Wirtschaftswissenschaften,
Tag der mündlichen Prüfung: 12. Februar 2010
Referenten: Prof. Dr. Hartmut Schmeck, Prof. Dr. Gerd Gidion

Impressum

Karlsruher Institut für Technologie (KIT)
KIT Scientific Publishing
Straße am Forum 2
D-76131 Karlsruhe
www.uvka.de

KIT – Universität des Landes Baden-Württemberg und nationales
Forschungszentrum in der Helmholtz-Gemeinschaft

KIT Scientific Publishing 2010
Print on Demand

ISBN 978-3-86644-512-3

Activity Tree Harvesting –
Entdeckung, Analyse und Verwertung der Nutzungskontexte SCORM-konformer Lernobjekte

Zur Erlangung des akademischen Grades eines
Doktors der Wirtschaftswissenschaften

(Dr. rer. pol.)

von der Fakultät für Wirtschaftswissenschaften
des Karlsruher Instituts für Technologie (KIT)

genehmigte

DISSERTATION

von

Dipl. Päd. André Wiesner

Tag der mündlichen Prüfung: 12. Februar 2010
Referent: Prof. Dr. Hartmut Schmeck
Korreferent: Prof. Dr. Gerd Gidion

2009 Karlsruhe

„Wenn Ihr Ähnliches habt oder sogar etwas Besseres, dann teilt auch Ihr es mit: damit kein Gut übrig bleibt, das nicht auch Allgemeingut ist."

Jan Amos Comenius (1592-1670)

Zusammenfassung

Die Erstellung multimedialer Lernangebote ist mit einem erheblichen Zeit- und Kostenaufwand verbunden. Vor dem Hintergrund knapper Budgets findet die Wiederverwendung bestehender Materialien sowohl im akademischen als auch unternehmerischen Bereich immer mehr Fürsprecher. Allerdings erweist sich das Auffinden geeigneter, wiederverwendbarer Lernmaterialien oftmals als schwierig: Zum einen existiert heute eine unüberschaubare Anzahl von Archivierungssystemen für Lernobjekte. Zum anderen bieten diese Systeme meist nur wenige Mechanismen, die treffsicher jene Objekte aufspüren, welche dem individuellen Bedarf des interessierten Nutzers entsprechen.

Das Bestreben, Lernmaterialien wiederzugewinnen, ist das zentrale Motiv der Forschungsarbeit „Activity Tree Harvesting" (ATH). Im Mittelpunkt steht die Fragestellung, wie das Auffinden von Lernressourcen unterstützt und deren Wiederverwendung in neuen Lehr- und Lernkontexten gefördert werden kann. Das hierzu entwickelte Retrieval-Verfahren sammelt die auf viele Einzelsysteme verstreuten, SCORM-basierten Informationen zu Lernobjekten und Kursstrukturen (sog. „Activity Trees"). Auf Grundlage dieser aggregierten Eingangsdaten werden für Lehrende als auch Lernende Such- und Empfehlungsdienste angeboten, die bei der Auswahl und Strukturierung von Lernmaterialien hilfreich sind.

Die Arbeit gliedert sich im Wesentlichen in fünf thematische Blöcke. Zunächst werden die drei grundlegenden Forschungsgebiete vorgestellt, die das ATH-Verfahren aus wissenschaftlicher Sicht tangiert. Im Einzelnen sind dies die Bereiche Information Retrieval, Empfehlungssysteme sowie E-Learning. Anschließend wird das Konzept des Activity Tree Harvesting und das damit assoziierte Retrieval-Verfahren vorgestellt. Dabei wird insbesondere erörtert, wie die Suche nach ähnlichen Ressourcen umgesetzt werden kann. Vorgestellt wird ein induktives Verfahren, das Lernobjekte über verschiedene Dimensionen vergleicht, die jeweilige partielle Ähnlichkeit errechnet und schließlich die Gesamtähnlichkeit als gewichtete Summe der Teilähnlichkeiten bestimmt.

Im weiteren Verlauf widmet sich die Arbeit der technischen Implementierung und stellt die ATH-Service-Applikation vor, welche die praktische Anwendung des ATH-Verfahrens inklusive der Entdeckung, Analyse und Verwertung von Aktivitätsbäumen verdeutlicht. Darüber hinaus wird untersucht, welche Möglichkeiten aber auch Barrieren bestehen, die Effektivität des vorgestellten Verfahrens zu evaluieren. Nach diesen Überlegungen werden abschließend verschiedene Ansätze einer Erweiterung des bestehenden Verfahrens diskutiert.

Freiräume

Nun also scheint der Weg zu Ende. Die Beine schmerzen noch etwas von dem langen Fußmarsch, und der Kopf fühlt sich merkwürdig leer an. Er ist ein Segen, dieser Freiraum, der sich plötzlich auftut, diese Stille im Geiste, die nach getaner Arbeit einkehrt – vielleicht auch nur eine biologische Notwendigkeit, um Erlebtes besser verstehen und begreifen zu können.

Die Stille eines Freiraums schenkt uns die notwendige Klarheit, um erkennen zu können, woher wir kommen und wohin wir gehen. Und so kommt auch mir wieder einiges in den Sinn, wenn ich an den oftmals steinigen Weg meiner schulischen Ausbildung bis hin zur Promotion zurückdenke – manches Vergessene, Verdrängte, Wundersame und auch Wunderbare. Ich denke an die täglichen Mühen als junger Schüler und meinen treuesten Mitstreiter, den großen Bruder mit der seltenen Gabe, komplizierte Dinge anschaulich und geduldig erklären zu können. Ich denke an die Zeit des Studiums mit seinen kostbaren, heute nicht mehr selbstverständlichen Freiräumen, die eigene Bildung fernab von engen curricularen Korsetten mitgestalten zu dürfen. Ich denke an meinen Doktorvater Herrn Prof. Schmeck, für den die Freiheit des Geistes zu den höchsten Werten unseres Menschseins gehört und der mich die Bedeutung dieses Wertes lehrte, indem er mir selbst diese Freiheit schenkte. Ich denke an meine wunderbare Frau, die mir stets ein stilles Kämmerchen freigehalten hat, in das ich mich bei Bedarf zurückziehen durfte. Und ich denke an meine Eltern, die mir auf ihre ganz eigene Art vorgelebt haben, wie wichtig Fleiß und Disziplin sind, wenn es darum geht, etwas Eigenes auf die Beine zu stellen.

In großer Demut blicke ich zurück und erkenne, wie wichtig Freiräume für die Entfaltung unseres Selbst sind. Und wie wichtig es ist, dass wir Menschen an unserer Seite haben, die uns diesen Freiraum schenken oder uns helfen, ihn zu gestalten. Ihnen allen möchte ich auf diesem Wege von Herzen danken.

Karlsruhe, im März 2010   *André Wiesner*

Inhaltsverzeichnis

Abbildungsverzeichnis

Abkürzungsverzeichnis

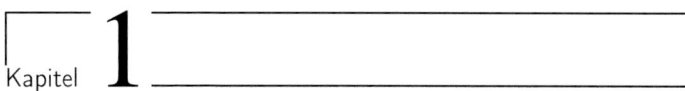

Kapitel **1**

Einführung

1.1 Vorbemerkungen

„E-Learning hat sich als fester Bestandteil der Aus- und Weiterbildung etabliert" – diese Aussage des BITKOM-Präsidenten *August-Wilhelm Scheer* anlässlich der Vorstellung einer aktuellen Unternehmens-Umfrage auf der CEBIT 2008 kommt nicht überraschend. Kaum ein Personalverantwortlicher weiß heute nicht die Vorzüge der modernen Informations- und Kommunikationstechnologien zu schätzen, wenn es um die Realisierung selbstgesteuerter, zeitlich und räumlich flexibler Lernprozesse geht. Und so scheint es nicht verwunderlich, dass heute bereits mehr als die Hälfte der TOP-500 Unternehmen Deutschlands auf digitale Medien zurückgreift, um Mitarbeitern arbeitsplatzbezogene oder fachübergreifende Kenntnisse zu vermitteln [BI09].

Diese Tendenz wird angesichts der anhaltenden Wirtschaftskrise weiter zunehmen, entsprechen Unternehmen dem Wunsch der Politik, in wirtschaftlich schweren Zeiten Mitarbeiter zu qualifizieren statt zu entlassen. Die Bundesregierung hat hierzu im Rahmen des Konjunkturpakets II finanzielle Anreizmechanismen zur Weiterbildung von Arbeitnehmern während einer Kurzarbeitsphase geschaffen. Je nach Personenkreis, Art der Bildungsmaßnahme und Betriebsgröße werden zwischen 25% und 100% der Weiterbildungskosten aus Mitteln des Europäischen Sozialfonds erstattet. Zudem übernimmt die Bundesagentur für Arbeit unter bestimmten Bedingungen die vollen Sozialversicherungsbeiträge der Schulungsteilnehmer. Es liegt auf der Hand, dass sehr viele wirtschaftlich angeschlagene Unternehmen diese Begünstigungen nutzen und während einer Kurzarbeitsphase Arbeitnehmer qualifizieren werden. Und ein großer Teil dieser Maßnahmen – seien es Fremdsprachentrainings, Produktschulungen oder Fortbildungen zu Office-Anwendungen (wie Textverarbeitungs-, Tabellenkalkulations- oder E-Mail-Programme) – wird zweifellos in Form von Web-Based-Trainings, Blended-Learning-Szenarien oder anderen Formen des elektronisch unterstützen Lehrens und Lernens realisiert werden. Ist diese These zutreffend, könnte die E-Learning-Branche mit geeigneten Produkten und Dienstleistungen möglicherweise zu den Profiteuren der Finanzkrise gehören.

Aber auch im tertiären Bildungsbereich hat sich E-Learning längst etabliert. Hier wird bereits vom „Studieren 2.0" gesprochen – eine Anlehnung an das Schlagwort „Web 2.0", welche die wachsende Bedeutung des Internets im Alltag der Studierenden, vor allem aber die damit verbundene Nutzung sog. „sozialer Software" wie z. B. ICQ, Jabber, studiVZ oder Facebook zum Ausdruck bringt. Eine aktuelle, repräsentative Studie der Hochschul-Informations-System GmbH in Kooperation mit dem Multimedia Kontor Hamburg offenbart, dass mehr als 70% aller Studierenden täglich zwischen ein und drei Stunden, mehr als 20% sogar vier bis sechs Stunden im Internet verbringen [KOG08]. Neben konsum- oder unterhaltungsbezogenen Angeboten wird das Internet dabei überwiegend für Informations- und Kommunikationsprozesse genutzt. Wissensportale, digitale Skripte, Podcasts aufgezeichneter Vorlesungen, Online-Enzyklopädien oder -Wörterbücher, aber auch Blogs, Wikis oder Social Networks helfen dabei, das für die Bewältigung des Studiums erforderliche Wissen aufzubauen.

Auch im Bereich der Hochschulen sind also die modernen Informations- und Kommunikationstechnologien mittlerweile zu einem unentbehrlichen Medium zeitgemäßer Lehr- und Lernformen avenciert – einem Medium, das aber auch einem steten Wandel unterworfen ist, der nicht folgenlos am Bildungsgeschehen vorbei zieht. Die erwähnte HIS-Studie führt deutlich vor Augen, welchen Einfluss neue Entwicklungen wie Social Software auf die Art des Lehrens und Lernens haben können.

Dieser permanente Veränderungsprozess wirft auch für die wissenschaftliche Reflektion immer wieder neue Fragestellungen auf. Dennoch ist es in Deutschland um die Forschung im E-Learning-Bereich eher ruhig geworden; ruhiger zumindest, als noch zu Beginn des neuen Jahrtausends, als das Bundesministerium für Bildung und Forschung (BMBF) durch die Förderinitiative „Neue Medien in der Bildung" mit einem Budget von damals mehr als 390 Millionen DM eine Vielzahl von E-Learning-Projekten und damit verbundenen Forschungsarbeiten iniitiiert hat. Auch das Thema der vorliegenden Arbeit ist aus dieser Förderinitiative, genauer gesagt aus dem Projekt „Wissenswerkstatt Rechensysteme" hervorgegangen.

Wie auch viele andere Projekte dieses BMBF-Programms widmete sich die Wissenswerkstatt – eine Kooperation von zwölf Hochschulen und den Fachgesellschaften GI und ITG – schwerpunktmäßig der Erstellung multimedialer Lehr- und Lernmaterialien. Insgesamt 100 XML-basierte Module unterschiedlicher Intensitätsstufen und Ausgabeformate aus dem Themenbereich der Technischen Informatik wurden dabei erstellt. Für die Projektteilnehmer war hier gewissermaßen hautnah der hohe personelle und finanzielle Aufwand erfahrbar, der zwangsläufig mit der Konzeption und Umsetzung multimedialer und interaktiver Lernressourcen einhergeht. Ein derartiger Aufwand scheint nur dann gerechtfertigt, wenn es gelingt, eine nachhaltige Nutzung und Wiederverwendung der erstellten Materialien zu gewährleisten. Dieses Ziel konnte allerdings nicht erreicht werden. In den Jahren nach Projektende wurden die Module immer weniger in der Lehre eingesetzt. Insbesondere gelang es nicht, die Nutzung auf projektexterne Institutionen auszudehnen. Ähnliche Erfahrungen wurden auch in anderen Projekten gesammelt.

2

Viele Gründe mögen für das allmähliche Verschwinden einst mühsam und aufwändig erzeugter Lernressourcen verantwortlich sein. Ein Hauptgrund aber ist sicherlich, dass potentielle Nutzer die Ressourcen schlichtweg *nicht finden*. Zum einen, weil ihnen die Orte der (zahlreichen) einzelnen Archivierungssysteme wie auch die Projekte selbst unbekannt sind. Zum anderen, weil diese Repositorys zumeist nur wenige Mechanismen bereitstellen, die treffsicher jene Objekte aufspüren, welche dem individuellen Bedarf der interessierten Anwender entsprechen. Auch z. B. Empfehlungsdienste, wie sie insbesondere elektronische Handelssysteme nutzen, um Kunden auf potentiell relevante, aber nicht explizit gesuchte Objekte hinzuweisen, werden bislang eher spärlich eingesetzt.

Das Bestreben, Lernmaterialien wiederzugewinnen, ist auch das zentrale Motiv der vorliegenden Arbeit. Im Mittelpunkt steht die Fragestellung, wie das Auffinden von Lernressourcen unterstützt und deren Wiederverwendung in neuen Lehr- und Lernkontexten gefördert werden kann. Das hierzu entwickelte Retrieval-Verfahren sammelt die auf viele Einzelsysteme verstreuten, SCORM-basierten Informationen zu Lernobjekten und Kursstrukturen. Auf Grundlage dieser aggregierten Eingangsdaten werden dann für Lehrende als auch Lernende Such- und Empfehlungsdienste angeboten, die bei der Auswahl und Strukturierung von Lernmaterialien hilfreich sind. Bevor dieser Ansatz jedoch im Detail vorgestellt wird, sollen zunächst einige begriffliche Vorklärungen getroffen werden.

1.2 Von Aktivitätsbäumen und ihrer Ernte

Bei der Betrachtung ihres Titels mag der Eindruck entstehen, die vorliegende Arbeit sei dem Bereich der Botanik zugeordnet. Schließlich ist die Rede von einer (wohl eher unbekannten) Art von Bäumen, deren Früchte es offensichtlich wert scheinen, geerntet zu werden. Erst auf den zweiten Blick, genauer gesagt anhand des Untertitels offenbart sich, dass diese Assoziation auf die falsche Fährte führt. Denn nur im übertragenen, metaphorischen Sinne geht es hier um Nutzpflanzen und deren Ernte – einer Ernte, die wie angedeutet ein Retrieval, ein Wiederauffinden von digitalen Lehr- und Lernmaterialien ermöglichen soll.

Aktivitätsbäume ...

Aktivitätsbäume bzw. Activity Trees, wie sie in der Primärliteratur genannt werden, sind eher im graphentheoretischen Sinne als Bäume aufzufassen. Sie besitzen eine Wurzel, bestehen aus Kanten und Knoten und können prinzipiell jede beliebige Verzweigungstiefe aufweisen. Der Begriff selbst geht auf das „Sharable Content Object Reference Model" (SCORM) zurück. Dieses Modell gilt heute als *der* Standard, wenn es darum geht, ein didaktisches Arrangement von Lernressourcen so zu verpacken, dass es interoperational nutzbar und von allen SCORM-konformen E-Learning-Systemen interpretierbar ist. Die geltenden SCORM-Richtlinien sehen hierzu vor, dass jedes Lernangebot auf abstrakter Ebene in Form eines „IMS-Manifests" beschrieben werden muss. In diesem Manifest werden mit Hilfe der Auszeichnungssprache XML die Ressourcen, ihre

Metadaten aber auch die Sequenzierung und Strukturierung dieser Objekte aufgeführt. Strukturierung bedeutet, dass Ressourcen zu sinnhaften didaktischen Einheiten, so genannten „Activities" gruppiert werden. Und diese Aktivitäten werden dann graphisch als Baum, als Activity Tree modelliert.

Das in dieser Arbeit vorgestellte Retrieval-Verfahren nutzt als Eingangsdaten die in einem Manifest enthaltenen Angaben zu Struktur und Inhalt eines Lernangebots. Streng genommen könnte man also auch von einem „Manifest Harvesting" sprechen. Allerdings würde dieser Begriff die besondere Bedeutung der Aktivitätsbäume verschleiern. Denn erst durch ihre Strukturierung wird eine Ansammlung von Ressourcen zu einem Lernangebot, zu einer didaktischen Komposition von Inhalten, deren Analyse anderen Lehrenden als auch Lernenden helfen kann, die für sie passenden Materialien zu finden.

Und noch zwei weitere, im Untertitel anklingende Begriffe bedürfen in diesem Zusammenhang der Erläuterung. Wenn von einem „Nutzungskontext" gesprochen wird, so ist damit das Gefüge von Lernaktivitäten gemeint, das eine Ressource umgibt und ihrer Bestimmung Ausdruck verleiht. Jedes Lernobjekt kann mehrere solcher Nutzungskontexte aufweisen bzw. Teil verschiedener Aktivitätsbäume sein. Denn je nach Wiederverwendungsgrad eines Objekts treten zeitlich und örtlich, in mehr oder minder großer Zahl Variationen von Nutzungskontexten auf, die zwar alle die betreffende Ressource enthalten, sich aber z. B. hinsichtlich der Strukturierung des Kurses oder des zugrunde gelegten Ressourceninventars unterscheiden.

Bleibt noch der Begriff des „Lernobjektes", der in dieser Arbeit gleichbedeutend mit der Bezeichnung Lern*ressource* oder *-material* verwendet wird. In der Fachliteratur finden sich eine Vielzahl begrifflicher Varianten und Definitionen von solchen. Im Kontext der vorliegenden Arbeit ist aber vor allen Dingen das Begriffsverständnis des SCORM-Standards relevant: hier wird ein Lernobjekt, genauer gesagt ein „Sharable Content Object" als Konglomerat von Medienobjekten beliebigen Umfangs definiert, „[that] could be reused in different learning experiences to fulfill different learning objectives" [Adv06b, S. 22] .

. . . entdecken, . . .

Der Begriff des Entdeckens deutet an, dass diese abstrakten, standardisierten Kursbeschreibungen ihr Dasein im Verborgenen fristen. Sie befinden sich überall dort, wo Autoren, Dozenten oder Tutoren SCORM-konforme Kurse bereitstellen, um andere daran partizipieren zu lassen. Diese Orte sind vorwiegend Repositorys und Learning-Management-Systeme in Unternehmen, Hochschulen oder anderen Bildungseinrichtungen. Ein Teilziel des anschließend vorgestellten Retrieval-Verfahrens ist es, diese verstreuten Beschreibungen einzuholen, zu „ernten" und die verwertbaren Bestandteile wie angedeutet in einem zentralen System, der ATH-Service-Applikation zu aggregieren. Welche Bestandteile dabei aber tatsächlich verwertbar sind, ist ebenfalls eine wichtige Fragestellung dieser Arbeit.

. . . analysieren, . . .

Die Problemstellung, einen Datenbestand zu analysieren und die für einen Benutzer passenden Objekte auszulesen, wird seit vielen Jahren in der wissenschaftlichen Forschung untersucht. Nicht untersucht aber wurde bislang die Nutzbarkeit jener Eingangsdaten, die quasi als Nebenprodukt automatisch bei der Entwicklung eines SCORM-konformen Kurses anfallen und keinen zusätzlichen Erstellungsaufwand verursachen. Und so ist die Frage offen, ob und in welchem Maße die heute üblichen Retrieval-Verfahren, seien es Verfahren zum Auffinden von Zeitungsartikeln, wissenschaftlichen Arbeiten oder Musiktiteln, auch geeignet scheinen, SCORM-basierte Lernobjekte wiederzugewinnen.

Der Forschungsbereich des „Information Retrieval" hat viele effektive Methoden hervorgebracht, um (vorwiegend textuelle) Objekte in einer umfangreichen Datenkollektion wiederzufinden. In allen diesen Ansätzen spielt der Begriff der *Ähnlichkeit* eine tragende Rolle. Stets geht es darum, jene Dokumente zu ermitteln, die einer Benutzeranfrage *am ähnlichsten* sind. Eine Spielart des Information Retrieval ist das Information *Filtering*. Hier wird nicht die Ähnlichkeit zu einer (eher kurzfristig motivierten) Ad-Hoc-Anfrage berechnet. Vielmehr betrachten Information-Filtering-Ansätze das (mehr auf langfristige Informations- oder Konsumbedürfnisse ausgerichtete) Interessensprofil eines Nutzers und suchen nach Objekten, die zu diesem Profil passen. Solch ein Profil ist nicht selten in Form verschiedener implizit oder explizit erhobener Schlüsselbegriffe gegeben. Es kann auch aus einer Reihe von Objekten bestehen, die der Nutzer in der Vergangenheit selektiert, bewertet oder konsumiert hat. In diesem Fall muss dann die Ähnlichkeit zwischen den Objekten selbst, genauer gesagt zwischen den vom Nutzer favorisierten und den übrigen Objekten der Kollektion erhoben werden – ein Vorgang, der weitläufig auch als „Content Based Filtering" bezeichnet wird.

Auch eine dritte Art von Findungsmechanismus, das sog. „Collaborative Filtering" berücksichtigt solche objektbasierten Nutzerprofile. Und auch hier geht es um Ähnlichkeit, allerdings nicht auf Ebene der Objekte. Beim Collaborative Filtering werden Kandidaten ermittelt, die einem Nutzer aufgrund vergleichbarer Interessensprofile ähnlich sind. Die favorisierten Objekte dieser nahestehenden Personengruppe werden dem Nutzer dann als Empfehlung präsentiert.

Das in dieser Arbeit vorgestellte Verfahren zur Wiedergewinnung SCORM-basierter Lernmaterialien greift diese verschiedenen Interpretationen des Ähnlichkeitsbegriffs allesamt auf und zeigt, auf welche Weise die damit einhergehenden, heute vielerorts verbreiteten Retrieval- und Filterverfahren in den Findungsprozess eingebunden werden können.

... verwerten.

Etymologisch weist die Tätigkeit des *Verwertens* auf das Ziel ihrer selbst hin. Denn im wörtlichen Sinne geht es darum, einen *Wert* herbeizuführen, etwas Gegebenes so zu gestalten, dass daraus in irgend einer Form ein Nutzen hervorgeht. Und so besteht auch das Ziel dieser Arbeit letzten Endes darin, einen Wert zu schaffen, einen *Mehr*wert im Vergleich zu herkömmlichen Retrieval-Verfahren für Lernobjekte, von dem all jene profitieren können, die Unterstützung bei der Recherche, Auswahl und Strukturierung von Lernressourcen wünschen. Dieser Wert offenbart sich in der praktischen Umsetzung des Verfahrens, in der technischen Implementierung einer Service-Applikation, die eine Reihe von webbasierten Diensten bereitstellt, um die verschiedenen Informationsbedürfnisse der

Lehrenden und Lernenden zu befriedigen. Auch über die technische Umsetzung des Verfahrens muss im weiteren Verlauf noch ausführlich gesprochen werden. Alles in allem ist damit die Marschrichtung dieser Arbeit klar vorgegeben. Sie lässt sich auf folgende Formel bringen:

Aktivitätsbäume entdecken, analysieren, verwerten.

1.3 Aufbau dieser Arbeit

Im Wesentlichen gliedert sich die Arbeit in fünf thematische Blöcke. Zunächst werden in Kapitel 2 die drei grundlegenden Forschungsgebiete vorgestellt, die das ATH-Verfahren aus wissenschaftlicher Sicht tangiert. Im Einzelnen sind dies die Bereiche Information Retrieval (2.1), Empfehlungssysteme (2.2) sowie E-Learning (2.3). Die korrespondierenden Abschnitte sind dabei ähnlich aufgebaut: nach einem kurzen geschichtlichen Abriss begegnen dem Leser die jeweils für diese Arbeit relevanten Forschungsaspekte: In Kapitel 2.1 ist dies das Vektorraummodell zur Analyse der Ähnlichkeit natürlichsprachlicher Dokumente, in Kapitel 2.2 stehen eigenschaftsbasierte, kollaborative und hybride Filterverfahren im Vordergrund, und aus dem Forschungsbereich des E-Learning wird in Kapitel 2.3 insbesondere der Aspekt der Wiederverwendung von Lernmaterialien im Rahmen der Erstellung digitaler Bildungsangebote beleuchtet. Ebenfalls zu den Grundlagen dieser Arbeit gehört der SCORM-Standard, der in Kapitel 2.4 eingehend erläutert wird.

Kapitel 3 stellt das Konzept des Activity Tree Harvesting und das damit assoziierte Retrieval-Verfahren vor. Begonnen wird mit einer Anforderungsanalyse, welche die Zielgruppen des Verfahrens und die unterschiedlichen Motivationen und Informationsbedürfnisse der potentiellen Nutzer erfasst. Die weiteren Abschnitte behandeln schwerpunktmäßig den Fragenkomplex, wie ein Harvesting von Aktivitätsbäumen vonstatten gehen kann, wie die Ähnlichkeit zwischen Ressourcen ermittelt wird, welche Eingangsdaten hierfür erforderlich sind und wie diese Daten orchestriert werden müssen, so dass eine algorithmische Berechnung der Nähe zweier Ressourcen möglich ist. Darüber hinaus wird auf konzeptioneller Ebene ein ergänzender Retrieval-Ansatz vorgestellt, der das Prinzip des Collaborative Filtering nutzt.

Kapitel 4 widmet sich anschließend der technischen Implementierung und stellt die ATH-Service-Applikation vor, welche die praktische Anwendung des ATH-Verfahrens inklusive der Entdeckung, Analyse und Verwertung von Aktivitätsbäumen verdeutlicht.

In Kapitel 5 wird dann untersucht, welche Möglichkeiten aber auch Barrieren bestehen, die Effektivität des vorgestellten Verfahrens zu evaluieren. Nach diesen Überlegungen werden abschließend in Kapitel 6 verschiedene Ansätze einer Erweiterung des bestehenden Verfahrens diskutiert.

1.4 Wesentliche wissenschaftliche Beiträge dieser Arbeit

Die vorliegende Arbeit widmet sich in ihrem ersten Teil der Aufgabe, den aktuellen Stand der Forschung im Bereich des Learning-Object-Retrievals zu explorieren. Die Zusammenschau wissenschaftlicher Arbeiten zeigt, dass sich ein Großteil der bisherigen Forschungsaktivitäten vornehmlich darauf konzentriert, Spezifikationen, Verfahren und Anwendungen zur effizienten Erstellung und Verwertung von Metadaten zu erarbeiten. Da jedoch nach wie vor ein Großteil der verfügbaren Lernobjekte nicht oder nur rudimentär mit Metadaten ausgezeichnet ist, scheint es unumgänglich, nach alternativen bzw. ergänzenden Retrieval-Verfahren zu suchen, die nicht ausschließlich auf die Verwertung von metadatenbezogenen Informationen fokussieren.

Im zweiten Teil dieser Arbeit wird ein solcher Ansatz vorgestellt. Dieser ist zwar nicht metadatenunabhängig, nimmt aber weitere Daten ins Visier, die aus wissenschaftlicher Sicht bislang wenig untersucht wurden. Dabei handelt es sich um Informationen, die automatisch bei der Erstellung SCORM-konformer Kurse anfallen, ihr Dasein allerdings ungenutzt in der digitalen Dunkelheit von Learning-Object-Repositorys und Learning-Management-Systemen fristen. Ein wesentlicher Beitrag dieser Arbeit besteht darin, diese Daten zu sondieren und zu beurteilen, ob und in welchem Maße diese dazu beitragen können, Lernressourcen in großen Datenbeständen wiederzugewinnen. Eine vergleichbare systematische Untersuchung SCORM-bezogener Daten, wie sie in dieser Arbeit anhand der drei Kriterien *Spezifität*, *Verlässlichkeit* und *Verfügbarkeit* vorgenommen wird, ist in der Forschungslandschaft bislang nicht zu finden.

Auch die in diesem Kontext zentrale Fragestellung, wie die Suche nach ähnlichen Lernobjekten umgesetzt werden kann, wurde im E-Learning-Bereich bisher wenig untersucht. Das in dieser Arbeit vorgestellte induktive Verfahren, welches Lernobjekte über verschiedene Dimensionen vergleicht, die jeweilige partielle Ähnlichkeit errechnet und schließlich die Gesamtähnlichkeit als gewichtete Summe der Teilähnlichkeiten bestimmt, stellt in dieser Hinsicht einen neuen wissenschaftlichen Beitrag dar.

Dass dieses Verfahren auch tatsächlich in der Praxis einsetzbar ist, verdeutlicht die technische Implementierung der ATH-Service-Applikation, die ebenfalls im Rahmen dieser Arbeit entwickelt wurde. Mit Hilfe standardisierter Webservice-Technologien unterstützt diese Anwendung die Ernte von Aktivitätsbäumen, führt Retrieval-Anfragen aus und nutzt dabei die Ähnlichkeitsfunktion, die im konzeptionellen Teil dieser Arbeit hergeleitet wird.

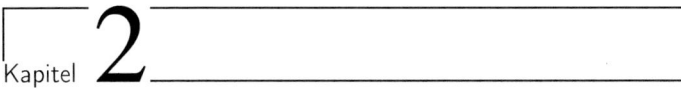

Kapitel 2

Grundlagen

Vier Themenbereiche verdienen eine eingehende Betrachtung, wenn es darum geht, ein Konzept für die Wiedergewinnung von Lernressourcen zu erarbeiten. Die ersten beiden Bereiche, das *Information Retrieval* und das Forschungsgebiet der *Empfehlungssysteme*, widmen sich aus unterschiedlichen Perspektiven dem Auffinden von Objekten in großen Datenbeständen – seien es Textsammlungen, Warensortimente oder andere Objekt-Kollektionen. Auf der Grundlage dieser beiden Bereiche wird später das methodische Gerüst errichtet, das Lehrende und Lernende darin unterstützen soll, Lernmaterialien zu finden und zu arrangieren. Die beiden anderen Bereiche, das *elektronisch unterstützte Lernen* (E-Learning) und das in diesem Kontext immer häufiger eingesetzte *Sharable Content Object Reference Model* (SCORM), beschreiben den anwendungs- und datenbezogenen Rahmen, in dem sich die Wiedergewinnung von Lernressourcen aus Sicht dieser Arbeit bewegt.

2.1 Information Retrieval

Das Bestreben, relevantes Wissen aus einem Dokument oder einer Dokument-kollektion mit Hilfe technischer Verfahren zu gewinnen, ist älter als die postmoderne Informationsgesellschaft mit ihrem steten Drang zur Technisierung aller Lebensbereiche. So skizzierte bereits 1945 der US-amerikanische Wissenschaftler *Vannevar Bush* in seinem Aufsatz „As We May Think" Ideen zu einer Maschine, die in der Lage war, Dokumente abzulegen, zu verknüpfen und gespeicherte Informationen wieder aufzufinden. Die als „Memex" bezeichnete Maschine sollte das menschliche Gedächtnis erweitern und das assoziative Denken unterstützen [NK91][1]. Zwei Jahre später entwickelte der bei IBM beschäftigte deutsche Wissenschaftler *Hans Peter Luhn* ein Lochkarten-basiertes Verfahren zur Suche nach chemischen Strukturen, die in kodierter Form in Datenbeständen gespeichert waren[2]. Lange also bevor globale Informationsflüsse und Kommunikations-

---

[1] Memex steht für „*Memory Extender*". Die Maschine wird als Vorläufer des Hypertexts gesehen.

[2] *Luhn* gilt heute also einer der Pioniere des Information Retrieval. Im November 1958 erregte er großes Aufsehen, als er auf dem wissenschaftlichen Kongress „International Conference

netze das wirtschaftliche und soziale Leben zu prägen begannen, wurden bereits Verfahren und Anwendungen entwickelt, die Informationsbedürfnisse technisch unterstützt befriedigen sollten. Später entwickelte sich aus diesen frühen Arbeiten ein eigenständiges wissenschaftliches Fachgebiet, das heute maßgeblich dazu beiträgt, das Potential digitaler Informations- und Bibliotheksdienste auszuschöpfen. Dabei sind es nicht mehr nur Wissenschaftler, welche diese Dienste nachfragen – vielmehr hat sich die Nutzung dieser Angebote zu einem alltäglichen Phänomen unserer Gesellschaft entwickelt.

Im Mittelpunkt der folgenden Abschnitte steht die wissenschaftliche Disziplin des „Information Retrieval" (IR). Nach einer kurzen Einführung in ihre wesentlichen Aufgaben und Zielsetzungen konzentrieren sich die weiteren Ausführungen auf jene Bereiche, die einen relevanten Beitrag zur Entwicklung des in dieser Arbeit vorgestellten Verfahrens leisten. Hierzu gehört insbesondere das heute sehr populäre „Vektorraummodell", das seit seinem Entstehungsbeginn zahlreiche Weiterentwicklungen erfahren hat. Zwei dieser Weiterentwicklungen, das „Generalized Vector Space Model" sowie das „Topic Based Vector Space Model" werden dabei eingehender betrachtet. Sie widmen sich der wichtigen Fragestellung, auf welche Weise Terminterdependenzen in den Retrieval-Prozess eingebunden werden können. Abschließend wird der Bereich des „Learning Object Retrieval" mit seinen Besonderheiten und Herausforderungen hinsichtlich der darin vorherrschenden Eingangsdaten vorgestellt.

2.1.1 Grundlagen

Information Retrieval als wissenschaftliche Disziplin beschäftigt sich mit der Suche nach relevantem Wissen in Informationsbeständen. Der Begriff selbst scheint dabei laut [Gar97] auf *Calvin N. Mooers* zurückzugehen. In einer Veröffentlichung aus dem Jahr 1950 umschreibt der US-amerikanische Mathematiker den Begriff als „finding information whose location or very existence is a priori unknown" (zit. n. [Gar97, S. 9]). Die hier umschriebene Unsicherheit, ob und wo Wissen zur Deckung eines bestimmten Informationsbedürfnisses verfügbar ist, gilt auch heute noch als eine der wesentlichen Herausforderungen dieser wissenschaftlichen Disziplin. Ein Blick auf den Aufgabenbereich der Fachgruppe „Information Retrieval" der Gesellschaft für Informatik bestätigt diese Aussage:

> „Im Information Retrieval (IR) werden Informationssysteme in Bezug auf ihre Rolle im Prozeß des Wissenstransfers vom menschlichen Wissens-produzenten zum Informations-Nachfragenden betrachtet. Die Fachgruppe ‚Information Retrieval' in der Gesellschaft für Informatik beschäftigt sich dabei schwerpunktmäßig mit jenen Fragestellungen, die im Zusammenhang mit vagen Anfragen und unsicherem Wissen entstehen. Vage Anfragen sind dadurch gekennzeichnet, dass die Antwort a priori nicht eindeutig definiert ist. [...] Die Unsicherheit (oder die Unvollständigkeit) dieses Wissens resultiert meist aus der begrenzten Repräsentation von dessen Semantik (z. B. bei Texten oder multimedialen Dokumenten); darüber hinaus werden auch solche Anwendungen betrachtet, bei denen die gespei-

---

on Scientific Information" in Washington ein Verfahren zur automatischen Indizierung von Dokumenten vorstellte (siehe 2.1.2)

cherten Daten selbst unsicher oder unvollständig sind (wie z. B. bei vielen technisch-wissenschaftlichen Datensammlungen)." [IG08][3]

Die Wiedergewinnung von Informationen vor dem Hintergrund vager Anfragen und unsicherem Wissen kann nur dann gelingen, wenn andere wissenschaftliche Disziplinen an der Problemlösung beteiligt werden. Und in der Tat präsentiert sich heute diese wissenschaftliche Disziplin wie die Informationswissenschaft selbst: als interdisziplinäre Verschränkung informationstechnischer, mathematischer, linguistischer und kognitionspsychologischer Perspektiven.

Die Fachgruppe Information Retrieval der Gesellschaft für Informatik unterscheidet in der obenstehenden Umschreibung ihres Arbeitsgebietes zwei Gruppen von Akteuren, die an einem IR-Prozess beteiligt sind. Auf der einen Seite agieren Wissensproduzenten, die Informationen schaffen und bereitstellen. Auf der anderen Seite partizipieren Nutzer mit einem mehr oder weniger konkreten Informationsbedürfnis, das durch ein IR-System befriedigt werden soll. In der Literatur finden sich zahlreiche Modelle, die versuchen, die Beziehung dieser beiden Gruppen zu beschreiben. Dem heute sehr bekannten Modell von *Nicholas J. Belkin* (siehe *Abb.* 2.1) liegt beispielsweise ein Begriffsverständnis zugrunde, das Information Retrieval als „the means for identifying, retrieving, and/or ranking texts (or text surrogates or portions of texts), in a collection of texts, that might be relevant to a given query (or useful for resolving a particular problem)" [BC87, S. 109] versteht und damit auf die Suche nach textuellen Informationen reduziert. Diese begriffliche Einschränkung muss im Kontext ihrer Zeit gesehen werden. Waren es früher ausschließlich Textdokumente, die in einem IR-System nachgefragt wurden, so finden heute im zunehmenden Maße auch multimediale Objekte wie Bilder, Video- oder Audiodokumente Berücksichtigung.

Nach *Belkin* sind es also textuelle Dokumente, die einem IR-System als Informationsquelle dienen und zunächst in geeigneter Form repräsentiert werden müssen (z. B. als eine Menge von Termen). Auch die Anfrage des informationssuchenden Akteurs muss in eine entsprechende Repräsentationsform überführt werden, die mit dem Gesamtsystem harmoniert. In einem sich anschließenden Vergleich des Informationsbedürfnisses mit dem Informationsangebot werden die ähnlichsten Dokumente identifiziert und als Ergebnis zurück geliefert. Der Nutzer selbst hat nun die Möglichkeit, in Form eines „Relevance Feedbacks" die Qualität des Anfrageergebnisses zu bewerten. Ein Rückkopplungsmechanismus auf beiden Seiten des Modells führt zu einer Anpassung der Repräsentationsform mit dem Ziel, die Ergebnisgüte in einem weiteren Durchlauf zu maximieren. Das Modell geht von einem statischen Informationsbedürfnis aus und verkennt die Tatsache, dass sich der gesuchte Gegenstand im Laufe des Retrieval-Prozesses verändern kann. *Tefko Saracevic* hat diesen Kritikpunkt zum Anlass genommen, das Modell von *Belkin* um eine weitere Rückkopplungsschleife in Richtung des Informationsbedürfnisses zu erweitern [Sar96].

Überträgt man diese Formalisierung auf den E-Learning-Bereich, so agieren auf der einen Seite des Modells Fachautoren als Wissensproduzenten, die im Spannungsfeld fachdidaktischer, pädagogischer und technischer Fragestellungen Lernmaterialien erstellen. Die produzierten Materialien werden idealtypisch

---

[3]vgl. dazu auch [Fer03, S. 29f]

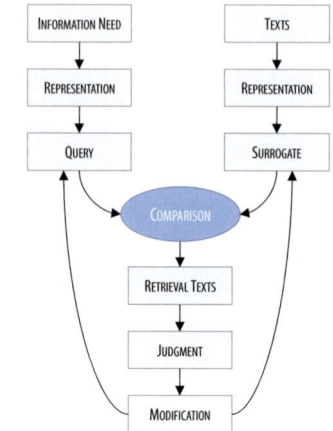

Abbildung 2.1: *Modell eines Information-Retrieval-Prozesses nach [Bel93]*

als SCORM-konforme Kurse strukturiert und in einem Learning-Management-System oder Learning-Object-Repository archiviert und veröffentlicht. Nutzer wie beispielsweise Dozenten, Studierende oder Mitarbeiter eines Unternehmens greifen auf diese Primärsysteme zu, um Lernmaterialien zu gewinnen, die für einen spezifischen Lehr- oder Lernzweck benötigt werden. Der Zugriff kann jedoch auch über ein Sekundärsystem erfolgen, das (Meta-)Informationen zu Lernobjekten oder Lernobjekte selbst aggregiert und die Suche innerhalb des gesammelten Informationsbestandes als Dienst anbietet.

Die in Kapitel 4 vorgestellte ATH-Service-Applikation gleicht dieser zweiten Variante eines IR-Systems und ermöglicht als Sekundärsystem die Suche in einem Informationsbestand, der aus anderen Primärsystemen gespeist wird. Das System ermittelt ausgehend von einem Lernobjekt oder einer Lernobjektkollektion ähnliche oder komplementäre Objekte und liefert als Anfrageergebnis u. a. Verweise auf diese Objekte zurück. Das Ergebnis der Auswertung kann auf Seite des Anwenders zu einer erweiterten, präziseren Anfrage führen oder aber auch eine gänzliche Veränderung des ursprünglichen Informationsbedürfnisses hervorrufen. Dies kann beispielsweise dann der Fall sein, wenn durch das Anfrageergebnis die Erkenntnis gewonnen wird, dass ein geplantes Lernarrangement aus sachlogischer oder didaktischer Sicht nicht sinnvoll ist.

2.1.2 Modelle

Retrieval-Verfahren können in zwei Kategorien unterteilt werden (vgl. *Abb.* 2.2). Zur Gruppe der „Pull"-Verfahren gehören (reaktive) Dienste, die auf eine Anfrage des Nutzers warten und abhängig von seinen Vorgaben nach passenden Objekten suchen. Wer von Information Retrieval im engeren Sinne spricht, meint in

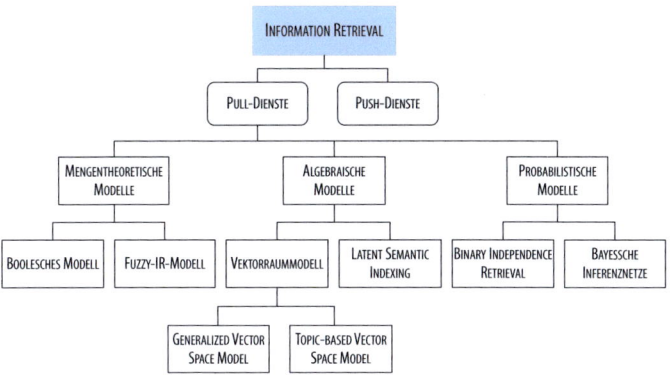

Abbildung 2.2: *Kategorisierung der gängigen Pull-Verfahren im IR-Bereich*

der Regel diese Art von Suchdiensten. Auch der oben erwähnten Formalisierung eines Retrieval-Prozesses nach *Belkin* liegt dieses Begriffsverständnis zugrunde.

Bei den sog. „Push"-Verfahren hingegen initiiert nicht der Nutzer, sondern das Retrieval-System den Suchprozess. Hier ist es also der Anwender, der sich passiv verhält und darauf wartet, dass ihn der Suchdienst aktiv mit Informationen versorgt (vgl. [Sto07]). Diese Art der Informationsrecherche wird auch als „Information Filtering" bezeichnet. Entsprechend spricht man von „Filter"-oder „Empfehlungsdiensten" (engl. „Recommender Systems"). Kapitel 2.2 wird sich diesen Verfahren widmen und einige Untergruppen von Push-Diensten vorstellen. Die weiteren Ausführungen dieses Abschnitts beziehen sich jedoch auf die Kategorie der Pull-Verfahren. Zahlreiche Modelle sind hier in den letzten Jahren und Jahrzehnten entstanden und weiterentwickelt worden, und jedes Modell für sich weist Stärken und Schwächen auf, so dass heute von keinem Standardmodell des Information Retrieval die Rede sein kann, wenngleich eine Konsolidierung in der Anwendung dieser Verfahren im klassischen Bibliotheksumfeld oder in Suchmaschinen des World Wide Web feststellbar ist. *Abb.* 2.2 zeigt die gängigsten Verfahren, die je nach ihrer mathematischen Fundierung den mengentheoretischen, algebraischen oder probabilistischen Modellen zugeordnet werden können.

Eines der verbreitetsten Modelle – das „Vektorraummodell" – hat auch Eingang in das in dieser Arbeit vorgestellte Konzept der Wiedergewinnung SCORM-konformer Lernobjekte gefunden. Bevor dieses Modell aber ausführlich erläutert wird, soll zunächst als Kontrast das „Boolesche Retrieval-Verfahren" skizziert werden, das in seiner ursprünglichen Form im Gegensatz zu vektorraumbasierten Modellen kein Ranking der Ergebnismenge erlaubt.

Boolesches Retrieval-Modell

Das Boolesche Retrieval-Modell gehört zu den ältesten IR-Verfahren. Der Bibliothekar *Mortimer Taube* setzte das nach dem Mathematiker *George Boole* benannte Verfahren bereits 1950 in seinem Uniterm-System ein. Beim Booleschen Retrieval werden Anfragen an ein IR-System (und auch dessen Dokumente) als eine Menge von Termen $t_j \in T = \{t_1, t_2, ..., t_n\}$ betrachtet. Jeder Anfrageterm kann dabei über die Booleschen Operatoren AND, OR und NOT[4] mit weiteren Termen logisch verknüpft werden. Selektiert werden nur jene Dokumente, welche die Suchbegriffe in der angegebenen Kombination enthalten. Dies sei an einem einfachen Beispiel illustriert:

Gesucht sind alle Dokumente, die den Term t_1 oder die beiden Terme t_2 und t_3 enthalten. Diese Anfrage q kann wie folgt formalisiert werden:

$$q = t_1 \vee (t_2 \wedge t_3) \tag{2.1}$$

Anschließend werden aus der Dokumentmenge D Teilmengen von Dokumenten d gebildet, die entweder t_1, t_2 oder t_3 enthalten:

$$
\begin{aligned}
D_{t_1} &= \{d \in D | t(d) = t_1\} \\
D_{t_2} &= \{d \in D | t(d) = t_2\} \\
D_{t_3} &= \{d \in D | t(d) = t_3\}
\end{aligned}
\tag{2.2}
$$

Verknüpft man diese Teilmengen durch die in der Anfrage spezifizierten Booleschen Operatoren, werden jene Dokumente selektiert, die folgende Bedingung erfüllen:

$$d \in D_{t_1} \cup (D_{t_2} \cap D_{t_3}) \tag{2.3}$$

Das Boolesche Retrieval-Verfahren weist zwar eine hohe Effizienz bei der Ermittlung der Ergebnismenge auf, bietet aber entsprechend der binären Natur der Booleschen Algebra nicht die Möglichkeit einer Abstufung bzw. eines Rankings der Ergebnissmenge[5]. D.h. Dokumente, welche die spezifizierten Anfragekriterien nur teilweise erfüllen, werden nicht selektiert. Das Boolesche Modell wird deshalb auch als „Exact-Match-Verfahren" bezeichnet, da es nach einer exakten Übereinstimmung zwischen Anfrage und Dokument sucht. Im Unterschied dazu werden vektorraumbasierte Modelle zu den „Best-Match-Modellen" gezählt – ihnen liegt nicht das binäre Konzept der exakten Übereinstimmung zugrunde, vielmehr geht es um die Ermittlung der graduellen *Ähnlichkeit* zwischen einer Anfrage und einem Dokument bzw. zwischen Dokumenten.

Vektorraummodell(e)

Zu den ausgereiftesten Modellen, die derzeit in IR-Systemen zum Einsatz kommen, zählt das Vektorraummodell (engl. „Vector Space Model"). Es erlaubt eine

---

[4]Einige Systeme unterstützen auch das ausschließende Oder (XOR) und ermöglichen durch Klammersetzung die Formulierung präziserer Anfragen.

[5]In den Folgejahren hat es zahlreiche Weiterentwicklungen erfahren. So existieren heute z. B. mit dem sog. „Erweiterten Booleschen Retrieval" und dem „Fuzzy-Retrieval" Varianten, die eine Gewichtung der indizierten Terme erlauben, so dass ein Ranking der gefundenen Übereinstimmungen möglich ist.

sehr zuverlässige Selektion der für einen Retrieval-Prozess relevanten Dokumente. Die geometrische Interpretation von Dokumenten als Vektoren lassen diesen Ansatz als anschaulich und leicht vermittelbar erscheinen. Darüber hinaus ist die algorithmische Implementierung nur wenig anspruchsvoll. So gehört das Vektorraummodell heute zweifelsohne zu den populärsten IR-Verfahren (ebenso [Kur04]). Auch das ATH-Verfahren nutzt dieses Modell – wenn auch in abgewandelter Form – zur Bestimmung der Ähnlichkeit von Lernressourcen und zur Auswertung termbasierter Anfragen.

Das Vektorraummodell geht auf *Gerard Salton* zurück, der es in den 60-er Jahren entwickelte und im Rahmen des Retrieval-Systems SMART erprobte [SL68, Sal71]. *Salton* und seine Arbeitsgruppe an der Cornell University nahmen die offenkundigen Schwächen der bis dahin vorherrschenden Booleschen Retrieval-Verfahren zum Anlass, ein neues, effizienteres Verfahren zu entwickeln, das auch eine andere mathematische Grundlage erhalten sollte. Die grundlegende Idee des Verfahrens von *Salton* liegt darin, alle natürlichsprachlichen Dokumente d einer Dokumentmenge D als Vektor $\vec{d}$ in einem Vektorraum zu positionieren (vgl. *Abb. 2.3*). Auch die Anfrage selbst wird als Vektor modelliert, also sozusagen als Dokument aufgefasst[6]. Dabei entspricht jede Dimension des Vektorraums einer Eigenschaft a der Dokumente. Ihr reeller Wert w ist ein Maß dafür, in wie weit das Dokument die jeweilige Eigenschaft erfüllt:

$$\vec{d_i} = (w_{d_i,a_1}, w_{d_i,a_2}, ..., w_{d_i,a_n}) \tag{2.4}$$

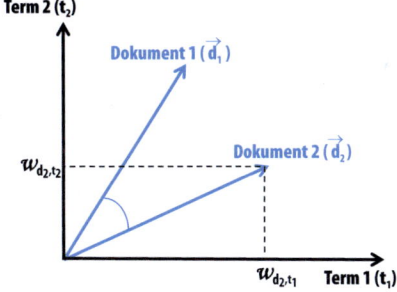

Abbildung 2.3: *Information Retrieval im zweidimensionalen Vektorraum, der durch die beiden Attribute „enthält den Term t_1" und „enthält den Term t_2" aufgespannt wird.*

Zur Ermittlung der Ähnlichkeit zwischen Dokumenten wird die Distanz ihrer Vektoren berechnet. Derjenige Vektor, der zu einem Dokument- oder Anfragevektor den geringsten Abstand aufweist, wird als relevantestes Ergebnis

---

[6]Ein Nachteil dieser Vorgehensweise ist, dass Anfragen mit nur wenigen Termen im Vergleich zu den Dokumentvektoren eher kleine Vektoren bilden und ein Vergleich dadurch erschwert wird (vgl. [Sto07]). Das „Relevance-Feedback"- und das „Query-Expansion"-Verfahren versuchen dieser Problematik zu begegnen, in dem die ursprüngliche Anfrage des Nutzers um zielführende Terme erweitert wird [Roc71, BSAS95].

eingestuft. Die Rangfolge der weiteren Treffer wird entsprechend dem Ähnlichkeitsmaß vergeben. Die Anzahl der Treffer kann dabei durch einen Schwellen- oder Maximalwert begrenzt werden.

Die Ähnlichkeit zweier Dokumente d_i und d_j kann auf verschiedene Weisen bestimmt werden. Ein sehr gebräuchliches Ähnlichkeitsmaß ist das „Kosinus-Maß". Hierbei werden die Vektoren der beiden Dokumente multipliziert und durch das Produkt ihrer Längen dividiert:

$$sim(d_i, d_j) = \frac{\vec{d_i} \cdot \vec{d_j}}{\left| \vec{d_i} \right| \cdot \left| \vec{d_j} \right|} = \frac{\sum\limits_{a \in A} w_{d_i,a} \cdot w_{d_j,a}}{\sqrt{\sum\limits_{a \in A} w_{d_i,a}^2} \cdot \sqrt{\sum\limits_{a \in A} w_{d_j,a}^2}} := \cos \alpha(d_i, d_j) \qquad (2.5)$$

Die Normierung der Vektorlängen auf den Betrag 1 bewirkt, dass für die Berechnung der Ähnlichkeit alleine die Richtung der Dokumentvektoren im Vektorraum ausschlaggebend ist, während die Länge der Dokumente bzw. die Mächtigkeit ihrer Wortmenge die Berechnung nicht beeinflusst. Der Ähnlichkeitswert liegt im Intervall $[0; 1]$, da der Vektorraum nur positive Achsenabschnitte umfasst. Vektoren identischer Dokumente, die geometrisch gesehen dieselbe Richtung aufweisen und zueinander parallel liegen, besitzen eine Ähnlichkeit von 1. Die Vektoren von Dokumenten ohne gemeinsame Terme liegen dagegen senkrecht aufeinander – das Ähnlichkeitsmaß beträgt entsprechend 0.

Neben dem Kosinus-Maß existieren weitere Ähnlichkeitsmaße zur Berechnung des Abstandes zweier Dokumentvektoren. Dazu gehören beispielsweise das Pseudo-Cosinus-, Dice-, Overlap- oder Jaccard-Maß. Eine Übersicht mit einer kurzen Erläuterung der jeweiligen Ähnlichkeitsmaße gibt beispielsweise [Fer03].

Um eine auf Basis des Vektorraummodells bestmögliche Wiederauffindbarkeit von Dokumenten zu ermöglichen, muss erstens eine geeignete Attributmenge identifiziert und zweitens ein sinnvolles Maß für die Gewichtung der gewählten Attribute gefunden werden. Das VSM selbst lässt offen, welche Attribute und Gewichtungsmethoden zu verwenden sind. In der Praxis wird jedoch sehr häufig die „Diskriminationsstärke" der Terme einer Dokumentmenge als Attribut gewählt. Sie dient als Maß für die inhaltliche Bedeutung eines Terms und trägt damit wesentlich dazu bei, im Retrieval-Prozess relevante Dokumente von irrelevanten zu unterscheiden. Die Diskriminationsstärke lässt sich mit Hilfe statistischer Verfahren ermitteln – eine Annahme, die Luhn bereits im Jahre 1958 in seinem viel beachteten Artikel „The automatic creation of literature abstracts" formulierte:

> „The ‚significance' factor of a sentence is derived from an analysis of its words. It is here proposed that the frequency of word occurence in an article furnishes a useful measurement of word significance." [Luh58, S. 160]

Luhn geht davon aus, dass die Frequenz eines Terms ein Anhaltspunkt für dessen Diskriminationsstärke ist. Ein Term, der sehr häufig in einem Dokument erscheint, eignet sich besser zur Charakterisierung des Inhalts als ein Term mit geringer Auftrittshäufigkeit[7]. Formal lässt sich dieser Zusammenhang durch die sog. „Term Frequency" (TF) beschreiben:

$$TF(d_i, t_j) = \frac{n_{d_i, t_j}}{\max_{t \in T} n_{d_i, t}} \qquad (2.6)$$

Dabei bezeichnet n_{d_i, t_j} die Auftrittshäufigkeit des jeweiligen Terms t_j im Dokument d_i. Im Nenner wird die Frequenz des in d_i am häufigsten verwendeten Terms der Termmenge T eingetragen.

Neben der *lokalen* Betrachtung von Termhäufigkeiten bietet sich eine weitere Möglichkeit, die Diskriminationsstärke von Termen statistisch zu ermitteln. Sie erwächst aus der *globalen* Betrachtung der Termhäufigkeit, wie sie *Karen Spärck Jones* angestellt hat. Auch sie geht davon aus, dass auf lokaler Ebene – also innerhalb eines Dokumentes – die inhaltliche Signifikanz eines Terms proportional mit der Häufigkeit seines Auftretens zunimmt. Ergänzend betrachtet sie jedoch die Auftrittshäufigkeit von Termen in der Dokumentkollektion und kommt zu dem Ergebnis, dass hier das Verhältnis umgekehrt ist: je häufiger ein Term in einer Textkollektion auftritt, desto geringer ist seine Diskriminationsfähigkeit [Spa87]. *Gerard Salton* und *Chris Buckley* sehen dies ähnlich; hochfrequente Wörter, die innerhalb der Dokumentkollektion weit gestreut sind und in fast allen Dokumenten vorkommen, besitzen nur eine geringe Diskriminationsstärke, sind also nicht spezifisch genug, um Dokumente voneinander abzugrenzen:

> „term frequency factors alone cannot ensure acceptable retrieval performance. Specifically, when the high frequency terms are not concentrated in a few particular documents, but instead are prevalent in the whole collection, all documents tend to be retrieved, and this affects the search precision." [SB88, S. 516]

Terme mit geringer Vorkommenshäufigkeit eignen sich ebenso wenig zur inhaltlichen Charakterisierung von Dokumenten, wenn sie innerhalb der Dokumentkollektion relativ gleich verteilt auftreten. Entsprechend liegen die unterscheidungsstärksten Terme im mittleren Frequenzbereich und müssen entsprechend höher gewichtet werden (vgl. *Abb. 2.4*).

Aus dieser globalen Betrachtungsweise erwuchs das Konstrukt der „Inverse Document Frequency" (IDF), das *Spärck Jones* erstmals in [Jon72] vorgeschlagen hat. Die Inverse Document Frequency berechnet sich wie folgt:

$$IDF(t_j) = \log\left(\frac{1 + |D|}{|d_{t_j}|}\right) \text{ mit } |d_{t_j}| > 0 \qquad (2.7)$$

Dabei ist $|D|$ die Gesamtzahl aller Dokumente in der Kollektion. Der Ausdruck $|d_{t_j}|$ bezeichnet die Anzahl der Dokumente, die den Term t_j enthalten. Die Logarithmierung bewirkt eine Dämpfung großer Werte, die bei selten auftretenden Termen entstehen. Es existieren aber auch Schreibweisen ohne Dämpfungsfaktor. Die Summierung mit 1 im Zähler verhindert, dass der IDF-Wert eines Terms 0 wird, wenn dieser in allen Dokumenten des Korpus enthalten ist.

---

[7] *Luhn* nutzte diesen Zusammenhang, um in einem Dokument die inhaltlich bedeutungsvollsten Sätze zu ermitteln und in einem Abstract zusammenzufassen.

In der Praxis werden aber noch andere Verfahren einbezogen, wenn es darum geht, die Wertigkeit global hochfrequenter Terme herabzustufen bzw. zu nivellieren. Häufig greift man dabei auf sog. „Stoppwortlisten" zurück, um Terme ohne inhaltliche Signifikanz – darunter z. B. der bestimmte oder unbestimmte Artikel, Konjunktionen oder Präpositionen – von der statistischen Indizierung auszuschließen. Damit kann die Anzahl der Dimensionen des Vektorraums deutlich reduziert und die Effizienz des Retrieval-Prozesses optimiert werden. Eine weitere Reduktion der Vektordimensionen ist möglich, werden Wörter auf ihre Stamm- und Grundform zurückgeführt. Auf diese Weise wird verhindert, dass die oft zahlreich in einem Text vorhandenen morphologischen Varianten eines Wortstamms, die z. B. durch Komposition, Dekomposition oder Flexion entstanden sind, unnötigerweise in die Berechnung von Termgewichten und Ähnlichkeitsrängen einfließen. Heute existieren zahlreiche Algorithmen, die diese als „Stemming" bezeichnete Grund- oder Normalformenreduktion vornehmen. Eine Übersicht gibt beispielsweise [Hul96].

Kombiniert man nun die auf lokaler und globaler Ebene getroffenen Aussagen zur Diskriminationsstärke von Termen, ergibt sich folgende Annahme: Den stärksten Diskriminationseffekt besitzen jene Terme, die innerhalb eines Dokuments eine hohe Frequenz aufweisen, innerhalb der Dokumentkollektion aber eher selten vorkommen. Die mathematische Formalisierung dieses Sachverhalts wird durch die multiplikative Zusammenführung der oben genannten Gewichtungsformeln gewonnen, wie sie *Salton* und *Buckley* in [SB88] vorgeschlagen haben. Die so entstandene Gewichtungsmethode ist heute als „TF-IDF-Verfahren" bekannt:

$$TF\text{-}IDF(d_i, t_j) = TF(d_i, t_j) \cdot IDF(t_j) \qquad (2.8)$$

Analog der oben angeführten TF- und IDF-Berechnungsvarianten können also die Termgewichte eines indizierten Dokuments wie folgt ermittelt werden:

$$w_{d_i, t_j} = \frac{n_{d_i, t_j}}{\max_{t \in T} n_{d_i, t}} \cdot \log\left(\frac{1 + |D|}{|d_{t_j}|}\right) \qquad (2.9)$$

In einer viel beachteten und häufig referenzierten Studie haben die beiden Begründer des TF-IDF-Verfahrens rund 1800 Gewichtungsmethoden experimentell in sechs Dokumentkollektionen untersucht [SB88]. Einen Großteil davon bildeten Varianten der in Gleichung 3.2 abgebildeten Methode. Eine der besonders wichtigen Erkenntnisse war, dass die Ergebnisgüte des Retrieval-Prozesses verbessert wird, wenn die Anfrageterme stärker gewichtet werden. Folgende Formel zur Berechnung der Anfragetermgewichte schlagen die Autoren dabei vor:

$$w_{q_i, t_j} = \begin{cases} \left(0,5 + \frac{0{,}5 \cdot n_{q_i, t_j}}{\max_{t \in T} n_{q_i, t}}\right) \cdot \log\left(\frac{|D|}{|d_{t_j}|}\right), & \text{wenn } n_{q_i, t_j} > 0 \\ 0, & \text{wenn } n_{q_i, t_j} = 0 \end{cases} \qquad (2.10)$$

Auch nach der Veröffentlichung ihrer aus 20 Jahren Forschung gewonnenen Ergebnisse wurden *Salton* und *Buckley* nicht müde, mit weiteren Gewichtungsmethoden zu experimentieren. 1994 veröffentlichten sie den in Gleichung 2.11

dargestellten Vorschlag einer Termgewichtung, die eine Logarithmierung der Termfrequenz vorsieht[8]. In den Experimenten der beiden Autoren führte diese Logarithmierung zu besseren Selektionsergebnissen als eine lineare Gewichtungsmethode [BSM96]:

$$
\begin{aligned}
w_{d_i,t_j} &= 1 + \log\left(\frac{n_{d_i,t_j}}{\max_{t \in T} n_{d_i,t}}\right) \\
w_{q_i,t_j} &= \left(1 + \log\left(\frac{n_{q_i,t_j}}{\max_{t \in T} n_{q_i,t}}\right)\right) \cdot \log\left(\frac{1+|D|}{|d_{t_j}|}\right)
\end{aligned}
\tag{2.11}
$$

Dass die Klasse der TF-IDF-Gewichtungsverfahren in der Regel zu sehr guten Ergebnissen bei der Beurteilung der Diskriminationsstärke führt, ist heute unumstritten – zahlreiche empirische Studien haben dafür den Nachweis erbracht (vgl. z. B. [BSM96]). Nicht umsonst zählt sie heute zu den verbreitetsten und ausgereiftesten Gewichtungsformeln, die in IR-Systemen zum Einsatz kommen. Dies gilt insgesamt auch für das Vektorraummodell, dass sich trotz der Vielfalt an konkurrierenden Verfahren im Information Retrieval behaupten konnte:

„A large variety of alternative ranking methods have been compared to the vector model but the consensus seems to be that, in general, the vector model is either superior or almost as good as the known alternatives. Futhermore, it is simple and fast." [BYRN+99]

In seiner ursprünglichen Form weist das Vektorraummodell jedoch einen entscheidenden Nachteil auf: die indizierten Terme werden rein syntaktisch und als voneinander unabhängig (orthogonal) betrachtet – eine Vereinfachung, die der Vielfalt sprachlicher Phänomene nicht gerecht wird; denn sehr häufig ist es so, dass die Terme eines natürlichsprachlichen Dokuments trotz unterschiedlicher Syntaktik einen gegenseitigen Bezug aufweisen oder umgekehrt syntaktisch identische Begriffe von unterschiedlicher Bedeutung sind. Dieser Sachverhalt manifestiert sich insbesondere in folgenden linguistischen Erscheinungsformen:

- **Flexion**: Sie bezeichnet die durch Deklination (z. B. „der Mann", „des Mannes") oder Konjugation (z. B. „ich laufe", „du läufst") hervorgerufene Veränderung eines Wortes.

- **Synonymie**: Sprachliche Ausdrücke gelten als synonym, wenn sie eine gleiche oder zumindest ähnliche Bedeutung haben (z. B. „Erscheinung"/ „Phänomen", „bedeutend"/„relevant").

- **Komposition**: Darunter versteht man die Neubildung von Wörtern durch Zusammensetzung von mindestens zwei selbstständig auftretenden Wörtern (z. B. „Flaschenhals", „Topfpflanze").

- **Metonymie**: Diese liegt vor, wenn ein sprachlicher Ausdruck durch einen anderen ersetzt wird, der mit diesem in kausalen, räumlichen, zeitlichen oder erfahrungsmäßigen Zusammenhang steht. So kann z. B. ein physikalischer Inhalt durch dessen Behältnis sprachlich ersetzt werden („er aß die ganze Schachtel").

---

[8]Der IDF-Komponente wird dabei nur innerhalb der Gewichtung von Anfragetermen Bedeutung zugemessen.

19

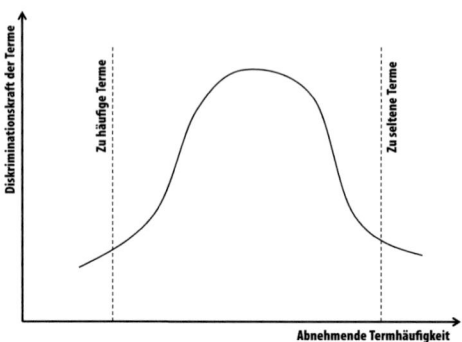

Abbildung 2.4: *Schematische Darstellung der Diskriminationskraft von Termen nach [Fer03]*

- **Hyponymie:** Sie charakterisiert die hierarchische Relation zwischen Begriffen, die aus einem Oberbegriff (Hyperonym, z. B. „Tier") und einem Unterbegriff (Hyponym, z. B. „Katze") besteht.

- **Meronymie:** Sie dient als Ausdruck einer partitiven Relation („ist Teil von") zwischen Begriffen (z. B. „Monat" ist Teil eines „Jahres").

- **Homonymie:** Als Homonym bezeichnet man ein Wort, das mehrere Bedeutungen besitzt. Als Beispiel sei der Begriff „Schule" genannt, der eine Bildungsstätte bezeichnen kann, aber auch im Sinne einer durch gemeinsame Werte und Anschauungen getragenen Gruppierung (z. B. „Frankfurter Schule") verwendet wird.

In der sprachlichen Realität existiert also Ähnlichkeit bzw. Unähnlichkeit auch unabhängig von der Syntaktik der betrachteten Terme. Im VSM können zwar zumindest die beiden erst genannten Phänomene durch den Einsatz von Stemming-Algorithmen und Thesauren adäquat behandelt werden, alle weiteren Formen von Termindependenzen und auch das Phänomen der Homonymie bleiben aber unberücksichtigt. So stellt sich die Frage, wie das Vector Space Model erweitert werden kann, so dass insbesondere latente Beziehungen zwischen Termen entdeckt und in die Ähnlichkeitsberechnung einfließen können. Die beiden im Folgenden vorgestellten Modelle verstehen sich als Lösungsansätze dieser Problematik.

Generalized Vector Space Model

Das „Generalized Vector Space Model" (GVSM) versucht, latente Termrelationen aus der Kookurrenz, also dem gemeinsamen Auftreten von Termen in Dokumenten abzuleiten. Dabei wird angenommen, dass Terme, die in Texten sehr häufig zusammen auftreten, in unbestimmter Weise voneinander abhängig sind und deswegen eine gewisse Ähnlichkeit besitzen:

„Based on intuition we argue that the correlation between any two index terms depends on the number of documents in which these two terms appear together." [WZW85, S. 20]

Ein grundlegendes Konstrukt des GVSM stellen die sog. „Minterme" dar. Jeder Minterm $m_i = (m_{i,1}, m_{i,2}, ...m_{i,|T|}) \in M$ stellt dabei eine unikale, theoretische Kombination der Indexterme dar, wobei jeder Term $t_j \in T$ genau einmal in einem Minterm erscheint und dabei den Booleschen Wert 1 für sein Vorhandensein im Dokument oder 0 für sein Nicht-Vorhandensein annimmt. Auf diese Weise ergeben sich $2^{|T|}$ Minterme ($|M| = 2^{|T|}$) entsprechend der Anzahl von Kombinationsmöglichkeiten der Indexterme t. Jeder Minterm m_i wird nun als Vektor $\vec{m_i}$ abgebildet, wobei die Minterm-Vektoren zueinander orthogonal sind und damit den euklidischen Raum $R^{2^{|T|}}$ in folgender Weise aufspannen:

$$\vec{m_1} = (1, 0, 0, ..., 0)$$
$$\vec{m_2} = (0, 1, 0, ..., 0)$$
$$\vec{m_3} = (0, 0, 1, ..., 0)$$
$$\vdots \qquad (2.12)$$
$$\vec{m_{2^{|T|}}} = (0, 0, 0, ..., 1)$$

Zur Berechnung der Interdependenz von Literalen wird aus der Summe jener Minterm-Vektoren, deren korrespondierende Minterme in jener Menge $\{m\}^{t_i}$ enthalten sind, deren Minterme für t_i den Wert 1 aufweisen, ein (normierter) Termvektor $\vec{t_i}$ gebildet:

$$\vec{t_i} = \frac{\sum\limits_{m_k \in \{m\}^{t_i}} c_{t_i,k} \vec{m_k}}{\left| \sum\limits_{m_k \in \{m\}^{t_i}} c_{t_i,k} \vec{m_k} \right|} \qquad (2.13)$$

Dabei wird der Gewichtungsfaktor c eines Minterm-Vektors $\vec{m_k}$ über die Summe der Auftrittshäufigkeit a eines Terms t_i in allen Dokumenten gebildet, die durch ein und denselben Minterm m_k repräsentiert werden:

$$c_{t_i,k} = \sum\limits_{d_j \in D_{m_k}} a_{t_i,d_j} \qquad (2.14)$$

Die Ausprägung der gegenseitigen Abhängigkeit zweier Terme erschließt sich in dem Model von *Michael Wong* et al. anschaulich über die Betrachtung des Winkels zwischen ihren Vektoren: Die Vektoren zweier Terme, die häufig gemeinsam in der Dokumentkollektion auftreten, weisen einen spitzeren Winkel auf, als die Vektoren der Terme mit geringerer Kookurrenz.

Die Summe der Vektoren der mit einem Dokument d_j assoziierten Terme bildet im GVSM den Dokumentvektor $\vec{d_j}$, wobei jeder Termvektor entsprechend der Auftrittshäufigkeit des zughörigen Terms im Dokument gewichtet wird:

$$\vec{d_j} = a_{d_j,t_1} \vec{t_1} + a_{d_j,t_2} \vec{t_2} + ... + a_{d_j,t_n} \vec{t_n} \qquad (2.15)$$

Die Berechnung der Ähnlichkeit von Dokumenten erfolgt wie auch im Vector Space Model über das normierte Skalarprodukt der beiden Dokumentvektoren (siehe 2.1.2):

$$sim(d_j, d_l) = \frac{\vec{d_j} \cdot \vec{d_l}}{\left|\vec{d_j}\right| \cdot \left|\vec{d_l}\right|} \tag{2.16}$$

Im folgenden Beispiel sollen die grundlegenden Annahmen des GVSM nochmals verdeutlicht werden:

Gegeben sei eine Dokumentkollektion D bestehend aus den vier Dokumenten d_1, d_2, d_3 und d_4. Die Termmenge T umfasst die drei Terme t_1, t_2 und t_3. Die Termhäufigkeit $a_{i,j}$ eines Terms t_i im Dokument d_j geht aus der folgenden *Document-By-Term*-Matrix M hervor:

$$W = \begin{bmatrix} & t_1 & t_2 & t_3 \\ d_1 & 0 & 1 & 2 \\ d_2 & 2 & 1 & 0 \\ d_3 & 0 & 1 & 1 \\ d_4 & 0 & 0 & 3 \end{bmatrix} \tag{2.17}$$

In diesem Beispiel sind folgende Minterme *aktiv*:

$$m_1 = (0, 1, 1)$$
$$m_2 = (1, 1, 0)$$
$$m_3 = (0, 0, 1)$$

Diese Minterme werden durch die Vektoren $\vec{m_1} = (1, 0, 0, 0, 0, 0, 0, 0)$, $\vec{m_2} = (0, 1, 0, 0, 0, 0, 0, 0)$ und $\vec{m_3} = (0, 0, 1, 0, 0, 0, 0, 0)$ repräsentiert. Anschaulich gesprochen steht der mit einer 1 gekennzeichnete Vektoreintrag für eine bestimmte Kombination von Termen, für einen Minterm also. Die verbleibenden fünf theoretischen Kombinationsmöglichkeiten der Indexterme $m_4 = (0, 0, 0)$, $m_5 = (1, 0, 0)$, $m_6 = (0, 1, 0)$, $m_7 = (1, 0, 1)$ und $m_8 = (1, 1, 1)$ treten innerhalb der Dokumentkollektion nicht auf und spielen deshalb in den weiteren Berechnungsschritten keine Rolle. Aus Gleichung 2.13 folgt.

$$\vec{t_1} = \frac{2\vec{m_2}}{\sqrt{2^2}} = \vec{m_2}$$
$$\vec{t_2} = \frac{(1+1)\vec{m_1} + 1\vec{m_2}}{\sqrt{2^2 + 1^2}} = 0,89\vec{m_1} + 0,45\vec{m_2}; \tag{2.18}$$
$$\vec{t_3} = \frac{(2+1)\vec{m_1} + 3\vec{m_3}}{\sqrt{3^2 + 3^2}} = 0,71\vec{m_1} + 0,71\vec{m_3};$$

Setzt man diese Werte in Gleichung 2.15 ein, erhält man beispielsweise für die beiden Dokumentvektoren $\vec{d_1}$ und $\vec{d_3}$ folgendes Ergebnis:

$$\vec{d_1} = 0\vec{t_1} + 1\vec{t_2} + 2\vec{t_3} = 2,31\vec{m_1} + 0,45\vec{m_2} + 1,42\vec{m_3};$$
$$\vec{d_3} = 0\vec{t_1} + 1\vec{t_2} + 1\vec{t_3} = 1,6\vec{m_1} + 0,45\vec{m_2} + 0,71\vec{m_3}; \tag{2.19}$$

Die Ähnlichkeit der beiden betrachteten Dokumente berechnet sich wie in Gleichung 2.16 dargestellt und liegt erwartungsgemäß bei annähernd 1:

$$sim(d_1, d_3) = \frac{2,31 \cdot 1,6 + 0,45^2 + 1,42 \cdot 0,71}{\sqrt{2,31^2 + 0,45^2 + 1,42^2} \cdot \sqrt{1,6^2 + 0,45^2 + 0,71^2}} = 0,99$$

$$(2.20)$$

In den von *Wong* et al. gewählten Testkollektionen zeigte das GVSM bessere Ergebnisse als das originäre Vektorraum-Modell [WZW85]. In einigen anderen Einsatzszenarien dagegen konnte keine Effektivitätssteigerung beobachtet werden. Offensichtlich unterscheiden sich die gewählten Testsets in der Ausprägung der Kookurrenz linguistisch verwandter Terme. Gute Ergebnisse sind dort zu erwarten, wo die idealtypische Annahme *Wongs* et al. erfüllt wird, dass ähnliche Terme eine hohe Kookurrenz innerhalb von Dokumenten aufweisen. In der Praxis ist dies jedoch nicht der Regelfall. Oftmals ist die Kookurrenz trotz starker Termähnlichkeit schwach ausgeprägt, was im GVSM dazu führt, dass die Interdependenz von Termen unterschätzt wird. *Kuropka* weist außerdem darauf hin, dass der Zugewinn an Effektivität – falls überhaupt vorhanden – im Verhältnis zu dem deutlich höheren Rechenaufwand gesehen werden muss, der mit dem GVSM einhergeht [Kur04].

Topic-based Vector Space Model

Das „Topic-based Vector Space Model" (TVSM) wird von *Jörg Becker* und *Dominik Kuropka* in [BK03, Kur04] vorgeschlagen und weist in vielen Bereichen eine große Ähnlichkeit mit dem oben beschriebenen GVSM auf. Auch hier wird der Versuch unternommen, die Selektionsgüte eines IR-Systems durch die Berücksichtigung von Termabhängigkeiten zu verbessern. Und auch dieses Modell wählt dazu einen vektorbasierten Ansatz. Der fundamentale Unterschied der beiden Verfahren liegt in der Art und Weise, wie Termähnlichkeiten modelliert werden. Während das GVSM das Maß für die Interdependenz von Termen aus ihrer Kookurrenz innerhalb der Dokumentenkollektion selbst (immanent) ableitet, wird beim TVSM die Termähnlichkeit von Außen (transzendent) vorgegeben.

So stellen *Becker* und *Kuropka* die Termabhängigkeit über die gemeinsame Zugehörigkeit zu Themengebieten (engl. „Topics") dar. Topics werden mathematisch als orthogonale Vektoren betrachtet, die einen n-dimensionalen Raum R aufspannen, wobei n die Anzahl der vordefinierten Themen kennzeichnet. In R wird jeder Indexterm t_j durch einen Termvektor $\vec{t_j}$ repräsentiert. Seine Richtung resultiert aus der Zuordnung zu einem oder mehreren Topics. *Abb. 2.5* illustriert diesen Zusammenhang anhand eines einfachen Beispiels.

$$\vec{t_j} = (t_{j,1}, t_{j,2}, ..., t_{j,n}) \in R$$
$$\text{mit } |\vec{t_j}| = \sqrt{\sum_{i=1}^{n} t_{j,i}^2} \in [0;1]$$

$$(2.21)$$

Wie aus Gleichung 2.21 hervorgeht, ist die Länge des Termvektors auf einen maximalen Wert von 1 beschränkt. Dies impliziert zum einen, dass die Wertigkeit der Affinität eines Terms zu einem bestimmten Thema bei maximal 1 liegt, zugleich darf der Radikand höchstens den Wert 1 annehmen:

$$0 \leqslant t_{j,i} \leqslant 1 \text{ und } 0 \leqslant t_{j,1}^2 + t_{j,2}^2 + \dots + t_{j,n}^2 \leqslant 1 \qquad (2.22)$$

Der Vektor eines Terms, der (nur) zu *einem* spezifischen Topic eine sehr hohe Affinität aufweist, hat einen Betrag bzw. eine Länge von annähernd 1 (z. B. der Term „Goethe" in *Abb.* 2.5). Terme dagegen ohne thematische Affinität besitzen einen Vektor der Länge 0. *Becker* und *Kuropka* bezeichen die euklidische Länge eines Termvektors auch als „Termgewicht" – nach Meinung der beiden Autoren ist sie ein Maß für die Themaspezifität eines Terms:

> „The term-weight represents the relevance of a term concerning its applicability to derive information about its relation to a topic in general."
> [BK03, S. 9]

In der Praxis werden die Termgewichte einer Dokumentkollektion geschätzt und erhalten einen Wert, der entweder bei 0 oder 1 liegt. So gehen die Autoren von der komplexitätsreduzierenden Annahme aus, dass Terme, die innerhalb der Dokumentkollektion in mehr als der Hälfte aller Dokumente auftreten als ungeeignet gelten, den thematischen Bezug eines Dokuments zu erschließen. Entsprechend wird für diese Terme das Gewicht auf 0 gesetzt. Alle anderen Terme erhalten als Termgewicht den Wert 1 zugeordnet. Die graduelle Abstufung des Termgewichts ist also nur von theoretischer Bedeutung, da in der Praxis keine Zwischenwerte im Bereich $]0; 1[$ gebildet werden.

Neben den euklidischen Längen der Termvektoren muss auch der Winkel ω_{t_i,t_j} zwischen allen paarweisen Vektorkombinationen bekannt sein und als Eingangsdatum für die Berechnung der Dokumentähnlichkeit zur Verfügung stehen. Dabei weisen die Vektoren thematisch identischer Terme dieselbe Richtung auf, der Winkel ω_{t_i,t_j} beträgt in diesem Fall also 0°. Umgekehrt liegt er bei 90°, wenn die Terme thematisch voneinander unabhängig sind.

In die Schätzung des Winkels ω_{t_i,t_j} fließen folgende Annahmen ein:

- Terme, die innerhalb der Dokumentkollektion in weniger als 1% aller Dokumente auftreten, werden als unabhängige Terme betrachtet. Es wird also unterstellt, dass diese Terme keine linguistische Beziehung mit anderen Termen in dem oben genannten Sinne eingehen. ω_{t_i,t_j} betragt für diese Termkombinationen 90°.

- Für alle anderen Termkombinationen gilt:

$$\omega_{t_i,t_j} = \begin{cases} 90° - 90° \cdot Corr(t_i, t_j), \text{ wenn } Corr(t_i, t_j) > 0 \\ 90°, \text{ wenn } Corr(t_i, t_j) = 0 \end{cases} \qquad (2.23)$$

Der Korrelationsfaktor beträgt bei flektierten und synonymen Termen 1. Für alle anderen Termkombinationen, deren linguistische Korrelation empirisch nachweisbar ist, geben *Becker* und *Kuropka* keine Empfehlung. Sie weisen lediglich darauf hin, dass die Schätzung des Winkelmaßes unter Zuhilfenahme von

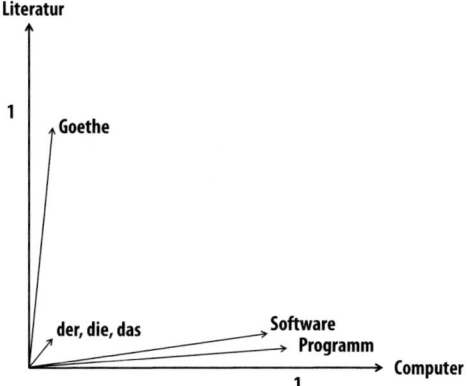

Abbildung 2.5: *Veranschaulichung des TVSM anhand der exemplarischen Termvektoren „Programm", „Software" und „Goethe" nach [BK03]. Der Termvektor „Goethe" besitzt eine starke Affinität zu dem Themengebiet „Literatur". Die Termvektoren „Software" und „Programm" dagegen liegen annähernd auf dem Achsenabschnitt, der durch das Thema „Computer" gebildet wird. Artikel wie „der", „die" oder „das" gelten als Stoppwörter und werden keinem Topic zugeordnet.*

Stemming-Algorithmen, Thesauren und anderen Ontologien, wie Sie z. B. für das Semantic Web existieren, leichter und verlässlicher beurteilt werden kann [BK03].

Um schließlich die Ähnlichkeit von Dokumenten berechnen zu können, wird jedes Dokument in einen Vektor überführt, der summativ aus den Termvektoren gebildet wird:

$$\vec{d_k} = \sum_{t_i \in T} a_{d_k, t_i} \, \vec{t_i} \qquad (2.24)$$

Die Multiplikation mit der Vorkommenshäufigkeit a der Indexterme im jeweiligen Dokument als Skalar bewirkt, dass nur die Vektoren jener Terme in die Summenbildung eingehen, die auch im Dokument indiziert wurden.

Die Ähnlichkeit zweier Dokumente lässt sich im Vektorraummodell nach Gleichung 2.25 über den Kosinus des von beiden Vektoren $\vec{d_k}$ und $\vec{d_l}$ eingeschlossenen Winkels ω_{d_k, d_l} berechnen:

$$sim(d_k, d_l) := \cos(\omega_{d_k, d_l}) = \frac{\vec{d_k} \cdot \vec{d_l}}{\left|\vec{d_k}\right| \cdot \left|\vec{d_l}\right|} \qquad (2.25)$$

Durch Einsetzen der Formel 2.24 in 2.25 ergibt sich für die Berechnung der Dokumentähnlichkeit folgende Gleichung:

$$sim(d_k, d_l) = \frac{\sum\limits_{t_i \in T} a_{d_k,t_i} \vec{t_i} \cdot \sum\limits_{t_j \in T} a_{d_l,t_j} \vec{t_j}}{\left|\vec{d_k}\right| \cdot \left|\vec{d_l}\right|} = \frac{\sum\limits_{t_i \in T} \sum\limits_{t_j \in T} a_{d_k,t_i} a_{d_l,t_j} \vec{t_i} \cdot \vec{t_j}}{\left|\vec{d_k}\right| \cdot \left|\vec{d_l}\right|} \qquad (2.26)$$

mit

$$\left|\vec{d}\right| = \sqrt{\sum\limits_{t_i \in T} \sum\limits_{t_j \in T} a_{d,t_i} a_{d,t_j} \vec{t_i} \cdot \vec{t_j}} \qquad (2.27)$$

Da das Modell wie erwähnt auf der Annahme basiert, dass die Beträge aller Termvektoren und auch die Winkel zwischen ihnen bekannt sind, lässt sich das im Zähler und Nenner auftretende Skalarprodukt $\vec{t_i} \cdot \vec{t_j}$ auf einfache Weise ermitteln:

$$\vec{t_i} \cdot \vec{t_j} = \left|\vec{t_i}\right| \cdot \left|\vec{t_j}\right| \cdot \cos(\omega_{t_i,t_j}) \qquad (2.28)$$

Die Berechnung der Ähnlichkeit zweier Dokumente mit Hilfe des TVSM hängt also nach Gleichung 2.26 ausschließlich von der Vorkommenshäufigkeit der involvierten Terme sowie dem Skalarprodukt ihrer Vektoren ab. Dies ändert sich nach Gleichung 2.28 nur dann, wenn das Gewicht eines Terms oder der Winkel zwischen zwei Termvektoren in der Termähnlichkeitsmatrix modifiziert wird. Da dies im Laufe des Betriebs eines IR-Systems relativ selten vorkommen dürfte, erweist sich das Skalarprodukt als stabile Größe, die unbeeinflusst vom Wachstum der Dokumentkollektion konstant bleibt – ein Aspekt, der sich nach *Becker* und *Kuropka* sehr günstig auf die Performanz eines IR-Systems auswirkt [Kur04].

Kehrt man abschließend zurück zur ursprünglichen Zielsetzung des Modells, die Selektionsgüte eines IR-Systems zu optimieren, indem sprachlich bedingte Termabhängigkeiten in die Ähnlichkeitsberechnung einfließen, so muss vermutet werden, dass die transzendente Modellierung von Terminterdependenzen in der Praxis zu verschiedenen Problemen führt[9]. Auch wenn einerseits für die Ermittlung der Dokumentähnlichkeit wie oben gezeigt ein vergleichsweise geringer Berechnungsaufwand erforderlich ist, muss andererseits für die grundlegende Erstellung der Termähnlichkeitsmatrix ein erheblicher – wenn auch einmaliger – Aufwand betrieben werden. Dabei stellt sich die Frage, welchen Automatisierungsgrad die Anfertigung dieser Matrix tatsächlich erreichen kann. Wie bereits erwähnt empfehlen die Autoren den Einsatz von Thesauren, Stemming-Algorithmen und semantischen Wissensstrukturen (wie Ontologien oder semantische Netze), um Termähnlichkeiten paarweise zu definieren. Starke Korrelationen zwischen Termen, die durch die beiden linguistischen Phänomene Synonymie und Flexion bedingt sind, können sicherlich durch diese genannten Verfahren verlässlich erkannt und entsprechend den Vorgaben des Modells bewertet

---

[9]*Becker* und *Kuropka* haben keine empirische Bewertung des TVSM durchgeführt bzw. veröffentlicht. In den einschlägigen Publikationen [BK03, Kur04] wird lediglich die Implementierung mit Hilfe einer relationalen Datenbank beschrieben.

werden. Anders verhält es sich mit schwächeren Korrelationen, wie sie im Bereich der Hyponymie und Meronymie beobachtet werden. Hier fehlt i. G. zur Synonymie und Flexion die konkrete Vorgabe eines Ähnlichkeitswertes. Stattdessen bleibt es bei der vagen Aussage, dass sich Beziehungsformen dieser Art als Termwinkel zwischen 0^0 und 90^0 offenbaren. Als problematisch erweist sich auch die Einbindung der oben genannten linguistischen Phänomene der Komposition und Metonymie, die im TVSM nicht gelingt – auch nicht mit Hilfe der angesprochenen Verfahren.

Das TVSM und das GVSM sind nur wenige Beispiele für Retrieval-Ansätze, die auf dem klassischen Vektorraummodell aufbauen, bzw. dieses erweitern. *Kuropka* selbst hat mit dem „Enhanced Topic-based Vector Space Model" eine weitere Variante vorgeschlagen, die mit Hilfe von Ontologien die oben skizzierte Problematik des TVSM zu lösen versucht. Und auch der vektorraumbasierte Ansatz von *Karlheinz Morgenroth*, kontextbasierte Informationen in den Such-Prozess einzubinden, könnte neben vielen weiteren Beispielen angeführt werden, um die Popularität dieses Modells im Bereich des Information Retrieval zu belegen.

2.1.3 Learning Object Retrieval

Während sich der vorhergehende Abschnitt auf die Vorstellung verschiedener konkreter Retrieval-Verfahren konzentrierte, taucht dieses Unterkapitel nun ein in die Domäne des *E-Learning* und widmet sich den Besonderheiten und Voraussetzungen, die hinsichtlich der Wiedergewinnung von elektronischen Lernmaterialien zu beachten sind. Dabei wird es im Folgenden weniger um algorithmische Problemstellungen gehen. Vielmehr steht die Frage im Vordergrund, welche Eingangsdaten in dieser Domäne einem IR-Algorithmus für eine effektive Auswertung von Anfragen zur Verfügung stehen (müssen) und welche Schwierigkeiten sich bei der Bereitstellung dieser Art von Information ergeben.

Information-Retrieval-Prozesse spielen sich im E-Learning-Bereich insbesondere in sog. „Learning-Object-Repositorys" ab. Im übertragenen Sinne gleichen diese einem „Marktplatz", auf dem Lernobjekte gefunden, erworben oder selbst angeboten werden können. Sie verwalten die Lerninhalte zusammen mit den korrespondierenden Metadaten, über die ein schneller, selektiver Zugriff auf digitale Lernangebote ermöglicht werden soll. Entsprechend groß ist das Forschungsinteresse, das dieser Art von Software-Applikation entgegengebracht wird:

> „Learning object Repositorys are the catalogues of the e-learning era. They will be the fundamental first step in knowledge discovery and object exchange. They will provide the foundation for future learning and commerce in the knowledge market. They will fuel e-learning as the stock exchanges fueled the industrial era. This is why they are of priority interest."
> [RMHF02, S. 1338f]

Wie viele andere Begriffe auch, die im Rahmen dieser Arbeit von Bedeutung sind, wird auch der Begriff des Learning-Object-Repositorys in der Literatur keineswegs einheitlich und allgemeingültig definiert. Auch existieren verschiedene begriffliche Varianten; neben Learning-Object-Repositorys ist die Rede von

Learning-Content-Repositorys, ELO-Repositorys[10] [Kno04a], Knowledge-Pool-Systems [DFC⁺01] oder Digital-Repositorys [IMS03b]. Innerhalb der letztge-nannten IMS-Spezifikation[11] „Digital Repositories Interoperability – Core Functions Information Model" hat folgende Definition Konsens gefunden, die als Grundlage für die weiteren Ausführungen in dieser Arbeit dienen soll:

> „On the broadest level, this specification defines digital Repositorys as being any collection of resources that are accessible via a network without prior knowledge of the structure of the collection. Repositories may hold actual assets or the meta-data that describe assets. The assets and their meta-data do not need to be held in the same repository." [IMS03b, S. 3]

In den letzten Jahren ist die Zahl der kommerziellen als auch nicht-kommerziellen Repositorys, die der oben vorgestellten Definition entsprechen, sprunghaft angestiegen. Dies gilt insbesondere für die USA, dem Land, das die meisten Learning-Object-Repositorys offeriert. *Argiris Tzikopoulos* et al. haben in [TMV07] eine Übersicht über 59 der international bekanntesten Repositorys erstellt. Die von den Autoren untersuchten Systeme unterscheiden sich u. a. im Umfang und der fachlichen Ausrichtung der Lerninhalte. Die Plattform MERLOT[12] beispielsweise zählt mit ihren rund knapp 20000 Lernobjekten zu den umfangreichsten ihrer Art (siehe *Abb.* 2.6). Diese hohe Zahl resultiert auch aus dem Faktum, dass das System eine hohe inhaltliche Offenheit aufweist und Lernobjekte zu allen Wissensgebieten beherbergt. Dagegen weisen Repositorys wie die SMETE-Bibliothek[13] oder iLumina[14] eine weitaus geringere Zahl an Lernobjekten auf und sind auf bestimmte Wissensgebiete fixiert – in diesem Fall auf naturwissenschaftliche Fachbereiche. Weitere Unterschiede sind insbesondere bei technischen Aspekten festzustellen. So wurde bereits in der oben genannten Definition des IMS-Global-Learning-Konsortiums indirekt angesprochen, dass Repositorys nicht notwendigerweise die physikalischen Ressourcen speichern müssen – dies ist meist aufgrund der Vielzahl der zu verwaltenden Lernobjekte, die je nach Umfang und Datentyp beträchtliche Speicheranforderungen stellen, nicht praktikabel. Sehr oft werden deswegen nur die Metadaten verwaltet. Der Zugriff auf die jeweilige Ressource erfolgt dann über eine entsprechende Referenzierung

---

[10](ELO steht für „E-Learning Objects")

[11]Das Kürzel IMS geht zurück auf das 1997 begonnene Projekt „Instructional Management Systems", aus dem später die heute gültige Bezeichnung des Konsortiums hervorging. Ausführliche Informationen zu diesem Konsortium finden sich unter http://www.imsglobal.org/

[12]MERLOT steht für „Multimedia Educational Resource for Learning and Online Teaching" und ist eine Initiative verschiedener US-amerikanischer Bildungseinrichtungen, an deren Spitze die California State University steht. Das Repository ist unter der Webadresse http://www.merlot.org/merlot/ zu finden. Die Gültigkeit dieser Webadresse und aller weiteren genannten URLs wurde zuletzt im Mai 2009 geprüft.

[13]SMETE steht für „Science, Mathematics, Engineering and Technology Education". Verantwortlich für die SMETE-Bibliothek ist ein Konsortium von Partnern, die u. a. in dem sog. „National Science Foundation (NSF) Digital Libraries Program" vertreten sind. Die SMETE-Plattform ist unter http://www.smete.org/smete/ zu finden.

[14]Auch die Gründung des Projektes iLumina geht zurück auf das NSF Digital Libraries Program. iLumina versteht sich als eine digitale Bibliothek, die wiederverwendbare Lernressourcen in den Wissensgebieten Chemie, Biologie, Physik und Informatik verwaltet (http://www.ilumina-dlib.org/).

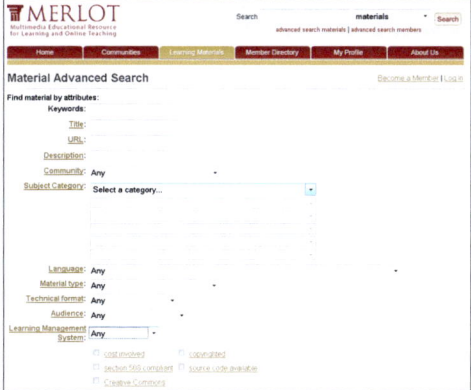

Abbildung 2.6: *„Advanced-Search"-Maske von MERLOT. Bei einer erweiterten Anfrage werden bis zu 12 Metadatenelemente ausgewertet. Einer Untersuchung von Jehad Najjar et al. zufolge offerieren die meisten Learning-Object-Repositorys – darunter auch MERLOT – ausschließlich Boolesche-Retrieval-Verfahren, die nach einer exakten Übereinstimmung zwischen Anfrageterm und Metadatum suchen [NKVD05]. Bei der Auswertung einfacher Anfragen, die über ein einzelnes Formularfeld gestellt werden, werden je nach Repository zwischen drei und sechs Metadatenelemente berücksichtigt.*

des Content-Providers, in dessen Verantwortungsbereich die Bereitstellung des Lernobjekts gelegt wird. Plattformen, welche diese Art der Datenhaltung bevorzugen, werden auch als „Learning-Object-Referatorys" bezeichnet (vgl. [AH07]). Beispiele sind MERLOT oder auch EdNA-Online[15]. Andere Plattformen wie ARIADNE[16] (siehe *Abb.* 2.7) oder CAREO[17] bieten dagegen eine physikalische Speicherung der Lernobjekte an.

Hinsichtlich der algorithmischen Auswertung von Suchanfragen, die an ein Learning-Object-Repository oder -Referatory gestellt werden, bieten sich zwei Arten von Eingangsdaten an:

1. der *Inhalt* der Ressourcen selbst

2. *Metainformationen* zu Ressourcen

---

[15]EdNA steht als Akronym für „Education Network Australia". EdNA-Online wird von education.au limited betrieben, einer (nicht-kommerziellen) Organisation der Australian education and training Ministers (http://www.edna.edu.au/edna/go).

[16]ARIADNE steht für „Alliance of Remote Instructional Authoring and Distribution Networks for Europe" (http://www.ariadne-eu.org/).

[17]CAREO („Campus Alberta Repository of Educational Objects") ist ein Kooperationsprojekt der University of Alberta, University of Calgary und der Athabasca University (http://www.ucalgary.ca/commons/careo/). Beteiligt sind außerdem die Initiativen BELLE („Broadband Enabled Lifelong Learning Environment") und CANARIE („Canadian Network for the Advancement of Research in Industry and Education").

29

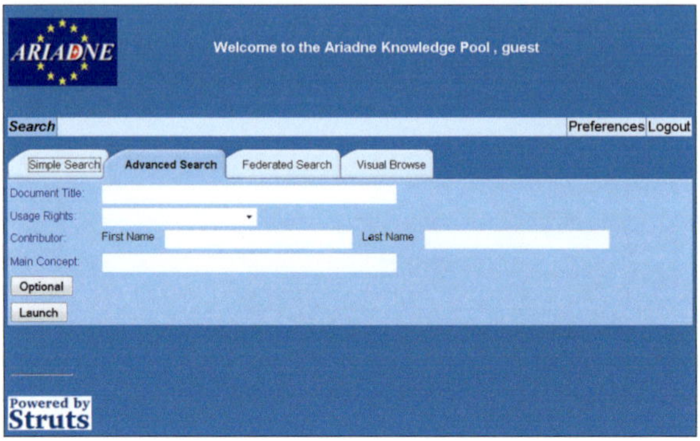

Abbildung 2.7: *„Advanced-Search"-Maske des ARIADNE-Knowledge-Pools. Die Suche erfolgt mit Hilfe des ARIADNE-Tools SILO („Search and Index Learning Objects") unter http://ariadne.cs.kuleuven.be/silo2006/NewAdvancedQuery.do. Sie erstreckt sich über die Metadeskriptoren „Document Title", „Usage Rights", „Contributor" und „Main Concept". Optional kann die Suche noch auf weitere Elemente ausgedehnt werden.*

Die Indizierung des Inhalts und darauf aufbauende Retrieval-Verfahren, wie sie in Kapitel 2.1.2 vorgestellt wurden, kommen insbesondere dann in Betracht, wenn erstens das Archivierungssystem lesenden Zugriff auf die Ressourcen hat (wovon besonders bei Referatorys nicht notwendigerweise ausgegangen werden kann) und zweitens es sich bei den Ressourcen um textuelle, natürlichsprachliche Dokumente handelt (wovon im E-Learning-Bereich ebenfalls nicht immer ausgegangen werden kann, da Lernarrangements in der Regel multimediale Komponenten enthalten). Für eine Indizierung anderer medialer Lernobjekte wie z. B. Audio-, Bild- oder Videodateien liegen zum gegenwärtigen Zeitpunkt der Forschung keine wirklich ausgereiften Verfahren vor.

Die Verfügbarkeit der zweiten Kategorie von Eingangsdaten – Metabeschreibungen zu Lernobjekten – ist hingegen nicht an bestimmte Medienformate oder Zugriffsrechte gebunden. Prinzipiell kann jedes Retrieval-System, welches das in der Metabeschreibung verwendete Notationsschema unterstützt, auf diese Art von Information zurückgreifen. Allerdings ergibt sich hier die Problematik, dass die Erstellung von Metadaten im Gegensatz zur automatischen Indizierung textueller Dokumente zumeist mit einem hohen Aufwand verbunden ist, da die Annotation zumindest in Teilen manuell erfolgen muss. Da diese Problematik trotz intensiver Forschungsbemühungen nach wie vor evident ist, macht es durchaus Sinn, sich auch mit alternativen bzw. additiven Verfahren der Wiedergewinnung von Lernressourcen auseinanderzusetzen. Kapitel 2.2 wird darauf im Zuge der Vorstellung von Empfehlungssystemen noch ausführlich zu sprechen kommen. Zunächst bleibt aber der Blick auf Metadaten gerichtet. Deren Bedeutungsgewinn im E-Learning-Bereich und die Schwierigkeit ihrer automatischen Erfassung werden im Folgenden ausführlich erörtert.

Metainformationen – gemeinhin als „Daten über Daten" bezeichnet [Fan01] – beschreiben Ressourcen aus verschiedenen Perspektiven. Sie können Daten zu inhaltlichen, technischen und auch kontextbezogenen Aspekten umfassen und so die Beurteilung der Qualität der recherchierten Ressource erleichtern. Von großer Bedeutung für die Erstellung und Nutzung von Metadaten ist die Vereinheitlichung und Formalisierung der Beschreibungselemente, die einem Metadatensatz zugrunde liegen. Bereits 1996 wurde von der Dublin Core Metadata Initiative [18] ein Vorschlag für eine Metadatenelementmenge vorgestellt. Dieses sog. „Dublin Core Metadata Element Set" unterscheidet 15 Kernelemente, die zudem in drei Gruppen aufgeteilt werden. Die erste Gruppe enthält Attribute zur Beschreibung des *Inhalts*. Die zweite Elementgruppe dient der Beschreibung des *geistigen Eigentums* einer Ressource und ermöglicht Angaben z. B. zum Autor oder Herausgeber einer Ressource. Die dritte Gruppe von Elementen schließlich erlaubt die Beschreibung einer bestimmten *Instanz*, die durch Zuweisung eines Datums, einer ID sowie der Spezifizierung des Formats und der Sprache erfolgt.

Die Dublin-Core-Metadaten haben international große Verbreitung erfahren, was sicherlich auch an der hohen Benutzerfreundlichkeit dieses Ansatzes liegen dürfte. Die Menge der verfügbaren Elemente ist sehr klein gehalten und das Vokabular ist leicht verständlich, auch deshalb, weil die Elementnamen in eine Vielzahl von Sprachen übersetzt wurden. Desweiteren zeigt sich die Spezifikation sehr offen gegenüber jeder Art von Objekt, das mit Metainformationen versehen werden soll. So können prinzipiell alle Ressourcen, also auch Lernobjekte, mit Dublin-Core-Metadaten ausgezeichnet werden.

Die bewusst einfach und allgemein gehaltene Metadatenspezifikation der Dublin-Core-Initiative geht im praktischen Gebrauch jedoch auch mit einigen Nachteilen einher. So hat sich gezeigt, dass die Angaben der Autoren zu einzelnen Elementen oftmals ungenau und nicht eindeutig interpretierbar sind. Um dieses Problem auszuräumen und eine exaktere Beschreibung von Ressourcen zu ermöglichen, wurden sog. „Qualifier" eingeführt. Qualifier umfassen sowohl Attribute, die der Verfeinerung bestehender Elemente dienen („Element Refinement"), als auch Kodierungsschemata („Encoding Schemes") zur Eingrenzung des Vokabulars für Elementwerte. Abhängig von der Art der Ressource können so unterschiedliche Vokabulare definiert werden.

Durch die Einführung von Qualifikatoren gewinnt Dublin Core an Flexibilität und Exaktheit. Dennoch bleibt ein weiteres Problemfeld bestehen: der Metadatensatz ist zu allgemein gehalten, um alle charakteristischen Eigenschaften einer Ressource erfassen zu können – ein Problem, das sich insbesondere bei der Metabeschreibung von Lernobjekten offenbart. Möchte man hier die Dublin-Core-Spezifikation nutzen, so ist dies mit dem gravierenden Nachteil verbunden, dass keinerlei Angaben zur pädagogischen Qualität gemacht werden können. Gerade diese Informationen sind aber unverzichtbar, soll eine akzeptable Abschätzung

---

[18]Um eine möglichst breite Akzeptanz der erarbeiteten Ergebnisse sicherzustellen, wurden von Beginn an zahlreiche nationale und internationale Institutionen einbezogen, darunter die bereits erwähnte NSF und das National Center for Supercomputing Applications der USA. Beteiligt waren aber auch bedeutende National- und Universitätsbibliotheken wie z. B. die Deutsche Bibliothek. Eine Übersicht über die aktuellen Aktivitäten der DCMI findet sich unter http://dublincore.org/.

der Eignung des Lernobjektes für den individuellen Anwendungskontext vorgenommen werden.

Im gleichen Jahr der offiziellen Verabschiedung der Dublin-Core-Metadatenspezifikation wurde ARIADNE ins Leben gerufen. Ziel dieses EU-Projektes war es, eine Infrastruktur für die Produktion und Distribution wiederverwendbarer Lernobjekte zu entwickeln[19]. Bestandteile dieser Infrastruktur sind jedoch nicht nur Werkzeuge, die den Erstellungs- und Verwaltungsprozess unterstützen – die Infrastruktur beinhaltet auch eine Metadatentaxonomie, die sich zwar an Dublin Core anlehnt, aber weitaus mehr Beschreibungsmöglichkeiten bietet. Insgesamt sieben Kategorien stehen dem Autor zur Verfügung, um wiederverwendbare Lernobjekte zu kennzeichnen und die Suche danach zu erleichtern. So können neben allgemeinen, technischen und semantischen Informationen auch Angaben zu Nutzungsbedingungen (Bezugshinweise, Preise) und Nutzungsmöglichkeiten gemacht werden. Darüber hinaus sieht die ARIADNE-Metadatenstruktur eine eigene Kategorie für pädagogische Attribute vor. Diese Kategorie bietet Beschreibungsmöglichkeiten für die Art des Endnutzers („End User Type"), den Dokumenttyp („Document Type") und das Dokumentformat („Document Format"). Desweiteren können Hinweise zum Gebrauch des Materials („Usage Remarks"), zur beabsichtigten Zielgruppe („Didactical Context"), zum Kurslevel („Course Level") und zum Schwierigkeitsgrad des Lernobjekts („Difficulty Level") gegeben werden. Die verbleibenden zwei Elemente in dieser Kategorie beschreiben den Interaktionsgrad („Interaction Quality") und die geschätzte Lerndauer („Pedagogical Duration").

Neben Dublin Core und ARIADNE hat auch das IMS Global Learning Consortium die Diskussion um Metadaten wesentlich belebt. Initiiert wurde das IMS-Projekt im Rahmen der US-amerikanischen Initiative zur Entwicklung einer nationalen Lerninfrastruktur („EDUCAUSE National Learning Infrastructure Initiative")[20]. Dem Konsortium gehören heute zahlreiche namhafte Unternehmen, Bildungsinstitutionen und Forschungseinrichtungen an. Neben wichtigen Arbeiten z. B. zum Datenaustausch zwischen Learning-Management-Systemen und anderen Unternehmens-Applikationen oder zur Aggregation und Rekombination von Lernobjekten[21] wurde auch eine Metadaten-Spezifikation erstellt. Diese umfasst eine Reihe weiterer wichtiger Elemente zur Beschreibung der didaktischen Eigenschaften eines Lernobjekts. Dazu gehören z. B. Attribute zu Lernzielen („Educational Objectives"), Lernvoraussetzungen („Prerequesite") und methodischen Überlegungen („Description").

Um langfristig einen Standard für pädagogische Metadaten zu etablieren, hat sich das IMS-Konsortium mit ARIADNE auf eine gemeinsame Metadatenspezifikation verständigt und diese beim Learning Technology Standards Committee des Institute of Electrical and Electronics Engineers (IEEE)[22] als Vorschlag eingereicht (vgl. Kapitel 2.3.2). Dort wurde der Vorschlag von der Learning Object Metadata Workgroup weiterbearbeitet und im Juli 2002 schließlich als Standard

---

[19]Das ARIADNE-Projekt wurde später unter der Bezeichnung ARIADNE II fortgesetzt. Heute werden die Arbeiten durch die ARIADNE-Foundation fortgeführt.

[20]`http://www.educause.edu/`

[21]siehe Kapitel 2.3

[22]`http://www.ieee.org/portal/site`

offiziell verabschiedet. Vorgestellt wird ein hierarchisch organisiertes Datenmodell bestehend aus 47 Elementen, die den folgenden neun Kategorien zugeteilt werden:

- **General** umfasst allgemeine Informationen über das Lernobjekt wie Titel, Sprache, Schlüsselwörter u. Ä..

- **Lifecyle** bildet Versionierungsinformationen ab und beschreibt die Entstehung, den aktuellen Status und die involvierten Personen bzw. Institutionen.

- **Meta-Metadaten** dienen im Gegensatz zu allen anderen Kategorien nicht der Beschreibung des Lernobjekts, sondern der Spezifizierung des verwendeten Metadatensatzes. Hierbei können u. a. Angaben zum Metadaten-Autor, zur Versionsnummer und zur Sprache des Metadatensatzes gemacht werden.

- **Technical** beschreibt die technischen Eigenschaften (z. B. MIME-Type, physikalischen Ort (URL) des Lernobjekts) und Anforderungen eines Lernobjekts (z. B. Installationsvoraussetzungen).

- **Educational** trägt unverkennbar die Handschrift des ARIADNE-Projektes. Hier finden sich die zuvor erwähnten Elemente zur Charakterisierung der pädagogischen Eigenschaften eines Lernobjekts.

- **Rights** ermöglicht die Angabe rechtlicher Hinweise zu Nutzungsrechten und -kosten.

- **Relation** erlaubt die präzise Angabe der Art von Beziehung eines Lernobjekts zu anderen Lernressourcen. Dazu gehört insbesondere die Spezifizierung von Teil- und Obermengen-, Referenz- und Voraussetzungsbeziehungen[23].

- **Annotation** kommt eine wichtige Rolle im Hinblick auf die Beurteilung der pädagogischen Qualität eines Lernobjekts zu. Hier finden Benutzer des Lernobjekts die Möglichkeit, Anmerkungen, Hinweise und Verwendungsvorschläge zu verfassen.

- **Classification** ermöglicht eine detaillierte Beschreibung des Inhalts eines Lernobjekts. Hier finden sich u. a. Elemente zur Präzisierung des Lehrgebiets, der Lernziele und Lernvoraussetzungen.

Zu jedem der 47 Elemente des LOM-Datenmodells werden Name, Datentyp, Wertebereich und Attribute festgelegt. Fragen der technischen Umsetzung, wie

---

[23] Je nachdem, welcher der drei Relationstypen dominiert, resultieren unterschiedliche Organisationsformen der Kursinhalte. Teil- und Obermengenbeziehungen bilden hierarchische Strukturen ab, Referenzbeziehungen formieren netzartige Strukturen, Voraussetzungsbeziehungen beschreiben lineare Arrangements. Entsprechend unterscheidet LOM innerhalb des Elements general.structure (vgl. *Abb.* 3.6, Nr. 1.1.7) auch drei Arten von Strukturen: networked, hierachical und linear.

z. B. die Speicherung von Metainformationen in Datenbanken oder Dateisystemen werden bewusst ausgeklammert. Auch die syntaktische Kodierung des Datenmodells bleibt offen. Hier haben andere Organisationen und Forschungseinrichtungen Vorschläge unterbreitet, wie das LOM-Datenmodell z. B. in XML-Syntax umgesetzt werden kann. Die größte Akzeptanz hat dabei das XML-Binding des IMS-Global-Learning-Konsortiums erfahren[24]. Auch Vorschläge für RDF-Bindings liegen mittlerweile vor [NPB+03].

Dem LOM-Standard liegt eine sehr weit gefasste Definition von Lernobjekten zu Grunde (vgl. Kapitel 2.3). Als Lernobjekt gilt prinzipiell alles, was im Rahmen des computerunterstützten Lernens eingesetzt, wiederverwendet oder referenziert werden kann. Allerdings ist deutlich zu erkennen, dass sich die Ausdifferenzierung des LOM-Datenmodells an Lernobjekte im engeren Sinne anlehnt. Ein Metadatum wie „Interactivity Level" macht beispielsweise nur Sinn für digitale Lernressourcen, nicht aber für Curriculumpläne, Autorenwerkzeuge oder Lehrpersonal.

LOM ist auf dem Wege, sich zum populärsten und meist verbreiteten Metadatenschema im E-Learning-Bereich zu entwickeln. *Filip Neven* und *Erik Duval* sowie *Argiris Tzikopoulos* et al. bestätigen diesen Eindruck mit ihrer Feststellung, dass derzeit eine rasante Zunahme von Repositorys zu beobachten ist, die LOM zur Katalogisierung ihres Datenbestandes nutzen [ND02, TMV07]. Bekannteste Vertreter sind derzeit Initiativen wie MERLOT und ARIADNE. Auch die vielbeachtete Initiative Advanced Distributed Learning des US-amerikanischen Verteidigungsministeriums referenziert in ihrem Sharable Content Object Model den LOM-Standard und hat damit maßgeblich zu seiner Verbreitung beigetragen [Adv06e].

Der offenkundige Bedeutungsgewinn des LOM-Standards im Bereich des Learning Object Retrieval sagt jedoch wenig darüber aus, ob auf Seiten der Autoren tatsächlich eine Metabeschreibung von Lernobjekten stattfindet. Sehr oft wird trotz der Verfügbarkeit von entsprechenden Werkzeugen [Adv04, ite01, REL09] eine Metabeschreibung unterlassen oder nur unvollständig und qualitativ unbefriedigend vollzogen [BCH03] – eine Erkenntnis, die *Duval* bereits im ARIADNE-Projekt erfahren musste [NTD03] und die auch vom IMS-Konsortium bestätigt wird (vgl. [FRF02]). Die Gründe hierfür sind vielfältig. Fasst man die in der Literatur diskutierten kritischen Positionen zum LOM-Metadaten-Konzept zusammen, kann man drei wesentliche Kritikpunkte identifizieren:

hoher Erstellungsaufwand: Die häufigste Kritik betrifft den Umfang und die Komplexität des Metadatensatzes. So umfasst eine maximale Metabeschreibung mehr als 100 Einträge zu sehr verschiedenen Aspekten der Lernressource [GES99].

unklare Vorgaben: Ein weiterer Kritikpunkt bezieht sich auf die Beschreibung als auch den Wertebereich einiger LOM-Metadatenelemente. Beides ist oftmals sehr unscharf formuliert und bietet großen Interpretationsspielraum. Dadurch werden unbrauchbare Metabeschreibungen regelrecht provoziert [FRF02]. Als Beispiel greift *Rolf Schulmeister* in [Sch02] das Element lom.-

---

[24]siehe http://www.ieeeltsc.org/working-groups/wg12LOM/1484.12.3

`educational.interactivityLevel` auf, das der Beschreibung des Interaktivitätsniveaus dient. Der zulässige Wertebereich umfasst eine fünfstufige, ordinale Skala, die von „very low" bis „very high" reicht. Dabei wird jedoch nicht spezifiziert, welche Art von Interaktion mit einem hohen bzw. niedrigen Wert einhergeht. So bleibt es dem Autor und seiner individuellen Vorstellung von Interaktivität überlassen, den Wertebereich dieses Metadatums zu interpretieren[25]. Als Ergebnis entstehen Einträge, die keine objektiven und verlässlichen Hinweise auf das tatsächliche Interaktionsniveau eines Lernobjektes bieten.

fehlende Attribute: Dieser Kritikpunkt betrifft im Wesentlichen die Kategorie `lom.educational`, die wie erwähnt der Beschreibung von pädagogisch-didaktischen Aspekten der Lernressource dient. Hier stehen zwar zahlreiche Attribute zur Verfügung, diese dienen aber primär der Beschreibung von Lern*inhalten*, während didaktische Rahmenbedingungen wie z. B. Lern*ziele* oder Lern*voraussetzungen* unberücksichtigt bleiben. Auch die Eignung von Ressourcen für konkrete Lernszenarien wie geankerte Instruktionen, elaborative Sequenzierungen oder explorative Lernarrangements (vgl. Kapitel 2.3) kann nicht expliziert werden [Kop04, Paw01]. Darüber hinaus ist es nicht möglich, die epistemologische und lerntheoretische Ausrichtung eines Lernobjekts zu artikulieren, die behavioristische, kognitivistische oder konstruktivistische Züge tragen kann [AQN02]. Entsprechend schwierig ist es für den Kursdesigner, die Passfähigkeit eines Lernobjekts für einen Kurs mit einer bestimmten lerntheoretischen Ausrichtung zu überprüfen. Einige Forschungsprojekte haben dieses Problem adressiert und konstruktive Vorschläge zur Beseitigung der defizitären didaktischen Auszeichnungsmöglichkeit von Lernressourcen eingebracht. In Abschnitt 6.1 wird darauf noch detaillierter eingegangen werden.

Um insbesondere dem oben genannten Problem des hohen Erstellungsaufwands zu begegnen, wurden in den letzten Jahren verschiedene Lösungsansätze entwickelt. In dem kanadischen Verbundprojekt CanCore beispielsweise wurde mit dem Ziel, die Komplexität und den Umfang der Metadatenauszeichnung zu reduzieren, ein LOM-Applikationsprofil („Canadian Core Learning Resource Metadata Application Profile") erstellt, das nur eine kleine, aber ausführlich dokumentierte Untermenge von Elementen des ursprünglichen Metadatenschemas enthält [Fri04, FRF02]. So verwendet das Applikationsprofil lediglich 36 Metadatenelemente des LOM-Standards. Auf die Metadaten-Kategorie „Annotations" wird komplett verzichtet. Eine Vereinfachung des LOM-Standards erfolgt aber auch insofern, als dass die Bedeutung des benutzten Vokabulars im Sinne einer

---

[25] *Schulmeister* stellt hierzu fest, dass gemeinhin sehr unterschiedliche Vorstellungen von Interaktivität und Interaktivitätsniveaus bestehen. Sehr oft würde Interaktion mit Navigation verwechselt. Dies führe dazu, dass Autoren das Lernobjekt als hoch interaktiv bezeichnen, obwohl außer Menüs und Schaltfelder für den Wechsel zu anderen Seiten keinerlei interaktive Komponenten angeboten werden. Um den Interpretationsspielraum einzuschränken und vergleichbare Metadatenbeschreibungen zu gewährleisten, schlägt *Schulmeister* eine auf den vorgegebenen Wertebereich zugeschnittene Taxonomie der Interaktivität vor. Diese wird in [Sch02] beschrieben.

semantischen Interoperabilität eindeutig festgelegt wird. Hierfür wurde ein rund 100 Seiten starker Leitfaden ausgearbeitet, der alle Elemente und Elementgruppen ausführlich dokumentiert und spezifiziert. Das CanCore-Applikationsprofil wird gegenwärtig von zahlreichen, überwiegend kanadischen Projekten genutzt, darunter z. B. Learn Alberta[26] oder BELLE[27].

Eine andere Möglichkeit, den manuellen Aufwand für eine Metabeschreibung zu minimieren, besteht darin, den Annotationsprozess weitestgehend zu automatisieren. *Jörg Caumanns* beispielsweise hat hier das Konzept des IR-Space vorgestellt, das eine automatische Berechnung der meisten LOM-Attribute ermöglicht [CL03]. Der IR-Space bündelt verschiedene etablierte Algorithmen zur Informationsextraktion und reguliert die zeitliche Abfolge der einzelnen Berechnungen. Nach *Caumanns* kann jedoch mithilfe des IR-Spaces nur ein Teil der Metadaten automatisch generiert werden. Ausgenommen sind insbesondere Attribute der Kategorie `lom.educational`. So ermöglichen heuristische Verfahren nur eine ungefähre Abschätzung der Bearbeitungszeit (`lom.educational.typicalLearningTime`). Auch andere Attribute wie z. B. `lom.educational.interactivityLevel` oder `lom.-educational.interactivityType` können nur sehr grob oder gar nicht bestimmt werden[28]. Hier ist nach wie vor eine manuelle Beschreibung erforderlich.

Besondere Aufmerksamkeit widmet *Caumanns* der Frage, wie eine inhaltliche Spezifizierung des Lernobjekts im Rahmen der Kategorie `lom.classification` erfolgen kann. Hier schlägt *Caumanns* die Nutzung von semantischen Netzen vor[29] [KB03, KW02]. Für eine inhaltliche Klassifizierung von Lernobjekten müssen zunächst die für ein Fachgebiet relevanten fachspezifischen Begriffe und Unterbegriffe identifiziert, in Beziehung gebracht und als semantisches Netz modelliert werden – ein aufwändiger Prozess, der nur von Experten der Fachdomäne geleistet werden kann. Anschließend wird durch eine linguistische Textanalyse des Lernobjektes die relative Häufigkeit des Auftretens bestimmter Schlüsselbegriffe ermittelt. Ist das Schlüsselkonzept ausgemacht, kann das Lernobjekt in das Begriffssystem des semantischen Netzes eingeordnet werden. Auf diese Weise können nach *Caumanns* auch Aussagen über die Lernziele, die Lernvoraussetzungen und die Beziehung zu anderen Lernobjekten gemacht werden [CE03].

Metadaten sind jedoch nicht die einzige Möglichkeit, Kursdesigner bei der Suche nach geeigneten Lernobjekten zu unterstützen. Einige Learning-Object-Repositorys stellen Kursdesignern und anderen interessierten Nutzern zusätzlich zu standardisierten Metadatenbeschreibungen auch *Reviews* oder *Assignments*

---

[26] siehe http://www.learnalberta.ca/

[27] Neben CanCore existieren noch einige weitere LOM-Anwendungsprofile. Viele davon streben jedoch keine Simplifizierung im Sinne von CanCore an, sondern dienen der Erweiterung bzw. Kombination des LOM-Standards mit anderen Metadatenschemata. Erwähnenswert ist hier z. B. das Australian Le@rning Federation's Metadata Application Profile [The08], das LOM-Elemente insbesondere mit Elementen der Open Digital Rights Language [The02] kombiniert

[28] So kann der Interaktivitätsgrad nur durch Zählen der Häufigkeit von interaktiven Komponenten wie z. B. Checkboxen annäherungsweise bestimmt werden. Qualitative Aussagen über interaktive Komponenten können damit allerdings nicht vorgenommen werden.

[29] Semantische Netze dienen der grafischen Visualisierung von Wissensrepräsentationen und bestehen aus einer Menge von begrifflichen Entitäten (als Knoten dargestellt) und den Beziehungen zwischen diesen Entitäten (als Kanten modelliert).

als Entscheidungshilfen zur Verfügung. Zu den bekanntesten Repositorys, die diese Art von Hilfestellung anbieten, zählt MERLOT. Über Peer-Reviews wird die Qualität der angebotenen Lernmaterialien sichergestellt. Das prozedurale Vorgehen orientiert sich dabei an dem in der Wissenschaft gebräuchlichen Gutachterverfahren, durch das die Qualität und Korrektheit wissenschaftlicher Veröffentlichungen gewährleistet werden soll [MER09][30].

Assignments dokumentieren die Kontextualisierung einer Lernressource. Sie spezifizieren die Art und Weise, wie ein Kursanbieter eine Lernressource in einem bestimmten Lehr- und Lernszenario (wieder-)verwendet hat. Hierzu können vielfältige Angaben gemacht werden, insbesondere zur Ausgangslage der Teilnehmer, zu den Lernzielen, zur methodischen Gestaltung und zu den verwendeten Erfolgskontrollen. Kursdesigner erhalten anhand dieser didaktischen Spezifikation einen ungefähren Richtwert für mögliche pädagogische Einsatzfelder der Lernressource.

Obwohl Assignments als auch Reviews eine für Kursersteller überaus wichtige Informationsquelle sind, werden sie bislang nur von wenigen Repositorys angeboten [TMV07]. Die Ursache liegt – ähnlich wie auch bei der Metadatenbeschreibung – in dem erheblichen zeitlichen Aufwand, den ihre Erstellung erfordert. Die Verfügbarkeit derartiger Qualitätsinformationen ist deswegen auf lange Sicht auch nur für einen Bruchteil der wiederverwendbaren bzw. wiederverwendeten Lernobjekte zu erwarten. Insgesamt zeigen die Ausführungen dieses Abschnitts zum Thema Learning Object Retrieval, dass die Wiedergewinnung von Lernressourcen unsicher ist und insbesondere dann zu scheitern droht, wenn weder eine inhaltliche Indizierung möglich ist, noch aussagekräftige Metadaten vorliegen. Die Konsequenzen dieser Problematik beschreibt *Ralf Steinmetz* passend mit den Worten:

> „Oftmals verschwinden aufwändig erzeugte Lernressourcen im digitalen Nirgendwo. Das Wiederfinden ist dann genauso teuer, wie eine Neuerzeugung." [Ros04]

Da das Auffinden von Lernressourcen aber die notwendige Voraussetzung darstellt, diese in neuen Lehr- und Lernkontexten wiederzuverwenden, muss nach *ergänzenden* Retrieval-Verfahren Ausschau gehalten werden, die eine Wiedergewinnung von Lernmaterialien unabhängig von der Verfügbarkeit dieser Art von Eingangsdaten ermöglichen. Der folgende Abschnitt richtet deshalb seinen Blick auf eine alternative Verfahrensklasse, die seit einigen Jahren v. a. im Bereich des elektronischen Handels eingesetzt wird. Dort versucht man auf verschiedenen Wegen, personalisierte Produktempfehlungen zu generieren, um den Nutzer auf

---

[30] In MERLOT wird ein übertragenes Lerndokument von mindestens zwei ausgewählten Gutachtern beurteilt. Die Evaluationskriterien verteilen sich auf drei Bereiche. Jeder Gutachter muss eine Einschätzung der inhaltlichen Güte („Quality of Content"), des Lehr- bzw. Lernnutzens („Potential Effectiveness as a Teaching Tool") und der Benutzungsfreundlichkeit („Ease of Use") vornehmen. Jede dieser Dimensionen wird getrennt beurteilt und schriftlich kommentiert. Darüber hinaus wird jeder Bereich mit maximal fünf Punkten bewertet. Ein Lernobjekt muss dabei durchschnittlich mindestens drei Punkte erhalten, um in das Repositorium dauerhaft aufgenommen zu werden. Nach Abschluss des Evaluationsverfahrens werden die beiden schriftlichen Ausführungen der Gutachter in einem Dokument gebündelt und zusammen mit der Lernressource elektronisch bereitgestellt.

ihm bislang unbekannte Objekte hinzuweisen. Auf welche Weise dies geschehen kann und welche Rolle diese Techniken im E-Learning-Bereich spielen (könnten), wird im Folgenden erörtert.

2.2 Empfehlungssysteme

Eines der wesentlichen Charakteristika unserer modernen Gesellschaft ist das Phänomen der „Vielfalt". So erleben wir heute ein nie zuvor da gewesenes, konkurrierendes Nebeneinander von Institutionen, Funktionsbereichen und Systemen, von Werten, Anschauungen und Religionen. Vielfalt an sich ist dabei zunächst ein wertfreier Begriff. Für den Einzelnen bedeutet sie nicht notwendigerweise ein Mehr an Lebensqualität. Vielmehr entfaltet sie sich in zwei ambivalente, entgegengesetzte Richtungen: auf der einen Seite führt sie zu einem spürbaren Zugewinn an Entscheidungsmöglichkeiten und befreit das Individuum aus einem engen Korsett tradierter Denk-, Orientierungs- und Verhaltensmuster. Auf der anderen Seite führt Vielfalt aber auch zu einer Verschärfung des Entscheidungszwangs. So hängt eine erfolgreiche Daseinsbewältigung „entscheidend" davon ab, ob es dem Einzelnen gelingt, aus der Fülle von Möglichkeiten jene zu wählen, die der eigenen Anschauung entsprechen und individuelle Bedürfnisse befriedigen. Und auch hier haben moderne Technologien[31] nicht halt gemacht und versuchen – zumindest in einigen Lebensbereichen – die menschliche Entscheidungsfindung zu erleichtern. Die Rede ist von sog. *Empfehlungssystemen* (engl. „Recommender Systems"), die spätestens seit dem kommerziellen Erfolg von Amazon.com den meisten Internetnutzern vertraut oder zumindest begegnet sind.

Empfehlungssysteme sind Dienste, die abhängig von bestimmten vorliegenden Informationen den Entscheidungsraum eines Nutzers eingrenzen und auf jene Möglichkeiten reduziert, die für seine Belange bedeutsam sein könnten. Dabei stellt die Annahme, Empfehlungssysteme würden ausschließlich dem Individuum zugute kommen, eine naive Ausblendung betriebswirtschaftlicher Interessen seitens der Anbieter dar. Besonders im kommerziellen Umfeld werden diese Systeme als Prognoseinstrument zur Schätzung des individuellen Kaufverhaltens und der Kundenwert-Bestimmung eingesetzt (vgl. [GSHNT03, Run00]). Desweiteren nutzen sie einen zwar paradoxen, aber erwünschten Effekt: die scheinbar intendierte Einschränkung der kundenbezogenen (Kauf-)Möglichkeiten bewirkt in der Praxis nicht selten eine Ausweitung des Konsumverhaltens; durch gelungene Empfehlungen, welche die eigenen Bedürfnisse sehr gut repräsentieren, werden Kunden dazu verleitet, Artikel zu kaufen, die ursprünglich nicht zum Kauf vorgesehen waren.

Im folgenden Abschnitt wird zunächst eine Klassifikation von Empfehlungssystemen vorgenommen. Die weitere Darstellung konzentriert sich auf die aus Sicht dieser Forschungsarbeit relevanten Bereiche *Content-Based Filtering* und *Collaborative Filtering*. Im Anschluss an die Vorstellung der grundlegenden methodischen Verfahrensweise und der Vor- und Nachteile dieser beiden Ansätze

---

[31]Der technologische Fortschritt selbst hat maßgeblich dazu beigetragen, eine pluralistische Lebensform auszubilden.

werden in Kapitel 2.2.5 einige Beispiele für den Einsatz von Empfehlungsdiensten im E-Learning-Bereich gegeben.

2.2.1 Klassifikation von Empfehlungssystemen

Folgt man den historischen Wurzeln jener Idee, die Entscheidungsfindung von Personen oder Personengruppen durch neue technische Möglichkeiten zu unterstützen, gelangt man in die 60-er-Jahre des letzten Jahrhunderts. In dieser Zeit entstanden erste Modelle sog. „Entscheidungsunterstützungssysteme" (engl. „Decision Support Systems"), die Unternehmensdaten sammelten und diese in aufbereiteter Form an Entscheidungsträger weiterreichten, die mit Analyse- und Planungsaufgaben betraut waren. Der weitere Entwicklungsverlauf dieser analytischen Informationssysteme setzte jedoch keine nennenswerten Impulse für die Fortentwicklung von Empfehlungssystemen, wie wir sie heute kennen. Hier war es vor allen Dingen der US-Amerikaner *John Hey*, der ein patentiertes Verfahren zur Prognose von Nutzerverhalten entwickelte. Das Verfahren wertete das Verhalten eines Nutzers aus und ermittelte sog. „Mentoren", die sich in der gleichen Situation ähnlich verhielten. Anhand dieser Mentoren wurde dann auf das zukünftige Verhalten des Nutzers geschlossen: In der Patentbeschreibung heißt es hierzu:

> „This invention relates to a system and method of predicting reactions to items not yet sampled by a user, and more particularly to such a system and method which adjust the reaction prediction for each unsampled item for that user based on the similarity in reaction of other users relative to that user." [Hey89]

Hey beschreibt mit diesen Worten die Grundzüge des *Collaborative Filtering*[32] wie es später in vielen Empfehlungssystemen Anwendung finden sollte (siehe Kapitel 2.2.2). Der Terminus selbst geht jedoch nicht auf *Hey* zurück, sondern wird zum ersten Mal in einer Veröffentlichung von *David Goldberg* et al. aus dem Jahre 1992 [GNOT92] benutzt. In dieser Publikation wird die experimentelle Umgebung Tapestry zur Filterung von E-Mails vorgestellt, die am Xerox Palo Alto Research Center für Xerox entwickelt wurde. Tapestry war die Antwort auf ein hausgemachtes Problem: Nach der Einführung eines elektronischen Nachrichtensystems sahen sich die Mitarbeiter dieses Unternehmens täglich mit einem Übermaß an Informationen konfrontiert. Dies kam dadurch zustande, dass interne Rundschreiben grundsätzlich an alle Mitarbeiter per E-Mail verschickt wurden. Auch die Einführung von Mailing-Listen, in die sich jeder Mitarbeiter eintragen konnte, der nur die Nachrichten eines bestimmten Interessensgebietes beziehen wollte, brachte nicht den gewünschten Erfolg.

So entwickelten *Goldberg* et al. ein Filtersystem, das jedem Nutzer helfen sollte, die persönlich relevanten Nachrichten – und nur diese – zu beziehen. Der dabei verwendete Filtermechanismus nutzte neben den bereits aus dem Information Retrieval bekannten inhaltsbasierten Verfahren erstmals die menschliche

---

[32]Auf *Hey* geht auch das Empfehlungssystem der Firma Likeminds zurück, das u. a. in der Kinofilm-Plattform Moviecritic (`http://www.moviecritic.com`) eingesetzt wird.

Urteilskraft als Filterinstanz. Die Nutzer sollten sich gegenseitig helfen, Nachrichten zu filtern; ein kollaboratives Filtern von Information also, das *Goldberg* et al. entsprechend als „Collaborative Filtering" bezeichneten. So wurden die Mitarbeiter gebeten, jede Nachricht gemäß ihrer Relevanz zu bewerten. Kollegen mit einem ähnlichen Arbeitsbereich oder verwandtem Interessensgebiet dienten dann als Mentoren im Sinne *Heys*: mit Hilfe ihrer Präferenzprofile sollten andere Mitarbeiter zukünftig nur solche Informationen erhalten, die für deren Arbeit von Belang waren.

Tapestry gilt als das historisch älteste Empfehlungssystem. Sein Ansatz des Collaborative Filtering, *ähnliche* Nutzer zu identifizieren und aus deren Verhaltensweisen personalisierte Handlungsempfehlungen abzuleiten, wird auch heute noch vielerorts mit dem Begriff des Empfehlungssystems gleichgesetzt. Die Definition von *Paul Resnick* und *Hal R. Varian* zeigt dies beispielhaft:

> „In a typical recommender System people provide recommendations as inputs, which the system then aggregates and directs to appropriate recipients. In some cases the primary transformation is in the aggregation; in others the system's value lies in its ability to make good matches between the recommenders and those seeking recommendations." [RV97, S. 56]

Collaborative Filtering ist heute sicherlich das geläufigste Verfahren, das im Bereich der Empfehlungssysteme Verwendung findet. Dennoch werden in der Praxis weitere Verfahren und Kombinationen von solchen angewendet, so dass eine pauschale Gleichsetzung von Empfehlungssystemen und Collaborative-Filtering-Anwendungen unangebracht scheint. Darauf macht auch *Robin Burke* aufmerksam, der in [Bur02] eine vielbeachte Differenzierung von Empfehlungssystemen vornimmt[33]. Abhängig von der Art der Informationen, die genutzt werden, um Handlungsvorschläge zu generieren, nennt *Burke* neben dem Collaborative Filtering, das in Kapitel 2.2.2 noch detaillierter vorgestellt werden wird, vier weitere Klassen von Empfehlungssystemen:

- In einem **Content-Based-Filtering**-System werden ausgehend von der Bewertung eines oder mehrerer Objekte durch einen Nutzer, ähnliche Objekte ermittelt. Die der Ähnlichkeit zugrunde gelegten Kriterien beziehen sich dabei auf die Eigenschaften der Objekte selbst, stehen also in keiner Beziehung mit der Bewertung fremder Nutzer. Inhaltsbasierte Empfehlungssysteme werden sehr häufig im Zusammenhang mit Kollektionen natürlichsprachlicher Dokumente eingesetzt, deren Ähnlichkeit z. B. mit Hilfe der in Kapitel 2.1 beschriebenen Verfahren auf Basis der indizierten Terme berechnet wird. Eine ausführliche Erläuterung dieses Ansatzes erfolgt in Kapitel 2.2.3.

- **Demographic Filtering** bildet Cluster von Nutzern (sog. „Stereotypen") anhand gemeinsamer demographischer Merkmale wie Alter, Geschlecht, Nationalität, Wohnort, Familienstand, Bildung oder Beschäftigung. Darüber hinaus können auch persönliche Präferenzen in die Bildung von Ste-

---

[33]Weitere Klassifizierungsmodelle von Empfehlungssystemen finden sich beispielsweise in [TH01, Run00].

reotypen einfließen (beispielsweise Vorlieben für bestimmte Produkte, Filme oder Musikrichtungen). Nutzer erhalten Empfehlungen auf Basis der Bewertung anderer Nutzer, die dem gleichen Stereotyp (z. B. „Akademiker", „Mutter") angehören. Dieser Ansatz wird erstmals von *Rich* im Jahre 1979 beschrieben [Ric79] und wurde insbesondere von *Krulwich* und *Pazzani* in der Folgezeit weiterentwickelt [Kru97, Paz99][34]. Die Problematik dieses Ansatzes liegt in der These, dass demographisch ähnliche Nutzer auch ähnliche Präferenzen teilen. Diese Generalisierung entspricht jedoch nicht notwendigerweise der Realität und führt nicht selten zu misslungenen Empfehlungen oder Fehleinschätzungen des prognostizierten Nutzerverhaltens. In [Paz99, YU05] wird deswegen vorgeschlagen, demographische Ansätze mit Collaborative Filtering und Content-Based Filtering zu kombinieren.

- Empfehlungssysteme, die nach *Burke* in die Kategorie **Utility Based Filtering** fallen, basieren auf dem Konstrukt der *Nützlichkeit*. Ein Anwender spezifiziert, welche Eigenschaften ein Objekt aufweisen muss, damit es für ihn als nützlich gilt. In diese sog. „Utility Function" können sowohl produktbezogene Attribute (z. B. gewünschte Speicherkapazität einer Festplatte) als auch produktübergreifende Angaben (z. B. Zuverlässigkeit des Verkäufers, akzeptierte Zahlungsmethoden, Verfügbarkeit des Produkts) einfließen. Ein nutzenbasiertes Empfehlungssystem vergleicht das Anforderungsprofil mit den Metainformationen aller Objekte, die im System erfasst sind. Objekte, welche die größte Übereinstimmung aufweisen, werden als nützlich eingestuft und dem Kunden vorgeschlagen. In [GMM01] finden sich Beispiele von Systemen, die auf Basis einer Utilty-Function agieren.

- **Knowledge-Based-Filtering-Systeme** verwenden ähnlich wie nutzenbasierte Systeme als Datenbasis Metainformationen über die Eigenschaften der Objekte. Darüber hinaus besitzen diese Systeme aber auch ein Wissen über die Zusammenhänge zwischen den Eigenschaften der Objekte und den Anforderungen der Benutzer; in den Berechnungsprozess fließen also auch funktionale Metadaten ein, die beschreiben, inwiefern ein Objekt ein bestimmtes Nutzerbedürfnis befriedigt. Sind die Anforderungen eines Nutzers bekannt, werden aus der Menge aller Objekte jene selektiert, die seinem Profil am ehesten entsprechen. Beispiele solcher Systeme werden in [TQ00, SB99] vorgestellt.

Die Differenzierung *Burkes* in die fünf oben genannten Hauptklassen muss im Kontext seiner spezifischen begrifflichen Auffassung von Empfehlungssystemen gesehen werden. So nennt er insbesondere *Individualisierung* und *Personalisierung* als die wesentlichen Charakteristika, die ein Empfehlungssystem von anderen Applikationen unterscheidet:

> „The term now has a broader connotation, describing any system that produces individualized recommendations as output or has the effect of

---

[34]Während *Rich* die zur Profilbildung benötigten Daten aus der direkten Befragung der Nutzer gewinnt, extrahiert Pazzani die erforderlichen demographischen Informationen aus den privaten Webseiten der Nutzer.

guiding the user in a personalized way to interesting or useful objects in a large space of possible options." [Bur02, S. 331]

Entsprechend besitzen alle von ihm angeführten Klassen von Empfehlungssystemen die gemeinsame Eigenschaft, dass sie im Ergebnis zu einer individuellen, auf die Bedürfnisse des Anwenders zugeschnittenen Empfehlung führen. In der Praxis existieren aber auch Systeme, die Empfehlungen geben, welche – unabhängig von Benutzerprofilen – für alle Nutzer gleich sind. So finden sich im World Wide Web zahlreiche Beispiele von Anwendungen, die ein Ranking von Produkten anhand des Kaufverhaltens oder der gemittelten Präferenzwerte einer breiten Masse von Nutzern durchführen und die Ergebnispräsentation auf jene Objekte beschränken, welche die höchsten gemittelten Kundenbewertungen erhalten haben. Und auch diese Systeme können zu den Empfehlungssystemen gezählt werden, da sie anhand bestimmter Selektionskriterien eine Vorauswahl an Entscheidungsmöglichkeiten treffen, die den Nutzern zugute kommen kann. Nimmt man auch diese Art nicht-personalisierter Empfehlungssysteme in ein Klassifikationsmodell auf, ergibt sich eine Differenzierung, die in *Abb.* 2.8 – einer Erweiterung von Abbildung 2.2 – abschließend illustriert wird.

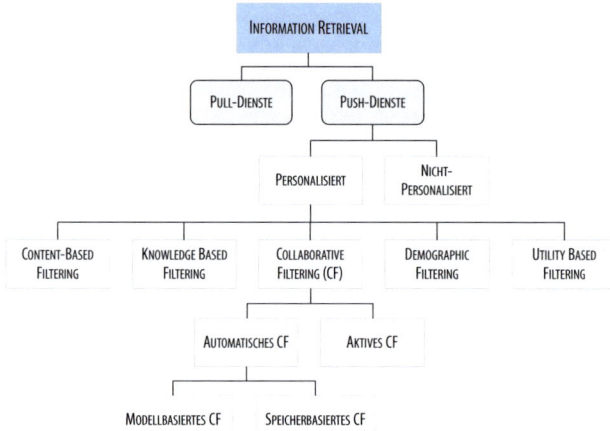

Abbildung 2.8: *Erweiterung von Abbildung 2.2 mit Blickrichtung auf Push- bzw. Empfehlungsdienste. Die Klassifikation personalisierter Empfehlungsdienste erfolgt in Anlehnung an [Bur02, Run00]).*

2.2.2 Collaborative Filtering

Kollaborative Empfehlungssysteme lassen sich in vielerlei Hinsicht differenzieren – denkbar sind beispielsweise personale (welches Klientel wird bedient?), kontextuelle (in welchen Anwendungsszenarien wird das System eingesetzt?) oder technische Unterscheidungsmerkmale (welche Algorithmen werden eingesetzt?). Eine Differenzierung kann aber auch, wie *Abb.* 2.8 zeigt, anhand des Grades direkter Interaktion zwischen Mentor und Empfehlungsempfänger[35], vorgenommen werden. So existieren Systeme wie das oben erwähnte Tapestry, in dem eine überschaubare Zahl von Nutzern mit gemeinsamen Interessen agieren. In diesem System kennen sich Mentor und aktiver Nutzer. Mentoren begutachten elektronische Nachrichten oder Dokumente und senden zusammen mit der Bewertungsinformation einen Verweis (Hyperlink) auf das Objekt an die assoziierten Nutzer, in der Annahme, dass dieses für die Rezipienten von Interesse sein könnte. *Kate Ehrlich* und *David Maltz* bezeichnen diese Art von Empfehlungssystem als „Active Collaborative Filtering", da die als „Pointer" bezeichneten Empfehlungen *aktiv* durch die Nutzergruppe selbst (und nicht durch das System) hervorgebracht und weitergeleitet werden [ME95]. Im Unterschied dazu generiert ein „Automated Collaborative Filtering" [SKH+98] Empfehlungen automatisiert durch mathematische oder regelbasierte Verfahren. Da diese Systeme nicht voraussetzen, dass Mentor und aktiver Nutzer einander kennen, eignen sie sich sehr gut für Anwendungen, die eine hohe Skalierbarkeit erfordern, wie es insbesondere in der hier vorgestellten Arbeit der Fall ist. Die folgenden Ausführungen beziehen sich deshalb auf diese Gruppe kollaborativer Empfehlungssysteme; auf aktive Empfehlungssysteme wird nicht weiter eingegangen.

Die grundlegende Verfahrensweise automatisierter, kollaborativer Empfehlungssysteme lässt sich in einem Dreischritt beschreiben: das System sammelt (1) Bewertungen (engl. „Ratings") über Objekte und überführt diese in eine geeignete Repräsentationsform. Es identifiziert (2) innerhalb des aggregierten Datenbestandes Nutzer mit ähnlichen Präferenzwerten und generiert (3) schließlich Empfehlungen, die aus den ermittelten homogenen Bewertungsmustern abgeleitet werden. *Badrul M. Sarwar* et al. bezeichnen diese drei Phasen auch als „Representation", „Neighborhood Formation" und „Recommendation Generation" [SKKR00].

1. **Repräsentation der Eingangsdaten:** Kollaborative Empfehlungssysteme besitzen kein Wissen über die Objekte an sich, auch demographische Parameter oder bedürfnisbezogene Informationen über Nutzer (vgl. Kapitel 2.2.1) fließen nicht in die Berechnung ein. Entscheidend ist alleine, welche Nutzer welche Objekte präferieren und diese Präferenzen offenbaren sich in den Bewertungen bzw. dem Bewertungsprofil der einzelnen Nutzer.

   Formal kann ein Bewertungsprofil als (Rating-)Vektor $\vec{e}$ dargestellt werden:

   $$\vec{e_u} = (e_{u,i_1}, e_{u,i_2}, ..., e_{u,i_n}) \text{ mit } u \in U \text{ und } i \in I \qquad (2.29)$$

   Dabei entspricht beispielsweise e_{u,i_1} dem Präferenzwert des Nutzers u für das Objekt i_1. U kennzeichnet die Menge aller Nutzer und I die Menge der Objekte, die in dem System erfasst sind. Die benutzerspezifischen Ratings werden üblicherweise als Zeilenvektoren in eine *User-Item-* bzw. *Rating-Matrix E* überführt, wie sie die obenstehende Tabelle in *Abb.* 2.9 illustriert.

---

[35]Der Rezipient einer Empfehlung wird im Folgenden auch als „aktiver Nutzer" bezeichnet.

Objekte (engl. „Items") werden also in den Spalten, Nutzer in den Zeilen angeordnet.

	Item i_1	Item i_2	Item i_3	Item i_4	Item i_5	
aktiver Nutzer → User u_1	5	7	5	7	?	← Missing Value
Mentoren → User u_2	5	7	5	7	9	prognose-relevante Bewertungen
→ User u_3	5	7	5	7	9	
User u_4	6	6	6	6	5	
User u_5	6	6	6	6	5	

	Item i_1	Item i_2	Item i_3	Item i_4	Item i_5	
aktiver Nutzer → User u_1	5,2,2,8,8	7,5,5,9,9	5,2,2,8,8	7,5,5,9,9	?	← Missing Value
User u_2	5,8,8,2,2	7,9,9,5,5	5,8,8,2,2	7,9,9,5,5	9	
User u_3	5,8,8,2,2	7,9,9,5,5	5,8,8,2,2	7,9,9,5,5	9	
Mentoren → User u_4	6,3,3,9,9	6,4,4,8,8	6,3,3,9,9	6,4,4,8,8	5	prognose-relevante Bewertungen
→ User u_5	6,3,3,9,9	6,4,4,8,8	6,3,3,9,9	6,4,4,8,8	5	

Abbildung 2.9: *Oben: exemplarische User-Item-Matrix zu **einkriteriellen** Ratings. Hier haben Nutzer den Gesamteindruck eines Objektes anhand einer ordinalen Skala von 1-9 bewertet. Der Filter-Algorithmus berechnet auf Basis dieser Matrix eine Nachbarschaft ähnlicher Nutzer (Mentoren) bestehend aus u_2 und u_3. Deren Bewertungen werden für die Prognose des fehlenden Rating-Wertes von Nutzer u_1 (aktiver Nutzer) für i_5 herangezogen. Unten: User-Item-Matrix zu **multikriteriellen** Bewertungen. Nutzer haben verschiedene Aspekte eines Objektes beurteilt, z. B. Handlung, Spannung oder visuelle Effekte eines Films. In diesem Fall werden die Nutzer u_4 und u_5 als Mentoren ausgewählt (Abbildungen in Anlehnung an [AK07]).*

Eine formale Repräsentation einer Rating-Matrix E mit einkriteriellen Bewertungen zeigt Gleichung 2.30:

$$E = \begin{bmatrix} e_{u_1,i_1} & e_{u_1,i_2} & .. & e_{u_1,i_n} \\ e_{u_2,i_1} & e_{u_2,i_2} & .. & e_{u_2,i_n} \\ .. & .. & .. & .. \\ e_{u_m,i_1} & e_{u_m,i_2} & .. & e_{u_m,i_n} \end{bmatrix} \quad (2.30)$$

Die in einem Collaborative Filtering-System aggregierten Bewertungen können auf unterschiedliche Art und Weise zustande kommen. In *expliziter* Form wird der Nutzer gebeten, eine Auswahl von Objekten zu bewerten (siehe *Abb.* 2.10). Für das Rating wird in der Regel eine ganzzahlige Intervallskala zur Verfügung gestellt. Aber auch binäre Bewertungen („gefällt mir", „gefällt mir nicht") sind möglich. Desweiteren kann ein Objekt entweder *global* in seiner Gesamtheit oder *lokal* hinsichtlich einzelner Objektmerkmale beurteilt werden. Ein Kinofilm beispielsweise könnte danach bewertet werden, welche Wirkung er in den Kategorien Action, Spaß, Spannung oder Emotion beim Nutzer hervorgerufen hat. Auch wenn aus analytischer Sicht ein differenziertes Präferenzprofil vorteilhaft ist, wird dennoch der globalen, expliziten Bewertung zumeist der Vorzug gegeben.

Sie ist eher „zumutbar", da ihr zeitlicher und kognitiver Aufwand im Vergleich zur differenzierten Bewertung deutlich niedriger ist. Im unteren Teil von *Abb.* 2.9 ist eine beispielhafte User-Item-Matrix mit lokalen bzw. multikriteriellen Bewertungen dargestellt. *Gediminas Adomavicius* und *YoungOk Kwon* widmen sich in [AK07] der Fragestellung, wie Empfehlungen auf Basis mehrdimensionaler Bewertungsschemata algorithmisch berechnet werden können. Eine Möglichkeit wird im Zusammenhang mit der multikriteriellen Evaluation von Lernobjekten in Kapitel 2.2.5 vorgestellt.

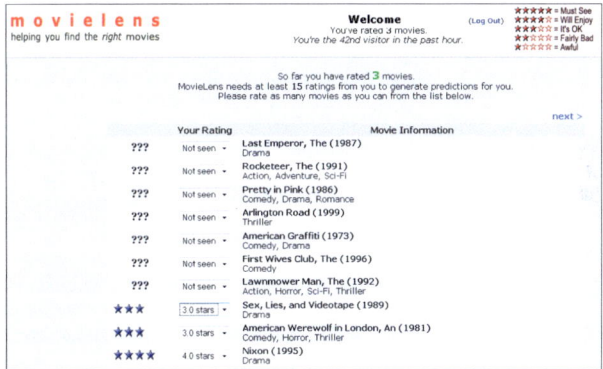

Abbildung 2.10: *Neu registrierte Nutzer des Empfehlungssystems MovieLens (*http://www.movielens.org/*) müssen zunächst mindestens 15 Filme (explizit) bewerten. Danach generiert ein Collaborative-Filter-Algorithmus personalisierte Film-Empfehlungen.*

Anders als bei der expliziten Bewertung wird bei einer *impliziten* Präferenzerfassung das Bewertungsprofil eines Nutzers alleine aus dessen Interaktion mit dem System gewonnen. Das Empfehlungssystem misst beispielsweise, welche Objekte ein Nutzer zum wiederholten Male selektiert hat, welche Artikel gekauft wurden, wie lange ein Nutzer auf einer Webseite verweilte etc. Diese Art der Bewertung hat den Vorteil, dass sie nicht an den freien Willen oder die Motivation der Nutzer gebunden ist. Durch die automatische Datenerfassung können weitaus mehr Bewertungen aggregiert werden, als bei einer expliziten Befragung der Nutzer. Auf der anderen Seite birgt sie die Gefahr einer Fehlinterpretation von Nutzerverhalten, die sich in falschen Präferenzwerten niederschlägt[36].

2. **Sondierung der Nachbarschaft:** Im nächsten Schritt wird das Bewertungsprofil des aktiven Nutzers mit anderen Profilen oder Profilrastern

---

[36]So induziert beispielsweise die lange Verweildauer eines Nutzers auf einer Artikelbeschreibung nicht notwendigerweise ein erhöhtes Interesse am Produkt. Die Verweildauer kann z. B. auch dadurch zustande kommen, dass der Nutzer nebenher einer anderen Beschäftigung nachgeht.

verglichen, um Nutzer zu identifizieren, die aufgrund ihrer Interessenlage dem aktiven Nutzer vermutlich nahe stehen. Für jeden aktiven Nutzer $u_a \in U$ muss also eine geordnete Menge $N = \{N_1, N_2, ... N_l\}$ mit $u_a \notin N$ von Nachbarn bestimmt werden, wobei N_1 die höchste Ähnlichkeit, N_2 die zweithöchste Ähnlichkeit usw. zu u_a aufweist.

Die grundlegende Verfahrensweise entspricht dabei zumeist der vektorraumbasierten Analysemethode, wie sie im Information Retrieval zur Bestimmung der Ähnlichkeit von textuellen Dokumenten (vgl. Kapitel 2.1.2) genutzt wird[37]. Dabei entsprechen die Nutzer den Dokumenten, die Objekte den Termen und die Präferenzwerte den Termgewichten. Mit Hilfe des normierten Skalarprodukts der Ranking-Vektoren $\vec{e_{u_a}}$ und $\vec{e_{u_j}}$ des aktiven Nutzers u_a und eines anderen Nutzers u_j lässt sich die Ähnlichkeit der beiden Präferenzprofile ermitteln (vgl. [BHK92]):

$$sim(e_{u_a}, e_{u_j}) = \frac{\vec{e_{u_a}} \cdot \vec{e_{u_j}}}{|\vec{e_{u_a}}| \cdot |\vec{e_{u_j}}|} = \frac{\sum_{i \in I} e_{u_a,i} \cdot e_{u_j,i}}{\sqrt{\sum_{i \in I} e_{u_a,i}^2} \cdot \sqrt{\sum_{i \in I} e_{u_j,i}^2}} \qquad (2.31)$$

Die Güte der Prognose von Präferenzwerten eines Nutzers hängt maßgeblich davon ab, in welchem Maße es einem kollaborativen Empfehlungssystem gelingt, aus der Menge U jene Nutzer zu selektieren, die ein (tatsächlich) ähnliches Interessensprofil aufweisen. Problematisch ist hier insbesondere der Einfluss von Objekten, die sehr häufig gewählt, bewertet oder gekauft werden. Diese Objekte besitzen in der Regel eine geringe Diskriminationsstärke, d.h. sie eignen sich nicht zur Charakterisierung und Abgrenzung von Präferenzprofilen. Beispielsweise wäre es trügerisch, alle Benutzer als ähnlich einzustufen, die eines der sechs Harry-Potter-Bücher gekauft haben. Bekanntermaßen fanden die Abenteuer dieser Romanfigur eine breite, über alle Altersgruppen verteilte Leserschaft. Entsprechend können die weiteren Interessen dieser Nutzer (trotz dieser einen Gemeinsamkeit) stark differieren. Um den Einfluss solcher universell beliebter Objekte zu verringern, haben *John S. Breese* et al. die sog. „Inverse User Frequency" vorgeschlagen. Ähnlich wie die in Kapitel 2.1.2 vogestellte Inverse Document Frequency sollen auch hier Attribute (Bewertungen) eine geringere Gewichtung erfahren, die im Datenbestand sehr häufig auftreten. Die Inverse User Frequency f eines Objektes j wird wie folgt berechnet (vgl. [BHK92]):

$$f_i = \log \frac{n}{n_i} \qquad (2.32)$$

Dabei bezeichnet n die Gesamtzahl aller registrierten Nutzer und n_i die Anzahl der Nutzer, die das Objekt i bewertet haben. Für die Berechnung der Ähnlichkeit von Präferenzprofilen ergibt sich damit im Vergleich zu Formel 2.31 folgende Modifikation:

---

[37]Neben vektorbasierten Methoden zur Bestimmung der Nähe von Präferenzprofilen finden in der Praxis aber auch korrelationsbasierte Ansätze Verwendung (vgl. [HK07]).

$$sim(e_{u_a}, e_{u_j}) = \frac{\sum\limits_{i \in I} f_i e_{u_a,i} \cdot f_i e_{u_j,i}}{\sqrt{\sum\limits_{i \in I} f_i e_{u_a,i}^2} \cdot \sqrt{\sum\limits_{i \in I} f_i e_{u_j,i}^2}} \qquad (2.33)$$

Die auf diese Weise errechneten paarweisen Distanzwerte für n Nutzer werden in einer $n \times n$-Ähnlichkeitsmatrix festgehalten. Durch eine k-nächste-Nachbarn-Klassifikation kann dann die Menge der k-nächsten Mentoren bestimmt werden[38]. *Abb.* 2.11 zeigt ein Beispiel eines Empfehlungssystems, das nach einem Collaborative-Filtering-Ansatz (Bild-)Empfehlungen generiert.

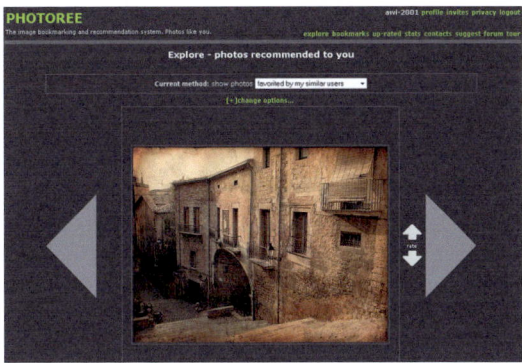

Abbildung 2.11: *PHOTOREE (http://www.photoree.com) generiert Bild-Empfehlungen auf Basis der Bewertungsprofile ähnlicher Nutzer. Neu angemeldete Nutzer müssen zunächst mindestens 100 Bilder (binär) bewerten.*

3. **Generierung von Empfehlungen:**

   Die primitivste Art und Weise der Bestimmung empfehlungswürdiger Objekte wäre es, die überschneidungsfreie Vereinigungsmenge der von den einzelnen Nachbarn bewerteten Objekte zu bilden. Diese Vorgehensweise hätte jedoch den gravierenden Nachteil, dass die empfohlenen Objekte in keine Rangfolge gebracht werden könnten und die Menge der dargebotenen Objekte nicht sinnvoll eingrenzbar wäre. So ist es nicht verwunderlich, dass dieser Ansatz in der Praxis keine weitergehende Beachtung gefunden hat. Statt dessen wird zumeist betrachtet, wie *häufig* die einzelnen Objekte von den in N enthaltenen Nutzern insgesamt erworben wurden. Das am häufigsten gewählte Objekt wird dann an erster Stelle der Rangfolge gesetzt, alle anderen Objekte folgen entsprechend der Häufigkeitsverteilung [SKKR00]. Insbesondere bei binär bewerteten Objekten („erworben" = 1,

---

[38]Die Größe der Nachbarschaft hat, wie *Sarwar* et al. in [SKKR00] gezeigt haben, einen entscheidenden Einfluss auf die Effektivität eines Collaborative-Filtering-Algorithmus.

„nicht erworben"=0) ist dieser Ansatz sinnvoll. Liegt die Bewertung dagegen mehrstufig ordinal skaliert vor, empfiehlt sich die Verwendung anderer Berechnungsmodi. Gleichung 2.34 ermittelt die Empfehlenswertigkeit eines Objektes in Abhängigkeit der vorliegenden Bewertungen, die über die Menge der in N enthalten Nutzer aufsummiert und durch die Größe der Nachbarschaft geteilt werden[39]:

$$p(u_a, i_i) = \frac{1}{|N|} \sum_{j \in N} e_{u_j, i_i} \qquad (2.34)$$

Allerdings hat dieser Ansatz wiederum den Nachteil, dass die zuvor ermittelte Ähnlichkeit von Nutzern unberücksichtigt bleibt. Gleichung 2.35, wie sie beispielsweise von *Tereza Iofcius* und *Jörg Diederich* in ihrer Untersuchung verwendet wird, zeigt eine Möglichkeit, diese Distanz zu berücksichtigen:

$$p(u_a, i_i) = k \sum_{j \in N} e_{u_j, i_i} \cdot sim(u_a, u_j) \qquad (2.35)$$

Dabei dient k als Normalisierungsfaktor, der in der Regel auf die in Gleichung 2.36 dargestellte Weise berechnet wird:

$$k = \frac{1}{\sum_{j \in N} sim(u_a, u_j)} \qquad (2.36)$$

Möchte man zusätzlich den bekanntermaßen unterschiedlichen Bewertungshabitus der Nutzer berücksichtigen[40], bietet sich Gleichung 2.37 an, wie sie in [BHK98] vorgeschlagen wird:

$$p(u_a, i_i) = \bar{e}_{u_a} + k \sum_{j \in N} sim(u_a, u_j) \cdot \left(e_{u_j, i_i} - \bar{e}_{u_j} \right) \qquad (2.37)$$

$\bar{e}_{u_a}$ und $\bar{e}_{u_j}$ entsprechen jeweils den gemittelten Präferenzwerten des Nutzers u_a und u_j über alle Bewertungen der Objekte $i \in I_{u_a} \subset I$ bzw. $i \in I_{u_j} \subset I$:

$$\bar{e}_{u_a} = \frac{1}{|I_{u_a}|} \sum_{i \in I_{u_a}} e_{u_a, i}; \ \bar{e}_{u_j} = \frac{1}{|I_{u_j}|} \sum_{i \in I_{u_j}} e_{u_j, i} \qquad (2.38)$$

Die hier dargelegte, dreigliedrige Verfahrensweise kollaborativer Empfehlungssysteme gilt insbesondere für sog. „speicherbasierte" Techniken. Diese Algorithmenklasse ist dadurch gekennzeichnet, dass die Prognose nutzerspezifischer Präferenzwerte auf Basis der gesamten Ranking-Matrix vorgenommen wird. Speicherbasierte Algorithmen haben den Nachteil, dass jeder neuen Prognose

---

[39]Die Empfehlungswertigkeit eines Objektes wird hier über den Prognosewert $p(u_a, i)$ ausgedrückt. Er gibt die geschätzte Präferenz des aktiven Nutzers u_a für ein Objekt $i \subset I$ an. Je höher der Prognosewert liegt, desto weiter oben erscheint das Objekt in der Rangfolge empfohlener Objekte.

[40]So ist bekannt, dass manche Nutzer generell zu extremen Bewertungen neigen, während andere eher zu mittleren Ratings tendieren.

eines Präferenzwertes die gesamte Datenmatrix zugrunde gelegt werden muss. Zeitkritische Anfragen an ein Empfehlungssystem mit einer hohen Nutzerzahl können deswegen oft nur verzögert beantwortet werden.

Im Unterschied zu speicherbasierten Algorithmen erstellen „modellbasierte" Verfahren auf Basis der Datenmatrix offline ein probabilistisches Modell, das eine deutlich schnellere (Online-)Reaktion auf zeitkritische Anfragen ermöglicht. Die Palette modellbasierter Ansätze reicht dabei von neuronalen Netzen über Bayes'sche Netze bis hin zu Clusterverfahren, die Gruppen von Nutzern mit ähnlichen Interessen bilden und auf diese Weise die Datenmatrix deutlich vereinfachen. Auf der anderen Seite führt dieser Ansatz unweigerlich zu einer Problematik, die in der Natur eines jeden Modells begründet liegt: durch die Reduktion der realen Komplexität und deren Abbildung auf eine vereinfachte Repräsentationsform fehlen für die Präferenzschätzung Informationen; schlechte, unzutreffende Prognoseergebnisse können der Fall sein. In dieser Hinsicht sind speicherbasierte Algorithmen überlegen. Als weiterer Nachteil ist die insgesamt aufwändige Berechnung des Modells zu nennen, die zwar offline erfolgt, mit jedem neuen Datensatz aber aktualisiert werden muss. Unabhängig von der präferierten Algorithmenart sehen sich kollaborative Empfehlungssysteme mit folgenden Problemen konfrontiert:

Kaltstart-Problem: Zu Beginn des Einsatzes eines neuen Empfehlungssystems gleicht seine Rating-Matrix einer Tabula Rasa: es liegen noch keine Bewertungen zu den einzelnen Objekten vor, folglich ist ein ausschließlich auf Collaborative Filtering ausgerichtetes System außer Stande, brauchbare Empfehlungen oder Prognosen zu generieren. Auch im weiteren zeitlichen Verlauf seines Einsatzes wird ein Empfehlungssystem immer wieder mit neu hinzugefügten Objekten oder Nutzern konfrontiert. Und auch diese gelten zunächst als unbeschriebenes Blatt, das noch keine Bewertungen erhalten bzw. abgegeben hat. Folglich werden neue Objekte auch nicht empfohlen und Nutzer ohne Bewertungshistorie erhalten keine Empfehlungen. Man spricht in diesem Zusammenhang auch von der „New-Item-" bzw. „New-User"-Problematik. Eine Lösung wird in der Kombination mit eigenschaftsbezogenen Filtermechanismen gesehen (vgl. Kapitel 2.2.4). Dabei werden zunächst anhand der Eigenschaften eines neuen Objekts ähnliche Objekte identifiziert. Die Bewertungen dieser Referenzobjekte werden als Rating für das neue Objekt übernommen.

Das Problem fehlender Inputdaten eines neuen Nutzers kann dadurch abgefangen werden, dass Bewertungen in impliziter Form durch Protokollierung und Interpretation seines Interaktionsverhaltens erhoben werden.

Sparsity-Problem: Rating-Matrizen weisen in der Regel große Lücken auf. Dies gilt insbesondere für großskalierte Systeme, die einen umfangreichen Bestand an Nutzern und Objekten verwalten. *Mark Claypool* et al. schätzen, dass die Matrizen dieser Empfehlungssysteme nur bis zu einem Grad von maximal 1-2% vollständig sind [CGM+99]. Je unvollständiger aber eine Matrix ist, umso unwahrscheinlicher ist es, signifikant ähnliche Nutzer zu ermitteln. *Prem Melville* et al. bestätigen diese Vermutung. Sie konnten zeigen, dass die Empfehlungsgüte eines Collaborative-Filtering-Systems drastisch sinkt, wenn die Rating-Matrix eine Sparsity von über 99% erreicht. [MMN02]. Auch dieses Problem kann ähnlich wie das Kaltstart-Problem durch die Zuhilfenahme von Content-Based-Filtering-Algorithmen kompensiert werden.

Lemming-Effekt: Seit dem im Jahre 1958 von Walt Disney produzierten Film „White Wilderness", der die Massenwanderung und das anschließende kollektive Sterben von Lemmingen thematisiert[41], werden Lemminge gerne als Metapher für gesellschaftliche Masseneffekte herangezogen, die mit problematischen Konsequenzen einhergehen können. Im Zusammenhang mit Collaborative Filtering bezeichnet *André Klahold* damit das Phänomen eines sich selbst verstärkenden Empfehlungsmechanismus, der wie folgt abläuft [Kla06]: die fehlende Bewertung eines Produkts stellt zunächst eine psychologische Kaufhürde dar. Sobald allerdings die ersten (positiven als auch negativen) Bewertungen vorliegen, fällt diese Hürde und immer mehr Nutzer rufen die empfohlenen Produkte auf, geben damit also selbst eine implizite Bewertung ab. Dies führt zu dem (unerwünschten) Effekt, dass diese Artikel immer öfter vorgeschlagen werden und dies im Zusammenhang mit anderen Produkten, die in keiner erkennbaren Korrelation zueinander stehen. *Burke* bezeichnet diesen Masseneffekt auch als „Banana-Problem", wobei er Bananen als Stellvertreter stark frequentierter Produkte wählt:

> „A naive recommender system working from market basket data will always recommend bananas, simply because they are highly correlated with everything. Because the system has no notion of what foods ought to go together, it cannot screen out such suggestions" [Bur99, S. 69]

Das Problem kann, wie oben bereits im Zusammenhang mit der Inverse User Frequency erläutert wurde, dadurch gemildert werden, dass Bewertungen dieser Artikel eine spezielle Gewichtung erfahren.

Grey-Sheep-Problem: Collaborative Filtering basiert auf der impliziten Annahme, dass in der breiten Masse die (scheinbar) individuellen Verhaltensweisen der Nutzer in kollektive Verhaltensmuster aufgehen. Dies entspricht aber nicht notwendigerweise der Realität. So existieren (tatsächliche) Individualisten, die aufgrund ihrer ganz eigentümlichen Interessen und Kombinationen von solchen keinem Präferenzraster eindeutig zuteilbar sind. Diese Nutzer können kaum in einer für sie zufriedenstellenden Weise durch das Empfehlungssystem bedient werden [CGM+99].

Insgesamt weisen also kollaborative Empfehlungssysteme eine Reihe von Nachteilen auf, die zumindest in Teilen durch das Hinzunehmen anderer Filtermechanismen kompensiert werden können. Im folgenden Abschnitt wird deshalb

---

[41]Dabei handelt es sich allerdings um einen Mythos, der nicht der natürlichen Lebensweise von Lemmingen entspricht.

nochmals ausführlich das Content-Based Filtering vorgestellt, das heute in zahlreichen hybriden Systemen zusammen mit dem Collaborative Filtering Anwendung findet.

2.2.3 Content-Based Filtering

Das englische Kompositum „Content-Based Filtering" hat im Deutschen verschiedene Entsprechungen. Einige Autoren verwenden die Bezeichnung „eigenschaftsbasierte" Verfahren [Run00, KH03], andere bevorzugen das Attribut „merkmalsbasiert" [Kun05] oder sprechen wie [Koc01, HK07] im Sinne einer wörtlichen Übersetzung von „inhaltsbasierten" Empfehlungssystemen. Auch in der englischsprachigen Literatur finden sich synonyme Bezeichnungen: *Eui-Hong Han* und *George Karypis* präferieren den Teminus „Feature Based" Filtering [HK05], *Hans Hummel* et al. benutzten den Begriff „Information Based Filtering" [HVDBB⁺07] und *Ben Schafer* et al. sprechen von einer „Item-To-Item"-Methodik [SKR99]. Die Vielfalt dieser sprachlichen (Ersatz)Konstrukte spiegelt den Bedeutungswandel wider, den der Begriff im Laufe der Zeit erfahren hat. So liegen die Ursprünge des Content-Based Filtering im Bereich des Information Retrieval, in welchem zunächst ausschließlich mit Dokumentkollektionen gearbeitet wurde. Die hier entwickelten Verfahren nutzten als Filterkriterien bestimmte *inhaltsbezogene*, textuelle Eigenschaften der Dokumente. Heute wird dem Begriff eine mehr generische Bedeutung zuteil: er steht für eine Klasse von Verfahren, die mit Hilfe der immanenten oder transzendenten Eigenschaften von Objekten (aller Art) die für einen Nutzer mutmaßlich relevantesten Entitäten einer Objektkollektion selektiert. Insofern ist es zu verstehen, dass einige Autoren eher von *eigenschaftsbasierten* Verfahren sprechen, um zu betonen, dass hier auf die Merkmale eines Produkts abgehoben wird und weniger auf dessen (physikalischen) Inhalt.

Betrachtet man zunächst die Gruppe der textuellen Objekte, findet man heute im World Wide Web zahlreiche Realisationen eines Content-Based Filtering. Als Beispiel sei Google Alerts angeführt, ein Dienst, der Nutzer per E-Mail über wichtige, für den Rezipienten relevante Nachrichtenbeiträge informiert. Hierzu spezifiziert der Nutzer (explizit) sein Interessensgebiet bzw. Benutzerprofil anhand eines oder mehrerer Schlüsselwörter, die in einer erweiterten Suchmaske über boolsche Operatoren verknüpfbar sind (vgl. *Abb.* 2.12). Die Auswertung der Anfrage, die in festlegbaren zeitlichen Intervallen wiederholt wird, kann dabei wie in Kapitel 2.1.2 beschrieben erfolgen: Anfragen als auch Dokumente bzw. Nachrichten werden als Vektoren repräsentiert, die aus den gewichteten Indextermen gebildet werden. Mit Hilfe einer Ähnlichkeitsmetrik wie z. B. dem Kosinus-Maß wird der Abstand zwischen Anfrage- und Nachrichten-Vektor ermittelt. Nachrichten, welche die gesuchten Wörter am häufigsten enthalten, werden dem Rezipienten vorgeschlagen. Andere Dokumente, deren Ähnlichkeit einen bestimmten Schwellenwert unterschreitet, werden gefiltert. Diese spezielle Art der Informationsextraktion wird in der Literatur auch als „Keyword Based Filtering" bezeichnet [SM95].

Während die Eigenschaften natürlichsprachlicher Dokumente über deren textuellen Inhalt (von Maschinen) erschlossen werden, müssen die Attribute nicht-

Abbildung 2.12: *Google Alerts als Beispiel einer Anwendung, die Keyword-Based Filtering nutzt.*

textueller Objekte in der Regel von Hand zugewiesen werden. *Klahold* unterscheidet dabei zwei Arten von Attributen bzw. Metadaten: Die Gruppe der „autonomen" Metadaten umfasst Attribute, welche einer isolierten Betrachtung des Objektes entspringen. Dazu gehören z. B. Eigenschaften wie Größe, Gewicht, Farbe oder Form (vgl. *Abb.* 2.13). „Relationale" Metadaten beschreiben die Beziehung eines Objektes zu anderen Entitäten und dienen damit der Kontextualisierung von Objekten. Sie werden aus Taxonomien, Topic Maps, Thesauren oder anderen Formen von Ontologien abgeleitet.

In verschiedenen Domänen haben sich in den letzten Jahren Metadaten-Standards etabliert, die eine vereinheitlichte Attribuierung von Objektinstanzen vorsehen. So findet beispielsweise im E-Learning-Bereich der LOM-Standard Verwendung (vgl. Kapitel 2.1.3). Andere Metadatenspezifikationen wie z. B. Dublin Core oder MARC[42] werden sehr häufig im bibliothekarischen Bereich eingesetzt.

Ähnlich wie die Terme eines Dokuments entsprechend ihrer Diskriminationsstärke bewertet werden können, ist auch eine Gewichtung der Attribute nichttextueller Objekte möglich und sinnvoll. So ist es durchaus plausibel, dass ein Nutzer bestimmten Attributen mehr Bedeutung zumisst als anderen. Beispielsweise können für einen ökologisch sensibilisierten Kunden die Eigenschaften eines Autos wie Spritverbrauch und CO_2-Ausstoß wichtiger sein als Leistung und

---

[42]MARC steht für „MAchine-Readable Cataloguing". Dabei handelt es sich um ein Metadatenformat zum Speichern und Austausch bibliografischer Einträge (siehe http://www.loc. gov/marc/).

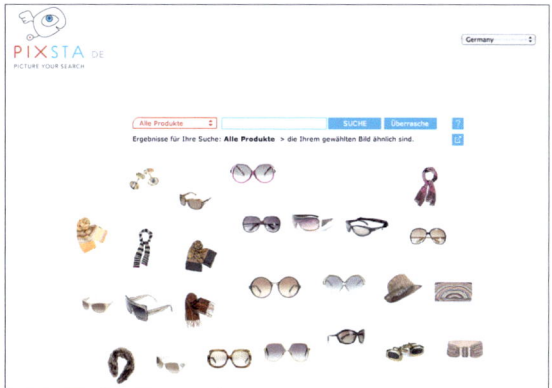

Abbildung 2.13: *PIXSTA als Beispiel eines Content-Based-Filtering-Systems. Empfohlen werden Produkte, die in Form, Farbe oder Textur dem Ausgangsobjekt (Bildmitte) ähnlich sind (http://www.pixsta.de).*

Beschleunigung. Umgekehrt wird ein sportlich orientierter Fahrer den letztgenannten Attributen mehr Beachtung schenken. Sind die *Partial-Präferenzen* eines Nutzers bekannt, kann zu jedem Objekt eine *Global-Präferenz* berechnet werden. Sie ermöglicht es, die nach einem Filterprozess verbliebenen Entitäten in eine auf den Nutzer zugeschnittene, personalisierte Rangfolge zu bringen.

Die Global-Präferenz kann auf induktive oder deduktive Art und Weise gewonnen werden. Auf einem induktiven Verfahren basiert beispielsweise das linear-additive Präferenz-Modell nach *Dieter Tscheulin* [Tsc92]. Das Modell ist insbesondere für Objekte geeignet, die durch (zumindest teilweise) quantifizierbare Eigenschaften charakterisiert werden können. Es setzt voraus, dass ein aktiver Nutzer die subjektive Bedeutung der einzelnen Objektattribute explizit artikuliert und bewertet. Danach kann über die Multiplikation der Partialpräferenzwerte mit den korrespondierenden Attributwerten die Global-Präferenz des Nutzers für das jeweilige Objekt ermittelt werden. Diese dient schließlich als Sortierkriterium zur Festlegung der Reihenfolge der empfohlenen Objekte. *Abb.* 2.14 illustriert ein linear-additives Präferenz-Modell im Zusammenhang mit einem Kraftfahrzeug.

Ein deduktiver Weg bei der Ermittlung der Global-Präferenz wird dagegen im Rahmen der Conjoint-Analyse beschritten [GS78, GS90]. Hier wird der Nutzer zunächst gebeten, verschiedene Produkte in ihrer Gesamtheit zu bewerten. Auf Grundlage dieser (expliziten) Bewertungen erfolgt im zweiten Schritt eine Prognose der (impliziten) Partial-Präferenzen. Anschließend kann für jedes Objekt, das quantifizierbare Eigenschaften besitzt, die individuelle Global-Präferenz bestimmt bzw. geschätzt werden.

Eigenschafts-ausprägung (e_i)	Partial-Präferenz (p_i)	$e_i \times p_i$
Leistung	5	2	10
Komfort	3	3	9
Preis	2	6	12
Global-Präferenz			31

Abbildung 2.14: *Linear-additives Präferenz-Modell am Beispiel eines Kraftfahrzeugs (vgl. [Run00])*

Insgesamt betrachtet weisen Systeme, die ausschließlich ein eigenschaftsbasiertes Filterverfahren einsetzen, folgende Probleme auf:

Hoher Initialaufwand: Abgesehen von textuellen Objekten, deren Eigenschaften maschinell erfasst werden können, stellt die Attribuierung von Entitäten einen erheblichen zeitlichen und monetären Aufwand dar. Dies gilt insbesondere im Hinblick auf das stark dynamisierte Warenangebot vieler Internetshops, die täglich eine Vielzahl neuer Artikel offerieren. Im E-Learning-Bereich offenbart sich die Problematik v. a. im Zusammenhang mit medialen Elementen wie Audio-, Video- oder Bilddateien, deren Metabeschreibung gegenwärtig – trotz großer Forschungsbemühungen – noch nicht hinreichend automatisierbar ist.

Inside-The-Box-Problematik: Ein eigenschaftsbasiertes Filterverfahren nutzt ausschließlich zwei Arten von Informationen: das (Präferenz-)Profil des aktiven Nutzers sowie die deskriptive Beschreibung der Objekte. Diese beiden Informationen schnüren ein enges Korsett, in dessen Rahmen sich die Suche nach geeigneten Empfehlungen bewegt. Auf diese Weise werden immer nur Objekte empfohlen, die zum vorliegenden Profil „passen" bzw. untereinander eine hohe Ähnlichkeit aufweisen; das Korsett verhindert, dass das Empfehlungssystem über den Tellerrand des Nutzers hinausblickt und z. B. – wie dies im Collaborative Filtering möglich ist – auch solche Musiktitel empfiehlt, die zwar außerhalb des ursprünglich bevorzugten Genres liegen, trotzdem aber für den Nutzer interessant sein könnten. *York Linden* et al. formulieren diesen Sachverhalt wie folgt:

> „Recommendations should help a customer find and discover new, relevant, and interesting items. Popular items by the same author or in the same subject category fail to achieve this goal." [LS+03]

Objektivitäts-Problematik: Anhand des Beispiels von Musiktiteln lässt sich eine weitere Problematik des Content-Based Filtering verdeutlichen: Musiktitel lassen sich zwar durch *objektiv* gültige Beschreibungsmerkmale charakterisieren (z. B. Titel, Spieldauer, Genre etc.). Als alleinige Filterkriterien würden diese aber sehr wahrscheinlich zu schlechten Selektionsergebnissen führen. So können die nach objektiven Kriterien für ähnlich befundenen Musiktitel, Filme oder auch Texte in ihrer *subjektiven* Wirkung (im Sinne der empfundenen Qualität) durchaus unähnlich sein und nicht der Präferenz des Nutzers entsprechen. In Hinblick auf eine höhere Selektionsgüte wäre deshalb die Berücksichtigung subjektiver Beschreibungsmerkmale wünschenswert. Da die Ausprägung dieser Art von Attributen jedoch von Individuum zu Individuum sehr unterschiedlich ausfallen kann, ist es praktisch unmöglich, diese auf einen gemeinsamen Nenner zu bringen. Hier offenbart sich die Stärke des Collaborative Filtering, wenngleich dort wiederum das gänzliche Fehlen objektiver Filterkriterien zu bemängeln ist.

Vergleicht man die Vor- und Nachteile des Content-Based Filtering mit dem kollaborativen Ansatz, scheint eine Synthese der beiden Verfahren eine vielversprechende Möglichkeit, die Schwächen des einen durch die Stärken des anderen zu kompensieren. Diese These wurde in zahlreichen Forschungsarbeiten der letzten Jahre eruiert. Im folgenden Abschnitt werden sog. *Hybrid-Verfahren* vorgestellt, die aus der Kombination zweier oder mehrerer Filterverfahren hervorgegangen sind.

2.2.4 Hybride Ansätze

Seit Ende der 90-er Jahre erproben Forscher die Verschmelzung unterschiedlicher Filterverfahren mit dem Ziel, eine höhere Empfehlungs- bzw. Prognosegüte zu erreichen. Einige dieser Hybridverfahren wie z. B. das Empfehlungssystem des Internetkonzerns Amazon.com werden heute sehr erfolgreich in kommerziellen Anwendungen eingesetzt. Die gewählten Kombinationsstrategien sind dabei sehr verschieden. Dies zeigt eine Klassifikation hybrider Ansätze, wie sie *Burke* in [Bur02, Bur04] vorstellt. Er identifiziert sieben verschiedene Gruppen hybrider Verfahren, wobei sehr häufig eine Kombination kollaborativer mit eigenschaftsbasierten Methoden bevorzugt wird[43]:

Weighted: Bei gewichteten Hybridverfahren selektieren die beteiligten Verfahrenskomponenten zunächst – getrennt voneinander – die für einen Nutzer relevanten Objekte. Die Selektionsergebnisse werden anschließend entsprechend des ursächlichen Filterverfahrens gewichtet; je nachdem also, ob ein Objekt z. B. über ein kollaboratives oder eigenschaftsbasiertes System ermittelt wurde, kann es eine unterschiedliche Bewertung erhalten und dadurch in der Rangfolge weiter oben oder unten stehen. Die Balancierung der Gewichtungsfaktoren hängt davon ab, welche Verfahrenskomponente die vermutlich schwächeren oder aber exakteren Ergebnisse liefert. So wurde in Kapitel 2.2.2 bereits angesprochen, dass das kollaborative Filtern insbesondere in der Initialphase, in der noch wenige Bewertungen vorliegen, schwache Resultate erzielt. Umgekehrt kann aber auch eine Höherbewertung dieses Verfahrens sinnvoll sein, insbesondere dann, wenn die

---

[43]Es werden aber auch andere Kombinationsmöglichkeiten diskutiert. In [Bur99] wird beispielsweise eine Synthese zwischen Knowledge-Based Filtering und Collaborative Filtering vorgestellt.

Präferenzen des Nutzers nicht oder nur unzureichend spezifiziert sind und folglich die Suche nach inhaltlich ähnlichen Objekten wenig erfolgversprechend ist. *Claypool* et al. verwenden ein dynamisches Gewichtungsschema, das sich an die informationellen Gegebenheiten anpasst und nutzer- oder objektbezogen gestaltet werden kann [CGM+99].

Switching: Switching-Verfahren priorisieren einen bestimmten Filtermechanismus und beobachten dessen Effektivität. Ist die Performanz schwach, werden alternative Verfahren eingesetzt. Eine andere Variante dieser Gruppe hybrider Verfahren stellen *Thomas Tran* und *Robin Cohen* in [TC00] vor. Hier wird jeweils dasjenige Filterverfahren ausgewählt, dass die bislang besten Empfehlungen für einen Nutzer generiert hat.

Mixed: Ähnlich der ersten Kategorie hybrider Verfahren generieren auch in dieser Konstellation die involvierten Algorithmen unabhängig voneinander Empfehlungen. Das Mixed-Verfahren unterscheidet sich aber dadurch, dass die Teil-Ergebnismengen (ungewichtet) vereint werden. *Roberto Torres* et al. experimentieren mit dieser Variante im Rahmen des TechLens-Systems [TMA+04].

Feature Combination: Die Synthese unterschiedlicher Filterverfahren muss nicht notwendigerweise auf algorithmischer Ebene erfolgen. Dies zeigt die Gruppe jener Hybridverfahren, die auf der Ebene der Daten eine kombinatorische Verbindung anstreben. So fließen in den Berechnungsprozess einer Empfehlung sowohl (Roh-)Daten des einen, als auch Daten des anderen Verfahrens ein. Ein einzelner Algorithmus wertet die Informationen aus und generiert die entsprechenden Empfehlungen.

Zu den bekanntesten Empfehlungssystemen dieser Art gehört das – wenn auch unter diesem Namen meist eher unbekannte Verfahren – „Item-to-Item Collaborative Filtering" von Amazon.com, das von *Gregory Linden*, *Jennifer Jacobi* und *Eric Bensen* entwickelt und 1998 patentiert wurde. Wer heute bei Amazon.com ein Produkt in den Warenkorb legt, erhält in Bruchteilen einer Sekunde eine Empfehlung der Art „Kunden, die das Produkt xy gekauft haben, bestellten auch...". Das Geheimnis dieser schnellen Reaktionsweise ist weniger im Zeitverhalten des Algorithmus selbst zu suchen. Entscheidend ist vielmehr, *wann* der Algorithmus die grundlegende Analyse durchführt. Dabei sind zwei Phasen von Bedeutung. In der *Online*-Phase interagiert, wie oben beschrieben, ein aktiver Nutzer mit dem System. In der Offline-Phase dagegen ist der Nutzer nicht im System aktiv. Klassische speicherbasierte Collaborative-Filtering-Algorithmen müssen während der zeitkritischen Online-Phase den Vergleich von Präferenzprofilen durchführen. Amazon.com dagegen nutzt die Offline-Phase zur Vorbereitung von Empfehlungen, die dann in der Online-Phase sehr schnell komplettiert werden können.

Von einem Feature-Combination-Ansatz kann man deswegen sprechen, da Produkte anhand ihrer Eigenschaften verglichen werden („Item-To-Item"), wobei die Eigenschaften nicht inhalts-, sondern nutzerbezogen

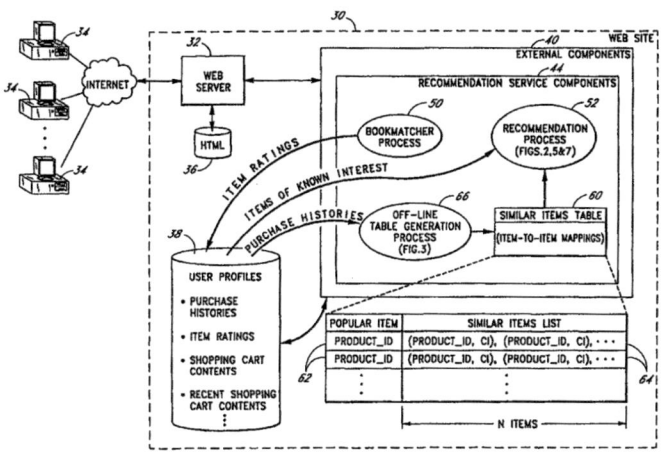

Abbildung 2.15: *Schematische Darstellung des Item-To-Item-Collaboration-Modells nach Linden et al., entnommen aus der Beschreibung zu US-Patent 6266649 [LJB+01]*

(„Collaborative") sind – sie bringen zum Ausdruck, welche Käufer dieses Produkt gewählt haben. Produktpaare, die mehr gemeinsame Käufer gefunden haben als andere, besitzen nach diesem Modell eine höhere Affinität. Mathematisch wird auch hier das Vektorraummodell verwendet. Die Objekte werden als Vektoren repräsentiert, deren Dimensionalität durch die Gesamtzahl der Nutzer festgelegt wird. Zur Berechnung der Ähnlichkeit wird das Kosinus-Maß genutzt (vgl. Kapitel 2.1.2). Der Algorithmus generiert schließlich eine Tabelle („Similar Items Table", vgl. *Abb.* 2.15), in der zu jedem Produkt die jeweils ähnlichen Objekte festgehalten werden. In der Online-Phase wird dann alleine auf diese Tabelle zugegriffen, um daraus die personalisierten Empfehlungen abzuleiten. *Linden* et al. fassen die Vorteile dieser Verfahrensweise wie folgt zusammen:

> „For large retailers like Amazon.com, a good recommendation algorithm is scalable over very large customer bases and product catalogs, requires only subsecond processing time to generate online recommendations, is able to react immediately to changes in a user's data, and makes compelling recommendations for all users regardless of the number of purchases and ratings. Unlike other algorithms, item-to-item collaborative filtering is able to meet this challenge." [LS+03, S. 79]

Dabei darf nicht unerwähnt bleiben, dass dieses Verfahren keine Lösung für das in Kapitel 2.2.2 erwähnte New-Item-Problem anbietet. Neu hinzugefügte, bislang unbewertete oder nicht-gekaufte Artikel sind quasi eigenschaftslos und werden folglich auch nicht empfohlen. Hier setzt Ama-

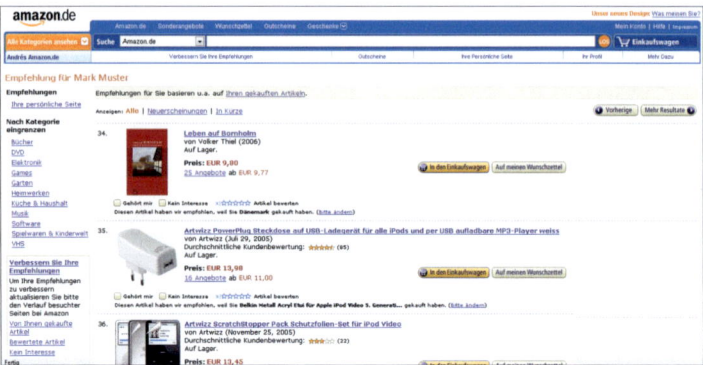

Abbildung 2.16: *Ansicht der personalisierten Empfehlungsseite („Meine Empfehlungen"), wie sie von Amazon.de bereitgestellt wird. Kunden haben die Möglichkeit, Empfehlungen zu bewerten oder zu prüfen, weshalb ein Artikel vorgeschlagen wurde.*

zon.com additiv eine Empfehlungskomponente ein, die im Sinne eines klassischen Content-Based Filtering Objekte mit ähnlichen (inhaltlichen) Beschreibungsmerkmalen ermittelt[44], wobei dem Nutzer auf seiner persönlichen Empfehlungsseite deutlich gemacht wird, aufgrund welcher Informationen die Empfehlung ausgesprochen wurde. *Abb.* 2.16 gibt hierzu ein Beispiel.

Cascade: Ungleich der Verfahrensklassen „Weighted" und „Mixed", die eine Parallelisierung der Empfehlungsgenerierung vorsehen, existieren auch Ansätze, die eine sequentielle Abfolge unterschiedlicher Filterverfahren präferieren. Dabei erfolgt zunächst eine Vorselektion empfohlener Objekte durch das initiierende Verfahren. Die Ergebnismenge wird anschließend durch das nachfolgende Verfahren verfeinert. Ein gestaffeltes bzw. sukzessives Filterverfahren verwendet beispielsweise das Empfehlungssystem EntreeC, das Nutzer bei der Auswahl (subjektiv) geeigneter Restaurants unterstützt [Bur02]. Dabei werden im ersten Schritt mittels eines Knowledge-Based Filtering die dem Interessensprofil des Nutzers entsprechenden Restaurants in einer Gruppe zusammengefasst. In einer zweiten Phase werden die vorliegenden Bewertungen von Nutzern mit ähnlichen Vorlieben bzw. deren priorisierte Restaurants herangezogen, um die in der ersten Phase selektierten Restaurants in eine Rangfolge zu bringen.

Feature Augmentation: Eine der charakteristischen Eigenschaften dieser Verfahrensklasse ist – ähnlich der zuvor beschriebenen Gruppierung – die Sequenzierung von Filterprozessen. Im Unterschied zu gestaffelten Verfahren

---

[44]Insofern kann man das Empfehlungssystem von Amazon.com auch dem Hybrid „Mixed" zuordnen.

aber fließt hier das Berechnungsergebnis (Output) des ersten Prozesses als Eingabeparameter (Input) direkt in den Analyseprozess der folgenden Empfehlungstechnik ein. Damit unterscheidet sich dieser Hybrid auch vom Typ „Feature Combination", da in diesem Fall nicht die Rohdaten einer anderen Verfahrenskomponente verwendet werden, sondern deren berechnete Ausgabewerte. Ein Beispiel soll dies verdeutlichen: In dem von *Melville* et al. vorgestellten Verfahren des „Content-Boosted Collaborative Filtering" werden zunächst auf Basis der bereits erfolgten Bewertungen eines Nutzers mit Hilfe eines eigenschaftsbasierten Ansatzes noch nicht erfolgte Bewertungen anderer Objekte prognostiziert [MMN02]. Damit wird versucht, dem in Kapitel 2.2.2 erwähnten Sparsity-Problem entgegenzutreten und Lücken im Benutzerprofil zu schließen. Im zweiten Schritt wird das so vorberechnete Nutzerprofil als Referenz zur Ermittlung der nächsten Nachbarn bzw. Mentoren verwendet. Deren präferierte Objekte wiederum formen die Ergebnismenge.

Meta-Level: Die Darstellung hybrider Filtermechanismen schließt mit einer Verfahrensklasse, in der ähnlich dem Hybrid „Feature Combination" für die eigentliche Empfehlungsberechnung nur ein Algorithmus eingesetzt wird, dieser aber Daten verarbeitet, die üblicherweise einem anderen Verfahren angehören. Die Verfahrensklasse ist aber insofern einzigartig, als das hier nicht nur partiell einzelne Daten, sondern ein komplettes Nutzermodell übernommen und weiterverarbeitet wird. Ein häufig zitiertes Beispiel ist das „Collaboration-Via-Content"-Modell von *Michael J. Pazzani* [Paz99]. Der Anwendungskontext ist ähnlich dem von *Burke* beschriebenen EntreeC-Szenario: es geht darum, einem Nutzer eines oder mehrere Restaurants vorzuschlagen, die seinen Präferenzen entsprechen. Ein ausschließlich eigenschaftsbasierter Algorithmus zur Lösung dieser Aufgabe hätte nach Ansicht *Pazzanis* den Nachteil, dass Restaurants mit identischen Eigenschaften (die sich insbesondere auf das Speisenangebot beziehen) gleichwertig selektiert werden, obwohl die subjektiv empfundene Qualität der empfohlenen Restaurants durchaus unterschiedlich sein kann. Um auch diese nutzerbezogenen Größen zu berücksichtigen, wird zunächst mit Hilfe des sog. „Winnow-Algorithmus" für jeden potentiellen Restaurantbesucher ein eigenschaftsbezogenes Präferenzprofil erstellt. Dieses Profil wird als Vektor abgebildet, dessen Dimensionen den (gewichteten) Eigenschaften solcher Restaurants entsprechen, die der Nutzer präferiert. Dieses komplette eigenschaftsbasierte Modell wird in einem zweiten Schritt im Sinne eines Collaborative Filtering mit den Profilen der anderen Nutzer verglichen. Aus der Gruppe der ähnlichsten Nutzer werden schließlich die Empfehlungen bzw. Prognosen abgeleitet.

Einen im Grunde ähnlichen Weg gehen *Diederich* und *Iofciu*. Ihr (hybrider) Ansatz basiert auf der Idee des gemeinschaftlichen Indizierens, das gegenwärtig im Zusammenhang mit dem Web 2.0 intensiv diskutiert wird [DI06][45]. Die Autoren setzen dabei gewissermaßen Schlagwörter bzw. Tags

---

[45]Im Unterschied zur kontrollierten Verschlagwortung können beim gemeinschaftlichen Indizieren (engl. „Collaborative Tagging" oder „Social Tagging") Ressourcen ohne vorge-

mit Bewertungen gleich. Die Gesamtheit der Tags, die ein Nutzer artikuliert hat oder ihm automatisiert zugewiesen wurden, formen sein Benutzerprofil. Diese werden miteinander verglichen, um ähnliche Nutzer zu identifizieren. Das Ergebnis der Analyse kann in dreierlei Hinsicht verwertet werden:

1. Sondierung potentiell geeigneter wissenschaftlicher Arbeitsgemeinschaften (sog. „Communities of Practice"), deren Mitglieder ähnliche Interessen und Forschungsschwerpunkte teilen,

2. Empfehlung von Publikationen, die ähnliche Nutzer präferieren und

3. Generierung von Tag-Vorschlägen zur Erweiterung des eigenen Nutzerprofils.

Als Datengrundlage wird die bibliographische Sammlung informatikbezogener Publikationen des Digital Bibliography & Library Projects[46] genutzt, die gegenwärtig etwa eine Million wissenschaftlicher Beiträge umfasst. Mit Hilfe dieser Daten können Benutzerprofile maschinell vorbereitet und den Nutzern zur Korrektur oder Verfeinerung vorgelegt werden. Autoren erhalten ihre Publikationen als Objekte zugewiesen, deren Keywords als Tags automatisiert extrahiert werden. Nutzer, die nicht als Autoren in Erscheinung getreten sind, müssen ihr Profil manuell formen und die für sie relevantesten Objekte bestimmen. Für die Verschlagwortung können Tags frei gewählt oder vorgeschlagene Schlüsselwörter übernommen werden. Das Nutzerprofil kann in ein RDF-Format überführt werden, falls ein Nutzer sein Interessensprofil z. B. über die eigene Homepage anderen Wissenschaftlern als Mittel zur Community-Bildung kommunizieren möchte. In *Abb.* 2.17 ist ein exemplarisches Nutzerprofil dargestellt. Für die Berechnung der Ähnlichkeit von Nutzerprofilen werden Vektorraummodell und Kosinus-Maß verwendet. Auf Basis der am nächsten stehenden Nachbarn werden schließlich die oben genannten Empfehlungstypen generiert.

Viele der oben genannten Hybridverfahren wurden in relativ überschaubaren Testszenarien erprobt. Für die erwähnten Experimente von *Pazzani* beispielsweise standen 58 Restaurants und 44 Nutzer zur Verfügung, wobei jedes Nutzerprofil durch 50-125 Terme (bzw. Dimensionen des Nutzervektors) charakterisiert wurde. In solchermaßen vereinfachten Experimentierumgebungen stellt sich nicht die Frage, wie lange ein Verfahren benötigt, um eine Empfehlung zu generieren. Entsprechend wurde in den genannten Untersuchungen das Haupt augenmerk auf die Optimierung der Empfehlungsgüte, nicht aber auf den dafür

---

gebene Raster, Regeln und kontrollierte Vokabulare von prinzipiell jedem Internetnutzer mit Schlagworten versehen werden. Der Vorteil des Collaborative Tagging liegt auf der Hand: dadurch, dass die Annotation von Ressourcen deutlich vereinfacht und auf die breite Masse der Anwender verteilt wird, erfährt die Annotation von Ressourcen eine weitaus stärkere Beachtung. Der oftmals beklagten Spärlichkeit an verfügbaren Metainformationen wird entgegengewirkt, Ressourcen werden leichter recherchierbar, auch deswegen, weil die Vielfalt unterschiedlicher Sichtweisen auf eine Ressource zu einer ungeahnten Breite an Attribuierungsmöglichkeiten führt. Dies belegen zahlreiche Praxisbeispiele, in denen Collaborative Tagging erfolgreich eingesetzt wird, z. B. in Del.icio.us (http://del.icio.us/), Flickr (http://www.flickr.com/) oder Technorati (http://www.technorati.com/).

[46] http://dblp.uni-trier.de/

Publication Title	Tags (Keywords)
Magpie: supporting browsing and navigation on the semantic	named entity recognition (NER), navigation, semantic web, ...
Bootstrapping ontology alignment methods with APFEL	alignment, mapping, ontology, ...
Swoogle: a search and metadata engine for the semantic web	search, metadata, semantic web, ...

User	...	NER	navigation	semantic web	alignment	mapping	ontology	metadata	search	...
A	...	1	1	2	1	1	1	1	1	...
B	...	2	0	3	0	2	3	1	0	...
C	...	0	0	1	0	1	2	2	1	...

Abbildung 2.17: *Tabellarische Darstellung beispielhafter, Tag-basierter Nutzerprofile nach Diederich und Iofciu [DI06]. Das Profil des Nutzers A wurde dabei aus den in der obersten Tabelle dargestellten Titeln derjenigen Publikationen gewonnen, die als relevant für Nutzer A gelten. Abhängig von der Anzahl überschneidender Tags ändert sich ihre Kardinalität. So besagt die Kardinalität 2 im Zusammenhang mit dem Schlüsselwort „Semantic Web", dass für den Nutzer zwei Publikationen mit diesem Tag vorliegen. Häufiger genannte Schlüsselwörter fließen auf diese Weise mit stärkerem Gewicht in die Berechnung ein.*

erforderlichen Berechnungsaufwand gelegt. Unter realen Bedingungen, wie sie insbesondere im E-Commerce-Bereich vorherrschen, spielt es dagegen eine erhebliche Rolle, wie lange ein Nutzer auf eine Empfehlung warten muss. Entsprechend sind hier Verfahren erforderlich, die sowohl eine hohe Empfehlungsgüte als auch eine rasche Unterbreitung empfohlener Waren ermöglichen.

Auch im E-Learning-Bereich werden, wenn auch bislang eher zurückhaltend, kombinierte Verfahren eingesetzt. Der folgende Abschnitt wird einige Ansätze aus diesem Bereich vorstellen.

2.2.5 Ansätze im E-Learning-Bereich

Empfehlungssysteme werden überwiegend in E-Commerce-Anwendungen eingesetzt; im E-Learning-Bereich hingegen spielen diese Techniken eine bislang eher untergeordnete Rolle – dieser Eindruck entsteht, setzt man die Anzahl der in den letzten Jahren auf diesen Gebieten veröffentlichten wissenschaftlichen Arbeiten zueinander ins Verhältnis. So ergibt eine an Google-Scholar[47] gestellte Suchanfrage mit dem Suchstring „‚collaborative filtering'" insgesamt 17100 Treffer. Davon enthalten ein Drittel (5330) zusätzlich den Terminus „ecommerce" (in verschiedenen Schreibweisen), während lediglich 6% der gefundenen Dokumente die Begriffe „‚collaborative filtering'+ elearning" einschließen[48]. Und auch ein Blick auf die Tagungsbände der einschlägigen Konferenzen zeigt, dass die For-

---

[47] http://scholar.google.de/
[48] Ein ähnliches und sogar noch deutlicheres Bild ergibt sich für einen Vergleich zweier Suchanfragen, welche die begrifflichen Kombinationen „ecommerce + ‚content based filtering'" bzw. „elearning + ‚content based filtering'" aufweisen. Hier liegt das Verhältnis bei 1070 (37%) zu 182 (6%) zugunsten der E-Commerce-bezogenen Arbeiten. Insgesamt werden

schung im E-Learning-Bereich erst in jüngster Zeit den Einsatz der in Kapitel 2.2 vorgestellten Empfehlungstechniken verstärkt diskutiert. Dass diese Technologie überhaupt, wenn auch sehr spät, ins Blickfeld der Wissenschaftler gerät, ist sicherlich auch der „LOM Research Agenda" [DH03] sowie dem „Learning Object Manifesto" [Duv04] von *Eric Duval* und *Wayne Hodgins* zu verdanken – zwei vielbeachtete Publikationen, in denen die Nutzbarmachung von Empfehlungstechniken für E-Learning-Anwendungen zu einem der wesentlichen Ziele der zukünftigen Learning-Object-Forschung erklärt wird.

Auf der anderen Seite darf nicht unerwähnt bleiben, dass Pädagogen und Psychologen bereits seit Mitte der 50-er-Jahre mit Anwendungen experimentieren, die man weitläufig ebenfalls als Empfehlungssysteme bezeichnen könnte, auch wenn hier eher von „Intelligenten Tutoriellen Systemen" oder „adaptiven Instruktionsstrategien" die Rede ist. Dies erklärt auch das auf den ersten Blick paradoxe Phänomen, dass eine weitere Google-Scholar-Anfrage mit den Begriffen „e-learning + recommendation" fast dreimal mehr Treffer liefert, als eine vergleichbare Anfrage mit den Termen „ecommerce + recommendation"[49].

Im Folgenden werden einige ausgewählte, aktuelle Arbeiten vorgestellt, die sich im engeren Sinne mit der Realisierung von Empfehlungssystemen im E-Learning-Bereich auseinandersetzen. Den Anfang bilden dabei Folksonomy-basierte Ansätze, die gegenwärtig in der wissenschaftlichen Forschung stark diskutiert werden. Darüber hinaus werden aber auch Technologien vorgestellt, die sich weniger auf Collaborative Filtering oder Content-Based Filtering konzentrieren, sondern vielmehr etablierte Verfahren aus dem Bereich des Data Mining nutzen.

In Kapitel 2.2.4 wurde bereits mit der Arbeit von *Diederich* und *Iofciu* ein Empfehlungssystem vorgestellt, das auf einer sog. „Folksonomy" basiert. Als Folksonomys werden die durch ein gemeinschaftliches Indizieren entstehenden Schlagwort-Gebilde bezeichnet. Dabei handelt es sich um ein Kunstwort, das sich aus den beiden Begriffen „Folk" und „Taxonomy" zusammensetzt, um zu betonen, dass diese Art der Metabeschreibung nicht durch Experten, sondern durch Laien vorgenommen wird. Als Namensgeber wirkte hier *Thomas Vander Wal*, der den Begriff 2004 prägte [Van07]. Allerdings ist die Idee des gemeinschaftlichen Indizierens historisch älter als der Folksonomy-Begriff selbst. In einer der frühesten Publikationen auf diesem Gebiet aus dem Jahre 2000 kritisieren *Mimim M. Recker* et al., dass eine Metadatenbeschreibung nicht ausschließlich dem Autor oder einer anderen hierfür berufenen Autorität obliegen dürfe. Vielmehr sollten auch die Nutzer einer Ressource die Möglichkeit haben, ein Lernobjekt im Hinblick auf den jeweiligen Anwendungskontext zu annotieren. *Recker* et al. unterscheiden diesbezüglich zwischen „autoritativen" und „nicht-autoritativen" Metadaten. Letztere entsprechen einer frühen Form des Collaborative Taggings. Allerdings gehen nicht-autoritative Metadaten über die Möglichkeit der bloßen Verschlagwortung einer Ressource hinaus. Vorgeschlagen werden Datenelemente, die neben einer textuellen Beschreibung der verschiedenen Aspekte einer

---

2930 Veröffentlichungen gefunden, die den Terminus „„content based filtering"" enthalten (Stand Mai 2008)

[49]Dabei entfallen auf die E-Learning-bezogene Anfrage 7850, auf die E-Commerce-bezogene Anfrage 2880 Treffer.

Ressource auch mehrstufige Ratings vorsehen. Beispielsweise können die Nutzer bewerten, inwieweit ihrer Einschätzung nach die Kriterien „Navigation Ease", „Accuracy of Information" oder „Educational Relevance" erfüllt werden [RW03]. *Recker* et al. haben mit dieser Art kollaborativer Annotation im Rahmen des Systems Altered Vista experimentiert. Die kollaborativ erstellten Metabeschreibungen werden dort auf zweifache Weise verwertet: Zum einen können Lernende als auch Lehrende anhand der Datensätze gezielter nach Ressourcen suchen bzw. sich einen Eindruck über die Qualität des begutachteten Lernobjekts verschaffen. Zum anderen dienen Annotationen aber auch der Realisierung eines Collaborative Filtering-Verfahrens, das Nutzern in personalisierter Weise Lernressourcen empfiehlt. Allerdings selektiert der Algorithmus im letztgenannten Falle aus der Menge multikriterieller Bewertungsdaten nur solche, die sich auf den Gesamteindruck einer Ressource („Overall Rating") beziehen; alle anderen Bewertungsdimensionen (wie z. B. „Educational Relevance") fließen nicht in die Empfehlungsberechnung ein. Der Collaborative-Filtering-Algorithmus ermittelt auf Basis dieses Attributs die Nachbarschaft des aktiven Nutzers[50]. Diese wird jedoch nicht ausschließlich dazu benutzt, empfehlenswerte Objekte zu ermitteln, die Lehrende mit ähnlichen Evaluationsprofilen hoch bewertet haben. Sie dient auch dazu, potentielle Arbeitsgemeinschaften bzw. Communitys-of-Practice zu identifizieren und dem Nutzer vorzuschlagen.

Weitere zahlreiche wissenschaftliche Beiträge widmeten sich in den letzten Jahren den verschiedenen Aspekten des kollaborativen Annotierens von Lernressourcen. *Scott Bateman* et al. beispielsweise diskutieren in [BBM06] ein Tagging-Verfahren, das die Nutzung von Ontologien vorsieht, um durch die Erfassung von Relationen zwischen Begriffen deren maschinelle Verarbeitung zu erleichtern. *Vuorikari* et al. setzen sich in [VMD07] für eine Standardisierung evaluativer Metadaten ein. Die Autoren weisen auf die bereits in Kapitel 2.1.3 erwähnte Studie von *Tzikopoulos* et al. [TMV07] hin, aus der hervorgeht, dass zwar sehr viele Learning-Object-Repositorys eine kollaborative Auszeichnung evaluativer Metadaten unterstützen, es hierfür allerdings kein vereinheitlichtes, interoperables Datenmodell gebe[51]. *Vuorikari* et al. erhoffen sich von einer Standardisierung, wie sie im Bereich der autoritativen Metadaten mit LOM (vgl. Kapitel 2.1.3) bereits vor vielen Jahren eingetreten ist, eine großflächige, Repository-übergreifende Nutzbarkeit der erfassten Objektbewertungen. Ein interoperables Datenmodell wird dabei insbesondere in Hinblick auf die Datenverwertung durch Empfehlungssysteme als notwendig erachtet:

„Social information retrieval systems, such as recommender systems, can benefit greatly from sharable and reusable evaluations of online resources. For example, in distributed repositories with rich collections of learning resources, users can benefit from evaluations, ratings, reviews, annotations, and so forth that previous users have provided. Futhermore, sharing such

---

[50] Bei der Sondierung der Nachbarschaft werden nur Nutzer betrachtet, die mindestens zwei Ressourcen annotiert haben. Desweiteren muss die mit Hilfe des Kosinus-Maßes errechnete Ähnlichkeit zum aktiven Nutzer mindestens 0,5 betragen [RW03]

[51] Aus der Studie geht hervor, dass 47 der insgesamt 59 begutachteten Systeme die Möglichkeit der kollaborativen Annotation bieten. Die Autoren identifizierten in dieser Teilmenge ingesamt 23 verschiedene Datenmodelle.

evaluation feedback can help attain the critical mass of data required for
social information retrieval systems to be effective and efficient." [VMD07,
S. 87]

Die Realisierung eines Empfehlungssystems auf Basis evaluativer Metadaten,
wie sie *Recker* et al. zuletzt in [RW03] vorgeschlagen haben, steht auch im
Mittelpunkt der Arbeit von *Daniel Lemire* et al. [LBMB05]. Allerdings werden in dem als RACOFI („Rule-Applying Collaborative Filtering") bezeichneten Verfahren neben evaluativen Daten auch solche Annotationen verwertet,
welche der inhaltlichen Beschreibung eines Objekts dienen, nach *Recker* et al.
also dem autoritativen Bereich entstammen[52]. RACOFI wurde ursprünglich im
Rahmen einer Kooperation zwischen dem National Research Council of Canada und dem KnowledgePool Canada entwickelt – eine Kooperation, die als Ziel
die bessere Wiederauffindbarkeit von Lernressourcen in umfangreichen Datenbeständen adressiert [ABB+03]. In diesem Zusammenhang versteht sich RACOFI
als Beitrag, einen personalisierten, durch Empfehlungen geleiteten Zugriff auf
Lernmaterialien zu ermöglichen. Das Verfahren besteht aus zwei Komponenten:
Der erste Baustein, eine Collaborative-Filtering-Komponente, prognostiziert auf
Basis aller aggregierten Evaluationsdaten die Präferenz des aktiven Nutzers für
eine ihm unbekannte Ressource. Eine zweite, additive Komponente, leitet aus
inhaltsbezogenen Metainformationen Inferenzregeln ab und versucht damit die
Prognosegüte zu verbessern. Als Beispiel einer Inferenzregel nennen die Autoren
den „Common-Artist-Bonus": Hat ein Nutzer in der Vergangenheit den Musiktitel eines bestimmten Interpreten hoch bewertet, so erfolgt ein Aufschlag auf
den mit Hilfe der ersten Komponente errechneten Prognosewert, sofern das bislang unbewertete Objekt vom gleichen Interpreten stammt oder andere ähnliche
Eigenschaften aufweist.

Eingesetzt wurde das Verfahren in RACOFI Music[53], einer Plattform, die ihren Nutzern die Möglichkeit bietet, kanadische Musik kennen zu lernen, neue
Musiktitel einzustellen oder bestehende Titel zu bewerten. Bewertungen erfolgen dabei multikriteriell, wobei diese für die algorithmische Verwertbarkeit
in Einzelbewertungen aufgespalten und für jedes Attribut separate Prognosen
angestellt werden. Den verwendeten Algorithmus bezeichnen *Lemire* et al. als
„Slope One" (S1) [LM05]. Anders als die zuvor dargestellten Ansätze ermittelt dieser Algorithmus nicht zunächst die Nachbarschaft des aktiven Nutzers,
sondern verwertet für die Prognose des Missing Values die Gesamtheit derjenigen Evaluationsprofile, die ein Rating des für den aktiven Nutzer unbekannten Objektes j aufweisen[54]. Aus dieser Menge werden zunächst alle paarweisen
Objekt-Kombinationen ermittelt, die j enthalten, wobei nur jene Paare ausgewählt werden, die signifikant häufig in Bewertungsprofilen erscheinen [LBMB05].
Zu jedem gefundenen Objektpaar (i, j) wird für jeden Nutzer u, dessen Bewer-

---

[52]Die Autoren sprechen im Zusammenhang mit evaluativen und inhaltsbezogenen Annotationen auch von *subjektiven* bzw. *objektiven* Metadaten.

[53]Die Autoren weisen darauf hin, dass das vorgestellte Verfahren Domänen unabhängig ist
und prinzipiell für alle Arten von Objekten geeignet ist. RACOFI Music (http://racofi.elg.
ca/index.html) wurde inzwischen eingestellt und durch das Musikportal inDiscover (http:
//www.indiscover.net/) ersetzt.

[54]Im Folgenden wird die Original-Notation der Autoren verwendet.

tungsprofil diese Kombination aufweist, die Differenz der beiden entsprechenden Rating-Werte ermittelt, über alle Nutzer aufsummiert und gemittelt. Gleichung 2.39 verdeutlicht diesen Zusammenhang:

$$dev_{j,i} = \frac{1}{|S_{j,i}(\chi)|} \sum_{u \in S_{j,i}(\chi)} (u_j - u_i) \qquad (2.39)$$

Die verwendete Notation ist dabei wie folgt: χ ist die Menge aller vorliegenden Evaluationen, $S_{j,i}(\chi)$ bezeichnet die Teilmenge derjenigen Bewertungsprofile mit Ratings für die Objekte i und j; u_i und u_j entsprechen der konkreten Bewertung des Nutzers u für die Objekte i und j.

Die Schätzung P^{S1} des Missing Values für Objekt j im Bewertungsprofil des aktiven Nutzers erfolgt im Slope-One-Algorithmus nach Gleichung 2.40. Dabei ist R_j die Menge aller Objekte, die zusammen mit j bewertet wurden. In die Prognose fließen nur die Ratings derjenigen Objekte ein, die auch der aktive Nutzer bewertet hat.

$$P^{S1}(u)_j = \overline{u} + \frac{1}{|R_j|} \sum_{i \in R_j} dev_{j,i}$$
$$\text{mit } R_j = \{i | i \in S(u), i \neq j, |S_{j,i}(\chi)| > 0\} \text{ und } \overline{u} = \sum_{i \in S(u)} \frac{u_i}{|S(u)|} \qquad (2.40)$$

Lemire et al. experimentierten darüber hinaus mit dem Algorithmus „Weighted Slope One" (wS1), einer Variante des Slope One, die eine Gewichtung der paarweisen Objektkombinationen entsprechend der Häufigkeit ihres Auftretens vorsieht. Der Algorithmus basiert auf der intuitiven Annahme, dass Paare von Objekten, die von sehr vielen Nutzern bewertet wurden, eine bessere Prognose erlauben als Paare, deren Objekte nur sehr selten von gleichen Nutzern evaluiert wurden. Die Prognose anhand des Weighted-Slope-One-Algorithmus ist in Gleichung 2.41 dargestellt:

$$P^{wS1}(u)_j = \frac{\sum_{i \in S(u)-\{j\}} (dev_{j,i} + u_i)c_{j,i}}{\sum_{i \in S(u)-\{j\}} c_{j,i}} \text{ mit } c_{j,i} = |S_{j,i}(\chi)| \qquad (2.41)$$

Eine Evaluation dieser beiden Algorithmen anhand der MovieLens-Testdaten ergab, dass beide Verfahren ähnlich gute Prognoseergebnisse erzielen wie vergleichbare, rechenintensivere Kosinus- oder Pearson-basierte Ansätze [LM05]. Im Vergleich zu Slope One zeigte die gewichtete Variante eine geringfügig bessere Prognosegüte. Sie wird heute als Collaborative Filtering-Algorithmus in dem Musikportal inDiscover eingesetzt.

Ein weiteres, ebenfalls auf einem Collaborative-Filtering-Algorithmus basierendes Empfehlungssystem schlagen *Nikos Manouselis* et al. in [MVVA07] vor. Die Autoren stützen ihre Arbeit auf das von der Europäischen Kommission geförderte Projekt CELEBRATE[55], in dessen Rahmen im Jahr 2004 ein Studie durchgeführt wurde, an der 770 Lehrer aus unterschiedlichen europäischen

---

[55]CELEBRATE steht für „Context eLearning with Broadband Technologies" (siehe `http://celebrate.eun.org/`).

Nationen teilgenommen haben. Die Studie diente im weitesten Sinne dazu, die Erfolgsaussichten des vom European Schoolnet [56] anvisierten Dienstes „Learning Resource Exchange" zu eruieren, der den grenzüberschreitenden Austausch von Lernmaterialien insbesondere zwischen Schulen unterstützen möchte[57]. In der in diesem Zusammenhang durchgeführten Studie wurden die Probanden u. a. gebeten, Lernobjekte im Hinblick auf verschiedene Aspekte anhand einer mehrwertigen Skala von 1 („Strongly disagree") bis 5 („Strongly agree") zu bewerten. Dabei kamen rund 2500 Evaluationen zu rund 900 Lernobjekten zustande.

Ähnlich wie *Recker* et al. nutzen auch *Manouselis* et al. die aggregierten Evaluationsdaten als Input für einen Filter-Algorithmus, der die Präferenz eines Nutzers für ein Lernobjekt prognostiziert oder eine personalisierte, geordnete Liste empfohlener Objekte generiert. Während jedoch Erstere lediglich die Gesamtbewertung einer Ressource („Overall Rating") in die algorithmischen Berechnungsprozesse einfließen lassen, und damit die ursprünglich multikriterielle Evaluation auf eine einkriterielle Bewertung reduziert wird, betrachten Letztere alle Attribute des verwendeten Evaluationsschemas. Der Filteralgorithmus wird also mit Daten gespeist, die einem multikriteriellen Bewertungsraum entstammen. *Abb.* 2.9 (unten) zeigt, wie eine User-Item-Matrix für dieses Szenario aussehen könnte.

Für die Berechnung des Missing Values bzw. der prognostizierten Relevanz des Objektes für den aktiven Nutzer schlagen *Manouselis* et al. in Anlehnung an die „Multi-Attribute Utility Theory" (MAUT)[58] folgende Vorgehensweise vor:

Sei U wieder die Menge aller Nutzer und R die Menge aller betrachteten Lernobjekte. Jede Ressource r kann durch n Attribute $\{v_1, v_2, ...v_n\}$ bewertet werden, so dass ein Evaluationsdatensatz als Vektor der Form $\overrightarrow{v}_{r,u} = \{v_1^u(r), v_2^u(r), ..., v_n^u(r)\}$ mit $r \subset R$ und $u \subset U$ dargestellt werden kann. Der n-dimensionale Bewertungsraum wird ähnlich wie bei *Lemire* et al. zunächst in n einkriterielle Bewertungen aufgespalten, wobei jedes Bewertungsattribut v_i in eine eigene einkriterielle User-Item-Matrix eingeht (siehe *Abb.* 2.9 oben). Danach ermittelt der Algorithmus pro Attribut eine Gruppe von Mentoren mit ähnlichen Bewertungsmustern[59].

Deren Ratings fließen in die Schätzung der für den aktiven Nutzer prognostizierten Bewertung des jeweils betrachteten Kriteriums ein. Die Summe aller geschätzten Attributsausprägungen dient dann entsprechend der MAU-Theorie als (Gesamt-)Maß der „Nützlichkeit" (engl. „Utility") eines Objektes für den

---

[56] http://www.eun.org/

[57] Hierzu wird derzeit noch ein Portal entwickelt, das später rund 40000 wiederverwendbare Lernobjekte und ca. 100000 Medienobjekte fassen soll [Eur08].

[58] Die MAU-Theorie [Hub74] wird seit vielen Jahren insbesondere im Bereich von Produktbewertungen angewendet. Beispielsweise basieren die Evaluationen von ADAC und Stiftung Warentest auf diesem Modell. Die Grundidee dabei ist, die Evaluation eines Objektes in mehrere Partialbewertungen zu gliedern, bei denen jeweils ein Teilaspekt bewertet wird. Jedem Teilaspekt wird dabei eine bestimmte Wichtigkeit beigemessen. Anschließend wird für jedes betrachtete Attribut der Partialnutzen bestimmt. Der Gesamtnutzen ergibt sich dann als Summe der gewichteten Partialnutzen.

[59] Die Autoren experimentierten bei der algorithmischen Ermittlung von Nachbarschaften mit verschiedenen Ähnlichkeitsmetriken. Die besten Evaluationsergebnisse wurden dabei mit dem Kosinus-Maß erzielt.

aktiven Nutzer. Am Ende des Berechnungsprozesses steht also eine singuläre Kennziffer, die es ermöglicht, die empfohlenen Lernobjekte gemäß ihrer prognostizierten Relevanz in eine Rangfolge zu bringen:

$$v_{u_a}(r) = \sum_{i=1}^{n} v_i^{u_a}(r) \tag{2.42}$$

Während das Empfehlungssystem von *Manouselis* et al. in erster Linie *Lehrenden* zugute kommt, präsentieren *Tiffany Ya Tang* und *Gordon McCalla* in [TM03] ein System, das ausschließlich *Lernenden* bei der Bewältigung eines (vorgegebenen) Lernstoffs unterstützt. Und auch hier spielt wiederum die Technik des Collaborative Filtering eine Rolle, allerdings werden additiv Clustertechniken eingesetzt, um Lernende in Gruppen ähnlicher Interessen zu gliedern. In dem vorgestellten System ist der Lernstoff zu einem aus 14 Kapiteln bestehenden Kurs zu den Themen „Data Mining" und „Web Mining" hinterlegt. Darüber hinaus sind rund 100 wissenschaftliche Publikationen erfasst, anhand derer der anvisierte Lernstoff potentiell vermittelt werden kann. Ein Crawler soll zusätzlich relevante Dokumente im World Wide Web identifizieren und in den Datenbestand integrieren.

Die Recommender-Komponente selektiert aus der Menge verfügbarer Publikationen jene, welche für den Studierenden als pädagogisch geeignet erachtet werden. Hierfür wird zunächst sein Interaktionsverhalten mit dem System beobachtet. Anhand der präferierten Dokumente wird geschätzt, welche Anwendungsdomäne der Lernende bevorzugt (z. B. „E-Commerce"), welcher Vorwissensstand diesbezüglich vorliegt (z. B. „Anfänger" oder „Fortgeschrittener") und welchen Bezug der Nutzer zu der Thematik aufweist (z. B. „anwendungsbezogen" oder „theoriegeleitet"). Mittels dieser Kriterien wird der Lernende einem Cluster von Studierenden mit ähnlichen Lernparametern zugewiesen. Darüber hinaus finden Nutzer die Möglichkeit, vorgeschlagene Dokumente zu bewerten, so dass auch auf diese Weise Interessensprofile gebildet werden, mit Hilfe derer ähnliche Lernende ermittelt werden können.

Um nun die für einen Nutzer geeigneten Dokumente zu identifizieren, betrachten *Tang* und *McCalla* zunächst das jeweilige Cluster des Lernenden. Innerhalb dieses Clusters ermittelt ein in der Arbeit nicht weiter spezifizierter Collaborative-Filtering-Algorithmus die Mentoren des aktiven Nutzers. Die Autoren bezeichnen diesen Ansatz auch als „Focused Collaborative Filtering", da die Konstruktion der Nachbarschaft nur auf Basis eines durch das Clustering eingeschränkten Bereichs der User-Item-Matrix erfolgt.

Eine kritische Betrachtung der Rolle von Empfehlungstechniken in Lernprozessen stellen *Hendrik Drachsler* et al. in [DHK07] an. Die Autoren warnen vor einer unreflektierten Adaption von Technologien anderer Domänen, die mit dem Bereich des elektronisch unterstützten Lernens nicht vergleichbar seien. Exemplarisch wird dies anhand des New-User-Problems verdeutlicht (vgl. Kapitel 2.2.2). Anbieter wie MovieLens umgehen das Problem fehlender Anwenderdaten, indem z. B. neue Nutzer unmittelbar nach dem ersten Einloggen gebeten werden, eine Reihe von Filmen zu bewerten (siehe *Abb.* 2.10). In Hinblick auf Lernmaterialien sei diese Vorgehensweise nach Meinung der Autoren nicht praktikabel, da die Lernenden in der Regel keine der angebotenen Lernobjekte kennen und geschweige denn beurteilen können. Eine weitere Problematik betrifft die Diskrepanz zwischen Selbst- und Fremdeinschätzung der subjektiv empfundenen Relevanz einer Lernressource. So mag ein Nutzer ein Lernobjekt zwar präferieren und entsprechend hoch bewerten. Ob das Objekt aber aus pädagogischer Sicht tatsächlich geeignet ist, kann der Lernende nicht oder nur bedingt einschätzen. Hier bedarf es nach *Drachsler* et al. einer eingehenderen Analyse, welche die individuellen Lernvoraussetzungen und Lernbedürfnisse, den aktuellen Lernkontext, die bisherige Lernhistorie und die erzielten Lernfortschritte berücksichtigt. Ein Empfehlungssystem für elektronische Lerninhalte muss also nach Meinung der Autoren weitaus mehr nutzerbezogene Parameter erfassen und auswerten, als vergleichbare Systeme z. B. im E-Commerce-Bereich. Die algorithmische Umsetzbarkeit dieser Postulate insbesondere im Hinblick auf den Berechnungsaufwand und die zeitkritische Ermittlung adäquater Vorschläge wird in der Arbeit von *Drachsler* et al. nicht diskutiert.

Eine konkrete, wenn auch zum Zeitpunkt der Veröffentlichung noch rudimentäre Implementierung eines Empfehlungssystems, das die von *Drachsler* dargelegten Postulate zumindest ansatzweise berücksichtigt, wird in [HVDBB⁺07] vorgestellt. Auch hier machen die Autoren *Hans G. K. Hummel* et al. auf die spezifischen Gegebenheiten der E-Learning-Domäne aufmerksam:

> „The educational field imposes some specific demands on the advice required. The main differences between selecting books for reading and selecting learning activities for study are the degree of voluntariness (as most learning activities are required to obtain some learning goal), and the possibility to establish an explicit completion (as most learning activities are to be assessed for successful completion). Such differences impact the learner's motivation, and the way personalised recommendations for learning activities should be provided." [HVDBB⁺07]

Zudem weisen sie darauf hin, dass in der wissenschaftlichen Literatur die Anwendung etablierter Filtertechniken im Bereich des elektronisch unterstützten Lernens bislang kaum diskutiert werde. Insbesondere der Sequenzierung von Lerninhalten, die im Fokus ihres Forschungsinteresses steht, hätten sich bislang nur sehr wenige Arbeiten gewidmet. Dabei betrachten *Hummel* et al. die Bahnung eines auf ein Lernziel ausgerichteten Weges[60] als kritischen Erfolgsfaktor für die Bewältigung formeller als auch informeller Lernprozesse.

Das vorgestellte Empfehlungssystem kombiniert Techniken aus dem Bereich des Collaborative Filtering und Content-Based Filtering. Die Prognose einer für den Lernenden geeigneten Folgeaktivität, die sich an ein erfolgreich bearbeitetes Lernobjekt anschließen kann, wird anhand des Lernprofils, der protokollierten Lernpfade, den vorliegenden Metainformationen zu Lernaktivitäten sowie einem Kompetenzmodell angestellt. Hinsichtlich der Datenmodellierung beabsichtigen *Hummel* et al. die Nutzung bestehender Spezifikationen und Standards. Allerdings kommen die Autoren in ihrer Untersuchung zu dem Ergebnis, dass mit Ausnahme von LOM und ePortfolio – einer IMS-Spezifikation zur Beschreibung

---

[60] *Hummel* et al. sprechen diesbezüglich von einem „Way-Finding-Problem".

von Lernprofilen [IMS05] – keine brauchbaren Vorschläge für die Modellierung der anvisierten Datenbereiche existieren.

Zum Zeitpunkt der Veröffentlichung ihrer Arbeit (Februar 2007) hatten *Hummel* et al. die Collaborative-Filtering-Komponente noch nicht implementiert. Empfehlungen zu Folgeaktivitäten wurden also nicht auf Basis der Lernpfade ähnlicher Nutzer, sondern ausschließlich auf Grundlage der zu den Lernaktivitäten[61] vorliegenden Metainformationen berechnet, die mit einem starren, dreiattributigen Nutzerprofil verglichen wurden. Dies zeigt die Schwierigkeit und Komplexität, die mit der algorithmischen Umsetzung dieses ehrgeizigen Vorhabens einhergeht. Lernende dabei zu unterstützen, eine pädagogisch adäquate Abfolge von Lerneinheiten zu wählen, ist auch die Zielrichtung der Forschungsarbeit von *Osmar R. Zaiane*. Der Weg aber, den er dabei einschlägt, unterscheidet sich grundlegend von der Verfahrensweise, die *Hummel* et al. vorschlagen. Zwar betrachtet auch *Zaiane* die in Log-Dateien protokollierten Lernwege der Nutzer. Für die weitere Datenverarbeitung wird allerdings kein Collaborative-Filtering-Algorithmus gewählt, vielmehr erfolgt die Auswertung mit Hilfe von Data-Mining-Techniken, die Assoziationsregeln aufspüren und Zusammenhänge der Art „Lernaktivität A folgt typischerweise Lernaktivität C" entdecken sollen [Zai02]. Einem Lernenden würde folglich Lernobjekt C vorgeschlagen, vorausgesetzt, Lernobjekt A wurde erfolgreich bearbeitet.

Nicht berücksichtigt werden in dem Ansatz die individuell unterschiedlichen Lernvoraussetzungen, die dazu führen können, das Lernobjekt C zwar für einen Studierenden eines Masterstudiums eine sinnvolle Empfehlung sein mag, nicht aber für einen Bachelor-Studierenden, der sich noch in der Eingangsphase seines Studiums befindet und nicht über die nötigen Vorkenntnisse verfügt, die für die Bearbeitung des Lehrstoffs von C erforderlich sind. Auch die Orchestrierung von Empfehlungen abhängig von den zu erreichenden Lernzielen und angestrebten Kompetenzen wird in der Arbeit nicht diskutiert.

Ohne einen Collaborative-Filtering- oder Content-Based-Filtering-Algorithmus kommt auch das Empfehlungssystem von *Li-ping Shen* und *Rui-min Shen* aus, das ebenso wie die von *Hummel* und *Zaiane* vorgeschlagenen Applikationen versucht, die für einen Lernenden geeignete Sequenzierung von Lerneinheiten zu ermitteln. Eine tragende Rolle spielt dabei die „Knowledge Base" – eine von drei Systemkomponenten, in der die fachliche Domäne ontologisch modelliert wird, die wesentlichen inhaltlichen Begriffe also festgelegt und in ihrer relationalen Beziehung erfasst werden. Dabei wird jedes in der Knowledge Base enthaltene Lernobjekt einem bestimmten Begriff zugeordnet. Darüber hinaus wird zu jedem Begriff ein Lernziel („Competence") definiert, wobei *Shen* und *Shen* Begriffe mit Lernzielen gleichsetzen, so dass gleichzeitig mit einem „Concept Tree" auch ein „Competence Tree" modelliert wird. Mutmaßlich sinnvolle Folgeaktivitäten werden ermittelt, in dem zum einen der Competence Tree z. B. im Hinblick auf die mit einem übergeordnetem Lernziel assoziierten Teillernziele analysiert wird. Zum anderen betrachten die Autoren aber auch das Profil eines Lernenden, das u. a. die erfolgreich erworbenen Kompetenzen bündelt. Werden auf diese

---

[61]Das Initialsystem umfasste 18 Lernaktivitäten zum Themengebiet „Einführung in die Psychologie".

Weise Kompetenzdefizite aufgespürt, greifen vordefinierte Sequenzierungsregeln, die zwischen beiden Komponenten vermitteln und geeignete Lernobjekte zur Behebung dieser Defizite vorschlagen.

Shen und *Shen* berichten von einer Nutzerbefragung, in der überwiegend positive Erfahrungen mit dem System artikuliert wurden. Dennoch muss kritisch angemerkt werden, dass der von den Autoren praktizierte Ansatz, thematische Schwerpunkte mit Lernzielen gleichzusetzen sowie eine Lernzielhierarchie aus der sachlogischen Struktur eines Fachbereichs abzuleiten, aus pädagogischer Sicht als problematisch gilt. So steht spätestens seit den Arbeiten der amerikanischen Pädagogen und Psychologen *Benjamin Bloom* und *Robert Gagné* aus den 50-er und 60-er Jahren des letzten Jahrhunderts wissenschaftlich außer Frage, dass Lernziele komplexe, mehrdimensionale Konstrukte sind, die verschiedene menschliche Lernbereiche berücksichtigen und entsprechend des intendierten Lernzuwachses im Schwierigkeitsgrad variieren [BEF+74, Gag65]. Ein Lernziel der Art „Address Resolution", wie es *Shen* und *Shen* für das gleich lautende Thema des Fachbereichs „Computer Networks" formulieren, gibt zwar den inhaltlichen Schwerpunkt der instruktionalen Einheit wieder. Völlig offen bleibt hingegen, in welchem Umfang und auf welcher kognitiven Komplexitätsstufe eine Auseinandersetzung mit den dargebotenen Inhalten erfolgen soll. Eine derart vage Modellierung von Lernzielen riskiert, dass das System Empfehlungen mit pädagogisch fraglichem Wert produziert.

Mit der Arbeit von *Shen* und *Shen* endet an dieser Stelle die Vorstellung ausgewählter Publikationen, die im engeren Sinne Empfehlungssysteme für elektronische Lerninhalte behandeln. Die Liste ließe sich noch erweitern, würde man auch solche Ansätze anführen, die Empfehlungssysteme im weiteren Sinne thematisieren. Insbesondere der Bereich der „Intelligenten Tutoriellen Systeme" widmet sich bereits seit den 70-er Jahren des letzten Jahrhunderts u. a. der personalisierten curricularen Sequenzierung. Da dieser Bereich jedoch für diese Arbeit als nicht maßgeblich betrachtet wird, soll eine kurze Erwähnung dieses Forschungsbereichs genügen[62].

Zusammenfassend kann festgestellt werden, dass im Bereich des elektronisch unterstützten Lehrens und Lernens Empfehlungssysteme, wie sie in Kapitel 2.2.2 vorgestellt wurden, lange Zeit ein Schattendasein führten. Erst in den letzten Jahren sind einige, wenn auch vergleichsweise wenige Arbeiten veröffentlicht worden, die sich diesem Thema widmen und versuchen, das in anderen Bereichen bereits unter Beweis gestellte Potential dieser Technologien auch für das E-Learning nutzbar zu machen. Bei der Vorstellung dieser Arbeiten wurde deutlich, dass bislang kein Patentrezept für die sinnvolle Einbettung von Empfehlungstechniken gefunden wurde. Vielmehr offenbart sich dem Betrachter eine vielgestaltige Landschaft divergierender Ansätze und Verfahrensweisen, die sich in vielerlei Merkmalen unterscheiden – z. B. hinsichtlich der Zielgruppe (Lehrende oder Lernende), der Algorithmenklasse (Collaborative Filtering oder Data Mining) oder dem Typus der Eingangsdaten (explizite Bewertungen oder implizite Log-Daten).

---

[62]Einen guten Überblick über diesen Forschungsbereich gibt *Brusilovsky* z. B. in [Bru99, Bru01]

Es fällt schwer, aus den dargelegten Arbeiten Erkenntnisse zu ziehen, die der Umsetzung der eigenen Zielvorstellung zugute kommen. Ein Empfehlungssystem, das die Erstellung multimedialer Kurse auf Basis wiederverwendbarer Lernmaterialien unterstützen und fördern möchte, muss vor allen Dingen einer Anforderung Genüge leisten: die empfohlenen Lernobjekte müssen „zueinander passen", zu einer einzelnen Lernaktivität kombinierbar oder zumindest an unterschiedlichen Stellen eines gemeinsamen Kurses einsetzbar sein.

Keine der genannten Arbeiten kann diesbezüglich überzeugen: *Zaiane* beispielsweise betrachtet Lernobjekte dann als didaktisch homogen, wenn diese über eine Assoziationsregel miteinander verknüpft sind. Die pädagogische Beurteilung der Kombinierbarkeit von Lernressourcen wird also indirekt den Lernenden überlassen. *Shen* und *Shen* gehen implizit davon aus, dass Lernobjekte immer dann harmonieren, wenn – anschaulich gesprochen – ihre Kernbegriffe in der gemeinsamen Ontologie möglichst nahe beieinander stehen. Tatsächlich aber findet man in der Praxis genügend Gegenbeispiele die zeigen, dass Lernobjekte mit einander ergänzenden inhaltlichen Schwerpunkten z. B. aufgrund unterschiedlich didaktischer Schwierigkeitsniveaus nicht notwendigerweise in einer instruktionalen Einheit aufgehen müssen.

Gleichermaßen problematisch wäre die Annahme, man könnte aus den von Lehrenden oder Lernenden artikulierten, numerischen Bewertungen der Lernressourcen Aussagen über deren didaktische Passfähigkeit ableiten. So würde es eher einem Zufall gleich kommen, wären diejenigen Lernobjekte tatsächlich miteinander kombinierbar, die ein Collaborative-Filtering-Algorithmus, wie er in den Verfahren von *Resnick* et al., *Lemire* et al. oder *Manouselis* et al. Verwendung findet, auf eine gemeinsame Rangliste setzt. Ein Rückschluss auf die instruktionale Homogenität der empfohlenen Objekte wäre nur dann möglich, würden sich die evaluativen Eingangsdaten nicht nur auf Lernobjekte an sich, sondern auch auf Kombinationen von solchen beziehen.

Das in dieser Arbeit unter dem Namen *Activity Tree Harvesting* vorgestellte Verfahren fährt diesbezüglich mehrgleisig: Als Eingangsdaten verwertet es sowohl Informationen zu den einzelnen Lernobjekten als auch strukturelle Informationen, die sich auf die Kombinierbarkeit von Ressourcen zu Lernaktivitäten bis hin zu komplexen Lernarrangements beziehen. Die Informationen stammen dabei von den Lehrenden selbst. Ihre fachliche und pädagogische Expertise wird genutzt, um andere Autoren durch geeignete Empfehlungen bei der Erstellung eines Kurses zu unterstützen.

2.3 E-Learning

Sie ist ein alter Menschheitstraum: die Vorstellung, man könne mit Hilfe von Maschinen menschliche Lernprozesse vereinfachen und beschleunigen. Erste Konstruktionen solcher technischen Hilfsmittel, wie beispielsweise die in *Abb.* 2.18 illustrierte Lesemaschine, finden sich bereits im 16. Jahrhundert. Rund 400 Jahre später wurden die ersten mechanischen Lehrautomaten konzipiert, ehe in den 1980-er Jahren die zunehmende Verbreitung von Computern dem elektronisch unterstützten Lehren und Lernen den Weg ebnete. Eine genauere historische Betrachtung – wie sie in Kapitel 2.3.1 angestellt wird – führt zu der bemerkenswerten Erkenntnis, dass in den 1960-er Jahren die gesellschaftspolitische Resonanz auf die mechanischen Lehrautomaten in etwa ähnlich verlief, wie wir sie auch in den letzten Jahren im Zusammenhang mit unseren hochtechnisierten Lehrgeräten, den Computern, beobachten können. Beide Technologien wurden zunächst mit überschwenglicher Begeisterung aufgenommen; später folgte eine Phase der Ernüchterung, in der überzogene Erwartungen relativiert und realitätsferne Zielsetzungen korrigiert werden mussten. Dass diese Parallele entstehen könnte, hat *Ludy T. Benjamin* bereits 1988 in einem Artikel der renommierten Zeitschrift „American Psychologists" vorausgeahnt:

> „However, if past behavior is a predictor of future behavior, then it seems unlikely that computers or any other teaching machines will play more than a supporting role in the classroom." [Ben88, S. 711]

Und in der Tat ist es in den letzten Jahren um das Thema E-Learning eher ruhig geworden – vergleicht man die Zahl der derzeitigen E-Learning-Initiativen mit jener, die noch vor wenigen Jahren bundesweit notiert werden konnte. In dieser Zeit herrschte, unterstützt durch die BMBF-Intitiative „Neue Medien in der Bildung", an fast allen deutschen Hochschulen eine rege Betriebsamkeit in Sachen E-Learning. Insbesondere die Erstellung multimedialer Lernmaterialien wurde in dieser Phase stark forciert. Allerdings spielte die *nachhaltige* Nutzbarkeit der erstellten Materialien in vielen Projekten eine eher untergeordnete Rolle. Dies hatte zur Folge, dass viele der unter hohem finanziellen Aufwand erstellten Ressourcen nach Projektende kaum mehr genutzt wurden, da sie für andere schwer auffindbar waren oder sich nicht für eine Wiederverwendung in neuen Kurskontexten eigneten. So sind viele der damals geförderten Projekte heute in Vergessenheit geraten.

Überhaupt ist das Thema E-Learning bildungspolitisch aus dem Blickpunkt des Interesses gerückt. Unbestritten aber ist, dass die modernen Informations- und Kommunikationstechnologien nicht mehr wegzudenken sind, wenn es um die Unterstützung von Bildungsprozessen geht, die durch viel besagte Attribute wie „lebenslang", „arbeitsprozessorientiert", „zeitunabhängig" oder „ortsungebunden" charakterisiert werden. Entsprechend wichtig und sinnvoll ist es, weiter an dieser Thematik zu arbeiten und zu versuchen, bestehende Probleme und Widrigkeiten auf technischer oder pädagogischer Ebene zu beheben.

Eine der derzeit wichtigsten Forschungsthemen in diesem Bereich bezieht sich auf die Wiederverwendung und nachhaltige Nutzung von Lernressourcen. Sie ist auch das Leitthema der folgenden Abschnitte. Zunächst werden in Kapitel 2.3.1 die historischen Wurzeln des elektronisch unterstützten Lehrens und Lernens offengelegt und dessen geschichtliche Entwicklung ausgehend von den 20-er Jahren des letzten Jahrhunderts bis in unsere Zeit skizziert. Im Anschluss führt Kapitel 2.3.2 in den noch jungen Forschungsbereich der *Learning Objects* ein, in dem die Frage der nachhaltigen Nutzung wiederverwendbarer Lernbausteine im Vordergrund steht. Die Aggregation von Lernobjekten zu neuen Lernarragements und damit verbundene didaktische Modelle und -Strategien werden in den Kapiteln 2.3.4 und 2.3.5 erörtert.

Abbildung 2.18: *Bücherrad von Agostino Ramelli. Die rotierende Maschine sollte dem Leser einen schnellen Zugriff auf Bücher und Textstellen ermöglichen. Der Stich ist in dem Buch von Ramelli „Le diverse et artificiose machine" aus dem Jahre 1588 zu finden.*

2.3.1 Historische Entwicklung

Die Suche nach den historischen Vorläufern des elektronisch unterstützten Lernens muss in den USA der 20-er Jahre des vergangenen Jahrhunderts beginnen. In dieser Zeit wurden die ersten Lehrmaschinen (sog. „Teaching Machines") entwickelt – mechanische Geräte, die in der Lage waren, Lerninhalte unabhängig von einer Lehrperson zu präsentieren und sogar auf das Lernverhalten des Anwenders zu reagieren:

> „A teaching machine is an automatic or self-controlling device that (a) presents a unit of information (B. F. Skinner would say that the information must be new), (b) provides some means for the learner to respond to the information, and (c) provides feedback about the correctness of the learner's responses." [Ben88, S. 704]

Als Pionier auf dem Gebiet der Entwicklung dieser Automaten gilt der amerikanische Psychologe *Sidney Pressey*, der 1928 seine sog. „Machine for Intelligence Test" zum Patent anmeldete. Die Maschine präsentierte in einem schmalen Sichtfenster eine Frage, zu der vier Antwortmöglichkeiten angeboten wurden. Auf der rechten Seite des Gerätes (siehe *Abb.* 2.19) waren vier Tasten angebracht, die jeweils mit einer Antwortmöglichkeit korrespondierten. Das Gerät konnte in zwei Modi betrieben werden: Im „Testmodus" wechselte die Maschine nach jeder durch Tastendruck artikulierten Antwort automatisch zur nächsten Frage. Gleichzeitig wurde die Anzahl der richtigen Antworten protokolliert. Im

73

„Lehrmodus" hingegen präsentierte das Gerät erst dann die nachfolgende Frage, wenn zuvor die richtige Antwortmöglichkeit gewählt wurde. Nach dem behavioristischen Prinzip, „richtiges" Verhalten durch Belohnung zu verstärken, spendete die Maschine ihrem Nutzer Bonbons, falls dieser das korrekte Antwortverhalten zeigte. Später entwickelte *Pressey* weitere, technisch ausgereiftere Modelle und führte zusammen mit seinen Studierenden erste wissenschaftliche Studien zur Lernwirksamkeit dieser Maschinen durch.

Insgesamt aber nahm das Zielpublikum *Presseys* Entwicklungen kaum in Anspruch; nur wenige Bildungseinrichtungen setzten Maschinen dieser Art zur Unterstützung von Lehr- und Lernprozessen ein. Die Ursachen hierfür liegen vermutlich im gesellschaftspolitischen Kontext der 30-er Jahre begründet. Die Weltwirtschaft litt an einer schweren Depression und die Arbeitslosigkeit war entsprechend hoch. So wehrte sich die Lehrerschaft an vielen Einrichtungen erfolgreich gegen die Einführung derartiger Maschinen aus Angst, diese würden auf Dauer die eigene Arbeitskraft ersetzen.

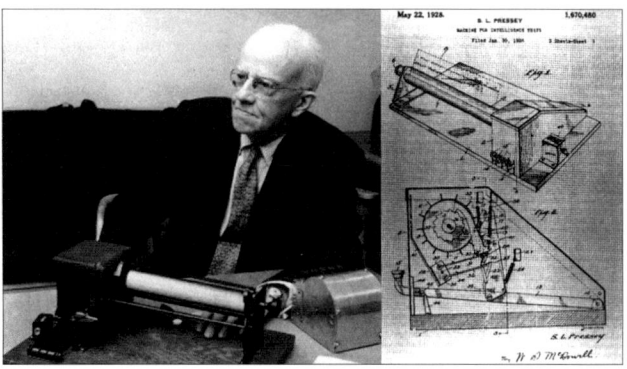

Abbildung 2.19: *Sidney Pressey und seine Multiple-Choice-Lehrmaschine (Quelle: [Ben88])*

Als sich in den Nachkriegsjahren die gesellschaftlichen Rahmenbedingungen änderten, erlebten Lehrmaschinen eine Renaissance. Insbesondere der „Sputnik Schock", der 1957 das Vertrauen der USA in die Überlegenheit des eigenen Bildungssystems erschütterte, führte maßgeblich zu einer verstärkten Nachfrage nach neuen, effizienteren Vermittlungsstrategien von Wissen. Dabei fanden v. a. die Arbeiten des US-amerikanischen Psychologen *Burrhus Frederic Skinner* Gehör, der die auch heute noch vielerorts angewandte Theorie der „Programmierten Instruktion" formulierte und diese in einer mechanischen Lehrmaschine umsetzte, die das individuelle Lerntempo berücksichtigen und ein unmittelbares Feedback fördern sollte (siehe *Abb. 2.20*).

Die Regeln des Programmierten Unterrichts sehen vor, den Lerninhalt in kleine Informationseinheiten (sog. „Frames") aufzuteilen. Auf jeden Frame folgt eine Frage mit obligatorischer Antwort. Die Aufgabenstellung wird dabei bewusst

Abbildung 2.20: *Lehrmaschine nach B.F. Skinner (Quelle: [Fie08]). Die Lehrmaschine besteht im Wesentlichen aus einem kleinen Kasten, auf dessen Oberseite ein Fenster angebracht ist. In diesem Fenster ist ein Papierstreifen sichtbar, der z. B. eine Gleichung mit einer fehlenden Ziffer enthält. Dort, wo die Ziffer fehlt, ist ein Loch in den Streifen gestanzt. Durch Bewegen eines Schiebers kann der Lernende eine richtige Ziffer auswählen und in dem Loch platzieren. Anschließend wird zur Bestätigung der Auswahl ein Hebel gedrückt. Ist die Antwort richtig, lässt sich der Hebel drehen, es ertönt ein Glockenton (konditionierte Verstärkung) und die nächste Frage wird dargeboten. Ist die Antwort hingegen falsch, lässt sich der Hebel nicht bewegen, und es muss erneut versucht werden, die richtige Antwort zu geben.*

einfach gewählt, um den Effekt einer inneren Verstärkung durch ein Erfolgserlebnis hervorzurufen. Der Lernende erhält *sofort* Rückmeldung über die Korrektheit seiner Antwort[63]. Anfang der 60-er Jahre erreichten Lehrmaschinen den Höhepunkt ihrer Popularität. Rund 65 unterschiedliche Modelle waren 1962 auf dem US-amerikanischen Bildungsmarkt registriert. Danach jedoch ließ der Boom spürbar nach. In Schriften wie „Teaching Machines – Blessing or Curse?", „Can People Be Taught Like Pigeons?" oder „Will Robots Teach Your Children?"[64] wird die Entmenschlichung von Bildungsprozessen angeprangert, die mit der von Tierexperimenten inspirierten lerntheoretischen Forschungsrichtung des Behaviorismus einhergeht. Aber auch die hohen Anschaffungskosten der Geräte sowie deren inhaltliche Inflexibilität – meist war der Betrieb auf ein Lernprogramm beschränkt – trugen dazu bei, dass die maschinelle Unterstützung des Lernens zunächst aus dem Blickfeld der psychologischen und pädagogischen Forschung verschwand.

Eine zweite Renaissance erlebte das maschinenunterstützte Lernen im Zuge der raschen Verbreitung von *Computern*, die in den 80-er Jahren einsetzte. Erste Projekte zum Einsatz des Computers als Lehrmaschine begannen bereits in den 60-er Jahren. Wissenschaftler der Stanford University experimentierten mit dem

---

[63]Die von *Pressey* favorisierte Vorgabe verschiedener Antwortmöglichkeiten und die damit bewirkte Konfrontation des Lernenden mit „falschem" Wissen, betrachtete *Skinner* allerdings als kontraproduktiv für den Lernprozess

[64]vgl. hierzu [Ben88]

von IBM entwickelten computerunterstützen Lehrsystem „IBM 1500 Instructional System". In der gleichen Dekade entwickelten Forscher der University von Illinois das Lehrsystem PLATO, das zunächst auf einen ILLIAC-I-Rechner[65], später auf einen 48-bit Computer des Supercomputer-Herstellers CDC betrieben wurde.

Eine großflächigere Anwendung fanden derartige Programme allerdings erst rund 20 Jahre später, als Computer-Hardware zu immer günstigeren Preisen angeboten wurde. Abermals kann von einem euphorischen Interesse die Rede sein, das Bildungsverantwortliche dem neuen Medium entgegenbrachten. Bietet es doch für die Programmierte Instruktion weitaus bessere Möglichkeiten als mechanische Automaten: so z. B. die variablere Gestaltung von Umfang und Sequenzierung von Lerneinheiten, die Realisierung auch komplexerer Fragestellungen und Rückmeldungen, die hohe inhaltliche Flexibilität und nicht zuletzt die multimediale Darstellungsmöglichkeit von Lerninhalten. Vor allem Unternehmen nutzten in der Folgezeit diese Technologie, um Mitarbeiter mit Hilfe sog. „Computer Based Trainings" (CBT) auf neue oder veränderte Arbeitsbereiche vorzubereiten.

Ausgehend von den lerntheoretischen Forschungsrichtungen des Kognitivismus und Konstruktivismus entstanden in den 80-er Jahren neben der vom Behaviorismus inspirierten Programmierten Instruktion neue Formen des computerunterstützen Lernens. So verfolgten beispielsweise „Intelligente Tutorielle Systeme" die Kernidee, das Lernangebot nicht wie von *Skinner* vorgeschlagen starr zu sequenzieren. Vielmehr sollte der Lernweg am Wissensstand des Lerners ausgerichtet werden[66]. Desweiteren wurden „Hypermedia-Systeme" entworfen, die Lernangebote netzartig organisierten, indem einzelne Einheiten über Hyperlinks logisch verknüpft werden. Diese hypermediale Organisationsform ermöglicht es Lernenden, den Ablauf des Lernangebots selbst festzulegen. Sie stellt damit die technische Basis des vom Konstruktivismus geforderten selbstbestimmten und selbstgesteuerten Lernens dar.

Mitte der 90-er Jahre schließlich erfolgte der „Move to the Web" [CH02]: die rasche Verbreitung der Internettechnologie eröffnete dem computergestützten Lernen neue Perspektiven; so z. B. die Möglichkeit des Zugriffs auf Lernmaterialien zu jeder Zeit an jedem Ort, die technische Unterstützung von Kommunikation und Kollaboration, sowie die einfache Wartung und Distribution von Lerninhalten über sog. „Learning-Management-Systeme". In dieser Zeit kristallisiert sich auch der Begriff „E-Learning" heraus – das Zeitalter des elektronisch unterstützten Lernens (aber auch Lehrens) beginnt.

---

[65]PLATO steht für „Programmed Logic for Automated Teaching Operation". ILLIAC-I („Illinois Automatic Computer") wurde 1952 von der University of Illinois entwickelt. Er gilt als erster Rechner, der von einer US-amerikanischen Bildungsinstitution entworfen wurde.

[66]Die Arbeitsweise solcher Systeme lässt sich vereinfacht wie folgt beschreiben: Im ersten Schritt erfolgt eine Protokollierung der Lernaktivitäten. Anhand der gemessenen Leistung des Lernenden wird ein Kompetenzmodell erstellt. Dieses wird mit einem Expertenmodell verglichen, um das Lerndefizit des Lernenden zu diagnostizieren. Anschließend entscheidet sich das System für denjenigen Lernweg, der am geeignetsten scheint, die vermuteten Defizite zu beheben.

Etymologisch betrachtet liegen die Wurzeln des deutschen Wortes „Lernen" in den gotischen Begriffen „lais" und „laists". „Lais" bedeutet dabei soviel wie „ich weiß" oder wörtlich übersetzt „ich habe nachgespürt", „laists" steht für „Spur". Lernen wurde also ursprünglich als Prozess betrachtet, als ein Weg, den der Lernende zurücklegt mit dem Ziel, Wissen zu erlangen [Mie01]. Dieser Weg wird seit jeher durch Medien begleitet und unterstützt, seien es Malereien als Träger und Vermittler von Informationen, Lehrbücher, Wandtafeln, Overhead-Folien oder Unterrichtsfilme. Nie zuvor jedoch hat es ein Medium geschafft, eine Lernform zu begründen, die sich auch auf sprachlicher Ebene in einem neuen Begriff niederschlägt: „E(lectronic)-Learning" steht für ein Lernen, das durch den Einsatz hochtechnisierter Medien, wie sie durch Informations- und Kommunikationstechnologien verkörpert werden, ermöglicht oder unterstützt wird [BBSS01]. Ob es sich dabei aber tatsächlich um neuartige Lernprozesse handelt, wird in der Fachwelt durchaus kontrovers diskutiert. Während einige in der situationsbezogenen Abrufbarkeit und multimedialen Darbietungsmöglichkeit von lernrelevanten Informationen ein wirkungsvolleres und angenehmeres Lernen erwarten, verweisen andere auf die geschichtlichen Vorerfahrungen hinsichtlich der Einführung neuer Medien:

> „Und wodurch soll es gelingen, Lernen leichter, unterhaltender, effektiver zu machen? Durch den Einsatz neuer elektronischer Maschinen und Techniken! Das kommt uns bekannt vor: Obwohl die Ziele, Inhalte und Lernstoffe die gleichen bleiben, sollen sich die Lernprozesse durch den Einsatz von Lernmedien ändern. Dies ist auch schon mit der Programmierten Instruktion, den Sprachlabors und anderen technischen Hilfsmitteln der Unterrichtstechnologie in den 70er Jahren versucht worden – wie bekannt mit mäßigem Erfolg." [DE01, S. 5]

Auf der anderen Seite ist nicht von der Hand zu weisen, dass die heutigen Informations- und Kommunikationstechnologien positiv auf die Rahmenbedingungen des Lernens einwirken. Dabei ist insbesondere die hohe Flexibilität in der Gestaltung der Lernprozesse zu nennen: Da webbasierte Lerninhalte in der Regel jederzeit über einen Rechner mit Internetanschluss verfügbar sind, können Lerninhalte zeitlich und räumlich unabhängig, gemäß der eigenen Lerngeschwindigkeit in den Tages- und Arbeitsablauf integriert werden. Hinzu kommen erweiterte Formen der Kommunikation und Kollaboration zwischen Lernenden und Lehrenden, als auch zwischen Lernenden und Lehrenden jeweils untereinander. Auch die einfachere, schnellere und kostengünstigere Möglichkeit der Veröffentlichung und Aktualisierung von E-Learning-Inhalten im Vergleich zu klassischen Printmedien ist von hohem Wert. Und nicht zuletzt kann sich das elektronisch unterstützte Lernen auch aus betriebswirtschaftlicher Sicht rechnen, geht man beispielsweise von einem Wegfall der Reise-, Hotel- und sonstigen Schulungskosten aus, wie sie z. B. im Bereich der betrieblichen Weiterbildung evident sind.

Allerdings zeigt die Erfahrung der letzten Jahre, dass E-Learning hinsichtlich des vermuteten Einsparungspotentials hinter den Erwartungen vieler E-Learning-Akteure zurückbleibt. So ging man in der Euphorie der Anfangstage überwiegend davon aus, diese neue Art des Lernens würde langfristig Lehrpersonal und Betriebskosten einsparen. Tatsächlich aber haben viele Studien gezeigt, dass gerade elektronisch gestützte Lernprozesse ein hohes Maß an Betreuung, Unterstützung und Motivation erfordern – die Bedeutung des „pädagogischen Dreiecks", des gegenseitigen, gleichwertigen Ineinandergreifens von Lernenden, Lehrenden und Lerninhalten wird also in keinerlei Weise geschmälert. Dies zeigt sich auch in der Abkehr von Lernszenarien, die ausschließlich auf das Selbststudium der Lernenden setzen. Vielmehr werden heute „Blended-Learning"-Szenarien propagiert, die neben Online-Lernphasen auf Präsenzintervalle setzen, in denen das erarbeitete Wissen kommunikativ, im direkten Austausch mit den anderen Beteiligten reflektiert und erweitert wird. So haben die neuen Informations- und Kommunikationstechnologien auch die Rolle der Lehrenden nachhaltig verändert: Waren sie ursprünglich gewissermaßen als Quelle des Wissens für deren Übermittlung verantwortlich, wirken sie heute eher als Planer und Gestalter von Lernarrangements, die dank der neuen Medien stärker als früher auf das Selbststudium der Lernenden setzen (können) und die entstehenden Freiräume in der Präsenzlehre nutzen, um beispielsweise Diskussionen zu vertiefen oder gemeinsam an konkreten Problem- und Fragestellungen zu arbeiten.

Auch die Aufbereitung von Lernmaterialien für die Verwendung in E-Learning-Kontexten sowie „Drill-and-Practice"-Szenarien, Tutorielle- oder Hypermedia-Systeme, Simulationsprogramme oder Planspiele, hat sich als weitaus kostenintensiver erwiesen als die Erstellung traditioneller Lernmedien, versucht man die von Mediendidaktikern empfohlenen Gestaltungsregeln aktivierender, multimedialer Lernbausteine umzusetzen [Ker01]. Eine Senkung dieser Kosten kann dadurch erreicht werden, dass bestehende digitale Lernmaterialien *wiederverwendet* werden. Zahlreiche Forschungsarbeiten der letzten Jahre nähern sich aus unterschiedlichen Blickwinkeln der Frage, wie eine mehrmalige Nutzung von Lernmedien gefördert werden kann und an welche Voraussetzungen diese gebunden ist. Auch die vorliegende Forschungsarbeit zielt darauf ab, einen höheren Grad an Wiederverwendung zu erreichen. Die Wiederverwendung von Lernmedien ist auch das zentrale Thema der folgenden Darstellung.

2.3.2 Das Paradigma der Wiederverwendung

Die Erstellung multimedialer Lernmedien weist einen stark ausgeprägten interdisziplinären Charakter auf. Arbeits- und Entscheidungsprozesse finden im Spannungsfeld von informationstechnischen, fachdidaktischen, pädagogischen und wirtschaftlichen Fragestellungen statt [WS03]. Gleichermaßen aspektreich und interdisziplinär präsentiert sich auch die Forschungslandschaft in diesem Bereich – ein Faktum, das sich beispielsweise in den Tagungsbänden einschlägiger wissenschaftlicher Konferenzen widerspiegelt. Dort findet man zumeist ein breites Spektrum sehr unterschiedlicher Forschungsaktivitäten dokumentiert, seien es pädagogisch motivierte Beiträge z. B. zu Fragen des didaktischen Designs, informationstechnische Abhandlungen über Systeme und Architekturen zur Verwaltung und Distribution von E-Learning-Angeboten oder betriebswirtschaftliche und marketing-orientierte Untersuchungen zum Einsatz von E-Learning-Anwendungen.

Versucht man die Komplexität dieses Forschungsfeldes zu reduzieren und die aus Sicht des Vorhabens relevanten Beiträge zu identifizieren, so stößt man auf einen noch relativ jungen Forschungsbereich, der sich im Kern mit sog. „Learning Objects" beschäftigt und das Merkmal der Interdisziplinarität ebenso in sich trägt, wie die gesamte Forschung im E-Learning-Bereich. Auch hier arbeiten verschiedene wissenschaftliche Disziplinen an unterschiedlichen Fragestellungen, die jedoch eine gemeinsame Blickrichtung haben: *die Suche nach Methoden und Verfahren zur wirtschaftlichen Erstellung und nachhaltigen Nutzung von E-Learning-Materialien.* Das Bedürfnis, die Entwicklungskosten multimedialer Lernangebote zu minimieren, ist im E-Learning-Bereich besonders stark ausgeprägt, da die Produktion qualitativ hochwertiger multimedialer Lernressourcen einen erheblichen Zeit- und Kostenaufwand verursacht [Dow01, Hen99, Ker01]. In Gleichung 2.43 ist eine beispielhafte Berechnung der Entwicklungskosten für ein hypermediales Lernprogramm nach der Abschätzgleichung von *Karl-Hermann Witte* dargestellt [Wit95][67]. Sie bezieht sich auf einen Kurs, der insgesamt 60 Bildschirmseiten umfasst, davon 30 Seiten in textueller Form (S_T) sowie 30 Seiten in graphischer Form (S_G). Die Berechnung ergibt einen Arbeitsaufwand C von 72,1 Manntagen. Bei einem Manntag von acht Stunden und einem durchschnittlichen Stundensatz von 55 Euro (vgl. Honorarleitfaden des Deutschen Multimedia Verbandes [Deu03]) belaufen sich die Entwicklungskosten somit auf mehr als 31000 Euro. Diese ohnehin schon erhebliche Summe steigt um ein Vielfaches, soll der hypermediale Kurs nicht nur statische, sondern auch dynamische Medienobjekte enthalten. Aus Kostengründen wird deswegen sehr oft auf Videos, Animationen oder Simulationen verzichtet. Doch gerade in der Möglichkeit der interaktiven Gestaltung von Lernangeboten wird der didaktische Mehrwert der neuen Medien gesehen [Sch02].

$$C = (27,1 + 0,4 \cdot S_T + 1,1 \cdot S_G + 61,7 \cdot h_A + 103,7 \cdot h_V)MT$$
$$C = (27,1 + 0,4 \cdot 30 + 1,1 \cdot 30)MT = 72,1MT$$
mit
S = Seite
T = Text
G = Grafik   (2.43)
h = Stunde
A = Animation
V = Video

Eine Senkung der Entwicklungskosten bei gleichzeitigem qualitativen Zugewinn verspricht die Wiederverwendung bereits entwickelter Komponenten. Dabei werden einzelne didaktische Sinneinheiten aus dem Kontext eines bestehenden Kurses gelöst und durch (Re-)Kombination mit anderen Lernbausteinen in

---

[67]Die Abschätzgleichung nach *Witte* dient der Errechnung des Erstellungsaufwands hypermediabasierter Lernprogramme in Manntagen (MT) in Abhängigkeit von Art und Umfang der eingesetzten Medien. Die Formel geht auf fundierte empirische Untersuchungen des Erstellungsaufwands digitaler Lernmedien für die innerbetriebliche Aus- und Weiterbildung zurück. Die Gleichung weist verschiedene medienbezogene Koeffizienten auf. Der Koeffizient 0,4 besagt beispielsweise, dass für die Erstellung einer Bildschirmseite Text ein Arbeitsaufwand von ca. 0,4 Manntagen erforderlich ist. Als fixer Anteil für Konzeption, Organsation etc. werden 27,1 Manntage angesetzt.

die Struktur eines neuen Kurses eingebunden[68] [PR02, Rob99a, Wil01] – ein Prozess, der in der Literatur auch als „Rekontextualisierung" bezeichnet wird [CH01][69]. Vor dem Hintergrund knapper Budgets für die Erstellung multimedialer Lernmedien auf der einen Seite und dem offenkundigen Wunsch der Lehrenden als auch Lernenden[70], neue Medien in der Aus- und Weiterbildung sinnvoll einzusetzen auf der anderen Seite, findet dieser pragmatische Ansatz sowohl im akademischen, als auch im unternehmerischen Bereich immer mehr Fürsprecher – eine Tendenz, die zudem gleichermaßen national wie international beobachtbar ist [New04]. Inspiriert durch die in der Praxis gewonnenen Erfahrungen und Erkenntnisse, formiert sich so zu Beginn unseres Jahrhunderts ein neuer Forschungsbereich, der die Idee der Wiederverwendung zum Thema zahlreicher Projekte macht. Trotz der noch jungen Geschichte dieses Forschungsbereichs hat dieser doch bereits die E-Learning-Praxis maßgeblich verändert. Vielerorts ist von einem sich anbahnenden *Paradigmenwechsel* die Rede, der die Wiederverwendbarkeit digitaler Lernmaterialien zum Gebot erhebt und so ihren gesamten Erstellungsprozess – von der Konzeption über die Implementierung bis zur Distribution – durchdringt [Dow01, Wil01]. Und es wird prognostiziert, dass dieser Paradigmenwechsel schon in naher Zukunft vollzogen sein wird [New04].

Die Möglichkeit der Rekontextualisierung von Lernmedien ist an verschiedene Voraussetzungen gebunden. Autoren wiederverwendbarer Lernmaterialien wird insbesondere empfohlen, auf die Erstellung monolithischer Lehrgebilde zu verzichten und stattdessen den Lerninhalt zu *modularisieren*, diesen also in kleine Einheiten aufzuteilen [BLW99, Lon00]. Als Argument für diese Vorgehensweise wird meist der Zusammenhang zwischen Umfang und Kontextlastigkeit[71] des Lerninhalts angeführt. Dieser besagt, dass ein Lerninhalt umso kontextlastiger

---

[68]Entsprechend gilt eine Lernressource als wiederverwendbar, wenn es die Eigenschaft besitzt, außerhalb der vom Autor ursprünglich vorgesehenen Umgebung verwendbar zu sein [Wen03].

[69]Wenn im Folgenden von einer Wiederverwendung gesprochen wird, ist damit die Rekontextualisierung einer Lernressource gemeint. Eine Wiederverwendung im Sinne des wiederholten Anbietens eines unveränderten Kurses für unterschiedliche Lerngruppen entspricht keiner Rekontextualisierung und wird deswegen von der weiteren Betrachtung ausgenommen. Eine weitere Spezifizierung des Begriffs der Wiederverwendung erfolgt bei *Müge Klein* [Kle02]. Hier wird zwischen einer *lokalen* und *globalen* Wiederverwendung unterschieden. Die lokale Wiederverwendung bezeichnet dabei die Mehrfachverwendung eigener, interner Lernmedien, während bei einer globalen Wiederverwendung auf fremde, externe Ressourcen zurückgegriffen wird.

[70]In der in Kapitel 1.1 angeführten HIS-Studie bezeichnen annähernd 50% der befragten Studierenden webbasierte Lernkurse im Studium als „sehr nützlich" bis „nützlich".

[71]Idealtypisch werden wiederverwendbare Lernressourcen quasi kontextfrei erstellt. Allerdings erweist sich diese Forderung in der Praxis in hohem Maße als realitätsfern. Die Erstellung von Lernmedien ist, wie u. a. das „Hamburger Modell" nach *Wolfgang Schulz* nahelegt, immer gebunden an verschiedene Rahmenbedingungen, die sich in der Gestaltung des Lernangebots niederschlagen. So wird ein Autor einen Kurs für Studierende eines Bachelor-Studiengangs anders als für die Zielgruppe der Master-Studierenden, von denen ein umfangreicheres Vorwissen erwartet werden kann. Auch die lerntheoretische Ausrichtung eines Lernarrangements ist von Bedeutung und kann einer Rekontextualisierung entgegen stehen, beispielsweise dann, wenn eine Drill-and-Practice-Einheit mit einer eher explorativen, hypermedialen Lerneinheit kombiniert werden soll. Ein gewisses Maß an Kontextualität ist also bei jeder Lernressource zu erwarten. Die Herausforderung eines auf Wiederverwendung basierenden Authoring-Ansatzes besteht demnach darin, diejeni-

ist, je größer und umfangreicher er ist [Hod02]. Kleine Lerneinheiten weisen demnach tendenziell einen geringeren Bezug zu dem Gesamtzusammenhang des ursprünglichen Kurses auf und können leichter in neue Kurskontexte eingebunden werden.

Über die zweckmäßige Größe wiederverwendbarer Lernbausteine existieren sehr unterschiedliche Auffassungen. *David A. Wiley* und *Stefan Krause* weisen darauf hin, dass die Frage der Granularität auch eine Frage der wirtschaftlichen Rentabilität sei. Es müsse eine Balance gefunden werden zwischen den durch Wiederverwendung erzielten wirtschaftlichen Vorteilen auf der einen Seite und den erhöhten Kosten durch den Mehraufwand für die Verwaltung und Katalogisierung dieser Inhalte auf der anderen Seite [KK02, Wil01]. Zwischen diesen beiden Polen wird sich mittelfristig die Größe von rekombinierbaren Lernbausteinen einpendeln.

Eine weitere, eher technische Voraussetzung bezieht sich auf die Verfügbarkeit potentiell wiederverwendbarer Lernbausteine [Hör06]. Lernressourcen müssen an Orten archiviert werden, auf die andere Autoren und Kursdesigner Zugriff haben. In den letzten Jahren wurden hierzu zahlreiche Learning-Object-Repositorys ins Leben gerufen, die eine mehr oder weniger große Zahl von Lernressourcen verwalten und diese zur freien Nutzung anbieten[72]. Dass diese Materialien in den Archiven auch auffindbar sein müssen, ist selbstredend, in der Praxis aber nicht trivial und geht – wie Kapitel 2.1.3 gezeigt hat – mit einigen Schwierigkeiten einher.

Es sind jedoch nicht ausschließlich die Lernmaterialien selbst oder ihre Distributionssysteme, die bestimmten Anforderungen genügen müssen. Auch den potentiellen Nutzern wiederverwendbarer Ressourcen gilt eine wesentliche Forderung: Um einer (neuen) Lehr-Kultur des Austauschs und der Kooperation den Weg zu bereiten, müssen pauschale Vorbehalte gegenüber der Nutzung fremder Inhalte reflektiert und abgelegt werden. Solche Vorbehalte können unterschiedlich motiviert sein. Oftmals sind es inhaltliche oder formale Differenzen (z. B. unterschiedliche Präferenzen hinsichtlich mathematischer Notationsformen). Aber auch narzisstische Beweggründe mögen eine Rolle spielen, wenn die inhaltliche und didaktische Aufbereitung eines Lerngegenstandes als eigenes Hoheitsgebiet betrachtet wird und jede Zuhilfenahme externer Arbeiten generell abgelehnt wird. Der bekannte Spruch des Anglistikers *Jürgen Handke*, dass die meisten (deutschen) Professoren lieber die Zahnbürste des Kollegen nutzen würden als seine Lehrinhalte [GC04], spiegelt dieses Phänomen karikaturistisch wider. Zwar existieren bislang keine Studien, die den Wiederverwendungsgrad von Lernmaterialien in unterschiedlichen Ländern untersucht und verglichen haben, dennoch ist anzunehmen, dass diese generellen Widerstände nicht in allen Kulturräumen gleichermaßen verbreitet sind. Insbesondere im angloamerikanischen Sprachraum ist eine höhere Akzeptanz für die Wiederverwendung der Lernmaterialien von Kollegen spürbar. Nicht umsonst haben sich hier die meisten Repositorys für solche Materialien angesiedelt.

---

gen Objekte zu entdecken, deren immanente Kontextualität mit den Rahmenbedingungen des eigenen Lernangebots harmoniert.

[72] Diesbezüglich wird auch von „Open Courseware", „Open Content" oder „Open Educationals Resources" gesprochen [BK05].

2.3.3 Learning Objects

In der Literatur findet man eine Vielzahl unterschiedlicher Bezeichnungen für wiederverwendbare Lernbausteine. Die Rede ist von „Lernfragmenten" [HFM+01], „Lernmodulen" [AML99], „Educational Objects" [Fri01] oder „E-Learning Objects" [Kno04b]. Die populärste Vokabel in dieser Reihe synonymer Termini ist zweifelsohne der Begriff des „Learning Objects". Er taucht 1994 das erste Mal in der Literatur auf, als *Wayne Hodgins* die Arbeitsgruppe Learning Architectures, APIs and Learning Objects der CEdMA[73] gründet [Pol03]. In der Folgezeit wurde der Terminus v. a. durch die Arbeiten der „Working Group 12: Learning Object Metadata"[74] des LTSC[75] populär. Allerdings erfolgt hier eine sehr unscharfe Definition des Begriffes:

> „Learning Objects are defined here as any entity, digital or non-digital, which can be used, re-used or referenced during technology supported learning." [IEE02b]

Diese Definition fasst den Begriff des Lernobjekts sehr weit und subsumiert auch alle nicht digitalen Elemente, die an Lernangeboten beteiligt sein können (beispielsweise technische Gerätschaften zur Unterstützung von Lernangeboten oder auch Personen, wie Tutoren oder Dozenten, die an Lernangeboten mitwirken). *Pithamber R. Polsani* schlägt deswegen eine Begriffsbestimmung vor, die das eigentliche Hauptcharakteristikum von Lernobjekten – die Trennung von Inhalt und Kontext und die dadurch erzielte Wiederverwendbarkeit (engl. „Reusability") – stärker würdigt. Komposita wie „Reusable Content Objects" [Mad02] oder „Sharable Content Objects" [Adv06e] explizieren diese proklamierte Kerneigenschaft[76]:

> „A Learning Object is an independent and self-standing unit of learning content that is predisposed to reuse in multiple instructional contexts." [Pol03, S. 5]

In der Vergangenheit haben sich einige Metaphern und Analogien herausgebildet, die gerne dazu benutzt werden, die Grundidee von Lernobjekten zu kommunizieren. Die populärsten davon sollen hier kurz dargelegt werden, darunter das Paradigma der „objektorientierten Programmierung", die „Lego"-Metapher und die „Organismus"-Metapher. Die Objektorientierte Programmierung, die mit der Programmiersprache Simula 67 bereits Ende der 60-er Jahre Einzug in die Informatik hielt, weist alleine schon vom Namen her eine gewisse Verwandtschaft zum Learning-Object-Ansatz auf. Doch auch konzeptionelle Überschneidungen sind zweifelsohne vorhanden. So besteht auch hier die Grundidee darin, Komponenten so zu gestalten, dass sie auch in anderen Zusammenhängen

---

[73]Informationen zur „Computer Education Management Association" finden sich unter http://www.cedma.org/src/

[74]http://ltsc.ieee.org/wg12/

[75]http://ieeeltsc.org/

[76]Die genannten Definitionen sind bei weitem nicht die einzigen Vorschläge einer Begriffsbestimmung. *Wiley* persifliert dies in seiner Feststellung, dass in der Literatur ähnlich viele Definitionen kursieren würden wie E-Learning-Akteure vorhanden sind, die Lernobjekte praktisch nutzen [Wil01].

nutzbar sind. *Robby Robson* spricht Lernobjekten sogar Methoden und Eigenschaften zu[77]. Bei einigen anderen Autoren manifestiert sich die konzeptionelle Anlehnung an die Objektorientierte Programmierung in der Übernahme formaler Beschreibungsverfahren, wie sie zur Unterstützung dieses paradigmatischen Programmieransatzes entwickelt wurden. *Klein* beispielsweise formalisiert den Erstellungsprozess eines E-Learning-Kurses mithilfe der Unified Modeling Language (UML) [Kle02].

Dennoch gilt diese Analogie als sehr umstritten, zumal die objektorientierte Programmierung eine Reihe von Eigenschaften aufweist, die sich in das Konzept der Learning Objects nicht integrieren lassen (vgl. dazu [SH02]). Dazu zählen beispielsweise Mechanismen wie Vererbung oder Polymorphie. Aus diesem Grund wird innerhalb der Diskussion um Lernobjekte weniger von einer „Objektorientierung" gesprochen. Vielmehr finden die Begriffe „Modularisierung" oder „Fragmentierung" Verwendung. Eine ebenfalls sehr populäre und nicht minder umstrittene Metapher ist der bildhafte Vergleich mit einem LEGO-System. Diese Metapher hat große Verbreitung erlangt, weil sie eine spielerische Annäherung an die Grundpositionen der Learning-Object-Strategie ermöglicht und damit eine gute Ausgangsbasis für die Akzeptanz dieses Ansatzes schafft. Die Metapher vergleicht Lernobjekte mit Legobausteinen und suggeriert damit deren beliebige Kombinierbarkeit zu komplexen Konstrukten. Dabei können einzelne Bausteine problemlos wieder entnommen und in andere Konstrukte eingefügt werden. *Wiley* hält diese Metapher jedoch für wenig hilfreich. Seiner Meinung nach simplifiziere sie die Sachverhalte und gehe von der naiven Vorstellung aus, alle Lernobjekte könnten willkürlich miteinander in Beziehung treten [Wil01]. Und in der Tat ist, wie oben bereits angesprochen, aus didaktischer Sicht eine beliebige Kombination von Lernobjekten aufgrund ihrer unvermeidbaren Kontextualität weder möglich noch wünschenswert.

Gilbert Paquette und *Ioan Rosca*, die den Vergleich mit einem LEGO-Spiel ebenso kritisieren wie *Wiley*, schlagen eine Metapher vor, die an natürliche Organisationsformen angelehnt ist. Sie vergleichen den Learning-Object-Ansatz mit einem organischen System, das aus einzelnen Zellen besteht. Dabei repräsentiert jede Zelle ein Lernobjekt, das einen bestimmten Inhalt aufweist und eine spezifische Funktion (im Sinne eines Lernziels) übernehmen kann. Zellen können sich verbinden und einen komplexen Organismus (Kurs) bilden [PR02]. Obwohl auch diese Metapher weit über die Eigenschaften von Lernobjekten hinausgeht, und z. B. organische Prinzipien wie Selbstorganisation und Autopoiese nicht auf Lernobjekte übertragen werden können, so verdeutlicht dieser Ansatz im Gegensatz zur Lego-Metapher die eingeschränkten Rekombinationsmöglichkeiten von Lernobjekten wesentlich besser.

Seit Anbeginn der Learning-Object-Forschung haben sich also sehr verschiedene metaphorische Sichtweisen auf Lernressourcen und den Prozess ihrer Verbindung zu didaktischen Einheiten verschiedenster Granularität herausgebildet. Die vorgestellten Sinnbilder aber zeigen, wie schwierig es ist, eine stimmige Analogie

---

[77]Als Beispiel einer Methode nennt *Robson* ein Testverfahren, mit dem der Wissensstand des Lernenden überprüft werden kann. Als Eigenschaft eines Lernobjekts bezeichnet er seinen Inhalt sowie Relationen zu anderen Lernobjekten [Rob99b].

zu finden. So weist das Konstrukt der Learning Objects einige Besonderheiten auf, die sich in bildhaften Vergleichen nicht adäquat wiedergeben lassen. Der folgende Abschnitt konzentriert sich deswegen auf eine mehr formale Beschreibung der Aggregation von Lernobjekten. Sie lässt eine exaktere Bestimmung der vorherrschenden Besonderheiten dieses Prozesses erwarten.

2.3.4 Authoring by Aggregation

In der einschlägigen Literatur findet man zahlreiche Vorschläge zu Modellen, die den Erstellungsprozess multimedialer Lernangebote auf Basis wiederverwendbarer Komponenten formal beschreiben. Beispielhaft sei an dieser Stelle das Vorgehensmodell von *Klein* genannt [Kle02]. *Klein* unterteilt den Kursentwicklungsprozess in die vier Phasen „Analyse", „Design", „Implementierung" sowie „Einsatz und Wartung" (vgl. *Abb.* 2.21).

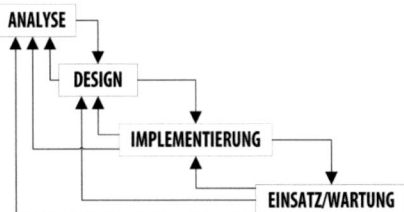

Abbildung 2.21: Phasenmodell der Erstellung eines E-Learning-Kurses nach Klein [Kle02]

Ziel der Analysephase ist die Festschreibung der Anforderungen an das Lernangebot, die aus der Analyse der Zielgruppe und der methodischen und inhaltlichen Auseinandersetzung mit dem Lehrstoff gewonnen werden. In der Designphase verteilen sich die Aktivitäten auf drei Entwurfsebenen, die zeitlich aufeinander folgen. *Klein* unterscheidet dabei zwischen dem konzeptionellen Entwurf, dem Entwurf der Navigation und dem Entwurf der Präsentation. Der Bereich des konzeptionellen Entwurfs umfasst die Zerlegung des Lehrstoffs in kleine, wiederverwendbare Einheiten[78], die Ermittlung der logischen Zusammenhänge zwischen diesen Lernobjekten, die Spezifizierung der Modulinhalte sowie die Modellierung der inhaltlichen Beziehungen zwischen Modulen. Anschließend werden die Verbindungen zwischen den Modulen spezifiziert und die Navigationsmöglichkeiten definiert. Im Präsentationsentwurf schließlich wird das Design der Inhalts-, Navigations- und Layoutelemente festgelegt.

In der anschließenden Implementierungsphase erfolgt die technische Umsetzung der Spezifizierungen dieser drei Entwurfsebenen. Eine eher untergeordnete Rolle spielt dabei die Recherche wiederverwendbarer Multimedia-Komponenten, die innerhalb der Implementierungsphase angesiedelt ist, also erst nach Abschluss der Entwurfstätigkeiten erfolgt. In der Einsatz- und Wartungsphase

---

[78]*Klein* spricht hier von „Modulen".

schließlich wird der entwickelte Kurs auf einem Server bereitgestellt, evaluiert und gegebenenfalls angepasst und verbessert.

Zweifellos eignet sich dieses Modell gut zur Beschreibung der Vorgehensweise, die bei der Erstellung eines Kurses bestehend aus *neuen* Lernobjekten nötig und sinnvoll ist. Für die Formalisierung eines Autorenprozesses, der eine weitestgehende Wiederverwendung bereits bestehender Materialien anstrebt, ist dieses Modell jedoch nur bedingt geeignet, da es der besonderen Rolle von Such- und Auswahltätigkeiten nicht gerecht wird. Diese nehmen in dieser Art des Kursdesigns eine zentrale Stellung ein. Es liegt in der Natur der Sache selbst, dass Recherchetätigkeiten nicht erst in der Implementierungsphase durchgeführt werden, sondern unmittelbar im Anschluss an die Spezifizierung des didaktischen Designs erfolgen – zeitlich gesehen noch vor der Festlegung von Navigation und Präsentation. So macht die Spezifizierung der Navigationsmöglichkeiten in und zwischen Lernobjekten erst dann Sinn, wenn nach Abschluss der Recherchephase klar ist, welche Lernobjekte überhaupt zur Verfügung stehen bzw. welche Lernobjekte neu erstellt werden müssen. Darüber hinaus bringen hypermediale Lernobjekte, die z. B. aus mehreren HTML-Seiten bestehen können, erfahrungsgemäß eine eigene, bereits implementierte interne Navigation mit, die konzeptionell nicht weiter überarbeitet werden muss, es sei denn, man möchte die innere Navigationsstruktur ändern, weil sie den eigenen Ansprüchen nicht genügt. In diesem Fall ist in Hinblick auf die spätere technische Implementierung eine Spezifizierung der Änderungswünsche erforderlich, die inhaltlich der Entwurfsphase zuzuordnen ist, zeitlich aber erst im Anschluss an die Recherchephase erfolgen kann.

Auch eine Spezifizierung des Inhalts und Layouts macht nur Sinn für Lernbausteine, die neu produziert werden müssen. In einer Bestandsaufnahme nach erfolgter Recherche muss deswegen geprüft werden, welche bereits existierenden Lernobjekte verwendet werden können und welche Lernobjekte neu erstellt werden müssen. Für Letztere muss beispielsweise in Form eines Storyboards[79] eine detaillierte Beschreibung des Designs, der internen Navigation und des inhaltlichen Aufbaus vorgenommen werden. Dieses Storyboard bildet die Grundlage für die anschließende Produktion. Müssen aufgrund eines optimalen Suchergebnisses keine Lernobjekte originär erstellt werden, und genügt die Darstellungsform der gefundenen Lernobjekte den eigenen Ansprüchen, kann auf die Layoutspezifizierung und auf Hilfsmittel wie Storyboards gänzlich verzichtet werden.

Der Präsentationsentwurf sollte auch deswegen erst im Anschluss an die Recherche erfolgen, weil aus Gründen der Benutzerfreundlichkeit eine konsistente Darstellungsform angestrebt werden sollte, und es sich deswegen empfiehlt, den Präsentationsentwurf für neue Lernobjekte an den Designvorgaben der gefundenen Lernobjekte zu orientieren. Allerdings können Letztere sehr heterogene Gestaltungsmerkmale aufweisen, so dass eine einheitliche, konsistente Darstellungsweise in der Regel nur unter erheblichem Nachbesserungsaufwand realisiert werden kann.

---

[79] Aus der Film- und Videoproduktion wurde die Vorgehensweise entliehen, als Grundlage für die spätere technische Implementierung ein Drehbuch anzufertigen, das den Inhalt und den Ablauf des Systems detailliert beschreibt.

Ein weiterer Aspekt, der bei der Rekontextualisierung von Lernobjekten in Erscheinung tritt, ist die Ausrichtung der Implementierungstätigkeiten an bestehenden Standards bzw. Spezifikationen, v. a. in Fragen der Rekombination, Sequenzierung und Distribution von Kursen. Zahlreiche Arbeitsschritte sind hier erforderlich, deren zeitlicher Umfang einen nicht unerheblichen Anteil am Gesamtaufwand der Produktion ausmacht. Auch diese besondere Gegebenheit wird in dem genannten Modell nicht adäquat abgebildet.

Eine stärker auf Wiederverwendung von Lernmaterialien fokussierte Modellierung des Autorenprozesses stellt *Stefan Hörmann* in [Hör06] vor. Seinem Modell liegt eine spezifische Interpretation der Begriffe Lernobjekt und „Lernobjektfragment" zu Grunde. So definiert *Hörmann* ein Lernobjekt als „beliebige digitale Ressource, die für die Erstellung von Lernmaterialien verwendet werden kann." [Hör06, S. 13]. Lernobjekte können – müssen aber nicht notwendigerweise – wiederverwendbar sein. Auch die Granularität eines Lernobjekts spielt in diesem Begriffsverständnis keine Rolle. Folglich kann ein Lernobjekt sowohl als Kurs oder Kurslektion, genauso aber als kurzer Textabschnitt, Bild oder anderes einzelnes Medienobjekt in Erscheinung treten. Ist aus inhaltlicher und technischer Sicht eine Modularisierung möglich, kann ein Lernobjekt in Subkomponenten bzw. Lernfragmente zerlegt werden. Diese besitzen alle Eigenschaften von Lernobjekten, können also ebenso wiederverwendbar oder modularisierbar sein, sind aber per Definition Bestandteil eines umfassenderen Lernobjekts oder Lernobjektfragments. Lernressourcen, die nicht weiter zerlegbar sind, werden als atomare Lernobjekte bezeichnet.

Das Prozessmodell von *Hörmann* unterteilt die Erstellung eines Lernobjekts in die vier Phasen „Initialisierung", „Materialbeschaffung", „Aggregation" und „Distribution". Die Erstellung beginnt mit der Erzeugung eines leeren oder der Auswahl eines bereits bestehenden Lernobjektes, das später jene Lernfragmente kapseln wird, die in der Phase der Materialbeschaffung wiedergewonnen oder neu erstellt wurden. Die Lernfragmente werden aggregiert und in die Gesamtstruktur des Objektes eingebunden. Das auf diese Weise neu entstandene Lernobjekt wird für die Distribution mit Metadaten versehen und schließlich in einem Learning-Management-System oder einem Learning-Object-Repository verfügbar gemacht. *Abb.* 2.22 illustriert die von *Hörmann* postulierten einzelnen Arbeitsschritte eines auf Aggregation basierenden Autorenprozesses in Form eines Aktivitätsdiagramms.

Im Unterschied zu *Klein* berücksichtigt das Modell auch jene Aufgaben, die auf eine interoperable Nutzbarkeit der erstellten Inhalte zielen und insbesondere einen Export des Lernobjekts als SCORM-konformes Content Package[80] anstreben (Aktivität „Export"). Allerdings fehlen dem Modell zwei wichtige Bereiche: So entsteht zum einen der Eindruck, die Erstellung eines Lernobjektes wäre mit seiner Speicherung bzw. Distribution beendet. Tatsächlich aber findet in der Regel im Anschluss an die Distribution eine Evaluation statt, aus der wertvolle Impulse für eine Modifikation und Neugestaltung der erstellten Ressource hervorgehen können. Zum anderen betrachtet das Modell ausschließlich technische Gesichtspunkte der Autorentätigkeit, während der Bereich der vorge-

---

[80]vgl. Kapitel 2.4

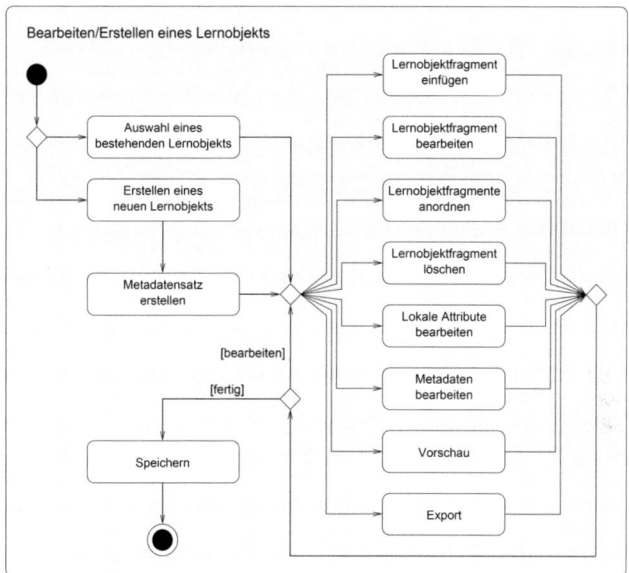

Abbildung 2.22: *Modellierung des Autorenprozesses nach Hörmann [Hör06]*

lagerten didaktischen Analyse-, Planungs- und Entscheidungsprozesse vollständig ausgeklammert wird. Gerade diese pädagogisch motivierten konzeptionellen Vorüberlegungen aber verdienen eine eingehendere Betrachtung, bilden sie doch das tragende Fundament für den Bereich der Materialbeschaffung, da sich hier die Suchstrategie herausbildet, die für eine erfolgreiche Recherche von wiederverwendbaren Lernobjekten maßgeblich ist. Eine Arbeit, die sich schwerpunktmäßig dem Wiederauffinden von Lernmaterialien widmet, darf sich dem Bereich des didaktischen Designs nicht verschließen, sondern muss im Gegenteil darum bemüht sein, seine wesentlichen Aspekte, Komponenten und Entscheidungsfelder zu erschließen. Das folgende Kapitel widmet sich deshalb ausführlich der Fragestellung, welche pädagogischen Bewusstseinsprozesse einem Learning-Object-Retrieval voran gehen. Hierbei wird insbesondere auf verschiedene pädagogische Modelle und Instruktionsstrategien eingegangen, die in der Konzeptionsphase eine wesentliche Rolle spielen.

2.3.5 Didaktische Modelle

Nicht wenige E-Learning-Akteure haben in den letzten Jahren die Rolle der etablierten allgemeinen Didaktik angezweifelt und sich für eine neue, multimediaspezifische Didaktik ausgesprochen [Thi97]. Gerade aber in Hinblick auf den Prozess der Analyse des Anwendungskontextes und der darauf aufbauenden Planung des didaktischen Designs liefern die bestehenden didaktischen Modelle nach wie vor wertvolle Impulse. Als Beispiel sei die „Lehrtheoretische Didaktik" genannt, die von *Paul Heimann* Anfang der 60-er Jahre begründet und von *Wolfgang Schulz* in den 80-er Jahren im sog. „Hamburger Modell" weiterentwickelt wurde [Sch81]. *Schulz* identifiziert vier Variablen, die bei der Planung eines pädagogischen Handlungsfeldes berücksichtigt werden müssen (*Abb.* 2.23). Ein erstes Handlungsmoment betrifft die Analyse der *Ausgangslage* der beteiligten Personen, also der Lernenden als auch der Lehrenden. Hier gilt es, die von Personen eingebrachten Bedingungen zu erfassen und auf ihre möglichen didaktischen Auswirkungen hin zu analysieren. Ein zweites Handlungsfeld bezieht sich auf die Definition von *Unterrichtszielen*, die nach Meinung von *Schulz* immer an Inhalte gebunden sind und thematische Entscheidungen nach sich ziehen. Die dritte Variable umfasst Entscheidungen zu den *Vermittlungsvariablen*, also Überlegungen zur methodischen Vorgehensweise und zur medialen Gestaltung. Als viertes Entscheidungsfeld identifiziert *Schulz* schließlich die *Erfolgskontrolle*, die der Überprüfbarkeit des Lernerfolgs dient. Auch hier sollte bereits in der Planungsphase von Lernvorgängen nach Möglichkeiten für eine Erweisbarkeit des Lernerfolgs gesucht werden. Diese vier Planungsfelder sind eingebunden in institutionelle, gesellschaftliche und weltanschauliche Rahmenbedingungen. Desweiteren weisen sie eine strenge Interdependenz auf, d.h. die in ihnen getroffenen Entscheidungen können sich gegenseitig beeinflussen.

Das Hamburger-Modell hat die didaktische Landschaft nachhaltig geprägt. Andere didaktische Modelle zur Analyse und Modellierung pädagogischen Handelns wurden davon beeinflusst. Als Beispiel sei die „bildungstheoretische" Didaktik mit ihrem prominentesten Vertreter *Wolfgang Klafki* genannt, der das sog. „Perspektivenschema" zur Analyse und Modellierung didaktischen Handelns eingeführt hat [Kla85a]. Dieses unterscheidet fünf didaktische Handlungsmomente. Zunächst gilt es, die personalen und situativen Faktoren herauszuarbeiten, die sich auf die Lehr- und Lernprozesse auswirken können. Ohne Kenntnis der jeweils wirksamen Bedingungen können nach Meinung *Klafkis* keine akzeptablen Überlegungen zur weiteren didaktischen Vorgehensweise angestellt werden. Die übrigen vier Handlungsmomente beziehen sich auf Entscheidungen zu den Lernzielen, sowie zur thematischen, medialen und methodischen Gestaltung. Genau wie *Schulz* vertritt auch *Klafki* die Interdependenzthese und spricht von einer wechselseitigen Abhängigkeit der fünf konstituierenden Handlungsmomente. Allerdings weist er darauf hin, dass eine wechselseitige Abhängigkeit nicht automatisch eine gleichartige Abhängigkeit der Planungsmomente bedeute. So vertritt *Klafki* die Meinung, dass didaktische Entscheidungsprozesse (die im Anschluss an die Bedingungsanalyse erfolgen) grundsätzlich mit der Ermittlung des Lernbedarfs bzw. der Festlegung und Begründung der Lernziele beginnen sollten. Alle anderen Entscheidungen müssen daran gemessen werden, ob sie zielförderlich bzw. zielhinderlich sind[81].

---

[81]Das Primat der Zielsetzung hat sich nicht nur in Deutschland etabliert. Auch im englischen Sprachraum wird dieser Ansatz gerne vertreten. Als Beispiel sei die viel zitierte Ausgabe von *Walter Dick* et al. „The Systematic Design of Instruction" genannt. Darin wird

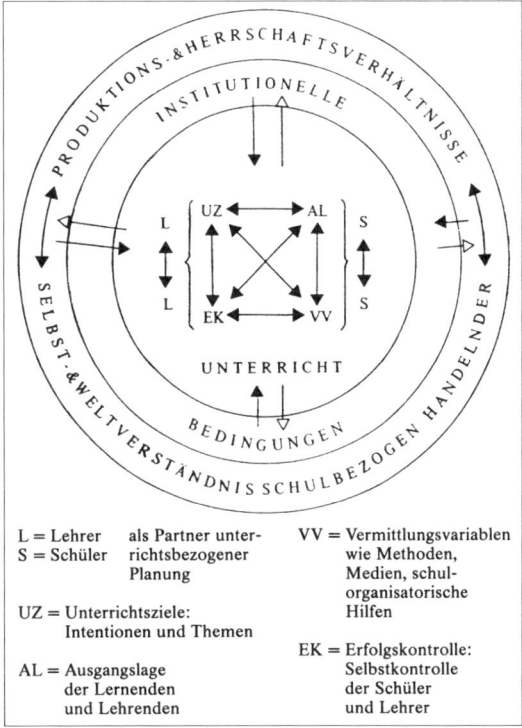

L = Lehrer   als Partner unter-
S = Schüler   richtsbezogener
             Planung

UZ = Unterrichtsziele:
      Intentionen und Themen

AL = Ausgangslage
      der Lernenden
      und Lehrenden

VV = Vermittlungsvariablen
      wie Methoden,
      Medien, schul-
      organisatorische
      Hilfen

EK = Erfolgskontrolle:
      Selbstkontrolle
      der Schüler
      und Lehrer

Abbildung 2.23: *Handlungsmomente didaktischen Planens in ihrem Implikationszusammenhang: das Hamburger Modell nach Schulz [Sch81]*

Eine Modellierung der pädagogischen Analyseprozesse, welche die wesentlichen Aspekte der beiden vorgestellten didaktischen Positionen berücksichtigt, zeigt *Abb.* 2.24. Das Modell übernimmt die Interdependenzthese von *Schulz* und betrachtet die genannten Handlungsmomente der Konzeptionsphase als voneinander abhängig (im Modell angedeutet durch die Rückkopplungsschleifen). Der Kurserstellungsprozess beginnt wie von *Klafki* gefordert mit einer Analyse des Anwendungskontexts und der daran anknüpfenden Festschreibung der Kursziele.

Anschließend werden die inhaltlichen, methodischen, medialen und lernerfolgsbezogenen Aspekte des Lerngegenstands herausgearbeitet und mit den Lern-

die Zielfindung an den Ausgangspunkt der didaktischen Überlegungen gestellt und eine Unterordnung aller anderen Entscheidungen gefordert [DCC07].

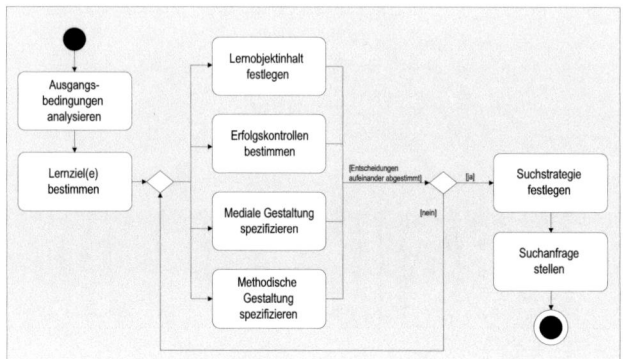

Abbildung 2.24: *Aktivitätsdiagramm der didaktischen Analyse eines geplanten Lernangebots*

zielen in Beziehung gesetzt[82]. In dieser systematischen Durchdringung des Lern-gegenstandes erfährt dieser eine didaktische Wandlung – der Lehrinhalt wird zum Lernangebot transformiert [Ker01]. Psychologische und pädagogische Kriterien werden angelegt, um den zuvor nach sachimmanenten Gesichtspunkten gegliederten Lehrstoff in eine neue, didaktisch motivierte Organisationsform zu überführen. Der Autor verfolgt dabei das Ziel, den Kurs so zu gestalten, dass die angestrebten Lernprozesse initiiert werden, und die Lernenden die intendierten Fähigkeiten und Fertigkeiten aufbauen.

Die didaktischen Modelle von *Klafki* und *Schulz* geben jedoch keine konkreten Richtlinien und Empfehlungen zur lernwirksamen Ausgestaltung eines Kurses. Wer hier nach Entscheidungshilfen sucht, wird beispielsweise in der „Instructional Design Theorie"[83] fündig. Diese geht namentlich auf den US-amerikanischen Psychologen und Pädagogen *Robert M. Gagné* zurück, der bereits Mitte der 60-er Jahre des vorigen Jahrhunderts in seinem Werk „The Conditions of Learning" [Gag65] ein bis heute vielbeachtetes Modell erfolgreichen Lehrens und Lernens formuliert hat. *Gagné* postuliert neun sog. „Instruktionale Ereignisse", die einen Lernerfolg sicherstellen sollen[84]:

1. Aufmerksamkeit erzielen

2. Lernziele mitteilen

3. an Vorwissen anknüpfen

---

[82]Die Reihenfolge dieser Tätigkeiten ist dabei beliebig.

[83]Der deutsche Begriff der Instruktion wird von Anhängern des Konstruktivismus verschiedentlich kritisiert, weil er lerntheoretisch nicht neutral ist, und seine Ursprünge in der behavioristischen Auffassung von Lehren und Lernen liegen. In Deutschland wird deswegen im zunehmenden Maße die Bezeichnung „didaktisches Design" gewählt – ein Begriff, der auf den Göttinger Erziehungswissenschafler *Karl-Heinz Flechsig* zurückgeht (vgl. [Sch98])

[84]deutsche Übersetzung nach *Kerres* [Ker01]

4. Lernmaterial präsentieren

5. Lernhilfen anbieten

6. Gelerntes anwenden

7. Rückmeldung geben

8. Leistung testen

9. Behaltensleistung und Lerntransfer fördern

Jedes dieser instruktionalen Ereignisse motiviert eine bestimmte kognitive Aktivität auf Seiten des Lernenden. Gelingt die Initiierung dieser Folge von mentalen Prozessen, kann von einem Lernerfolg ausgegangen werden.

Viele andere internationale Wissenschaftler haben in der Folgezeit die empirisch gesicherten Überlegungen von *Gagné* aufgegriffen und zu eigenen Instruktionsmodellen verarbeitet. *Walter Dick* et al. beispielsweise stellen in [DCC07] eine auf fünf Komponenten reduzierte Fassung des Modells von *Gagné* vor, das aber mit Ausnahme des fünften Instruktionsereignisses alle von *Gagné* postulierten Lehraktivitäten einschließt. Weitere Variationen des Instruktionsmodells finden sich bei *Karl Josef Klauer*, der sechs grundlegende Lehrfunktionen unterscheidet [Kla85b] oder *Thomas J. Shuell*, der insgesamt zwölf Lehrfunktionen postuliert [Shu92]. In beiden Ansätzen spiegeln sich bei einer genaueren Betrachtung die von *Gagné* vorgeschlagenen Lehrschritte wider.

Neben dem Instruktionsdesign-Modell nach *Gagné* existieren eine Reihe weiterer Vorschläge zur didaktischen Ausgestaltung eines Lernangebots wie beispielsweise die „Elaboration Theory" nach *Charles Reigeluth* [Rei79] oder die „Component-Display-Theorie" nach *David Merrill* [Mer83]. Alle diese Instruktionsmodelle eignen sich vornehmlich für die Konzeption von sequentiell strukturierten Lernangeboten, die – zugeschnitten auf die Ausgangsbedingungen der Adressaten – einen Weg vorschreiben, auf dem sich die Lernenden den intendierten Lernzielen schrittweise nähern können. Sie eignen sich jedoch weniger gut für die Gestaltung explorativer bzw. offener Lernumgebungen [Sch04c], die dem Lernenden im Gegensatz zu klassischen CBTs die Freiheit einräumen, das Lernangebot selbst zu organisieren, frei nach der eigenen Motivation, entsprechend den individuellen Präferenzen und Lernstilen. Diese Art von selbstreguliertem Lernen fordert nach *Rolf Schulmeister* ein grundlegend anderes Verständnis didaktischen Designs. Seiner Meinung nach rufen die herkömmlichen Instruktionsmodelle einen zu hohen konzeptionellen Aufwand hervor. Sie sind von der Theorie her unvollständig geblieben und werden der Individualität und Vielschichtigkeit von Lernprozessen nicht gerecht. *Schulmeister* weist in diesem Zusammenhang auf die behavioristischen Wurzeln der Instruktionstheorie hin, die in den Ansätzen von *Skinner* und *Thorndike* liegen und der Grundidee von offenen Lernumgebungen widersprechen. Entsprechend fordert er ein konstruktivistisch motiviertes didaktisches Gegenbild. Dieses sieht er bereits in zahlreichen didaktischen Ansätzen wie z.B. dem fallbasierten-, problemorientierten- oder entdeckenden Lernen verwirklicht.

Schulmeister wendet sich von einer präskriptiven Methodik ab, die als Ziel die Bereitstellung von pragmatischen Handlungsanweisungen verfolgt. Statt dessen präsentiert er ein eigenes deskriptives Modell virtuellen Lehrens, in dessen Zentrum die kognitive, kommunikative und kollaborative Auseinandersetzung mit Lernobjekten steht. Als Notwendigkeiten offener Lernumgebungen nennt *Schulmeister* die Eigenschaften Interaktivität und Feedback, wobei Letztere – wie zuvor gezeigt wurde – auch in expositorischen, sequentiell strukturierten Lernumgebungen ein wesentliches Gestaltungsmerkmal ist und immer schon war.

Sein Modell (auch als „didaktisches Dreieck virtuellen Lernens" bezeichnet) basiert auf der Annahme, dass der Erwerb von Wissen aus individuellen und sozialen Konstruktions- und Austauschprozessen resultiert. Entsprechend müssen im Rahmen des didaktischens Designs Möglichkeiten zur kommunikativen, kollaborativen, kognitiven und interaktiven Auseinandersetzung mit Lerninhalten gefunden werden.

Insgesamt betrachtet existieren also eine Reihe von didaktischen Modellen und instruktionalen Strategien, die je nach Bildungsauffassung und lerntheoretischer Fundierung unterschiedlich ausgestaltet sind und dabei mehr oder weniger konkrete Empfehlungen für die Planung und Durchführung von Lehrprozessen offerieren. Die gewählte didaktische Strategie konkretisiert zusammen mit den zuvor analysierten Ausgangsbedingungen und den getroffenen Entscheidungen zu Lernzielen, Inhalten, Vermittlungsvariablen und Erfolgskontrollen die Suchstrategie, die der anschließenden Recherche wiederverwendbarer Lernmaterialien zugrunde liegt. Der Kursdesigner identifiziert die relevanten Schlüsselbegriffe und stellt eine Suchanfrage an ein Learning-Management-System bzw. Learning-Object-Repository, das E-Learning-Inhalte verwaltet. Die Treffer werden anschließend analysiert und an den in der Analysephase festgelegten Anforderungen gemessen. Geeignete Lernobjekte werden nach einer positiven Klärung der Nutzungsrechte für die spätere Verwendung archiviert. Ist die Suche abgeschlossen, erfolgt die Bestandsaufnahme. Hier muss insbesondere eruiert werden, ob und in welchem Maße die gefunden Lernmaterialien einer Überarbeitung bedürfen. Denkbar ist beispielsweise, dass die Granularität einzelner Lernobjekte nicht mit den eigenen konzeptionellen Vorstellungen vereinbar ist. So kann eine weitere Modularisierung des Lernobjekts wünschenswert sein, bei der eine Ausgliederung von Teilinhalten erfolgt und das Lernobjekt in mehrere Einzelobjekte aufgesplittet wird. Umgekehrt kann aber auch eine Aggregation in Betracht kommen, bei der verschiedene Bausteine zu einem einzelnen Lernobjekt zusammengeführt und gebündelt werden.

Auch dort, wo die Strategie der Wiederverwendung keine Früchte tragen konnte, muss der Frage nachgegangen werden, auf welche Weise der zu kompensierende Inhalt modularisierbar ist, also in einzelne Teilbereiche zerlegt und auf verschiedene Lernobjekte verteilt werden kann. Dabei kann auf verschiedene Modularisierungs- bzw. Aggregationskonzepte zurückgegriffen werden. Beispiele hierfür sind das Aggregationskonzept des IEEE-Standards LOM, das vier Aggregierungsebenen unterscheidet [IEE02b], das „Learnactivity Aggregation Model", in dem fünf aufeinander aufbauende Granularitätsstufen genannt

werden [Wag02] oder die Content-Modelle der Projekte DNER&LO[85] sowie
CLEO[86], in denen sieben bzw. elf Aggregierungsebenen unterschieden werden.
Das heute sicherlich bekannteste Konzept in dieser Richtung ist aber das Aggregationsmodell des bereits erwähnten SCORM-Standards. Dieses wird im folgenden Abschnitt ausführlich beschrieben, spielt es doch für den in dieser Arbeit
dargelegten Ansatz der Wiedergewinnung von Lernressourcen eine tragende Rolle.

2.4 Das Sharable Content Object Reference Model

Der in dieser Arbeit dargelegte methodische Ansatz zur Wiedergewinnung multimedialer Lernressourcen basiert auf dem „Sharable Content Object Reference
Model" (SCORM). Indirekt ermöglicht dieser „Standard" die Entdeckung und
Verwertung von Nutzungskontexten – Kapitel 3 wird davon ausführlich berichten. Streng genommen handelt es sich bei SCORM allerdings um keinen Standard, sondern um eine Bündelung von Spezifikationen anderer Gremien und Institutionen wie AICC[87], IMS oder IEEE. SCORM geht zurück auf die Initiative
„Advanced Distributed Learning" (ADL), die 1997 vom US-Verteidigungsminis-
terium ins Leben gerufen wurde, um eine effiziente Verteilung und Nutzung von
E-Learning-Materialien in der militärischen Ausbildung sicherzustellen. Die Zielsetzung dieser Initiative wird meist auf vier Schlagwörter reduziert: „Reusability",
„Interoperability", „Durability" und „Accessibility". SCORM-kompatible E-Learn-
ing-Ressourcen sollen also wiederverwendbar, kompatibel zu verschiedenen Learning-Management-Systemen, dauerhaft nutzbar und jederzeit zugänglich sein.

Das aktuelle SCORM-Framework, das mittlerweile in der vierten Auflage
(SCORM 2004 4th Edition) vorliegt, besteht im Wesentlichen aus den drei
Komponenten „SCORM Run-Time Environment", „SCORM Sequencing and
Navigation" sowie dem „Content Aggregation Model". SCORM Run-Time Envi-
ronment spezifiziert die Anforderungen an ein Learning-Management-System
hinsichtlich der SCORM-Laufzeitumgebung, in der die Kommunikation zwischen den einzelnen Lernobjekten – sog. „Sharable Content Objects" – und der
Lernplattform stattfindet. Der Datenaustausch erfolgt dabei über einen API-
Adapter, einer Schnittstelle mit vordefinierten Befehlssätzen. In Kapitel 2.4.2
wird die Spezifikation der Laufzeitumgebung ausführlich beschrieben. SCORM
Sequencing and Navigation wurde als neuer Bestandteil in die Version SCORM
2004 aufgenommen. Sie beschreibt Möglichkeiten der Sequenzierung von Lerninhalten abhängig von benutzer- oder systeminitiierten Aktionen. Und sie legt
fest, wie diese Sequenzierungsregeln von einem Learning-Management-System
interpretiert werden müssen. Dieser Teilbereich des Modells wird in Kapitel

---

[85]DNER&LO („Distributed National Electronic Resource and Learning Objects") ist ein Verbundprojekt verschiedener britischer Bildungseinrichtungen, das im Rahmen des JISC's
   DNER Learning and Teaching Programms 2001 initiiert wurde zur Förderung der Wiederverwendung von Lerninhalten des Joint Information Systems Committee.
[86]das CLEO-Projekt (CLEO steht für („Customized-Learning-Experiences-Online")) wird
   vom Learning Systems Architecture Lab der Carnegie-Mellon University geleitet
[87]Informationen zum Aviation Industry CBT Committee finden sich im Internet unter `http:`
   `//www.aicc.org/`

2.4.3 erläutert werden. Das Content Aggregation Model schließlich beschreibt, vereinfacht gesagt, wie Lernobjekte erstellt werden müssen, so dass sie wiederverwendbar und in unterschiedlichen Lernumebungen einsetzbar sind. Mit der Vorstellung dieser Spezifikation soll auch begonnen werden.

2.4.1 Content Aggregation Model

Das Content Aggregation Model (CAM) umfasst zum einen das „Content Model", das die wesentlichen Komponenten des CAM in ihrer Begrifflichkeit definiert und erläutert. Zum anderen werden aber auch Aussagen zum sog. „Content Packaging" (Bündelung von Lernobjekten zu Distributionszwecken), zur Metadatenbeschreibung der einzelnen Komponenten und zur Definition von Sequenzierungs- und Navigationsstrategien gemacht [Adv06b]. Das Content Model unterscheidet vier Aggregationstufen:

- **Asset**: Ein Asset wird als ein elektronisches Dokument definiert, das verschiedene statische (Texte, Bilder) und dynamische Medientypen (z. B. Audio- und Videosequenzen) enthalten kann. Entsprechend kann ein Asset in mehreren Dokumentformaten vorliegen (z. B. als GIF, JPG, TXT, WAV, AVI oder HTML). Ein Asset ist der „kleinste" Baustein, der im Content Model beschrieben wird. Er kann jedoch andere Assets inkludieren und dadurch durchaus umfangreiche Formen annehmen.

- **Sharable Content Object** (SCO): Ein SCO unterscheidet sich von einem Asset nur insofern, als diese Komponente in der Lage ist, über die SCORM Run-Time Environment Daten mit einem Learning-Management-System auszutauschen. Es besteht aus mindestens einem Asset und kann eine eigene Navigation enthalten. Empfehlungen bezüglich der Größe eines SCO werden nicht gegeben. Es wird lediglich empfohlen, eine interne Referenzierung externer Assets oder SCOs in Form von Hyperlinks zu vermeiden, weil dadurch eine Kontextgebundenheit entsteht, welche die Wiederverwendung des Lernobjekts in anderen Zusammenhängen einschränkt.

- **Activity**: Innerhalb der Spezifikation SCORM Sequencing and Navigation wird eine Aktivität beschrieben als

  „meaningful unit of instruction; it is conceptually something the learner ‚does' while progressing through instruction" [Adv06d, SN-2-9]

  Aktivitäten werden begonnen und beendet, das Zeitintervall zwischen Start- und Endpunkt wird dabei als Lernversuch („Attempt") bezeichnet. Um den Erfolg eines Lernversuchs beurteilen zu können, soll jede Aktivität mit einem oder mehreren (quantifizierbaren) Lernzielen verknüpft werden. Aktivitäten können entweder ein Asset bzw. SCO referenzieren oder andere (Sub-)Aktivitäten umschließen, die wiederum aus Subaktivitäten bestehen können. Im letzteren Fall spricht man auch von „Clustern" oder „Cluster-Aktivitäten". Diese bestehen aus einer Elternaktivität und den unmittelbaren Kindaktivitäten. Nachfolgende Knoten der Kindaktivitäten sind nicht Bestandteil des gleichen Clusters (*Abb.* 2.25). Für Aktivitäten können Sequenzierungsregeln definiert werden.

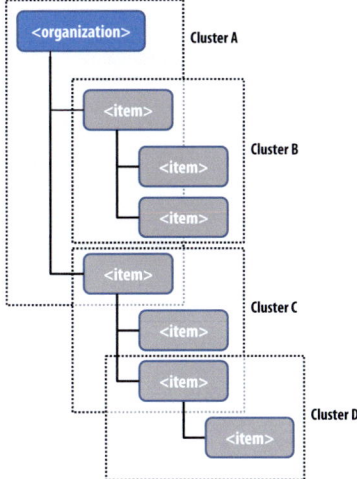

Abbildung 2.25: *Cluster einer beispielhaften Content Organization*

- **Content Organization**: Dieser Begriff bezeichnet die Strukturierung eines Kurses anhand von Aktivitäten. Da die Zahl der Hierarchieebenen nicht beschränkt ist, können beliebig komplexe Kursstrukturen aufgebaut werden.

Für alle vier Komponenten des Content Model können separate Metadatensätze formuliert werden. Eine Besonderheit des Aggregierungskonzeptes von ADL ist sicherlich das Faktum, dass jede Komponente selbst wiederum eine Aggregation darstellen kann. Ein SCO oder Asset kann aus mehreren Assets bestehen, eine Aktivität kann andere Aktivitäten einschließen und auch eine Content Organization kann aus anderen Suborganisationen bestehen.

Ein Kursdesigner, der im Rahmen der Rekontextualisierungsphase vor der Aufgabe steht, einen Kurs SCORM-konform zu strukturieren, Lerninhalte zu modularisieren oder Lernressourcen zu aggregieren, muss sich zunächst das Aggregationskonzept vor Augen führen und anschließend überlegen, wie dieses auf den bestehenden Kurs angewendet werden kann. Er muss sich klar werden über die Differenzierung des Lerninhalts in Assets und SCOs, über die Zuordnung von Assets und SCOs zu Aktivitäten und schließlich über die Strukturierung des Kurses anhand von Aktivitäten und Subaktivitäten in einer Content Organization. Diese konzeptionellen Überlegungen zur Strukturierung des Lernangebots werden später in der Implementierungsphase in eine XML-Syntax überführt und in der sog. „IMS-Manifest"-Datei festgehalten. Sie ist neben den Ressourcen selbst ein unabdingbarer Bestandteil eines jeden „Content Packages", in dem alle für die Distribution eines Kurses erforderlichen Daten und Dateien gebündelt

werden. Die Vorgehensweise zur Erstellung eines solchen Paketes orientiert sich
dabei an der Spezifikation „IMS Content Packaging" [IMS03a]. Darin werden
vier Bereiche eines IMS-Manifests unterschieden:

<manifest>: Das Wurzelelement der XML-basierten Manifest-Datei ist das Element <manifest>. Als Top-Level-Element repräsentiert es eine wiederverwendbare Lerneinheit und beherbergt die übrigen drei Sektionen <metadata>,
<organizations> und <resources>. Darüber hinaus kann das Manifest-Ele-
ment auch weitere (Sub-)Manifeste umschließen, die ihrerseits wieder Lerneinheiten auf einer feingranulareren Ebene repräsentieren. *Lst.* 2.1 zeigt
hierzu ein Beispiel.

```
1  <?xml version="1.0" encoding="UTF-8"?>
2  <manifest xmlns="http://www.imsglobal.org/xsd/imscp_v1p1"
3    xmlns:lom="http://ltsc.ieee.org/xsd/LOM"
4    xmlns:xsi="http://www.w3.org/2001/XMLSchema-instance"
5    xmlns:adlcp="http://www.adlnet.org/xsd/adlcp_v1p3"
6    xmlns:imsss="http://www.imsglobal.org/xsd/imsss"
7    xmlns:adlseq="http://www.adlnet.org/xsd/adlseq_v1p3"
8    xmlns:adlnav="http://www.adlnet.org/xsd/adlnav_v1p3"
9    identifier="Beispiel"
10   xsi:schemaLocation="http://ltsc.ieee.org/xsd/LOM lom.xsd
11   http://www.imsglobal.org/xsd/imscp_v1p1 imscp_v1p1.xsd
12   http://www.adlnet.org/xsd/adlcp_v1p3 adlcp_v1p3.xsd
13   http://www.imsglobal.org/xsd/imsss imsss_v1p0.xsd
14   http://www.adlnet.org/xsd/adlseq_v1p3 adlseq_v1p3.xsd
15   http://www.adlnet.org/xsd/adlnav_v1p3 adlnav_v1p3.xsd">
16   <metadata>
17     <!-- ... -->
18   </manifest>
```

Listing 2.1: Beispiel für die Nutzung des <manifest>-Elements

<metadata>: In Kapitel 2.1 wurde bereits erwähnt, dass SCORM den LOM-
Standard 1.0 zur Metabeschreibung von Lernressourcen bzw. didaktischen
Lerneinheiten referenziert. Als XML-Binding wurde auf einen entsprechenden IMS-Vorschlag zurückgegriffen [IMS01]. Auszeichenbar sind Dateien
(<file>), Assets bzw. SCOs (<resource>), Aktivitäten (<item>), Content
Organizations (<organization>), sowie das Content Package (<manifest>)
als Ganzes. Generell können Metadaten Manifest intern oder extern formuliert werden. *Lst.* 2.2 zeigt das Beispiel einer internen Beschreibung.
Eine Referenzierung von Metadaten, die in externen Dateien liegen, ist
über das Kindelement <adlcp:location> möglich. In Kapitel 3.3.2 wird die
Metadatenauszeichnung innerhalb eines Manifests noch detaillierter vorgestellt.

```
1  <metadata>
2    <schema>ADL SCORM</schema>
3    <schemaversion>2004 3rd Edition</schemaversion>
4    <lom:lom>
5      <lom:general>
6        <lom:title>
```

```
7    <lom:string language="en–US">Example</lom:string>
8    </lom:title>
9    </lom:general>
10   <lom:metaMetadata>
11   <lom:metadataSchema>LOMv1.0</lom:metadataSchema>
12   <lom:metadataSchema>ADLv1.0</lom:metadataSchema>
13   </lom:metaMetadata>
14   </lom:lom>
15   </metadata>
```

Listing 2.2: Beispiel für die Nutzung des `<metadata>`-Elements

<organizations>: Dieses Container-Element umschließt die strukturelle Beschreibung (`<organization>`) eines Lernangebots in Form einer XML-Baumstruktur. Dieser Bereich der Manifest-Datei wird später von einem Learning-Management-System ausgelesen und als Aktivitätsbaum interpretiert, der als Grundlage für die korrekte Sequenzierung und Navigation eines Kurses dient (vgl. Kapitel 2.4.3). Dadurch, dass in einer IMS-Manifest-Datei Referenzierung und Strukturierung von Lernressourcen getrennt sind und in unterschiedlichen Bereichen erfolgen, kann der Kursdesigner je nach Anwendungskontext alternative Organisationsformen desselben Inhalts entwerfen und diese in den Metadaten kommentieren. Das `<organizations>`-Element kann also mehrere `<organization>`-Elemente enthalten. Zulässige Kindelemente einer `<organization>` sind `<title>`, `<item>` (entspricht einer Aktivität), `<metadata>` (zur Metabeschreibung eines Aktivitätsbaums) und `<imsss:sequencing>`. Das letztgenannte Element wird genutzt, um die Sequenzierung, also die Abfolge von Items zu bestimmen. *Lst. 3.2* zeigt ein Beispiel einer Content Organization, die aus sieben Aktivitäten bzw. Items besteht.

<resources>: Dieses Element dient der Beschreibung des physikalischen Inventars eines Content Package. Es referenziert alle beteiligten Lernressourcen, die ihrerseits mit dem Kindelement `<resource>` verknüpft werden. Die Zuordnung einer Ressource zu einer Aktivität erfolgt dabei über einen Identifier. Das Resource-Element hat drei mögliche Kindelemente, `<metadata>` (zur Metabeschreibung von Assets und SCOs), `<files>` (zur Referenzierung der physikalischen Ressourcen über ein obligatorisches href-Attribut) sowie `<dependency>` (zur Referenzierung einer anderen Ressource, welche die benötigten Dateien enthält). Die Reihenfolge der Ressourcenbeschreibung spielt für die Umsetzung des Kurses in einem Learning-Management-System keine Rolle. *Lst. 3.1* gibt ein Beispiel für die Nutzung dieses Elements.

Abschließend sei noch erwähnt, dass innerhalb von SCORM zwei verschiedene Anwendungsprofile des Content Packaging unterschieden werden. Dies sind zum einen das sog. „Resource Package Application Profile", das ein oder mehrere Assets oder SCOs bündeln kann, dabei aber keine didaktische Strukturierung in Form einer Content Organization aufweist und hauptsächlich benutzt wird, um einzelne Ressourcen in ein anderes System zu portieren. Das zweite Anwendungsprofil, das „Content Aggregation Application Profile", liefert hingegen eine vollständige Beschreibung eines Kurses und muss die oben vorgestellten vier Bereiche inklusive der Content Organization enthalten. Für den Forschungsbereich des Activity Tree Harvesting ist insbesondere das zweite Anwendungsprofil von Bedeutung.

2.4.2 SCORM Run-Time Environment

Die Entscheidung, eine Lernressource in den Status eines Sharable Content Objects zu erheben, ist mit der Spezifizierung einer Tracking-Strategie verbunden, die für den Erfolg der späteren Evaluierung und tutoriellen Betreuung der Lernenden maßgeblich ist. Noch vor der Implementierungsphase muss also eine Selektion derjenigen Datenelemente der Run-Time Environment (RTE) erfolgen, die als wichtig für die Kommunikationsprozesse innerhalb des eigenen Kurses erachtet werden. In der darauf folgenden Implementierungsphase erfolgt die technische Umsetzung der Tracking-Strategie. Die ausgewählten Kommunikationselemente werden in Form von JavaScript-Funktionen in die Lernobjekte integriert.

Eine Kommunikation zwischen einem Lernobjekt und einem Learning-Management-System kann aus verschiedenen Gründen wünschenswert sein. Sie ist vor allem dann sinnvoll, wenn Daten über die Lernenden erfasst werden sollen. Dies trifft insbesondere auf Interaktions- und Leistungsdaten zu, die Aufschluss geben können über:

- die Art der Interaktion (z. B. Beantwortung von Multiple-Choice-Aufgaben)

- das Ergebnis der Interaktion (welche Aufgaben wurden richtig, welche falsch oder gar nicht beantwortet? Wo hatte der Lernende offensichtlich Probleme? Wurde das festgeschriebene Ziel eines Lernobjekts erreicht?)

- das Zeitverhalten des Nutzers (z. B. Wie viel Zeit benötigt er, um eine bestimmte Aufgabe oder ein komplettes Lernobjekt zu bearbeiten?)

- Präferenzen des Lernenden (Darbietungsgeschwindigkeit, Sprache etc.)

- den Komplettierungsstatus eines Lernobjekts (wurden alle Aufgabenbereiche vollständig bearbeitet?)

- Kommentare des Lernenden zum SCO

Die SCORM-Spezifikation zur Run-TimeEnvironment beschreibt die technischen Voraussetzungen, die erforderlich sind, um einen Austausch dieser und weiterer Daten zwischen einem Lernobjekt und einem Learning-Management-System zu gewährleisten. So wird mit dem „Application Programming Interface" die Schnittstelle zwischen beiden Kommunikationsteilnehmern definiert und im Rahmen eines Datenmodells die Sprache und das Vokabular für die Kommunikation festgelegt. Ein dritter Bereich der Spezifikation widmet sich der Fragestellung, wie die jeweils nachfolgende Aktivität identifiziert und die assoziierte Lernressource vom Learning-Management-System gestartet werden kann.

Die Spezifizierung der Programmierschnittstelle erfolgt dabei weitestgehend in Anlehnung an die Arbeiten des AICC [Avi01], die von der IEEE-LTSC aufgenommen wurden und mittlerweile als offizieller IEEE-Standard vorliegen [IEE03]. Die Programmierschnittstelle umfasst eine Reihe von vordefinierten Methoden, die den Austausch von Daten zwischen den Kommunikationspartnern regeln. Unterschieden werden drei Gruppen von Methoden:

- „Sitzungsmethoden" markieren Beginn und Ende einer „Communication Session"[88] zwischen einem SCO und der Programmierschnittstelle.

- „Datenübertragungsmethoden" dienen dem Austausch von Datenwerten zwischen den beiden Kommunikationspartnern

- „Unterstützungs- oder Hilfsmethoden" sind ergänzende Methoden, die den Kommunikationsprozess z. B. durch Fehlermeldungen etc. unterstützen.

Zu den wichtigsten und meist genutzten Methoden gehören die Datenübertragungsmethoden GetValue und SetValue. Mit diesen Funktionen kann ein SCO Daten vom Learning-Management-System anfordern und intern weiterverarbeiten bzw. Daten zum Learning-Management-System transferieren, um sie dort abzulegen und für spätere Verwendungszwecke abrufbereit zu halten. Wichtig in diesem Zusammenhang ist auch die Feststellung, dass das RTE-Modell eine SCO-dominierte Kommunikation vorsieht, d.h. Kommunikation geht grundsätzlich von einem SCO aus, nicht also vom Learning-Management-System. Letzteres kann zwar gespeicherte Daten an das Lernobjekt zurückliefern, allerdings nur nach Aufforderung durch ein SCO. Dieses muss zuvor den Datenaustausch z. B. durch die Funktion getValue initiieren. Die Mindestanforderungen hinsichtlich der RTE an ein Learning-Management-System bestehen also darin, Lernressourcen (SCO oder Assets) zu starten, Tracking-Daten zu speichern und bei Bedarf an das SCO zurückzuliefern.

Die Datenelemente, die mithilfe der insgesamt acht zur Verfügung stehenden Methoden kommuniziert werden können, werden in einem komplexen Datenmodell festgehalten. Auch hier wird gegenwärtig von der Arbeitsgruppe 11 der IEEE-LTSC ein Standard vorbereitet, der an die Vorarbeiten des AICC anknüpft und von SCORM referenziert wird [IEE02a][89]. Das RTE-Datenmodell

---

[88]Als Communication Session wird eine aktive Verbindung zwischen einem SCO und der Programmierschnittstelle bezeichnet. Sie ist eine der fünf Arten von zeitlichen Kategorien, die in SCORM unterschieden werden. Weitere Kategorien sind „Learner Attempts", „Learner Sessions", „Login Sessions" sowie „Sequencing Sessions" [Adv06c, Adv06d]. Learner Attempts beginnen mit dem erstmaligen Aufruf eines SCO und umfassen alle protokollierbaren Tätigkeiten eines Lerners, die bei der Bearbeitung einer Aktivität in Erscheinung treten. Learner Attemps können mehrere Learner Sessions umfassen. Learner Sessions sind kontinuierliche Lernsitzungen, während derer an einem Lernobjekt gearbeitet wird. Eine Learner Session wird durch den Initialisierungs- und Terminierungszeitpunkt eines Lernobjekts festgelegt. Eine Login Session bezeichnet jene zeitliche Periode, die durch den Login und Logout des Nutzers markiert wird. Die umfangreichste zeitliche Kategorie ist die Sequencing Session. Sie umfasst die Bearbeitungszeit eines kompletten Kurses.

[89]*Daniel Sommer* weist in diesem Zusammenhang darauf hin, dass die SCORM-Spezifikation im Gegensatz zu den korrespondierenden IEEE-Standards weniger abstrakt formuliert ist, mehr auf Anwendungsfälle fokussiert und deshalb wesentlich genauere Anforderungen an die Verwendung einzelner Datenelemente stellt [Som04]

umfasst 24 Datenelemente, die teilweise weitere Subelemente beinhalten. Das komplexeste Datenelement in dieser Gruppe ist das Element Interactions. Mit Hilfe von 14 Subelementen spezifiziert es alle informationstechnisch protokollierbaren Tätigkeiten des Lernenden, die z. B. bei der Beantwortung von Fragen oder Lösung von Übungsaufgaben in Erscheinung treten. Dabei können u. a. Art, Dauer, Zeitpunkt und Resultat der Interaktion aufgezeichnet und dem Learning-Management-System übermittelt werden.

Insgesamt steht mit dem RTE-Datenmodell ein sehr ausgefeiltes und großzügiges System von Tracking-Komponenten zur Verfügung. Kursdesigner finden darin weitläufige Möglichkeiten, eine Tracking-Strategie zu entwickeln, um den Lernfortschritt besser kontrollieren und eine wirksame tutorielle Betreuung der Lernenden gewährleisten zu können.

2.4.3 SCORM Sequencing and Navigation

Ist die Strukturierung des Interaktionsraums abgeschlossen und die Tracking-Strategie spezifiziert, kann mit dem Entwurf einer Ablaufsteuerung bzw. Sequenzierungsstrategie begonnen werden. Auch hier stellt das Sharable Content Object Reference Model mit der Spezifikation „SCORM Sequencing and Navigation" (SN) ein geeignetes technisches Instrumentarium zur Verfügung, das im Folgenden in seinen Grundzügen vorgestellt werden soll.

SCORM SN entspricht in weiten Teilen dem „IMS Simple Sequencing Information and Behavior Model" in der Version 1.0 [IMS03c]. Das Modell wurde nur geringfügig verändert und durch wenige weitere Elemente ergänzt[90].

Übernommen wurde beispielsweise der Begriff des „Aktivitätsbaums" (engl. „Activity Tree"), der als Grundlage für jedwede Sequenzierungsprozesse fungiert. Ein Aktivitätsbaum ist ein hierarchisch organisierter Graph, der die Struktur des Lernangebots abbildet. Seine Wurzel entspricht der zugehörigen Content Organization, die im Manifest durch das Element <organization> repräsentiert wird. Seine untergeordneten Knoten korrespondieren mit einzelnen Aktivitäten, die entweder als inhaltliche Cluster vorliegen und weitere (Sub-)Aktivitäten einschließen oder aber als sog. „Leaf Activitys" mindestens eine Lernressource referenzieren. Aktivitäten spielen eine tragende Rolle in dem Sequenzierungskonzept der ADL-Initiative. Sie sind innerhalb des Content Models die einzige inhaltliche Aggregationsstufe bei der regelbasierte Sequenzierungen möglich sind.

In einem Aktivitätsbaum spiegelt sich die Dramaturgie bzw. der Ablauf eines Kurses wider. Der Kursdesigner übernimmt bei seiner Gestaltung gewissermaßen eine legislative Funktion. Auf Basis instruktionaler Überlegungen entscheidet er, auf welchem Wege der hierarchische Graph vom Lerner durchschritten wird. Er bestimmt, in welcher Reihenfolge sich die einzelnen Knoten des Interaktions-

---

[90]Die Beschreibung des Verfahrens zur Sequenzierung von Lernangeboten wurde erstmals ab Version SCORM 2004 1st Edition einer eigenständigen Spezifikation zugeordnet [Adv06d]. Bis zur Version SCORM 1.2 wurde das Sequenzierungs- und Navigationsverfahren ausschließlich innerhalb des CAM abgehandelt, da Sequenzierungsinformationen Teil des Content Packages sind und innerhalb einer IMS-Manifest-Datei formuliert werden. Auch in der aktuellen Version befindet sich nach wie vor ein Teil der Spezifikation innerhalb des CAM. Dort wird insbesondere erläutert, wie Sequenzierungs- und Navigationsregeln in XML umgesetzt und innerhalb einer Manifest-Datei platziert werden.

raums dem Lerner präsentieren und definiert Sequenzierungsregeln, die diese Reihenfolge parametrisieren[91]. Eine exekutive Rolle kommt dabei dem Learning-Management-System zu. Es wertet Tracking-Informationen des Lerners aus, vergleicht diese mit den Sequenzierungsregeln des Kursdesigners und berechnet daraufhin den jeweils nächsten fälligen Lernschritt innerhalb der Kursdramaturgie.

Um diese Prozesse zu gewährleisten, muss das Learning-Management-System auf Basis einer Content Organization den Aktivitätsbaum eines Kurses systemintern abbilden. Gegebenenfalls muss seine Struktur – wie *Abb.* 2.26 zeigt – aus mehreren Submanifesten abgeleitet werden. Welche Repräsentationsform das ausführende System dabei wählen soll, wird innerhalb der SCORM-Spezifikation bewusst offen gehalten und in den Verantwortungsbereich des Learning-Management-Systems gelegt.

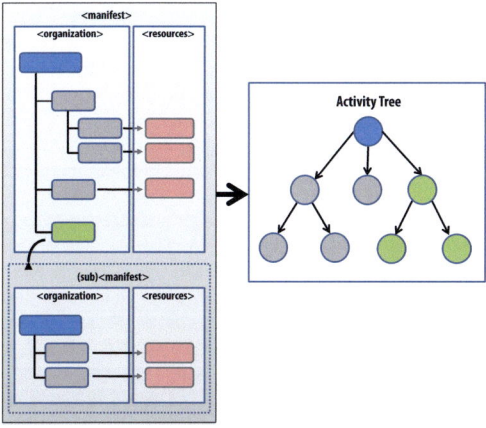

Abbildung 2.26: *Herleitung eines Aktivitätsbaums aus einer Content Organization mit Submanifest (nach [Adv06d]).*

Das Sequenzierungskonzept von SCORM umfasst drei Datenmodelle. Das „Sequencing Definition Model", das „Activity State Model" sowie das „Tracking Model". Innerhalb des Sequencing Definition Models wird spezifiziert, wie Sequenzierungsregeln formuliert werden. Dabei werden zwei Arten von Regeln unterschieden. „Sequencing Rules" beschreiben das konditionale Sequenzierungsverhalten einzelner Aktivitäten. „Rollup Rules" dagegen beziehen sich speziell auf Cluster-Aktivitäten, die andere Aktivitäten umschließen. Sie legen fest, wie sich der Lernfortschritt innerhalb einer Subaktivität auf das übergeordnete Strukturelement auswirken soll.

---

[91] Auch wenn keine Sequenzierungsregeln explizit formuliert werden, wird dennoch ein linearer Navigationspfad generiert, der allerdings jederzeit vom Lernenden verlassen werden kann. Ausschlaggebend für die Sequenzierung der Aktivitäten ist in diesem Fall die Reihenfolge ihrer Erwähnung in der Content Organization.

Unabhängig vom Regeltyp ist jede Regel aus mindestens einer Bedingung und einer entsprechenden Aktion aufgebaut. Dabei werden je nach Anwendungszeitpunkt drei Arten von Aktionen differenziert: „Precondition Actions" werden dann initiiert, wenn der Aktivitätsbaum auf der Suche nach der nächsten zu präsentierenden Aktivität durchquert wird. „Postcondition Actions" treten in Kraft, wenn die Bearbeitung einer Aktivität beendet wird. Und „Exit Actions" schließlich umfassen Aktionen für übergeordnete Aktivitäten im Falle der Beendigung einer untergeordneten Subaktivität [Adv06b]. Bedingungen können miteinander kombiniert werden, so dass komplexe Verhaltensmuster definierbar sind. So kann der Kursdesigner jeder Aktivität ein oder mehrere Lernziele zuordnen und festlegen, wann diese Lernziele als erreicht gelten[92]. Der Nachweis über die Zielerreichung kann dann als Bedingung für eine nachfolgende Aktivität – z. B. die Verzweigung zu einer neuen Aktivität – definiert werden.

Das zweite Datenmodell in dieser Reihe – das Activity State Model – ist im Gegensatz zu der vorher genannten Komponente ein dynamisches Modell, deren Elemente zur Laufzeit des Kurses aktualisiert werden. Es hat im Wesentlichen die Aufgabe, den Bearbeitungsstatus einer Aktivität festzuhalten, so dass nach einer temporären Unterbrechung zum letzten aktuellen Stand zurückgekehrt werden kann. So gehen die mit einer Aktivität assoziierten Tracking-Informationen nicht verloren, sondern stehen bei Wiederaufnahme einer Sitzung zur Verfügung.

Es ist bereits mehrfach angeklungen, das Sequenzierungsprozesse in Abhängigkeit von Tracking-Informationen erfolgen. Der Sequenzierungsalgorithmus wird also maßgeblich durch Parameter beeinflusst, die aus den protokollierten Interaktions- und Leistungsdaten des Lerners gewonnen werden. Diesbezüglich wurde ein gesondertes „Tracking Model" erarbeitet, das dem oben erwähnten RTE-Datenmodell teilweise sehr nahe kommt, allerdings auch einige wesentliche Differenzen aufweist. Der Hauptunterschied liegt darin, dass die sog. „Tracking Status Information" auf Aktivitäts-Ebene erhoben wird. Gleichwohl fließen hier Daten ein, die auf Ebene der assoziierten SCOs protokolliert und an das Learning-Management-System übermittelt werden. Es liegt in der Verantwortung des Learning-Management-Systems, diese kommunizierten Daten auf das Tracking Model abzubilden.

Alles in allem steht mit dem noch relativ jungen Sequenzierungskonzept der ADL-Initiative ein komplexes Instrumentarium zur Verfügung, mit dem mannigfaltige, interoperable Sequenzierungsstrategien entworfen und realisiert werden können. Die Abfolge eines Kurses kann so gestaltet werden, dass sie sich am individuellen Lernfortschritt des Nutzers orientiert. In Kapitel 2.3.5 wurden verschiedene Instruktionsmodelle vorgestellt, die zur zeitlichen Strukturierung expositorischer Lernangebote herangezogen werden können. Aber nicht nur sequentiell strukturierte Lernangebote profitieren von den Sequenzierungsmöglichkeiten der SCORM-Spezifikation, auch offene Lernumgebungen sollten Navigationshilfen beinhalten, die dem Lerner eine Orientierung in komplexen

---

[92]Ein Lernziel kann z. B. als erfüllt gelten, wenn der Lerner eine bestimmte Punktezahl in einem korrespondierenden Test erreicht hat.

Interaktionsräumen ermöglichen und dem Phänomen des „Lost in Hyperspace" vorbeugen [Ker99]. Gleichwohl kann dieser Ansatz nicht mit etablierten Konzepten zu adaptiven Lernsystemen konkurrieren [BM00][BV03]. *Nor Aniza Abdullah* und *Hugh Davis* stellen diesbezüglich fest, dass adaptive Systeme im Gegensatz zu dem Sequenzierungsmodell von IMS bzw. ADL einen *lernerzentrierten* Ansatz verfolgen, der Nutzer dabei unterstützen soll, innerhalb eines komplexen Interaktionsraums zu navigieren, um selbstgesteckte Lernziele zu erreichen [AD03]. IMS und ADL favorisieren hingegen einen *lehrerzentrierten* Ansatz. Ziel der Sequenzierung sei letzten Endes die Gewährleistung, dass der Lerner alle inhaltlichen Bausteine bearbeitet, die der Kursdesigner zur Erreichung bestimmter Lernziele für wichtig erachtet. Die Autoren weisen desweiteren darauf hin, das die Umsetzung von adaptiven Hypermedia-Systemen weitaus komplexere Strukturen erfordert als jene, die das IMS Simple Sequencing Model vorsieht[93].

2.4.4 Implikationen für die Kurserstellung

Mit der Spezifizierung von Navigation und Sequenzierung enden die konzeptionellen Vorarbeiten und der Lebenszyklus eines Lernangebots tritt in die Phase der technischen Implementierung ein. Diese beginnt mit der Produktion fehlender Kurselemente, die nicht aus bereits bestehenden Kursen gewonnen werden konnten. In der Regel müssen mindestens Sekundärinhalte wie Begleitinformationen (z. B. in Form von Bearbeitungs- und Literaturhinweisen) oder Übungsaufgaben nachproduziert werden. Desweiteren gilt es in dieser Phase die recherchierten Lernobjekte gegebenenfalls zu modifizieren – gemäß den in einem Storyboard artikulierten Änderungswünschen des Kursdesigners.

Änderungsarbeiten können dabei auf vier Ebenen anfallen. Auf *inhaltlicher* Ebene kann eine Änderung der thematischen Darstellungsweise oder eine informatorische Reduzierung bzw. Erweiterung nötig sein. Die Ebene der *Präsentation* umfasst zum einen die Gestaltung des optischen Designs, bezeichnet aber auch die mediale Gestaltung eines Lernobjekts. In beiden Bereichen können Rekontextualisierungsmaßnahmen erforderlich sein, beispielsweise eine Anpassung des Layouts an das „Corporate Identity" des Gesamtkurses, eine Umordnung der Interaktionselemente (z. B. Eingabefelder oder Buttons) zur Optimierung der Benutzungsfreundlichkeit oder der Austausch bzw. die Ergänzung statischer Medienobjekte durch interaktive Animationen. Die dritte Ebene, die gegebenenfalls überarbeitet werden muss, beschreibt den internen Pfad eines Lernobjekts, auf dem sich der Adressat eines Kurses bewegen kann[94]. Diese *Navigationsebene* bedarf insbesondere dann einer Anpassung, wenn inhaltliche Komponenten als neue Bildschirmseiten hinzugefügt wurden und nun den bestehenden Komponenten zugänglich gemacht werden müssen. Die *technische* Ebene schließlich ist im Gegensatz zu den anderen drei genannten Ebenen weniger vordergründig und offenbart sich erst bei Freilegung des Quellcodes zu

---

[93]So bestehen adaptive Systeme in der Regel aus vier Modellen: einer Ontologie, einem Nutzer-Modell, einem Didaktik-Modell und einer Adaptive-Engine.

[94]Die Navigation *zwischen* Lernobjekten wird wie erwähnt durch die im Manifest beschriebene Kursstruktur festgelegt.

einem (X)HTML-basierten Lernobjekt. Hier ist es insbesondere möglich, dass die recherchierten Lernobjekte Run-Time-Environment-Methoden in Form von JavaScript-Funktionen besitzen, die für die eigene Anwendung nicht erforderlich oder unzureichend sind. Auch Änderungen am Quellcode, die der Barrierefreiheit für behinderte Menschen dienen, gehören zur Kategorie der technischen Modifikationen.

Wurden alle Änderungen vorgenommen bzw. alle erforderlichen Kurskomponenten erstellt, müssen zunächst die aktiven Lernobjekte (SCOs) identifiziert und mit den entsprechenden Kommunikationsfunktionen der SCORM RTE ausgestattet werden. Weitere wichtige Implementierungsaufgaben beziehen sich auf die technische Umsetzung der zuvor entworfenen Struktur und Sequenzierung des Kurses. Bleibt man hier den SCORM-Richtlinien treu, müssen diese beiden Entwürfe in XML übersetzt und getrennt vom Inhalt in die bereits angesprochene IMS-Manifest-Datei integriert werden.

Am Ende der Implementierungsphase liegt also eine vollständige, kursspezifische IMS-Manifest-Datei vor, die neben Informationen zur Strukturierung des Kurses auch Anweisungen zur Sequenzierung und Navigation, Informationen zu eingebetteten Ressourcen sowie Metadaten zu einzelnen Lernobjekten und/oder zum Gesamtkurs enthält. In der anschließenden Test- und Einsatzphase wird zunächst die SCORM-Konformität des erzeugten Content Packages geprüft. Hierzu stellt die ADL-Initiative die sog. „SCORM 2004 Conformance Test Suite" kostenlos zur Verfügung [Adv06f][95]. Diese Software analysiert die technische Gestaltung des Kurses und ermittelt Fehler hinsichtlich der Implementierung SCORM-spezifischer Funktionalitäten. Werden Konformitätsverstöße identifiziert, müssen die entsprechenden Implementierungsschritte wiederholt werden. Stellt die Conformance Test Suite keine Verstöße fest, können die Vorbereitungen zur Distribution des Kurses getroffen werden. Hierzu wird das Content Package inklusive aller involvierten Ressourcen, Metadaten-, sowie Manifest- und Submanifestdateien zu einem sog. „Package Interchange File" in einem gängigen Archivierungsformat (z. B. ZIP, JAR, TAR oder CAB) zusammengefasst. Diese Archivierungsdatei wird anschließend in ein SCORM-konformes Learning-Management-System importiert. Die Darstellung der Navigation des Kurses und seine optische Einbettung in die Lernumgebung bleibt dabei dem Learning-Management-System überlassen[96]. Der Kursdesigner wird abschließend überprüfen, ob die physischen Komponenten des Kurses sowie die Sequenzierung und Navigation korrekt dargestellt werden. Ist dies der Fall, steht einer Freigabe des Lernangebots nichts mehr im Wege. Das freigegebene Manifest kann dann von der Harvesting-Komponente der ATH-Service-Applikation (vgl. Kapitel 4.1) „geerntet" werden, um die darin enthaltenen Daten in einen Empfehlungsdienst einfließen zu lassen. Auf welche Weise dies geschehen und technisch umgesetzt werden kann, wird in den folgenden Abschnitten erläutert.

---

[95]Diese dient neben der Überprüfung eines Content Packages auch dem Test der korrekten Implementierung von RTE-Funktionen innerhalb von SCOs und der Validierung externer Metadaten-Dateien. Darüber hinaus können mit dem Test Suite auch Learning-Management-Systeme auf SCORM-Konformität geprüft werden.

[96]Infolgedessen können sehr unterschiedliche Darstellungsweisen ein und desselben Kurspaketes entstehen

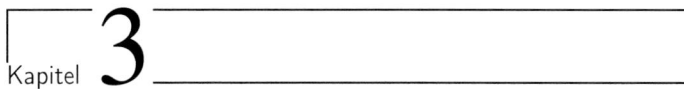

Methodisches Konzept

Grundsätzlich hat jeder Retrieval-Dienst die Aufgabe, aus einer gegebenen Menge von Objekten jene zu bestimmen, die für den Anwender am nützlichsten sind. Das Retrieval-System benötigt hierfür eine möglichst präzise Richtschnur, mit der es eine Unterscheidung zwischen nützlichen und weniger nützlichen Elementen vornehmen kann. Als eine solche Richtschnur dient die Anfrage des Nutzers. Sie expliziert die für ihn wichtigsten Attribute geeigneter Objekte. Aber auch die in der Vergangenheit getroffenen Entscheidungen oder Interessensbekundungen des Anwenders, die sich in seinem Nutzerprofil verstetigen, können den Ausgangspunkt für die Suche nach geeigneten Elementen bilden. In beiden Fällen bemisst der Retrieval-Dienst die Nützlichkeit eines Objekts danach, ob und in welchem Maße seine Attribute *ähnlich* den in der Anfrage oder im Profil des Nutzers spezifizierten Eigenschaften sind.

Der Begriff der Ähnlichkeit steht auch im Mittelpunkt des folgenden Kapitels. Insbesondere wird es um die Frage gehen, wie die Ähnlichkeit SCORM-konformer Lernobjekte bestimmt werden kann, so dass der Retrieval-Dienst die für den Anwender nützlichsten Lernobjekte in der Manifestkollektion aufspüren kann. Hierzu erfolgt in Kapitel 3.3 eine Zusammenschau der Eigenschaften von SCOs bzw. Assets. Aus der Gesamtmenge dieser Eigenschaften werden in Kapitel 3.4 die signifikantesten Attribute ausgewählt, die in die Bestimmung der Ähnlichkeit einfließen. Kapitel 3.5 wird anschließend zeigen, wie die Berechnung der Ähnlichkeit von Lernressourcen mit Hilfe dieser Attribute vorgenommen werden kann.

Eine ganz andere Interpretation des Ähnlichkeitsbegriffs liegt dem in Kapitel 3.6 vorgestellten Retrieval-Ansatz zugrunde. Als nützlich gelten hier Objekte, die *ähnliche Benutzer* präferieren, wobei ein kollaborativer Filteralgorithmus die jeweils nächsten Nachbarn eines Nutzers ermittelt. Bevor diese verschiedenen Retrieval-Ansätze aber im Einzelnen erläutert werden, steht zunächst die Fragestellung im Vordergrund, wer eigentlich die vielbesagten Nutzer sind, denen der anvisierte Retrieval-Dienst zugute kommen soll, welche Bedürfnisse diese haben und welche Anforderungen daraus für ein Retrieval-System erwachsen.

3.1 Zielgruppenspezifische Anforderungen

Jeder Art von Recherche geht ein spezifisches Informationsbedürfnis voraus. Welchen grundsätzlichen Informationsbedarf aber haben Lehrende und Lernende, wenn sie sich auf die Suche nach Lernmaterialien begeben? Und welche Anforderungen an ein Verfahren zur Wiedergewinnung digitaler Lernressourcen lassen sich daraus ableiten? Im folgenden Abschnitt werden zunächst die wichtigsten Akteure der Anwendungsdomäne sondiert. Die Analyse der Zielgruppe ermöglicht eine Konkretisierung der Zielsetzungen und die Festlegung der Anforderungen an das ATH-Verfahren bzw. die darauf aufbauende Service-Applikation, die in Kapitel 3.1.4 vorgenommen werden. Die Analyse der Anforderungen bezieht sich dabei ausschließlich auf informatorische Aspekte. Im Mittelpunkt wird also die Auseinandersetzung mit den Informationsbedürfnissen der proklamierten Zielgruppen stehen. Technische Anforderungen oder Bedürfnisse hinsichtlich der Gestaltung der Benutzungsschnittstelle werden von der weiteren Betrachtung ausgenommen.

3.1.1 Zielgruppen

Es liegt auf der Hand, dass ein Dienst, der die Wiederverwendung digitaler Lernressourcen unterstützen und fördern möchte, in erster Linie den Produzenten multimedialer Lernangebote zugute kommt, die vor der Aufgabe stehen, unter Einsatz begrenzter Mittel einen ansprechenden und lernwirksamen Kurs für ihr Klientel zu erstellen. Die Rolle des Erstellers kann dabei von verschiedenen Personengruppen wahrgenommen werden. Sehr häufig fungieren Hochschuldozenten als Produzenten, die elektronisch basierte, interaktive Lerneinheiten veranstaltungsbegleitend bereitstellen möchten. Nicht selten liegt in diesem Fall aus Budgetierungsgründen der gesamte Erstellungsprozess in einer Hand: der Dozierende ist sowohl verantwortlich für die inhaltliche und didaktische Gestaltung des Kurses, als auch für dessen technische Umsetzung, Distribution und Wartung. Gerade diese Zielgruppe muss ein hohes Interesse daran haben, den Erstellungsprozess so effizient wie möglich zu gestalten, um den zeitlichen und monetären Aufwand in akzeptablen Grenzen zu halten. Als Mittel der ersten Wahl sollte dabei, wie Kapitel 2.3.2 gezeigt hat, die Verwendung bereits bestehender Bausteine in Betracht gezogen werden. Die Wiederverwendung verspricht eine deutliche Kostenreduktion – vorausgesetzt, es werden Ressourcen gefunden, die sich für die angestrebte Rekontextualisierung eignen.

Eine höhere Budgetierung geht in der Regel auch mit einer stärken Arbeitsteilung einher. Dies gilt insbesondere für Unternehmen, die im Kerngeschäft Dienstleistungen im Multimedia-Bereich anbieten und Kunden beispielsweise bei der Konzeption, Gestaltung und Implementierung von Internet- oder CD-ROM-Anwendungen unterstützen. In einem interdisziplinären Spannungsfeld beteiligen sich Experten verschiedener Fachdisziplinen[1], darunter Didaktiker,

---

[1] *Jörg Sander* und *August-Wilhelm Scheer* nennen sieben Fachdisziplinen, die an der Produktion von Multimedia-Produkten beteiligt sind: Medienauthoring, Mediendidaktik, Medienpsychologie, Mediendesign, Medienproducing, Medienengineering und Medienmanagement [SS96].

Designer, Programmierer und betriebswirtschaftliche Kostenrechner an der Erstellung eines multimedialen Produktes. Die Recherchearbeit wird dabei in erster Linie von den Autoren übernommen werden, deren Aufgabe es ist, in Abstimmung mit den Fachexperten und Pädagogen den Kurs in einem Storyboard zu konzipieren. Die Suche nach adäquaten Materialien wird dabei weniger der Wiederverwendung und Kostensenkung dienen. Vielmehr wird es dem recherchierendem Autor darum gehen, sich einen Überblick über bestehende Entwicklungen zu verschaffen, um z. B. Anregungen für die eigene redaktionelle Arbeit zu gewinnen oder Stärken und Schwächen konkurrierender Lernangebote auszuloten. Und auch diese Zielgruppe profitiert von entsprechenden Retrieval- und Empfehlungsdiensten, die bei der Suche nach geeigneten Ressourcen und alternativen Gestaltungsmöglichkeiten assistieren.

Die Zielgruppen des ATH-Verfahrens rekrutieren sich jedoch nicht ausschließlich aus dem Bereich der Kurs*erstellung*. Auch für Lernende als Kurs*nutzer* kann ein derartiger Dienst einen deutlichen Mehrwert darstellen. Denn nicht selten verspüren Lernende – seien es Schüler, Studierende oder Mitarbeiter von Unternehmen – während oder nach der Bearbeitung einer Lerneinheit das Bedürfnis, gewissermaßen über den Tellerrand des eigenen Kurses zu blicken, um sich in bestimmten Bereichen ein ergänzendes oder vertiefendes Wissen anzueignen. Mit Hilfe des ATH-Verfahrens soll es möglich sein, innerhalb des aktuell bearbeiteten Lernobjektes Hinweise auf weiterführende Lerninhalte bzw. Lernobjekte einzubinden. *Abb.* 3.1 zeigt ein fiktives Beispiel eines solchen Lernobjekts, das Verweise auf kursexterne Lernobjekte enthält[2].

Die dritte Gruppe von Anwendungsszenarien des ATH-Verfahrens schließlich bezieht sich auf die Ebene der Kurs*begleitung*. Sehr häufig werden internetbasierte Lernangebote durch speziell geschulte Teletutoren[3] betreut, deren Hauptaufgabe darin besteht, die Lernenden fachlich, didaktisch aber auch technisch zu betreuen, so dass sich selbstgesteuerte Lernprozesse bestmöglich entfalten können. Zu den Dienstleistungen eines Teletutors gehört es, das bestehende Lernmaterial bei Bedarf durch zusätzliche (externe) Materialien anzureichern, um bestimmte Sachverhalte noch besser erklären, erweitern oder vertiefen zu können. Auch das Tagesgeschäft von Tutoren kann also durch einen Retrieval- und Empfehlungsdienst, der entsprechende Informationen zu Tage fördert, wesentlich unterstützt werden.

3.1.2 Anfragetypen

Unabhängig von der jeweiligen Zielgruppe müssen, was die zeitliche Befristung des Informationsbedürfnisses angeht, zwei Typen von Nutzungsszenarien des ATH-Verfahrens unterschieden werden. Pull-basierte Anfragen (vgl. Kapitel 2.1.2) an die Service-Applikation zielen darauf ab, ein konkretes Informations-

---

[2]Weitere Anwendungsmöglichkeiten, auf die jedoch in dieser Arbeit nicht näher eingegangen werden soll, ergeben sich für Brokerage-Systeme, die mit Lernobjekten handeln. Hier kann beispielsweise aus der Wiederverwendungshistorie einer Ressource deren Popularitäts- und Verbreitungsgrad abgeleitet und monetär verwertet werden.

[3]Der Begriff des Teletutors ist zwar sehr verbreitet, wird aber in der E-Learning-Szene keineswegs einheitlich verwendet. Verschiedentlich wird auch von „Online-Tutoren", „E-Coaches" oder „E-Trainern" gesprochen.

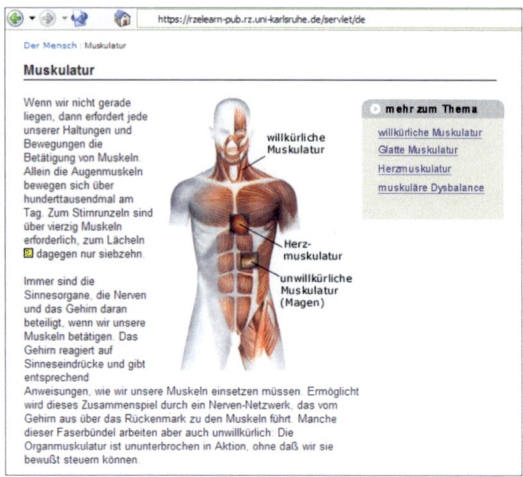

Abbildung 3.1: *Beispiel eines Lernobjekts mit eingebetteten Verweisen auf ergänzende, kurs-externe Lernobjekte (rechte Seite)*

bedürfnis *kurzfristig* zu befriedigen. Dies ist beispielsweise dann der Fall, wenn ein Autor akut für die Erstellung eines Kurses externe Ressourcen benötigt und hierzu einen entsprechenden Service konsultiert, um dort anhand bestimmter Schlüsselwörter nach thematisch passenden Objekten zu suchen. Die gestellte Anfrage besitzt nur eine kurze Gültigkeitsdauer. Zumeist werden die Suchbe-griffe unmittelbar nach Ausführung der Anfrage modifiziert, wenn diese nicht zum gewünschten Ergebnis geführt haben. Pull-basierte Anfragen an konven-tionelle IR-Systeme stellen den häufigsten Anfragetyp dar [BYRN+99]. Auch im Hinblick auf den Bereich des Learning Object Retrieval (vgl. Kapitel 2.1.3) ist zu vermuten, dass die proklamierten Zielgruppen überwiegend diese Art von Anfrage wählen (werden).

Im Gegensatz zu Pull-basierten Anfragen liegt der Push- bzw. Filter-Variante ein langfristiges Informationsbedürfnis auf Seiten der Anwender zugrunde. Die Anfrage eines Nutzers bleibt relativ statisch, während die Dokumentkollektion einem dynamischen Wachstumsprozess unterworfen ist [Kur04]. Mit der Ad-Hoc-Variante verhält es sich umgekehrt: hier variieren die Anfragen eines Nut-zers, während die Dokumentsammlung relativ stabil bleibt. Information Filte-ring wird häufig im Zusammenhang mit elektronischen Nachrichtenagenturen eingesetzt. Kunden haben hier die Möglichkeit, bestimmte Interessensgebiete dauerhaft in einem Benutzerprofil festzuhalten. Enthält die Dokumentkollekti-on des Anbieters passende Dokumente oder werden geeignete Dokumente hin-zugefügt, wird der Anwender entsprechend benachrichtigt. Das in Kapitel 2.2.3 vorgestellte Empfehlungssystem Google Alerts gehört zu dieser Kategorie von

Diensten. Aber auch andere Empfehlungssysteme, die nicht wie Google Alerts ein Content Based Filtering praktizieren, sondern z. B. nach dem Ansatz des Collaborative Filtering arbeiten oder Kombinationen aus beiden Verfahren bevorzugen, lassen sich als Spielart des Information Filtering verstehen; auch diese Systeme ermitteln auf Basis eines Nutzerprofils adäquate Objekte.

Information Filtering wird in der Literatur nicht selten als Gegenpol zum Information Retrieval proklamiert. *Belkin* beispielsweise widmet in [BC92] jedem der beiden Begriffe ein eigenes Prozessmodell, wobei sich beide Konstruktionen nur geringfügig unterscheiden. *Kuropka* übernimmt in [Kur04] diese Modellierung und versucht zusätzlich auf definitorischer Ebene eine Grenze zwischen den beiden Begriffen zu ziehen. *Ricardo Baeza-Yates* und *Berthier Ribeiro-Neto* hingegen vertreten eine andere Meinung:

> „the filtering task can be viewed as a conventional information retrieval task in which the documents are the ones which keep arriving at the system." [BYRN+99, S. 23]

Diese Autoren betrachten den Begriff des Information Retrieval als übergeordnete Kategorie, die sowohl Pull-basierte Anfragen als auch profilbasierte Anfragen subsumiert. Ein Filtering wird lediglich als möglicher „Betriebsmodus" eines IR-Systems anerkannt, nicht aber als eigenständiges Modell, wie es *Belkin* und *Kuropka* propagieren. Und auch *André Klahold* weist in [Kla09] darauf hin, dass es in der Praxis oftmals schwer fällt, eine Grenze zwischen Such- und Empfehlungssystemen zu ziehen. Im Grunde kann jede Antwort auf eine Suchanfrage als personalisierte Empfehlung verstanden werden, die aus einem flüchtigen, termbasierten Profil des Nutzers abgeleitet wird.

Im Hinblick auf die Recherche wiederverwendbarer Lernobjekte ist die Nutzung von filterbasierten Ansätzen durchaus sinnvoll und in der weiteren Konzeption des Retrieval-Verfahrens zu berücksichtigen. Beispielsweise hat ein Hochschuldozent aufgrund seines beruflichen Kontexts ein langfristiges Interesse an bestimmten Themenstellungen seines Fachgebiets. Auch didaktische Transformationen in Form von Lernmaterialien können in diesem Zusammenhang von Bedeutung sein, plant der Lehrende mittel- oder langfristig die Anreichung eigener Veranstaltungen mit multimedialen Lernressourcen.

3.1.3 Informationsbedürfnisse

Unabhängig davon, ob das Informationsbedürfnis des recherchierenden Akteurs kurz- oder langfristig existiert und durch Pull- oder profilbasierte Anfragen befriedigt wird, kann aus kognitionspsychologischer Sicht die Suche nach Informationen als Problemlöseprozess beschrieben werden [ON97]:

> „Man spricht von Problemlösen, wenn ein unerwünschter Ausgangszustand in einen erwünschten Endzustand transformiert werden soll, diese Transformation jedoch durch eine Barriere behindert wird. Von Problemen ist also die Rede, wenn die Mittel (Operatoren) zum Erreichen eines Ziels unbekannt sind, oder die bekannten Mittel (Operatoren) auf neue Weise zu kombinieren sind, aber auch dann, wenn über das angestrebte Ziel keine klaren Vorstellungen existieren." [Dör84]

Die in dieser generischen Beschreibung genannten Charakteristika von Problemlöseprozessen finden sich auch im Bereich des Learning Object Retrieval. Der unerwünschte Ausgangszustand wird aus objektiver Sicht durch das Fehlen der zur Lösung einer akuten oder geplanten Aufgabenstellung erforderlichen Lernmaterialien bzw. damit verbundenen Informationen ausgelöst. Aus stresstheoretischer Sicht wird diese objektive Belastung abhängig von individuellen Bewertungsprozessen (vgl. [Laz91]) subjektiv mehr oder weniger stark als Beanspruchung erlebt und führt in der Konsequenz zu einer Anpassungsreaktion: Der Nutzer wird versuchen, den als Stressor erlebten Initialzustand in den erwünschten Endzustand zu überführen, zu dem in der Regel konkrete Vorstellungen existieren. Der Recherchierende weiß, was er haben möchte, der genaue Weg aber zur Erreichung dieser Ziele ist nicht vorgezeichnet. *Dietrich Dörner* spricht diesbezüglich von einem „Syntheseproblem". Der Recherchierende ist gehalten, eine geeignete zeitliche und logische Abfolge von Operationen zusammenzustellen (zu synthetisieren), die zur Lösung des ausgehenden Problems führen. Hierzu gehört die Auswahl geeigneter Suchmaschinen, die Bestimmung der Suchterme, die Auswertung der Trefferliste etc..

Die modellhafte Beschreibung der Informationssuche im Internet war in der Vergangenheit Gegenstand zahlreicher Forschungsarbeiten. *Tom Wilson* beispielsweise arbeitete mehr als 20 Jahre an dieser Thematik. Sein ursprüngliches Modell von 1981 hat bis heute zahlreiche Wandlungen erfahren. *Abb. 3.2* zeigt die Fassung aus dem Jahre 1997. Sie illustriert sehr deutlich die Vielschichtigkeit des Prozesses und legt die zahlreichen, auf die Informationssuche Einfluss nehmenden Faktoren anschaulich dar.

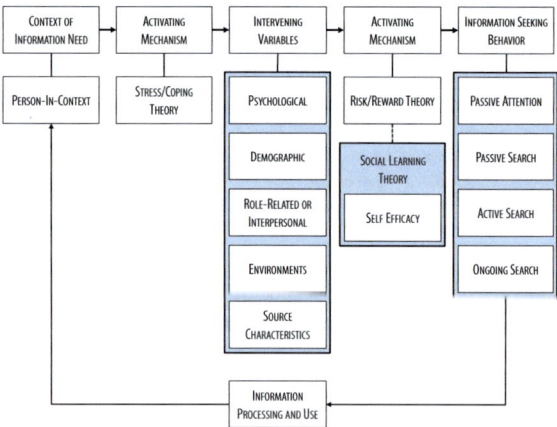

Abbildung 3.2: Modell der Informationssuche nach Wilson [Wil97]

Nach *Wilson* ist jede Informationssuche und jedes informationssuchende Subjekt in einen spezifischen Kontext eingebettet. Dies mag beispielsweise das Vorhaben eines Lehrenden sein, eine veranstaltungsbegleitende Lerneinheit zur Vertiefung einer bestimmten Thematik zu entwerfen. Der gleiche situative Kontext aber kann bei unterschiedlichen Akteuren unterschiedliche Reaktionsweisen hervorrufen. Verantwortlich hierfür sind individuell verschieden verlaufende Reiz-Reaktions-Mechanismen, wie sie von der Stress- und Coping-Theorie beschrieben werden. So kann für den einen Autor die Übernahme externer Ressourcen und die damit verbundene Recherchetätigkeit nicht in Frage kommen, weil z. B. die Wiederverwendung fremder Materialien aus Prinzip abgelehnt wird (vgl. Kapitel 2.3.2) oder für eine Neuproduktion ausreichend finanzielle Mittel zur Verfügung stehen.

Entscheidet sich der Autor nach bereits bestehenden Entwicklungen zu suchen, werden seine weiteren Bemühungen von verschiedenen personalen, sozialen aber auch technischen und umgebungsbedingten Variablen abhängen. Insbesondere die in der zuvor durchgeführten Analyse des pädagogischen Handlungsfeldes ermittelten Rahmenbedingungen – sei es die Ausgangslage der Lernenden aber auch des Lehrenden, die proklamierten Unterrichtsziele, die bevorzugten Vermittlungsvariablen oder auch die Erweisbarkeit des Lernerfolgs (vgl. Kapitel 2.3.5) – spielen hierbei eine entscheidende Rolle.

Dem Bereich der personalen Einflußfaktoren schenkt *Wilson* in seinem Prozessmodell besondere Aufmerksamkeit. Seiner Meinung nach werden Recherchetätigkeiten häufig durch ein gewisses Risiko- und Belohnungsdenken ausgelöst. Wer beispielsweise den Kauf eines Produktes beabsichtigt, wird bemüht sein, im Vorfeld bestimmte Risiken abzuklären. Hierzu gehört die Überlegung, ob das Produkt den Leistungsanforderungen genügt („funktionales" Risiko), ob es preislich akzeptabel und erschwinglich ist („finanzielles" Risiko), ob das Produkt z. B. als Statussymbol dient und andere beeindruckt (*soziales* Risiko) und nicht zuletzt, ob es die gewünschte emotionale Wirkung zeigt und ein Gefühl der (Kauf-)Zufriedenheit hinterlässt („psychisches" Risiko). Die gefühlte Unsicherheit, die Ungewissheit, welche Konsequenzen die Entscheidung haben wird, soll durch die Suche nach sachlichen und wertenden Informationen, nach Testurteilen oder Meinungen anderer kompensiert werden. Je stärker diese Unsicherheit erlebt wird, desto intensiver wird der Drang sein, zusätzliche Entscheidungshilfen aufzuspüren.

Übertragen auf ein Learning Object Retrieval könnte sich ein derartiges Risikokalkül z. B. bei einem Kursdesigner offenbaren, der in einem Learning-Object-Repository eine inhaltlich geeignete Ressource ermittelt hat, jedoch unsicher ist, ob dieses Objekt in dem vorgesehenen Anwendungskontext einsetzbar ist. Der Kursautor wird sich vergewissern wollen, ob die Ressource in anderen, vergleichbaren Szenarien die beabsichtigte Lernwirksamkeit gezeigt hat (funktionales Risiko), oder ob vielleicht andere Lehrende oder Studierende in Peer Reviews (vgl. Kapitel 2.1.3) bestimmte Mängel beklagt haben. Ist dem so, wird er vermutlich nach einem anderen Lernobjekt Ausschau halten oder unter Abwägung des finanziellen Risikos überlegen, die Ressource selbst nachzubessern oder gänzlich neu zu erstellen. Denn schließlich wird er es vermeiden wollen, dass andere seine Reputation als Lehrender in Frage stellen (soziales Risiko), die eine wichtige Einflußgröße auf seine berufliche Zufriedenheit darstellt (psychisches Risiko).

Auch die Theorie des „sozialen Lernens" nach *Albert Bandura* hat ihren Weg in
das Modell von *Wilson* gefunden, insbesondere das Konzept der „Selbstwirksamkeit" bzw. „Kompetenzerwartung". Als Selbstwirksamkeit wird dabei die Fähigkeit eines Individuums bezeichnet, mit Hilfe des vorhandenen Verhaltensreper-
toires im allgemeinen oder speziellen Fall wünschenswerte Ergebnisse (z. B. die
Lösung eines Problems oder die Bewältigung einer kritischen Situation) zu erzielen [Ban77a, Ban77b]. Ist die Kompetenzerwartung niedrig bzw. wird die eigene
Leistungsfähigkeit eher pessimistisch eingeschätzt, wird der Einzelne weniger
Anstrengung und Ausdauer bei der Lösung einer Aufgabe zeigen, als jemand
mit einem vergleichsweise hohen Selbstwertgefühl. *Wilson* betrachtet die subjektive Kompetenzerwartung als möglichen motivierenden Impuls für die Informationsrecherche. Der Informationssuchende ist bestrebt, durch die Aneignung
handlungsrelevanter Informationen seine Selbstwirksamkeit zu stärken. Darüber
hinaus nutzt *Wilson* das Konstrukt der Selbstwirksamkeit als Erklärung, warum
die Anfragen mancher Nutzer von vornherein zum Scheitern verurteilt sind, während andere zielstrebig ihren Weg finden.

Die Informationssuche selbst offenbart sich nach *Wilson* in vier verschiedenen Erscheinungsformen. Als „passive Kenntnisnahme" bezeichnet er eine eher
beiläufige Akquise von Informationen, die eigentlich nicht beabsichtigt war und
keiner bestimmten Zielsetzung des Rezipienten folgt. Beispiele hierfür sind das
Hören eines Radioprogramms oder das Verfolgen einer Fernsehsendung. Auch
das zufällige „Aufschnappen" eines Hinweises (z. B. im Rahmen eines Vortrags),
dass ein Kollege potentiell relevante, wiederverwendbare Lernobjekte zur freien
Nutzung anbietet, lässt sich dieser Kategorie von Such- bzw. Akquiseprozessen
zuordnen. Das zufällige Entdecken relevanter Informationen ist auch das Hauptcharakteristikum der „passiven Suche". Im Gegensatz zur erstgenannten Variante
resultiert das Auffinden unerwarteter, aber handlungsrelevanter Informationen
allerdings aus einer intensionalen Rechercheaktivität. Ein Lernender beispielsweise, der nach Lernobjekten zu einem bestimmten Prüfungsthema A sucht,
dabei aber Ressourcen zu einem anderen, aber ebenfalls studienrelevanten Thema B entdeckt, hat diese im Rahmen einer passiven Suche ermittelt. Der Begriff
der „aktiven Suche" bezeichnet hingegen die zielgerichtete Suche nach Informationen (z. B. mit Hilfe einer Suchmaschine), die nicht zu zufälligen, sondern
bewusst intendierten Ergebnissen führt. Sie entspricht dem Pull-basierten Anfragetypus, der in Kapitel 3.1.2 beschrieben wurde. Profilorientierte Anfragen
hingegen dienen einer „kontinuierlichen Suche", die ein langfristiges Informationsbedürfnis stillen möchte und auf eine in der Zukunft gelegene Verwertung
der akquirierten Informationen zielt[4].

Unabhängig von der jeweiligen Erscheinungsform einer Infomationssuche wird
der Anwender die (zufällig oder absichtlich) ermittelten Informationen im Rahmen des Prozessschrittes „Information Processing and Use" überprüfen und ihre Nützlichkeit eruieren. Führt die gefundene Information im Hinblick auf die
vorausgehende Problemstellung zu dem erwünschten Endzustand, kann die Recherche beendet werden. Wurde nur ein Teilziel erreicht oder verlief die Suche

---

[4]Gleichwohl kann man die Nutzung von Empfehlungssystemen aber auch der passiven Suche
zuordnen, da auch hier Entitäten gefunden werden, nach denen nicht aktiv gesucht wurde.

gänzlich erfolglos, muss diese wiederholt werden, allerdings mit neuen oder veränderten Suchparametern. In dem Modell von *Wilson* ist dies durch eine entsprechende Rückkopplungsschleife kenntlich gemacht.

Nachdem nun das theoretische Fundament der Informationssuche, ihren bedingenden Faktoren und inkludierten Handlungsmomenten gelegt ist, soll nun eine Konkretisierung der informatorischen Anforderungen an das Retrieval-Verfahren vorgenommen werden. Die Kernfrage des folgenden Abschnitts wird deshalb lauten, welche Informationen das Verfahren bereit stellen muss, damit die Zielgruppen ihre spezifischen Aufgaben erfolgreich erfüllen können. Hierzu greift die Darstellung auf eine Kategorisierung des Informationsbedarfs nach *Wies Weigts* et al. zurück [WWKT93]. Die Autoren unterscheiden drei Arten von Informationsbedürfnissen: (1) das Bedürfnis nach neuen Informationen, (2) das Bedürfnis, bestehende Informationen zu erhellen und (3) das Bedürfnis, bestehende Informationen zu bekräftigen. Diese Kategorisierung wird im Folgenden für die Systematisierung des Informationsbedarfs verwendet, wobei aus Gründen der Übersichtlichkeit die beiden letztgenannten Punkte zusammengefasst werden.

Das Bedürfnis nach neuen Informationen

Zunächst sollen die Informationsbedürfnisse jenes Adressatenkreises betrachtet werden, der kurz-, mittel- oder langfristig in die Erstellung eines multimedialen Lernangebots involviert ist. Kursautoren, seien es Hochschuldozenten oder Professionals der Multimediabranche, werden nach Abschluss der Analyse des pädagogischen Handlungsfeldes eine zumindest in Teilen sehr konkrete Vorstellung des zu entwickelnden Kurses haben. Sie kennen die spezifischen Ausgangsbedingungen der Zielgruppe und wissen in etwa, welche Vorkenntnisse diese aufgrund ihrer schulischen oder beruflichen Vorbildung besitzt. Die zu vermittelnden Inhalte, die damit verknüpften Lernziele sowie die intendierten Fähigkeiten und Fertigkeiten, in denen sich das erlernte Wissen erweisen und überprüfen lässt, sind ebenso festgelegt und werden später bei der Materialsammlung als Selektionskriterium dienen [Sch98]. Auch die didaktische Gestaltung wird in gewisser Weise vorgezeichnet sein, wenngleich in diesem Fall die Vorstellungen im Vergleich zu anderen Aspekten zunächst noch eher vage ausgeprägt sein werden. Vor diesem Hintergrund begibt sich der Kursdesigner auf die Suche nach vorhandenen Materialien. Hierbei ist er gehalten, sein Informationsbedürfnis auf einige wenige Schlagwörter zu reduzieren. Gegebenenfalls wird er als (zusätzlichen) Suchterm den Namen eines Autors oder einer Institution verwenden, deren Lernmaterialien einen guten Ruf haben bzw. dem Kursdesigner in früheren Zusammenhängen bereits begegnet sind. Die Suche selbst wird in einem oder mehreren Learning-Object-Repositorys stattfinden. Darüber hinaus wird er vermutlich auch auf lokal verfügbare Learning-Management-Systeme zurückgreifen. Je nachdem, ob sein Informationsbedürfnis akut oder längerfristig angelegt ist, wird er entweder eine Ad-Hoc-Suche oder aber ein profilbasiertes Filtering bevorzugen.

Das Informationsbedürfnis wird sich in der Regel auf das gesamte Spektrum möglicher Aggregationsstufen von Lehrmaterialien beziehen, zielt also sowohl auf komplette Kurse, als auch auf abgeschlossene didaktische Sinneinheiten bzw. Aktivitäten (vgl. Kapitel 2.4.1) bis hin zu einzelnen Ressourcen und darin eingebetteten Medienbausteinen wie Bilder, Videos, Animationen oder Simulationen. Dabei muss nicht notwendigerweise die Verwertung der gefundenen Materialien in Form einer Ent- bzw. Übernahme angestrebt werden. Eine Verwertung wird auch insofern stattfinden, als dass die Materialien als Ideengeber genutzt werden, und die dort aufgezeigten Gestaltungsmöglichkeiten in die Konzeption des eigenen Kurses einfließen. So kann der Kursdesigner Anregungen für eine didaktische Transformation des Inhalts und seine sachlogische Struktur suchen, die sowohl für die Gestaltung des Gesamtkurses, als auch für die Konzeption einzelner Aktivitäten nutzbar sind. Hierzu gehören beispielsweise Informationen, wie der Lernstoff sinnvoll gegliedert werden kann, an welchen Stellen zur Vermeidung einer Informationsüberflutung eine didaktische Reduzierung geboten ist oder welche Möglichkeiten bestehen, eine handlungsorientierte, auf Interaktion ausgerichtete Umgebung zu schaffen, die Raum zum Probieren und Experimentieren bereitstellt.

Bei der Erstellung eines Lernangebots kann es hilfreich sein, einer informellen Arbeitsgemeinschaft („Community of Practice") beizuwohnen, deren Mitglieder gleiche Interessen teilen oder ähnliche Aufgaben erfüllen [Hil04] und dem Kursdesigner diesbezüglich Anregungen und Empfehlungen geben können. Auch Informationen, die zur Bildung solcher Kooperationsformen erforderlich sind, können zum Informationsbedarf von Kursdesignern gezählt werden.

Gleiches gilt für den Adressatenkreis der Lernenden. Auch diese können ein Interesse daran haben, Nutzer mit ähnlichen Präferenzen, Studien- und Arbeitsschwerpunkten zu ermitteln, um sich mit diesen auszutauschen und in der Bearbeitung eines Lernangebots zu kooperieren. Hinsichtlich der Recherche von Lernmaterialien kann davon ausgegangen werden, dass auch für Lernende Materialien aller Granularitätsstufen von Belang sind. Die Intension der Recherche ist jedoch eine andere: sie wird primär der Kompensation einer subjektiv wahrgenommenen Unsicherheit dienen, die in einem spezifischen Kontext (z. B. Vorbereitung auf eine Prüfung, Erwerb eines Zertifikats etc.) auftritt und auf ein Defizit an deklarativem oder prozeduralem Wissen (vgl. [Ker99]) zurückzuführen ist. Da das Informationsbedürfnis sowohl aktuellen als auch zukünftigen Aufgabenstellungen gelten kann, müssen auch hier sowohl Ad-Hoc-Anfragen als auch profilbasierte Rechercheprozesse in Betracht gezogen werden. Das Sichten, Bewerten und Selektieren der gefundenen Materialien wird abhängig von der Kompetenz des Einzelnen, mediale Angebote an den eigenen Zielen und Bedürfnissen zu messen, anhand sehr verschiedener Kriterien erfolgen. Dabei spielt beispielsweise eine Rolle, inwieweit Umfang und Tiefe des Inhalts mit dem tatsächlichen Bedarf übereinstimmen, ob die inhaltliche Darstellungsweise das eigene Lernniveau trifft, ob die gewählte methodische Vermittlungsstrategie (z. B. aufgaben-, beispiel- oder handlungsorientiert, theoriegeleitet oder problembasiert[5]) der individuellen Präferenz entspricht, wie die mediale und ästhetische Aufbereitung auf den Lernenden wirkt oder ob die Möglichkeit geboten wird, das erlernte Wissen anhand von entsprechenden Tests zu überprüfen.

---

[5]vgl. hierzu [Swe05]

Das Bedürfnis, bestehende Informationen zu erhellen oder zu bekräftigen

Dieses Bedürfnis bildet sich insbesondere bei der tutoriellen Begleitung von Lernangeboten aus. Das Teletutoring nimmt eine vermittelnde Rolle zwischen Kurs bzw. Kursersteller und Lernenden ein. Es unterstützt den Einzelnen bei der selbstgesteuerten Aneignung von Wissen und versucht (reaktiv), durch fundierte fachliche und didaktische Maßnahmen, offenkundige Probleme des Lernenden bei der Wissenskonstruktion zu beheben. Darüber hinaus fördert die tutorielle Begleitung auch Gruppenaktivitäten, muss also neben den Bedürfnissen des Einzelnen auch solche der Gesamtgruppe berücksichtigen. Das Suchen und Bereitstellen zusätzlicher Lernmaterialien im gemeinsamen Arbeitsbereich eines Learning Management- oder Groupware Systems kann deshalb zweierlei Zielsetzungen verfolgen. Es dient zum einen dazu, bestehende Verständnisprobleme auf Seite der Lernenden zu klären. Zum anderen kann eine Materialsammlung aber auch dann erforderlich sein, wenn beispielsweise Übungseinheiten für Gruppen vorbereitet werden, in denen der Lehrstoff nochmals aus anderer Perspektive aufgegriffen oder einzelne Aspekte detaillierter thematisiert werden sollen. In beiden Fällen wird der Teletutor bestrebt sein, Lerneinheiten, Lernobjekte oder Medienbausteine ausfindig zu machen, die eine gewisse „Nähe" zu den eigenen Lernmaterialien besitzen. Das Konstrukt der Nähe umfasst hierbei zwei Bedeutungskomponenten: Nähe im Sinne von *Ähnlichkeit*, die sich in erster Linie auf die inhaltliche Gestaltung von Lernobjekten bezieht sowie Nähe als *strukturelle Verbundenheit*, bei der die recherchierten Ressourcen eine bestimmte sachlogische oder didaktische Relation (vgl. [Swe05]) zu den Ausgangsmaterialien aufweisen. Lernobjekte der ersten Art können als „Substitute" bezeichnet werden, da ihre Inhalte potenziell austauschbar sind. Lernobjekte der zweiten Art heißen „Komplemente", da sich die Lernobjekte je nach Art der Relation gegenseitig ergänzen.

Nach Substituten oder Komplementen Ausschau zu halten, kann sich auch im Zusammenhang mit der Erstellung eines Lernangebots als notwendig erweisen. Ein vorstellbares Szenario wäre beispielsweise, dass ein Kursdesigner über die ATH-Applikation oder ein konventionelles Retrieval-System ein oder mehrere Lernobjekte ausfindig macht, die sich potenziell für eine Rekontextualisierung eignen. Der Kursdesigner ist sich allerdings unschlüssig, wie er die Objekte in der geplanten Kursstruktur arrangieren soll. Zudem fehlen noch einige Teile zur Komplettierung des angestrebten Kursproduktes. Eine weitere, schlüsselwortbasierte Anfrage fördert zwar zusätzliche Ressourcen zu Tage, diese stehen jedoch zu den zuvor gefundenen Materialien in keinerlei sachlogisch oder didaktisch bedingter Relation. Der Kursdesigner benötigt also die Information, welche Objekte die bestehenden in hierarchischer, assoziativer oder didaktischer Hinsicht sinnvoll ergänzen.

Weiter wäre denkbar, dass der Kursdesigner bei der Sichtung und Bewertung der Materialsammlung auf einige syntaktische, terminologische oder gestalterische Unzulänglichkeiten stößt. So mag beispielsweise die mediale Darbietung, die verwendete Begrifflichkeit oder die mathematische Notationsform, die je nach Präferenz des Lehrenden sehr unterschiedlich ausfallen kann, Anlass zur Kritik geben, während die inhaltliche und didaktische Aufbereitung des Lehrstoffs als gelungen angesehen wird. Kleinere Unstimmigkeiten wird der Kursersteller in der Regel selbst korrigieren, sofern die Ressourcen ein Editieren erlauben[6]. Dabei kann es allerdings vorkommen, dass vor ihm bereits eine andere Lehrperson das Objekt entsprechend modifiziert hat. Um nicht unnötigerweise Aufwand in die Überarbeitung einer Ressource zu investieren, wäre es deshalb wünschenswert, würde der Retrieval-Dienst zusätzlich zu den gefundenen Lernmaterialien auch auf Varianten derselben hinweisen, die im Laufe der wiederholten Verwendung eines Objektes in unterschiedlichen Kontexten durch geringfügige Änderungen entstanden sind. Sollten dennoch Änderungen nötig sein, kann auch hier ein Retrieval-Dienst unterstützend wirken und z. B. Medienobjekte empfehlen, die in eine bestehende Ressource integrierbar sind, falls der Kursersteller einen stärkeren Interaktionsgrad wünscht oder bestimmte thematische Zusammenhänge durch Grafiken und bebilderte Darstellungen untermauern möchte. Weicht das Lernmaterial zu sehr von den eigenen Anforderungen ab, wird der Kursersteller die Ressource fallen lassen und nach Objekten suchen, die eher seinen Erwartungen entsprechen.

Neben Hilfen zur konkreten Gestaltung eines Lernobjektes, Empfehlungen zu dessen Einbettung in eine Kursstruktur oder Anregungen für das didaktische Design einzelner Ressourcen oder Aktivitäten, kann ein Retrieval-System auch dazu beitragen, die Sequenzierung der Lerneinheiten festzulegen, falls sichergestellt werden soll, dass der Lernende das Lernangebot in einer bestimmten Reihenfolge absolviert. In Kapitel 2.3 wurden bereits einige Sequenzierungsmöglichkeiten mit ihren zugrunde liegenden instruktionalen Modellen vorgestellt. Denkbar wäre beispielsweise, dass der Kursproduzent eine Lerneinheit auf Basis wiederverwendeter Lernobjekte erstellt hat und nun vor der Aufgabe steht, einen auf die Zielgruppe zugeschnittenen Lernpfad mit der lernwirksamsten Abfolge von Lernschritten zu konzipieren. Die Vorgabe eines Lernpfades kann dabei als Empfehlung z. B. in den Vorbemerkungen eines Kurses ausgedrückt werden, sie kann aber auch – wie Kapitel 2.4.3 gezeigt hat – mit Hilfe der Spezifikation „SCORM Sequencing and Navigation" technisch transformiert werden, so dass die Präsentation der Lerninhalte tatsächlich nur in der festgelegten Reihenfolge möglich ist. Und auch hier werden Kursersteller von einem Retrieval-Dienst profitieren, der in der Lage ist, praxiserprobte Sequenzierungen gleicher oder ähnlicher Lernaktivitäten zu ermitteln und diese als Vorschlag zu unterbreiten.

3.1.4 Anforderungen an ein Learning-Object-Retrieval-Verfahren

Die obenstehenden, ausgewählten Szenarien der Kurserstellung, -nutzung und -begleitung verdeutlichen, dass die Inanspruchnahme eines Retrieval-Systems auf sehr verschiedene Weise motiviert sein kann. Dennoch sind die Informationsbedürfnisse dieses heterogenen Adressatenkreises sehr ähnlich. So werden

---

[6]Die Möglichkeit, Lernobjekte zu editieren, ist – abgesehen von der technischen Kompetenz des Kursdesigners – abängig vom Format der jeweiligen Ressource bzw. den darin eingebetteten Medienobjekten. Während eine HTML-Datei in der Regel mit einem einfachen Texteditor verändert werden kann, werden zu Flash-basierten Objekten oder Java-Applets die Quelldateien benötigt, die nach erfolgter Modifikation neu in das Präsentationsformat kompiliert werden müssen.

sowohl Kursdesigner als auch Teletutoren oder Studierende daran interessiert sein, alternative oder ergänzende Lernmaterialien zu finden, auch wenn die Beweggründe hierfür divergieren. Bevor nun im Anschluss die Frage erörtert wird, auf welche Daten ein Retrieval-System zurückgreifen kann, sollen zunächst die wesentlichen Anforderungen an ein Retrival Verfahren, die unmittelbar aus den Bedürfnissen der Zielgruppen erwachsen, stichpunktartig zusammengefasst werden:

- Das Verfahren ermittelt zu den in einer Ad-Hoc-Anfrage formulierten Suchtermen diejenigen Ressourcen oder Kombinationen von solchen, die sehr wahrscheinlich für den Nutzer von Interesse sind. Die Schlüsselwörter können sich dabei sowohl auf den Inhalt, als auch auf den Autor oder andere Metainformationen beziehen. Es werden auch solche Anfragen beantwortet, die als Eingabeparameter den Identifikator eines gegebenen Lernobjekts, einer Aktivität oder eine Content Organization verwenden, um ähnliche Objekte oder Objektaggregationen zu finden, die als Substitute oder Komplemente nutzbar sind. Die Ergebnisliste zu einer Anfrage muss Verweise auf potentiell relevante Objekte enthalten, deren Titel ggf. zusammen mit einem kurzen Auszug der jeweiligen Ressource dargestellt wird. Sie ist eine geordnete Liste, deren Elemente entsprechend der für den Nutzer prognostizierten Relevanz gewichtet sind. Die gefundenen Ressourcen oder Lerneinheiten müssen also in Hinblick auf ihre Bedeutung für den Anwender bewertet werden.

- Längerfristig gültige Informationsbedürfnisse, die durch einen filterbasierten Informationsdienst gestillt werden sollen, müssen über nutzerspezifische Profile realisiert werden, die entweder durch Schlüsselbegriffe charakterisiert werden, oder aber in einem Portfolio von Lernobjekten zum Ausdruck kommen, die der Nutzer in Vergangenheit selektiert und genutzt hat. Das Retrieval-System muss in gewissen Zeitintervallen prüfen, ob ein neu hinzugekommenes Lernangebot die definierten Abfragekriterien erfüllt und bei Bedarf eine entsprechende Benachrichtigung an den Nutzer senden. Ein Ranking der ermittelten Ergebnisse ist bei Alert-Diensten eher unüblich. Die Relevanzbewertung wird hier in der Regel dem Nutzer überlassen.

- Eine Wiedergewinnung von Informationen muss auf allen Granularitätsstufen eines Lernangebots erfolgen. Sowohl Assets und Sharable Content Objects als auch Activities und Content Organizations – um in der SCORM Terminologie zu bleiben – bergen potentiell bedeutsame Informationen für die Zielgruppen. Der Anwender kann dabei selbst entscheiden, auf welcher Ebene er Informationen wünscht oder eine Liste mit Ergebnissen auf allen möglichen Aggregationsstufen erhalten.

- Soll die Nutzungshistorie eines Lernobjekts möglichst lückenlos rekonstruiert werden, muss es dem Verfahren gelingen, identische Ressourcen als solche zu erkennen. Für die Prüfung der Identität können eine Reihe von Objekteigenschaften betrachtet werden (vgl. Kapitel 3.3). In der Praxis kann sich die zur Verfügung stehende Datenbasis allerdings als trügerisch erweisen. Objekte mit z. B. unterschiedlicher ID müssen nicht notwendigerweise verschieden sein. Umgekehrt können zwei vollkommen unterschiedliche Ressourcen identische Objektattribute (z. B. gleicher Titel) aufweisen.

- Eine weitere Anforderung entspringt aus der oben geschilderten praktischen Erfahrung, dass wiederverwendbares Fremdmaterial nicht immer unverändert übernommen wird, sondern oftmals leichte Modifikationen erfährt. Diese Modifikationen bewirken meist keine Veränderung des ursprünglichen Einsatzpotentials der Ressource. Trotzdem kristallisieren sich im Laufe der Zeit verschiedene Versionen und Varianten eines originären Lernobjektes heraus, die eigene IDs erhalten und damit als eigenständige Ressourcen deklariert werden. Eine Analyse der Historie dieser Lernobjekte kann folglich nur den Nutzungszeitraum ab Erstellungs- bzw. Modifikationsdatum erfassen. Die gesamte Vorgeschichte sowie die Nutzungskontexte annähernd identischer Lernobjekte bleiben dabei allerdings außen vor. Weisen die modifizierten Lernobjekte aber einen geringen Wiederverwendungsgrad auf, kann das Analyseverfahren in diesem Fall keine wirklich nützlichen Ergebnisse finden. Hilfreich wäre hier die Zusammenfassung von Lernobjekten mit gemeinsamer Abstammung zu einer einheitlichen Gruppe. Auf diese Weise kann die Analyse der Nutzungshistorie eines Lernobjektes auf die gesamte Gruppe der existierenden Versionen ausgedehnt werden, wodurch aussagekräftigere Analyseergebnisse zu erwarten sind.

- Das Verfahren muss in der Lage sein, neben ähnlichen *Objekten* auch ähnliche *Nutzer* zu identifizieren. Dies kann entsprechend eines Collaborative-Filtering-Ansatzes durch einen Vergleich der Nutzerprofile erfolgen, welche die jeweils präferierten Lernobjekte der Anwender ausweisen. Lernobjekte ähnlicher Nutzer, die nicht im Profil des aktiven Nutzers enthalten sind, können möglicherweise für diesen von Bedeutung sein und sollten als Empfehlung vorgeschlagen werden. Diese Vorgehensweise stellt eine alternative Möglichkeit der Entdeckung potentiell relevanter Informationen dar, die ohne den (rechenintensiven) Vergleich verschiedener inhaltlicher und struktureller Merkmale von Ressourcen auskommt. Die Ermittlung ähnlicher Nutzer kann auch dazu dienen, Arbeitsgemeinschaften für die Erstellung oder Bearbeitung von Lernmaterialien zu bilden.

Eine weitere Forderung folgt aus Kapitel 2.1.3. Hier wurde darauf hingewiesen, dass trotz der Verfügbarkeit von Annotationswerkzeugen und semiautomatisierten Erstellungsverfahren die Metaauszeichnung von Lernmaterialien zumeist nur unvollständig und auf das Notwendigste beschränkt erfolgt. Ein Retrieval-Verfahren im E-Learning-Bereich darf also nicht ausschließlich auf die Verfügbarkeit von Metabeschreibungen bauen, sondern muss bestrebt sein, weitere Datenquellen zu erschließen. Einige Retrieval-Systeme indizieren zusätzlich den Inhalt der archivierten Lernangebote. Falls jedoch ein lesender Zugriff nicht möglich ist, weil die Ressourcen in einem externen, geschützten Bereich (*Deep-Web*-Problematik) liegen oder die Objekte aufgrund ihres Formats (z. B.

Bilder, Videos, Java-Applets) einer Indizierung nicht oder nur unter hohem Aufwand zugänglich sind, erweist sich auch diese Datenquelle als nicht ergiebig. Das ATH-Verfahren verwertet deswegen *additiv* zu den vorgenannten konventionellen Datenquellen die in IMS-Manifesten enthaltenen Aktivitätsbäume, die quasi als Nebenprodukt automatisch bei der Entwicklung eines SCORM-konformen Kurses anfallen und keinen zusätzlichen Erstellungsaufwand verursachen. Potentiell relevante Ressourcen sollen auf diese Weise auch dort identifizierbar sein, wo keine Metabeschreibungen vorliegen, oder eine Indizierung von Lerninhalten nicht möglich ist. Der folgende Abschnitt wird diese dritte Art von Datenquellen detailliert vorstellen.

3.2 Harvesting

Eine aus technischer Sicht zentrale Fragestellung lautet, auf welche Weise jene Eingangsdaten gewonnen werden, die ein Wiederauffinden von Lernobjekten und -arrangements algorithmisch überhaupt erst ermöglichen. So muss ein Weg gefunden werden, der es ermöglicht, IMS-Manifeste und die darin enthaltenen Aktivitätsbäume den „Wächtern" dieser verborgenen Datenschätze – vorwiegend Learning-Management-Systeme und Learning-Object-Repositorys – zu entlocken.

Ein mögliches Akquise-Szenario wurde bereits im vorhergehenden Abschnitt angesprochen: ein Autor hat einen Kurs entworfen und erzeugt ein SCORM-kompatibles Content Package. Er überträgt die Manifest-Datei des Kurspaketes an die ATH-Service-Applikation, um z. B. in Erfahrung zu bringen, welche anderen Strukturierungsmöglichkeiten des verwendeten Materials möglich sind. Diese Art der Übertragung eines Manifests an eine Service-Applikation kann aus Sicht des Daten-Providers auch als „Push"-Mechanismus bezeichnet werden. Der Daten-Provider transferiert von sich aus das XML-Dokument, ohne dass die Service-Applikation eine entsprechende Anfrage gestellt hat. Geht hingegen der Transfer vom Service-Provider aus, der aktiv auf den Manifest-Bestand des Datenproviders zugreift, um Teile davon in der eigenen Kollektion zu aggregieren, spricht man von einem „Pull"-Mechanismus. Im Folgenden wird insbesondere diese Variante der Datenakquise näher betrachtet.

Sucht man nach bestehenden Entwicklungen und Arbeiten zur Frage des Datenaustauschs zwischen E-Learning-Systemen, stößt man auf den Begriff der *Interoperabilität*. Er bezeichnet die Fähigkeit eines Systems, mit anderen Applikationen zusammenzuarbeiten und diesen Informationen und Dienste bereitzustellen bzw. von diesen in Anspruch zu nehmen. Interoperabilität ist die notwendige Voraussetzung, um Manifest-basierte Daten gewinnen und darauf aufbauende Dienste anbieten zu können. Einen Überblick über die derzeitigen Arbeiten im Bereich der Interoperabilität von E-Learning-Systemen gibt [HREW04]. Aus Sicht des ATH-Projektes sind dabei insbesondere die folgenden beiden Beiträge relevant:

IMS Digital Repositories Interoperability

Die Spezifikation „IMS Digital Repositories Interoperability" [IMS03b] beschreibt die Architektur eines interoperablen Gesamtsystems verschiedener E-Learning-Komponenten, die in der Lage sind zu interagieren und Daten auszutauschen. Hierzu werden drei Schichten („Provision Layer", „Presentation Layer" und „Mediation Layer"[7]) mit den zugehörigen Interaktionsprozessen („Search/Expose", „Gather/Expose", „Alert/Expose", „Submit/Store", „Request/Deliver") definiert. Auf diese drei Schichten greifen vier unterschiedliche Benutzerrollen zu, die als weitere Komponenten des Architekturmodells spezifiziert werden. Unterschieden werden „Creator Roles", „Learner Roles", „Infoseeker Roles" sowie „Software Agent Roles". Als Beispiel für die letztgenannte Rolle wird das sog. „Aggregator Repository" genannt. Dabei handelt es sich um ein System, das eine Mittlerfunktion zwischen multiplen Repositorys einnimmt. Es hat die Aufgabe, die auf mehrere Archive verstreuten Metadaten zu sammeln und in einem zentralen System bereitzustellen. Der Nutzer hat damit die Möglichkeit, eine Suchanfrage über einen Verbund von Repositorys zu stellen und auf einen breiten Datenbestand zuzugreifen. Auch die ATH-Service-Applikation agiert prinzipiell in der Rolle eines Software-Agenten, der als autonome Einheit auf verteilte Datenbestände zugreift, um bestimmte Informationen einzuholen und diese in einem singulären System zu aggregieren. Insofern kann auch dieses System als Aggregator Repository bezeichnet werden.

Die IMS-Spezifikation äußert sich auch zu der Frage, auf welchem technischen Wege das Aggregator-Repository Metadaten einholt. Vorgeschlagen wird die Nutzung des „Open Archives Initiative Protocol for Metadata Harvesting" (OAI-PMH), das im Folgenden kurz vorgestellt werden soll.

OAI Protocol for Metadata Harvesting

Das OAI-PMH geht zurück auf die Open Archive Initiative, die ihre Zielsetzung im Namen festgeschrieben hat. Sie wurde mit dem Anliegen gegründet, wissenschaftliche Publikationen in elektronischer Form weltweit auffindbar zu machen, um eine schnelle Verbreitung und Nutzbarkeit von Forschungsergebnissen zu gewährleisten. Dabei verhalten sich die technischen Entwicklungen, die im Rahmen dieser Initiative entstanden sind, grundsätzlich neutral gegenüber Art und Inhalt des Archivs, so dass nicht nur die wissenschaftliche Forschungsgemeinde von dieser Initiative profitieren kann, sondern auch andere Nutzergruppen,

---

[7]Der „Provision Layer" enthält als unterste Schicht die Repositorys, welche Lernobjekte und Metadaten verwalten. Die oberste Schicht – der „Presentation Layer" – beherbergt die sog. „Ressource Utilizer" bzw. „Access-Services", die auf die Lernobjekte der Provision Services zugreifen müssen. Beispiele hierfür sind Learning-Management-Systeme, Learning-Content-Management-Systeme, E-Learning-Portale, Digitale Bibliotheken oder Suchmaschinen. Die Dienste, die innerhalb des „Mediation Layers" angeboten werden, übernehmen eine Vermittlungsfunktion zwischen beiden Schichten. Sie ermöglichen z. B. die Übersetzung von Suchanfragen in Formate, die von den adressierten Repositorys verstanden werden („Translator"-Funktion), die Weiterleitung von Suchanfragen an die beteiligten Repositorys („Federator"-Funktion) oder die Sammlung von Metadaten über multiple Archive hinweg („Aggregator"-Funktion).

beispielsweise aus dem E-Learning-Bereich. Im „Mission Statement" der Open Archive Initiative heißt es dazu:

> „The Open Archives Initiative develops and promotes interoperability standards that aim to facilitate the efficient dissemination of content. The Open Archives Initiative has its roots in an effort to enhance access to e-print archives as a means of increasing the availability of scholarly communication [...] The fundamental technological framework and standards that are developing to support this work are, however, independent of the both the type of content offered and the economic mechanisms surrounding that content, and promise to have much broader relevance in opening up access to a range of digital materials." [Ope09]

Gegründet wurde die Initiative von den US-amerikanischen Institutionen Digital Library Federation, Coalition for Networked Information und der bereits erwähnten NSF. Rund ein Jahr nach dem Gründungstreffen wurde im Januar 2001 die erste offizielle Version eines Protokolls veröffentlicht, das den Austausch digitaler Dokumente forcieren und einzelne Archive an das neu entstandene OAI-Netzwerk anbinden sollte. Dieses Protokoll wurde fortan als OAI-PMH bezeichnet.

Am Anfang der Entwicklung dieses Protokolls stand die Überlegung, welches technische Verfahren gewählt werden sollte, um eine föderative Suche von wissenschaftlichen Publikationen über einen Verbund von Archiven zu ermöglichen. Diskutiert wurde insbesondere ein „Cross-Searching" basierend auf dem Protokoll Z39.50. Bei diesem Verfahren wird die Suchanfrage auf alle Knoten eines Archiv-Netzwerks verteilt. Maßgeblich für die Bearbeitungsdauer der Anfrage ist dabei die Anzahl und die Performanz der beteiligten Server. Je mehr Knoten in den Suchprozess involviert sind, desto schwerfälliger wird das Verfahren. Desweiteren steigt mit der Anzahl der Knoten auch die Wahrscheinlichkeit, dass träge Server in Erscheinung treten, die das Cross Searching verlangsamen [Ope03]. Aus diesen Gründen hat sich die Open Archives Initiative gegen ein Cross Searching entschieden und stattdessen mit dem OAI-PMH einen Mechanismus bereit gestellt, der die verteilten Metadaten sammelt und in einer eigenen Datenbank bündelt, so dass Suchanfragen auf einen Netzwerkknoten reduziert werden.

Die Open Archives Initiative unterscheidet zwei Arten von Rollen, die mittels des OAI-PMH miteinander kommunizieren: „Daten-Provider" haben die Aufgabe, die Ressourcen mit den zugehörigen Metadaten in einem Archiv bzw. Repository zu speichern und zu verwalten. Service-Provider dagegen greifen über die OAI-Schnittstelle der Daten-Provider auf deren Metadatenbestand zu und speichern diese sog. „Records" in einem Repository – ein Vorgang, der in der Literatur auch als „Metadata Harvesting" bezeichnet wird. Auf Basis der aggregierten Metainformation können dann spezielle Dienste bereitgestellt werden. Denkbar ist beispielsweise ein Benachrichtigungsdienst, der Nutzer über neu hinzugekommene Ressourcen (wie z. B. wissenschaftliche Artikel) informiert, die in ein bestimmtes, vom Nutzer präferiertes Wissensgebiet fallen.

Eine Anfrage des Service-Providers wird mittels der HTTP-Methoden GET und POST an den Daten-Provider übermittelt. Dabei werden folgende sechs Anfragetypen unterschieden:

- `Identify` fordert ein Archiv auf, sich zu identifizieren. Rückgabewerte sind beispielsweise der Name des Archivs, die E-Mail-Adresse des Administrators, die unterstützte OAI-PMH Protokollversion etc.

- `ListMetadataFormats` liefert eine Liste der verfügbaren Metadatenformate (wie z. B. Dublin Core, LOM etc.) an den Service-Provider zurück.

- `ListSets` legt die Set-Struktur eines Repositorys offen. Sets definieren Gruppen von Metadaten, die selektiv eingeholt werden können. Die Festlegung der Gruppenmerkmale bleibt dabei dem Daten-Provider überlassen.

- `ListRecords` fordert die verfügbaren Metadatensätze eines Repositorys an. Das Metadaten-Harvesting kann anhand bestimmter Parameter auf einige spezielle Records beschränkt werden.

- `ListIdentifiers` hat eine ähnliche Funktion wie `ListRecords`; zurück geliefert werden jedoch nur die Identifier der jeweiligen Metadateneinträge.

- `GetRecord` ermöglicht die Einholung eines individuellen Metadatensatzes, der durch die Parameter `identifier` und metadataPrefix adressiert wird. *Abb.* 3.3 zeigt ein Beispiel einer `GetRecord`-Anfrage mit der zugehörigen Antwort des Daten-Providers.

Die Antwort des Daten-Providers auf die Anfrage des Service-Providers wird ebenfalls per HTTP übermittelt, nutzt allerdings mit XML eine weitere offene und standardisierte Internettechnologie. Eine „Response" besteht im Wesentlichen aus fünf Sektionen (siehe *Abb.* 3.3). Zunächst erfolgt die XML-Deklaration unter Angabe der XML-Version und des verwendeten Kodierungsschemas. Danach erscheint das Wurzelelement `<OAI-PMH>` mit den drei Attributen `xmlns`, `xmlns:xsi` und `xsi:schemaLocation`, die den verwendeten Namensraum und das zugehörige XML-Schema spezifizieren. Schließlich folgen die Kindelemente `<responseDate>` (Datum und Uhrzeit der gesendeten Informationen) und `<request>` (Wiederholung des Anfrage-Strings). Danach wird innerhalb eines je nach Anfragetyp variablen Elements das eigentliche Anfrageergebnis zurückgeliefert[8]. Der Anfragetyp `GetRecord` liefert beispielsweise innerhalb des Kindelements `<GetRecord>` die betreffenden Metadaten an den Service-Provider zurück.

Das OAI-PMH hat weltweit große Resonanz erfahren. Bereits wenige Monate nach der offiziellen Veröffentlichung der derzeit aktuellen Version 2.0 (Stand Februar 2009) waren mehr als 100 internationale Daten-Provider registriert, die diese Version des Protokolls unterstützen [Ope09].

Die grundlegende Zielsetzung des OAI-PMH ist derjenigen des Activity Tree Harvestings sehr ähnlich: es geht darum, ein Kooperationsschema zwischen Daten- und Service-Provider zu etablieren, das die Aggregation verstreuter, auf multiple Archive verteilte XML-basierte Daten in einem zentralen Repository ermöglicht. Entsprechend wird sich ein Protokoll zur Gewinnung von IMS-Manifesten

---

[8]falls ein Fehler auftritt, wird dieses Element durch das Element `<error>` ersetzt, das dann die Fehlermeldung kapselt.

REQUEST

http://www.biomedcentral.com/oai/2.0/?verb=GetRecord&
metadataPrefix=oai_dc&identifier=oai%3Abiomedcentral.com%3Abcr619

RESPONSE

```
<?xml version="1.0" encoding="UTF-8" ?>
- <OAI-PMH xsi:schemaLocation="http://www.openarchives.org/OAI/2.0/ http://www.openarchives.org/OAI/2.0/OAI-PMH.xsd">
    <responseDate>2009-05-26T11:18:31Z</responseDate>
    <request identifier="oai:biomedcentral.com:bcr619" metadataPrefix="oai_dc" verb="GetRecord">http://www.biomedcentral.com/oai/2.0/</request>
  - <GetRecord>
    - <record>
      - <header>
          <identifier>oai:biomedcentral.com:bcr619</identifier>
          <datestamp>2003-07-01</datestamp>
          <setSpec>all</setSpec>
          <setSpec>articletype:research</setSpec>
          <setSpec>journalgroup:norbmc</setSpec>
          <setSpec>journal:3003</setSpec>
          <setSpec>journal_oa:3003</setSpec>
        </header>
      - <metadata>
        - <oai_dc:dc xsi:schemaLocation="http://www.openarchives.org/OAI/2.0/oai_dc/ http://www.openarchives.org/OAI/2.0/oai_dc.xsd">
          - <dc:title>
              BRCA2 mutation carriers, reproductive factors and breast cancer risk
            </dc:title>
            <dc:creator>Tryggvadottir, Laufey</dc:creator>
            <dc:creator>Olafsdottir, Elinborg J</dc:creator>
            <dc:creator>Gudmugsdottir, Sigfridur</dc:creator>
            <dc:creator>Thorlacius, Steinunn</dc:creator>
            <dc:creator>Jonasson, Jon G</dc:creator>
            <dc:creator>Tulinius, Hrafn</dc:creator>
            <dc:creator>Eyfjord, Jorunn E</dc:creator>
            <dc:subject>BRCA2, breast cancer, cohort study, risk factors</dc:subject>
          + <dc:description></dc:description>
            <dc:publisher>BioMed Central Ltd.</dc:publisher>
            <dc:date>2003-06-24</dc:date>
            <dc:type>Research article</dc:type>
            <dc:identifier>http://breast-cancer-research.com/content/5/5/R121</dc:identifier>
            <dc:language>en</dc:language>
          + <dc:rights></dc:rights>
          </oai_dc:dc>
        </metadata>
      + <about></about>
      </record>
    </GetRecord>
  </OAI-PMH>
```

Abbildung 3.3: *Exemplarische Anfrage an einen Daten-Provider nach dem OAI-PMH. Angefragt wird eine einzelne Metadatenbeschreibung (verb=GetRecord), die einen bestimmten Identifier trägt und im Dublin-Core-Format verfasst wurde (metadataPrefix=oai_dc). Die Teile einer Anfrage werden über das &-Zeichen zusammengesetzt. Der untere Teil der Abbildung zeigt einen Auszug der zugehörigen XML-Antwort des Daten-Providers.*

nur geringfügig vom OAI-PMH unterscheiden. Funktional werden – mit Ausnahme des Anfragetyps `ListMetadataFormats` – die gleichen Befehlssätze benötigt, die das OAI-PMH für Anfragen eines Service-Providers bereit stellt. Allerdings muss durch eine Spezifizierung des Befehlsnamens (z. B. `ListManifestSets`, `ListManifestRecords`, `ListManifestIdentifiers`, `GetManifestRecord`) kenntlich gemacht werden, dass nicht Metadaten, sondern IMS-Manifest-Instanzen angefragt werden. Die Beantwortung einer solchen Anfrage ist aus technischer Sicht verhältnismäßig einfach: Der Webserver des Daten-Providers liest beispielsweise mit Hilfe eines CGI-Scripts die `GET`- und `POST`-Parameter der HTTP-Anfrage aus und sendet das oder die in einem Dateisystem oder einer Datenbank gespeicherten Manifeste im XML-Format als HTTP-Response an den Client bzw. Service-Provider zurück. Dieser validiert über einen Parser das XML-Dokument und überführt es in eine Datenbank.

Webservices

Eine alternative Möglichkeit der Gewinnung von IMS-Manifesten eröffnet die *Webservice*-Technologie. Webservices sind Softwareanwendungen, die auf einem Webserver Methoden mit definierten Parametern und Rückgabewerten bereitstellen. Andere, entfernte Applikationen können auf diese Methoden über das sog. „Simple Object Access Protocol" (SOAP) zugreifen. Hierbei wird der Methodenaufruf in eine XML-Datenstruktur verpackt und als HTTP-Request an den Webservice übermittelt. Dieser ruft die Methoden mit den in der SOAP-Nachricht enthaltenen Parametern auf, führt die Routine aus, überführt die Rückgabewerte ebenfalls in eine XML-Struktur und transferiert schließlich das Ergebnis als HTTP-Response an den Client. Welche Methoden, Parameter und Datentypen ein Webservice dabei nutzt, wird mit Hilfe der „Webservice Description Language" (WSDL) beschrieben und dem Client bekannt gegeben. In Kapitel 4.1 wird im Zusammenhang mit der technischen Implementierung des ATH-Verfahrens detaillierter auf diese XML-basierte Technologie eingegangen.

Viele Learning-Management-Systeme, sowohl im kommerziellen als auch nicht-kommerziellen Bereich, stellen heute Webservices mit spezifischen Funktionalitäten bereit. So bietet beispielsweise das Open-Source-System ILIAS („Integriertes Lern-, Informations- und Arbeitskooperationssystem") über eine Webservice-Schnittstelle die Möglichkeit, nach Lernobjekten im ILIAS-Archiv zu suchen, ohne die Weboberfläche des Systems bemühen zu müssen. Gelingt es Anbieter solcher Plattformen davon zu überzeugen, Webservices zu offerieren, die einen entfernten Zugriff auf Manifest-Daten erlauben, können auf einfache Weise nach dem Pull-Prinzip IMS-Manifeste eingeholt und aggregiert werden. Allerdings wird ein potentieller Daten-Provider den Mehraufwand für die Implementierung und Bereitstellung eines derartigen Services nur dann in Kauf nehmen, wenn als Gegenleistung ein Dienst in Anspruch genommen werden kann, der einen deutlichen Mehrwert für das System bzw. die agierenden Nutzer darstellt. Im Falle des erwähnten Learning-Management-Systems ILIAS ist diese Überzeugungsarbeit gelungen. Hier wurde ein Webservice entwickelt, der Manifest-Daten auf Anfrage ausliefert. Dieser Dienst wurde im November 2007 in das Release 3.9.0 aufgenommen. Die unterstützten Methoden, Eingangs- und Rückgabewerte haben exemplarischen Charakter – sie dienen anderen Daten-Providern als Vorlage für einen ähnlichen Service. In Kapitel 4.1 wird der von ILIAS angebotene Webservice detaillierter vorgestellt werden.

3.3 Exposition der Datenbasis

Lernressourcen, die nach dem SCORM-Standard erstellt und in Form eines Content Packages veröffentlicht werden, weisen bestimmte Charakteristika auf. Einige dieser spezifischen Eigenschaften können direkt aus der zugehörigen Manifest-Datei ausgelesen werden. Andere müssen den Ressourcen selbst entnommen werden, wobei die Lokalisierung dieser (externen) Datenquellen über die Pfadangabe im Manifest erfolgt. Objekteigenschaften, die innerhalb eines Manifests deklariert werden, werden im weiteren Verlauf dieses Abschnitts als „immanente" Attribute bezeichnet. Merkmale hingegen, die sich außerhalb dieser XML-Datei erschließen, werden der Gruppe der „transzendenten" Objekteigenschaften zugeordnet. Der folgende Abschnitt führt zunächst in die Manifest-spezifischen Konventionen aber auch Restriktionen der XML-Deklaration von Ressourcen ein. Anschließend werden die immanenten und transzendenten Merkmale SCORM-konformer Lernobjekte detailliert vorgestellt und anhand ihrer zugehörigen Datenrepräsentation illustriert. Eine Bewertung dieser Merkmale im Hinblick auf ihre Relevanz für ein Retrieval-Verfahren wird in Kapitel 3.4 vorgenommen.

3.3.1 Lernressourcen im Kontext des SCORM-Standards

Wenn im Folgenden von Lernressourcen gesprochen wird, bezieht sich dies auf die beiden Elemente der untersten Stufe des Aggregationsmodells von SCORM: *Assets* und *SCOs*. Beide Objektkategorien bezeichnen, wie bereits in Kapitel 2.4.1 erläutert wurde, die elektronische Repräsentation eines Lernbausteins. Ein solcher Baustein kann ein einzelnes Medienobjekt sein, er kann aber auch mehrere andere Objekte aggregieren. Assets und SCOs unterscheiden sich nur in einem Merkmal: im Gegensatz zu Assets sind SCOs in der Lage, über die SCORM-Laufzeitumgebung mit einem Learning-Management-System Daten auszutauschen, die beispielsweise für die Sequenzierung der Lernschritte bedeutsam sind.

Beide Arten von Lernobjekten werden innerhalb eines Manifests über das XML-Element `<resource>` deklariert. Die Unterscheidung zwischen Asset und SCO erfolgt mit Hilfe des Attributs `adlcp:scormType`, das erwartungsgemäß die Werte `asset` und `sco` annehmen kann. Jede Ressource ist mit einer oder mehreren (physischen) Dateien verknüpft, die seriell als Kindelement `<file>` angeordnet und über das Attribut `href` aufgerufen werden. Eine Datei kann prinzipiell jedes Format aufweisen, das ein Webbrowser interpretieren kann. Gängige Formate sind beispielsweise (X)HTML für die Strukturierung und Auszeichnung von Texten, SWF für interaktive, Flash-basierte Medienobjekte oder GIF für statische oder animierte Grafiken. Greift die Ressource auf JavaScript-Methoden zurück, die in eine separate Datei ausgelagert wurden, muss auch diese entsprechend als `<file>` gekennzeichnet und dem Content Package hinzugefügt werden. Die XML-Elemente und Attribute, die zur Auszeichnung von Ressourcen zur Verfügung stehen, sind in *Abb.* 3.4 (Nr. 1.6 - 1.7) aufgeführt.

Eine Beschränkung des Umfangs einer Ressource ist in dem Aggregationsmodell von SCORM nicht vorgesehen. Es bleibt also dem Autor überlassen, wie stark er den Lernstoff modularisiert und auf einzelne Ressourcen verteilt. Theoretisch ist es möglich, einen kompletten Kurs auf eine einzige Ressource abzubilden, auch wenn diese Vorgehensweise eine Wiederverwendung der Lernmaterialien eher erschwert als fördert.

Die Einbindung eines Assets oder SCOs in ein Lernarrangement erfolgt innerhalb einer `<organization>` über das `<item>`-Element (*Abb.* 3.4, Nr. 1.5.2.5 - 1.5.2.6). In didaktischer Hinsicht repräsentiert jedes „Item" eine instruktional geschlossene (Lern-)Aktivität, die entweder aus einer beliebigen Zahl von Ressourcen zusammengesetzt ist oder aber aus weiteren Subaktivitäten besteht, die wiederum andere Items enthalten oder Ressourcen referenzieren können. Graphentheoretisch gesehen entspricht jedes Item einem Knoten des gerichteten

1	<manifest>	V	1.5.2.5.9	<adlcp:dataFromLMS>	O
1.1	identifier	V	1.5.2.5.10	<adlcp:completionThreshold>	O
1.2	version	O	1.5.2.5.11	<imsss:sequencing>	O
1.3	xml:base	O	1.5.2.5.12	<adlnav:presentation>	O
1.4	<metadata>	V	1.5.2.6	<metadata>	O
1.4.1	<schema>	V	1.5.2.6.1	{Metadata}	O
1.4.2	<schemaversion>	V	1.5.2.7	<imsss:sequencing>	O
1.4.3	{Metadata}	O	1.6	<resources>	V
1.5	<organizations>	V	1.6.1	xml:base	O
1.5.1	default	V	1.6.2	<resource>	O
1.5.2	<organization>	V	1.6.2.1	identifier	V
1.5.2.1	identifier	V	1.6.2.2	type	V
1.5.2.2	structure	O	1.6.2.3	href	O
1.5.2.3	adlseq:objectivesGlobalToSystem	O	1.6.2.4	adlcp:scormType	V
1.5.2.4	<title>	V	1.6.2.5	xml:base	O
1.5.2.5	<item>	V	1.6.2.6	<metadata>	O
1.5.2.5.1	identifier	V	1.6.2.6.1	{Metadata}	O
1.5.2.5.2	identifierref	O	1.6.2.7	<file>	O
1.5.2.5.3	<title>	V	1.6.2.7.1	href	V
1.5.2.5.4	isvisible	O	1.6.2.7.2	<metadata>	O
1.5.2.5.5	parameters	O	1.6.2.7.2.	{Metadata}	O
1.5.2.5.6	<item>	O	1.6.2.8	<dependency>	O
1.5.2.5.7	<metadata>	O	1.6.2.8.1	identifierref	V
1.5.2.5.7.	{Metadata}	O	1.7	<manifest>	O
1.5.2.5.8	<adlcp:timeLimitAction>	O	1.8	<imsss:sequencingCollection>	O

Abbildung 3.4: *Datenelemente eines IMS-Manifests (nach [Adv06b]). Verpflichtende XML-Elemente oder Attribute sind mit einem V, optionale mit einem O gekennzeichnet.*

Baums, der die (hierarchische) Struktur eines Lernarrangements verkörpert und durch die Verschachtelung von Items entsteht.

Die Verknüpfung zwischen Items und Ressourcen wird mittels eines „Identifiers" (ID) hergestellt (vgl. *Lst.* 3.1). Der Identifier wird dabei über das gleich lautende Attribut innerhalb eines <resource>-Elements deklariert, während auf Item-Seite der Querverweis über das Attribut idref vorgenommen wird. Das gleiche Attribut dient aber auch dazu, Submanifeste zu referenzieren (vgl. *Abb.* 2.26)[9]. Die Angabe einer ID für jede Ressource ist, genauso wie die Spezifizierung des Objekttyps (Asset oder SCO) obligatorisch.

Ein SCO oder Asset, das mit einer Aktivität verknüpft ist, besitzt auf <item>-Ebene neben den bereits erwähnten identifier- und identifierref-Attributen die beiden Merkmale isvisible und parameters. Isvisible sorgt dafür, dass eine Ressource bzw. Aktivität in der vom ausführenden System generierten Kursübersicht angezeigt wird oder verborgen bleibt. Über das letztgenannte Attribut können einer Ressource bei dessen Initialisierung statische Parameter übergeben werden. Als Erweiterung der IMS Content Packaging-Spezifikation stellt SCORM speziell für SCOs einige zusätzliche (Kind-)Elemente zur Verfügung:

---

[9]wenngleich SCORM die Verwendung von Submanifesten gegenwärtig nicht empfiehlt, da das IMS Global Consortium derzeit an einer neuen Content-Packaging-Spezifikation arbeitet, und in diesem Zusammenhang auch Änderungen z. B. hinsichtlich der XML-Repräsentation von Submanifesten zu erwarten sind.

- `<timeLimitAction>`: legt fest, wie das System auf eine Überschreitung der festgelegten Bearbeitungszeit reagieren soll. Mögliche (selbstredende) Werte sind „`exit, message`", „`exit, no message`", „`continue, message`" sowie „`continue, no message`".

- `<dataFromLMS>`: kann eine Zeichenkette (wie z. B. eine URL) enthalten, die beim Starten eines SCOs abgerufen wird, dem Lernenden jedoch verborgen bleibt. Dadurch kann beispielsweise verhindert werden, dass der Lernende über den Quelltext eines SCOs den Namen der Datei herausfindet, die für die Testauswertung verantwortlich ist und entsprechend die Aufgabenlösungen enthält.

- `<completionThreshold>`: dient der Angabe eines Schwellenwertes, ab dem die Bearbeitung eines SCOs als abgeschlossen gilt.

- `<hideLMSUI>`: hiermit kann die Anzeige bestimmter Navigationselemente (z. B. Vor- oder Zurück-Button), die das ausführende System für die Navigation zwischen SCOs bereitstellt, unterbunden werden[10].

```
1  <item identifier="activity_1">
2    <title>Aktivität 1</title>
3    <item identifier="activity_1.1" isvisible = "true"
4      identifierref="res_1.1">
5      <title>Aktivität 1.1</title>
6    </item>
7  </item>
8  <resources>
9    <resource identifier="res_1.1" adlcp:scormType="sco"
10     type="webcontent" href="activity1_1.htm">
11     <file href="activity1_1.htm"/>
12     <file href="figure_1_1.gif"/>
13   </resource>
14  <resources>
```

Listing 3.1: *Referenzierung einer Ressource (`<resource>`) über das `identifieref`-Attribut von* `<item>`.

Bezüglich der Verknüpfung von Items und Ressourcen ist eine wichtige Restriktion des Content Aggregation Models zu beachten. *Ausschließlich Aktivitäten, die keine Subaktivitäten enthalten, dürfen (und müssen) Ressourcen referenzieren.* Oder anders ausgedrückt: Items, die nicht als Blätter des planaren Aktivitätsbaums fungieren, dienen lediglich der Strukturierung eines Lernarrangements und besitzen selbst keinen Inhalt. Diese Eigenheit des Aggregationsmodells darf nicht übersehen werden, wenn es später um die Entwicklung eines Retrieval-Dienstes geht, der schwerpunktmäßig auf SCORM-spezifischen Daten aufsetzt. *Abb.* 3.5 verdeutlicht abschließend die Beziehung zwischen den verschiedenen Komponenten des Aggregationsmodells von SCORM.

---

[10]Dieses Element ist kein direktes Kindelement von `<item>`, sondern wird innerhalb des Elternelements `<navigationInterface>` – dem eigentlichen Kindelement von `<presentation>` – verwendet. Auch Assets dürfen dieses Element verwenden.)

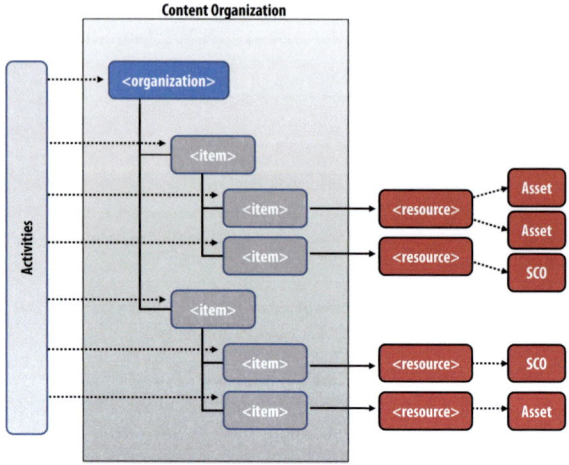

Content Organization

Abbildung 3.5: *Schematische Darstellung einer Content Organization. Alle Knoten einer Content Organization (inklusive Wurzelknoten) werden als Aktivitäten bezeichnet. Ressourcen können nur mit den Blattknoten assoziiert werden (nach [Adv06b]).*

3.3.2 Immanente Objekteigenschaften

Im Folgenden werden jene Eigenschaften von Ressourcen zusammengetragen, deren konkrete Ausprägung direkt aus dem entsprechenden IMS Manifest entnehmbar ist. Die Darstellung erfolgt zunächst wertneutral. Eine Beurteilung der Relevanz für ein Retrieval-System findet im Anschluss an die Zusammenschau transzendenter Merkmale statt.

ID: Um eine Ressource mit einer Aktivität verknüpfen und in eine Content Organization einbinden zu können, muss diese – wie oben bereits erwähnt wurde – eine ID, also eine innerhalb eines Manifests eindeutige Bezeichnung erhalten. Das Attribut identifier ist dabei vom Datentyp xs:id. Dadurch kann prinzipiell jeder XML-Prozessor validieren, ob die ID Angabe lexikalisch korrekt (und z. B. keine Leerzeichen enthält) und innerhalb des Dokuments eindeutig ist.

Titel: Jede Ressource, jede Aktivität und auch jede Content Organization muss durch einen Titel ausgewiesen werden. Dieser darf maximal 200 Zeichen umfassen und wird innerhalb des Elements <title> formuliert. Abhängig vom jeweiligen Zielobjekt ist das <title>-Tag entweder Kindelement von <organization> oder von <item>.

Metadaten: Für alle Komponenten des Content Models und auch für das Manifest in seiner Gesamtheit können Metadaten definiert werden. Entsprechend findet man das `<metadata>`-Element als Kindelement von `<manifest>`, `<organization>`, `<item>`, `<resource>` und `<file>`. Die in Kapitel 2.1.3 aufgeführten neun Kategorien des LOM-Standards, dessen Nutzung SCORM für die Metadatenauszeichnung empfiehlt, werden innerhalb des Elements `<lom>` des übergeordneten `<metadata>`-Bereichs durch die Kindelemente `<general>`, `<lifeCycle>`, `<metaMetadata>`, `<technical>`, `<educational>`, `<rights>`, `<relation>`, `<annotation>` und `<classification>` repräsentiert (vgl. *Abb.* 3.6). Insgesamt stehen (inklusive des Wurzelelements `<lom>`) 80 Deskriptoren für die Beschreibung eines Manifests und der darin enthaltenen Content Organizations, Aktivitäten, Ressourcen und auch Files zur Verfügung.

Metabeschreibungen müssen nicht notwendigerweise innerhalb eines Manifests erfolgen. Sie können bei Bedarf auch in eine separate Datei, die dem Content Package beizufügen ist, ausgelagert werden. Die Referenzierung innerhalb der Manifest-Datei erfolgt mittels des Elements `<adlcp:location>` innerhalb des Elternelements `<metadata>`. Der angegebene Pfad wird relativ zum Wurzelverzeichnis des Content Packages interpretiert. Ebenso wenig, wie die Learning Object Metadata Workgroup als Urheber von LOM die Verwendung bestimmter Deskriptoren für verpflichtend erklärt, schreibt auch SCORM nicht vor, welche Attribute obligatorisch anzugeben sind. Es bleibt also dem Ersteller eines Content Packages selbst überlassen, auf welcher Ebene und in welchem Umfang er eine Metabeschreibung vornimmt.

Physische Repräsentation: In Kapitel 3.3.1 wurde bereits darauf hingewiesen, dass jede Ressource physisch aus einer oder mehreren Dateien besteht, die innerhalb eines `<resource>`-Elements als `<file>` aufgelistet werden. Ist eine Ressource aus mehreren getrennten Dateien zusammengesetzt, wird beim Aufrufen einer Ressource diejenige Datei als Startpunkt gewählt, die über das `<resource>`-Attribut href referenziert wird. Alle anderen Dateien werden nur erreicht, wenn diese mit dem Startobjekt direkt oder indirekt (über andere Dateien, auf die das Startobjekt verweist) verknüpft sind. Die *interne* Navigation innerhalb einer Ressource muss also der Kurssteller selbst durch eine geeignete Verknüpfung der involvierten Dateien umsetzen. Die *externe* Navigation bzw. die Verknüpfung der einzelnen Ressourcen wird hingegen von dem ausführenden System sichergestellt, das hierzu die Angaben zur Kursstrukturierung in der Sektion `<organization>` ausliest.

Nachbarschaft: Als Teil eines Content Packages ist eine Ressource von weiteren Objekten umgeben, die in ihrer Gesamtheit das Kursangebot darstellen. Die Umgebung eines Lernobjekts wird im Folgenden als „Nachbarschaft" bezeichnet[11]. Eine Ressource steht zu den Knoten seiner Nachbarschaft in einer bestimmten Beziehung. *Abb.* 3.7 zeigt die wichtigsten Beziehungsarten, wie sie teilweise auch nach DIN 1463-1 bzw. dem internationa-

---

[11] wobei der Begriff der Nachbarschaft hier nicht im graphentheoretischen Sinne auf jene Knoten beschränkt ist, die mit der Ausgangsressource über eine Kante verbunden sind, sondern sich auf alle Ressourcen des gesamten Kurses bezieht.

1	<lom>	1.4.4	<requirement>	1.6.3¹	<description>
1.1	<general>	1.4.4.1	<orComposite>	1.7	<relation>
1.1.1²	<identifier>	1.4.4.1.1³	<type>	1.7.1³	<kind>
1.1.2¹	<title>	1.4.4.1.2³	<name>	1.7.2	<resource>
1.1.3	<language>	1.4.4.1.3	<minimumVersion>	1.7.2.1²	<identifier>
1.1.4¹	<description>	1.4.4.1.4	<maximumVersion>	1.7.2.2¹	<description>
1.1.5¹	<keyword>	1.4.5¹	<installationRemarks>	1.8	<annotation>
1.1.6¹	<coverage>	1.4.6¹	<otherPlatformRequirements>	1.8.1	<entity>
1.1.7³	<structure>	1.4.7	<duration>	1.8.2	<date> siehe 1.2.3.3
1.1.8³	<aggregationLevel>	1.4.7.1	<duration>	1.8.3¹	<description>
1.2	<lifeCyde>	1.4.7.2¹	<description>	1.9	<classification>
1.2.1¹	<version>	1.5	<educational>	1.9.1¹	<purpose>
1.2.2¹	<status>	1.5.1¹	<interactivityType>	1.9.2	<taxonPath>
1.2.3	<contribute>	1.5.2¹	<learningResourceType>	1.9.2.1¹	<source>
1.2.3.1¹	<role>	1.5.3³	<interactivityLevel>	1.9.2.2	<taxon>
1.2.3.2	<entity>	1.5.4³	<semanticDensity>	1.9.2.2.1	<id>
1.2.3.3	<date>	1.5.5³	<intendedEndUserRole>	1.9.2.2.2¹	<entry>
1.2.3.3.1	<dateTime>	1.5.6³	<context>	1.9.3¹	<description>
1.2.3.3.2¹	<description>	1.5.7¹	<typicalAgeRange>	1.9.4¹	<keyword>
1.3	<metaMetadata>	1.5.8³	<difficulty>		
1.3.1¹²	<identifier>	1.5.9	<typicalLearningTime>	(¹).1	<string>
1.3.2	<contribute> (siehe 1.2.3)	1.5.9.1	<duration>	(²).1	<catalog>
1.3.3	<metadataSchema>	1.5.9.2¹	<description>	(²).2	<entry>
1.3.4	<language	1.5.10¹	<description>		
1.4	<technical>	1.5.11	<language>	(³).1	<source>
1.4.1	<format>	1.6	<rights>	(³).2	<value>
1.4.2	<size>	1.6.1³	<cost>		
1.4.3	<location>	1.6.2³	<copyrightAndOtherRestrictions>		

Abbildung 3.6: *XML-Repräsentation des LOM-Standards, wie sie in SCORM vorgestellt wird. Einige Elemente verwenden gemeinsame Kindelemente, die aus Gründen einer besseren Übersichtlichkeit zusammengefasst und am Ende der Tabelle aufgeführt werden. Alle Elemente sind optional, Attribute sind nicht vorhanden.*

len Äquivalent ISO 2788 zur Modellierung von Thesauri-Netzen genutzt werden (vgl. [Swe05]). Unterschieden werden „Hierachierelationen", die eine Über- bzw. Unterordnung von Themen bzw. Ressourcen ermöglichen, „Assoziationsrelationen", die nebengeordnete Objekte ohne konkrete Verwandtschaftsbeziehung charakterisieren sowie „didaktische" Relationen, die beispielsweise bestimmte Lernvoraussetzungen berücksichtigen. Auch die paarweise Beziehung zwischen den Aktivitäten einer Content Organization kann anhand dieser drei Relationstypen spezifiziert werden:

1. Didaktische Relationen kommen insbesondere in der Sequenzierung eines Lernangebots zum Ausdruck, die später noch ausführlich thematisiert werden wird.

2. Hierarchische Relationen entstehen durch rekursive Verschachtelung von Aktivitäten bzw. <item>-Elementen, wie sie *Lst.* 3.2 illustriert. In der Regel wird ein Lernobjekt eingebettet sein in eine vorgegebene baumartige Gesamtstruktur. Die Anzahl der Vorfahrenknoten ist dabei größer gleich 1, wobei per Definition eine Ressource keine andere Ressource als Vorfahren haben kann.

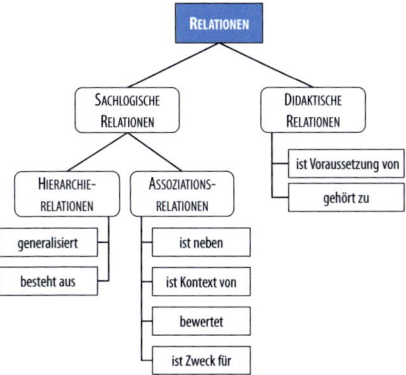

Abbildung 3.7: *Arten von Relationen zwischen Lernobjekten nach [Swe05].*

3. Assoziative Relationen gelten für benachbarte Lernobjekte mit gemeinsamer Elternaktivität. *Abb.* 3.8 zeigt als Beispiel einen Aktivitätsbaum, dessen Aktivität 1.1 zwei Geschwisterknoten aufweist. Aktivität 1.2 ist selbst wieder eine Ressource, Aktivität 1.3 hingegen repräsentiert ein Cluster, dass die Subaktivitäten 1.3.1 und 1.3.2 kapselt. Beide Kindaktivitäten verweisen wiederum auf Ressourcen. Die XML-Repräsentation dieses Baumes ist in *Lst.* 3.2 aufgeführt.

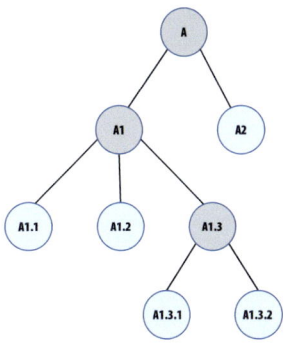

Abbildung 3.8: *Beispiel eines Aktivitätsbaums mit zugehöriger XML-Repräsentation.*

```
1 <organization identifier="org_1">
2  <title>A</title>
3  <item identifier="A1">
4   <title>A1</title>
```

```
 5   <item identifier="A1.1" identifierref="res_1.1">
 6     <title >A1.1</title >
 7   </item>
 8   <item identifier="A1.2" identifierref="res_1.2">
 9     <title >A1.2</title >
10   </item>
11   <item identifier="A1.3">
12     <title >A1.3</title >
13     <item identifier="A1.3.1"
14     identifierref="res_1.3.1">
15       <title >A1.3.1</title >
16     </item>
17     <item identifier="A1.3.2"
18     identifierref="res_1.3.2">
19       <title >A1.3.2</title >
20     </item>
21   </item>
22   </item>
23   <item identifier="A2" identifierref="res_2">
24     <title >A2</title >
25   </item>
26 </organization >
```

Listing 3.2: *XML-Repräsentation des Aktivitätsbaums aus Abb. 3.8.*

Sequenzierung: Die Freiheitsgrade, die einem Lernenden bei der Navigation durch einen Kurs bzw. Aktivitätsbaum gewährt werden können, bewegen sich zwischen zwei Extremen: Wurden keine Sequenzierungsregeln expliziert, wird ein linearer Lernpfad generiert, der sich an der Reihenfolge der <item>-Elemente in der Content Organization orientiert. Der Lernende kann diesen Pfad jedoch jederzeit verlassen und Lerneinheiten in beliebiger Reihenfolge wählen. Der freien, selbstgesteuerten Navigation steht als Gegenpol die gebundene, fremdgesteuerte Navigation gegenüber, die einer vorgegebenen Sequenz von Lernschritten folgt, die nicht durchbrochen werden kann. Erste Versuche, solche Lernarrangements technisch zu realisieren, finden sich bereits in den 20-er Jahren des letzten Jahrhunderts (vgl. Kapitel 2.3.1). Damals wie heute soll die Festlegung einer mehr oder weniger starren Abfolge von Lerneinheiten sicherstellen, dass der Lernende die intendierten Lernziele tatsächlich erreicht, ohne sich in der mitunter komplexen Struktur eines Lernangebots zu verirren. Dieser Gefahr sind insbesondere Lernende ausgesetzt, die nur in geringem Maße in der Lage sind, das eigene Lernen zu kontrollieren und zu steuern.

SCORM ermöglicht die Sequenzierung von Lerneinheiten mit beliebigen Freiheitsgraden für den Lernenden. Es erlaubt eine dynamische Sequenzierung von Lernschritten abhängig von Interaktions- und Leistungsdaten, die mit Hilfe der Run-Time Environment erfasst und über Sequenzierungsregeln ausgewertet werden (vgl. Kapitel 2.4). So kann beispielsweise abhängig vom Erreichen einer bestimmten Punktzahl in einem Test mit der nächsten Lerneinheit begonnen werden oder aber die Wiederholung einer bereits absolvierten Einheit veranlasst werden. Eine Sequenzierung ist dabei ausschließlich auf Ebene der Aktivitäten möglich. Sequenzierungsbezogene Informationen werden innerhalb des XML-Elements <sequencing> kodiert (vgl. *Abb. 3.9*). Dieses Element tritt entweder als Kind von <organization>, <item> oder <sequencingCollection> auf. Das letztgenannte Element wird außerhalb einer Content Organization genutzt, um Redundanz zu vermeiden und Sequenzierungsinformationen zu bündeln, die mehrmals innerhalb eines Aktivitätsbaums Anwendung finden. Der Aufruf innerhalb einer Aktivität erfolgt in diesem Fall durch das <sequencing>-Attribut IDRef, welches auf die ID der innerhalb einer Collection befindlichen Sequenzierungsregel verweist.

1	<sequencing>	O	1.7.3.1.4.1	conditionCombination	O
1.1	ID	O	1.7.3.1.4.1.1	<rollupCondition>	V
1.2	IDRef	O	1.7.3.1.4.1.1.1	operator	O
1.3	<controlMode>	O	1.7.3.1.4.1.1.2	condition	O
1.3.1	choice	O	1.7.3.1.5	<rollupAction>	V
1.3.2	choiceExit	O	1.7.3.1.5.1	action	V
1.3.3	flow	O	1.8	<objectives>	O
1.3.4	forwardOnly	O	1.8.1	<primaryObjective>	V
1.3.5	useCurrentAttemptObjectiveInfo	O	1.8.1.1	satisfiedByMeasure	O
1.3.6	useCurrentAttemptProgressInfo	O	1.8.1.2	objectiveID	O
1.4	<sequencingRules>	O	1.8.1.3	<minNormalizedMeasure>	O
1.4.1	<preConditionRule>	O	1.8.1.4	<mapInfo>	O
1.4.1.1	<ruleConditions>	V	1.8.1.4.1	targetObjectiveID	V
1.4.1.1.1	conditionCombination	O	1.8.1.4.2	readSatisfiedStatus	O
1.4.1.1.2	<ruleCondition>	V	1.8.1.4.3	readNormalizedMeasure	O
1.4.1.1.2.1	referencedObjective	O	1.8.1.4.4	writeSatisfiedStatus	O
1.4.1.1.2.2	measureThreshold	O	1.8.1.4.5	writeNormalizedMeasure	O
1.4.1.1.2.3	operator	O	1.8.2	<objective>	O
1.4.1.1.2.4	condition	O	1.8.2.1	satisfiedByMeasure	O
1.4.1.2	<ruleAction>	V	1.8.2.2	objectiveID	O
1.4.1.2.1	action	O	1.8.2.3	<minNormalizedMeasure>	O
1.4.2	<exitConditionRule>	O	1.8.2.4	<mapInfo> (siehe 1.8.1.4)	O
1.4.2.1	<ruleConditions> (siehe 1.4.1.1)	V	1.9	<randomizationControls>	O
1.4.2.2	<ruleAction> (siehe 1.4.1.2)	V	1.9.1	randomizationTiming	O
1.4.3	<postConditionRule>	O	1.9.2	selectCount	O
1.4.3.1	<ruleConditions> (siehe 1.4.1.1)	V	1.9.3	reorderChildren	O
1.4.3.2	<ruleAction> (siehe 1.4.1.2)	V	1.9.4	selectionTiming	O
1.5	<limitConditions>	O	1.10	<deliveryControls>	O
1.5.1	attemptLimit	O	1.10.1	tracked	O
1.5.2	attemptAbsoluteDurationLimit	O	1.10.2	completionSetByContent	O
1.6	<auxiliaryResources>	O	1.10.3	objectiveSetByContent	O
1.7	<rollupRules>	O	1.11	<adlseq:constrainedChoiceConsiderations>	O
1.7.1	rollupObjectiveSatisfied	O	1.11.1	preventActivation	O
1.7.2	rollupProgressCompletion	O	1.11.2	constrainChoice	O
1.7.3	objectiveMeasureWeight	O	1.12	<adlseq:rollupConsiderations>	O
1.7.3.1	<rollupRule>	O	1.12.1	requiredForSatisfied	O
1.7.3.1.1	childActivitySet	O	1.12.2	requiredForNotSatisfied	O
1.7.3.1.2	minimumCount	O	1.12.3	requiredForCompleted	O
1.7.3.1.3	minimumPercent	O	1.12.4	requiredForIncomplete	O
1.7.3.1.4	<rollupConditions>	V	1.12.5	measureSatisfactionIfActive	O

Abbildung 3.9: *Datenelemente des Sequencing Definition Models. Verpflichtende XML-Elemente und Attribute sind mit V, optionale mit O gekennzeichnet (es versteht sich, dass ein Element oder Attribut nur dann verpflichtend ist, wenn das Elternelement genutzt wird.*

Für die Spezifizierung einer Sequenzierungsregel stehen insgesamt zehn (Kind-)Elemente zur Verfügung:

- `<controlMode>`: legt fest, wie auf Navigationsanfragen in einem Cluster reagiert werden soll. Es definiert die Grenzen, innerhalb derer der Lernende freien Zugriff auf die Kinder einer Elternaktivität hat. Beispielsweise wird mittels der Attributangaben `choice="false"` und `forwardOnly="true"` verhindert, dass der Lernende einzelne Ressourcen eines Clusters überspringen oder auf vorhergehende Ressourcen der Elternaktivität zugreifen kann. Diese Einstellung bietet sich insbesondere für ein Cluster an, bei der ein Test zu absolvieren ist und die Testfragen und -aufgaben auf einzelne Ressourcen verteilt sind (siehe *Lst.* 3.3).

- `<sequencingRules>`: Innerhalb dieses Container-Elements können Aktivitäten ein oder mehrere Ablaufsteuerungsregeln zugeordnet werden. Jede Regel besteht dabei grundsätzlich aus mindestens einem Bedingungsteil (`<ruleCondition>`) und einem Aktionsteil (`<ruleAction>`). Wird beispielsweise eine Aktion nach erfolgreicher Bearbeitung auf `disabled` gesetzt, kann diese im weiteren Verlauf des Lernprozesses nicht nochmals ausgewählt werden. Aber auch die Ein- und Ausblendung einer Aktivität im Navigationsmenü oder das Überspringen derselben zur Laufzeit des Kurses wird durch Sequenzierungsregeln erreicht. Ausschlaggebend für die Überprüfung einer Bedingung sind die Tracking-Daten, die ein SCO über die Laufzeitumgebung mit einem Learning-Management-System austauscht. Bedingungen werden vor Beginn eines neuen Lernversuchs bzw. „Attempts" (vgl. Kapitel 2.4.2) oder nach dessen Abschluss überprüft. Eine Evaluation kann aber auch dann erfolgen, wenn eine untergeordnete Aktivität beendet wurde. Entsprechend unterscheidet das Sequencing Definition Model – abhängig vom jeweiligen Evaluationszeitpunkt – drei Arten von Regeln, die durch die Elemente `<preConditionRule>`, `<postConditionRule>` und `<exitConditionRule>` repräsentiert werden. *Lst.* 3.3 zeigt einen Ausschnitt aus einer beispielhaften Content Organization, bei der eine Aktivität mit einer PreCondition-Regel verknüpft ist. Diese veranlasst, dass zu Beginn des Lernversuchs überprüft wird, ob die Aktivität bereits erfolgreich bearbeitet wurde (`condition="completed"`). Falls ja, wird sie übersprungen (`action="skip"`).

```
1  <item identifier="TEST">
2    <title>Lernkontrolle</title>
3    <item identifier="Frage1" isvisible="false"
4    identifierref="RESOURCE_Frage1">
5      <title>Frage 1</title>
6    </item>
7    <item identifier="Frage2" isvisible="false"
8    identifierref="RESOURCE_Frage2">
9      <title>Frage 2</title>
10   </item>
11   <imsss:sequencing>
```

```
12  <imsss:controlMode choice="false"
13  forwardOnly="true"/>
14  <imsss:sequencingRules>
15    <imsss:preConditionRule>
16      <imsss:ruleConditions>
17        <imsss:ruleCondition condition="completed"/>
18      </imsss:ruleConditions>
19      <imsss:ruleAction action="skip"/>
20    </imsss:preConditionRule>
21  </imsss:sequencingRules>
22  </imsss:sequencing>
23  </item>
```

Listing 3.3: *Beispiel eines SCOs mit einer Testaufgabe, deren Ergebnis an den Run-Time-Service übertragen wird.*

- `<limitConditions>`: dient der Beschränkung des Zugriffs auf eine Aktivität abhängig von der zeitlichen Dauer eines Versuchs (`attempt-AbsoluteDurationLimit`) oder der Versuchsanzahl (`attemptLimit`).

- `<randomizationControls>`: ermöglicht über das Attribut `reorderChildren` die Generierung einer zufälligen Abfolge der Kindaktivitäten eines Clusters. Diese kann zu einem bestimmten Zeitpunkt (`randomization-Timing`) angestoßen werden. Darüber hinaus ist über `selectCount` die Anzahl der zu bearbeitenden Aktivitäten spezifizierbar. Desweiteren kann festgelegt werden, ob und zu welchem Zeitpunkt eine Kindaktivität selektierbar ist (`selectionTiming`).

- `<deliveryControls>`: regelt die Erfassung von Tracking-Informationen durch das Learning-Management-System über die Attribute `tracked`, `completionSetByContent` und `objectiveSetByContent`. Dabei kann verhindert werden, dass das ausführende System die Interaktionen eines Lernenden mit einer Aktivität protokolliert oder bestimmte Werte eigenständig setzt.

- `<adlseq:constrainedChoiceConsiderations>`: schränkt die Selektionsfreiheit eines Lernenden ein, die durch den `<controlMode>`-Attributwert `choice="true"` eröffnet wurde. Die Beschränkung ist nur innerhalb derjenigen Aktivität gültig, in der sie definiert wurde. Dabei kann festgelegt werden, dass Kindaktivitäten erst dann beginnen dürfen, wenn die Elternaktivität aktiv ist (`preventActivation="true"`). Desweiteren kann der Zugriff auf jene Aktivitäten reduziert werden, die unmittelbar vor oder nach der aktuell bearbeiteten Aktivität liegen (`constrainChoice="true"`).

- `<rollupRules>`: legen fest, wie der Lernerfolg einer Clusteraktivität aus den Bearbeitungsergebnissen der einzelnen Subaktivitäten hergeleitet werden kann. Die Lernergebnisse bzw. Tracking-Informationen werden hierbei gewissermaßen von unten nach oben durchgereicht – ein Prozess, der als „Rollup" bezeichnet wird. Ähnlich wie eine Sequenzierungsregel (`<sequencingRule>`) besteht auch jede `<rollupRule>`

aus mindestens einer Bedingung (`<rollupCondition>`) und einer Aktion (`<rollupAction>`).

- `<rollupConsiderations>`: Innerhalb dieses Elements wird erläutert, in welchen Fällen eine (Sub-)Aktivität in den Rollup-Prozess einbezogen wird. Auf diese Weise kann verhindert werden, dass unvollständig bearbeitete oder übersprungene Aktivitäten in die Ermittlung des Gesamt-Lernergebnisses einer Clusteraktivität einfließen.

- `<auxiliaryResources>`: Die Spezifikation IMS Simple Sequencing Behavior and Information Model sieht die Möglichkeit vor, jeder Aktivität ein oder mehrere Ressourcen beizulegen, welche die regulären Lerninhalte vertiefen oder ergänzen. SCORM hingegen warnt zum gegenwärtigen Zeitpunkt vor der Verwendung dieses Elements, da noch nicht abschließend geklärt werden konnte, wie Ergänzungsressourcen in das Content Model integriert werden können. Entsprechend finden sich in SCORM keine weiteren Angaben zu diesem Element.

- `<objectives>`: Dieses Container-Element subsumiert Lernziele. Jede Aktivität muss mindestens ein Lernziel (`<objective>`) aufweisen. Dasjenige Lernziel, das in einen Rollup-Prozess einfließt, wird als `<primaryObjective>` gekennzeichnet. Zu unterscheiden sind *lokale* und *globale* Lernziele. Beide werden innerhalb einer Aktivität definiert. Während jedoch die Gültigkeit eines lokalen Lernziels auf die jeweilige Elternaktivität beschränkt bleibt, kann ein globales Lernziel von allen anderen Aktivitäten aus über dessen ID referenziert werden. Das Sequencing Definition Model reduziert Lernziele auf einen schlichten Dezimalwert (`<minNormalizedMeasure>`), der zwischen -1,0 und 1,0 liegen muss. Kursdesigner sind also gehalten, bereits bei der Konzeption eines SCOs zu überlegen, wie sich die intendierten Lernziele operationalisieren lassen, so dass der Lernzuwachs numerisch ausgedrückt werden kann. Die Wirksamkeit einer Lerneinheit wird mit Hilfe der Run-Time Environment z. B. in Form eines abschließenden Tests bewertet. Ist das erzielte Ergebnis gleich oder größer als der vorgegebene Mindestwert, gilt ein Lernziel als erreicht.

3.3.3 Transzendente Objekteigenschaften

Ein Retrieval-Service, der auf das Wiederauffinden SCORM-konformer Lernobjekte spezialisiert ist, muss sein Potential nicht alleine aus der Quelle des Manifests schöpfen. Als Datenbasis stehen ihm auch die Ressourcen selbst zur Verfügung – vorausgesetzt, der Dienst kann über die Pfadangabe im Manifest auf SCOs und Assets zugreifen und diese indizieren. Insgesamt vier Arten transzendenter Informationen sind zu unterscheiden:

API Methoden: SCOs und Learning-Management-Systeme können einander so verstehen, dass sie Daten austauschen und richtig zuordnen können[12].

---

[12]Die Motivation als auch die technische Grundlage dieser Kommunikation wurden bereits in Kapitel 2.4.2 skizziert.

SCORM spezifiziert hierzu eine API, die eine Reihe von Methoden für die Initiierung und Terminierung von „Communication Sessions", den gemeinsamen Datenaustausch und das Übermitteln von Fehlermeldungen bereit stellt. Dabei spielt es keine Rolle, welche Programmiersprache der Run-Time-Service bzw. das Learning-Management-System zur Implementierung dieser Methoden einsetzt. Festgelegt wird lediglich, dass das SCO auf diese Methoden über die Skriptsprache JavaScript zugreift. Insgesamt acht Methoden werden offeriert:

- `Initialize()`: lässt eine Communication Session beginnen und liefert die Werte `true` oder `false` zurück, falls die Session erfolgreich initiiert wurde oder nicht zustande kam. Die Ursache einer fehlerhaften Initiierung kann mit `GetLastError()` ermittelt werden.

- `Terminate()`: beendet eine Communication Session, wenn keine weitere Kommunikation mit dem Learning-Management-System erforderlich ist. Ähnlich wie `Initialize()` liefert auch dieser Methodenaufruf boolsche Werte zurück.

- `GetValue(Datenelement)`: Hiermit können insbesondere Werte von einzelnen Elementen des Datenmodells abgefragt werden. Dazu gehört z. B. der Name des Lernenden (`cmi.learner_name`), sein bisheriger zeitlicher Lernaufwand (`cmi.total_time`) oder der Bearbeitungsstand (`cmi.completion_status`) des SCOs.

- `SetValue(Datenelement, Wert)`: setzt den Wert eines Elements des Datenmodells. Auch hier werden je nach Erfolg des Methodenaufrufs die Werte `true` und `false` zurückgeliefert.

- `Commit()`: sendet die im Cache zwischengespeicherten Daten an das Learning-Management-System. Die Methode wird automatisch bei der Beendigung eines SCOs durch `Terminate()` aufgerufen.

- `GetLastError()`: Liefert den Fehlercode des zuletzt aufgetretenen Fehlers zurück.

- `GetErrorString(Fehlercode)`: fordert eine textuelle Beschreibung eines Fehlercodes an.

- `GetDiagnostic(Datenelement)`: ermöglicht das Einholen Lernplattformspezifischer Angaben zur weiteren Fehlerdiagnose.

Die Verwendung dieser Methoden soll abschließend anhand von zwei Beispielen verdeutlicht werden. *Lst.* 3.4 zeigt den Quelltext eines SCOs, das zu Beginn seines Aufrufs den Namen des Lernenden anfordert und diesen für eine persönliche Begrüßung nutzt. Im zweiten Beispiel (*Lst.* 3.5) muss der Lernende eine Frage beantworten. Abhängig vom Testergebnis veranlasst das SCO die Übermittlung bestimmter Daten an den Run-Time-Service.

```
1 <html>
2 <head>
3 <script type="text/javascript">
4 var API;
5 var nameLernender;
```

```
 6  function sagHallo(){
 7    //sucht und liefert die API zurück
 8    API = getAPI();
 9    //initialisiert SCO
10    API.Initialize("");
11    nameLernender = API.GetValue("cmi.learner_name");
12
13    //Erzeuge Willkommensgruß
14    var willkommenDiv =
15    document.getElementById("willkommen");
16    willkommenDiv.innerHTML =
17    "Willkommen " + nameLernender + "!";
18  }
19  </script>
20  <title>Herzlich Willkommen</title>
21  </head>
22  <body onload="sagHallo();">
23  <div id="willkommen"></div>
24
25  </body>
26  </html>
```

Listing 3.4: *Beispielhafte Nutzung der Datentransfer-Methode GetValue(), um den Namen des Lernenden auszulesen.*

```
 1  <html>
 2  <head>
 3  <script type="text/javascript">
 4  var API;
 5  function initialisiereSCO(){
 6    //sucht und liefert die API zurück
 7    API = getAPI();
 8    //initialisiert SCO
 9    API.Initialize("");
10  }
11
12  function bewerteErgebnis(str){
13    if (str == "Advanced Distributed Learning"){
14      API.SetValue("cmi.score.raw", "100");
15      API.SetValue("cmi.score.scaled", "1");
16      API.SetValue("cmi.success_status", "passed");
17      API.SetValue("cmi.completion_status", "completed");
18      alert("Richtig!");
19    } else {
20      API.SetValue("cmi.score.raw", "0");
21      API.SetValue("cmi.score.scaled", "0");
22      API.SetValue("cmi.success_status", "failed");
23      API.SetValue("cmi.completion_status", "completed");
24      alert("Leider falsch!");
25    }
26  }
27  </script>
28  <title>Übungstest</title>
29  </head>
```

138

```
30 <body onload-"initialisiereSCO();">
31 <form name="uebungsfrage">
32     Wofür steht die Abkürzung ADL?
33 <input type="text" name="antwort"><br/>
34
35 <input
36   type="button"
37   name="submit"
38   onclick =
39   "bewerteErgebnis(document.uebungsfrage.antwort.value);"
40   value="Submit">
41
42 </form>
43 <input type="button" onclick="API.Terminate('');"
44 value="Exit">
45 </body>
46 </html>
```

Listing 3.5: *Beispiel eines SCOs mit einer Testaufgabe, deren Ergebnis an den Run-Time-Service übertragen wird.*

Metadaten: Metadaten zu Lernressourcen sind nicht nur innerhalb eines IMS-Manifests deklarierbar, sondern können auch direkt in das jeweilige Objekt eingebunden werden, sofern die Ressource im HTML-Format bereitgestellt wird. Bis zur Version 3.2 gab der HTML-Standard eine Reihe von Metaelementen vor, mit denen Anweisungen und Informationen für Suchmaschinen, Web-Server oder Web-Browser umgesetzt werden konnten. Seit der Version 4.0, die 1998 verabschiedet wurde, wird nur noch der grundsätzliche Aufbau eines Deskriptors geregelt. Prinzipiell können also alle bekannten Standards für die Metaauszeichnung herangezogen werden. Vorgeschrieben ist lediglich, dass ein Beschreibungsmerkmal innerhalb eines `<meta>`-Elements kodiert und durch die zwei Attribute `name` bzw. `http-equiv` sowie `content` präzisiert werden muss. Das erstgenannte Attribut benennt die Eigenschaft, das zweite deren Ausprägung. *Lst.* 3.6 illustriert an einem Beispiel die Verwendung des `<meta>`-Tags. Hier wird eine HTML-Seite nach Dublin Core ausgezeichnet. Dazu wird zunächst im `<head>`-Element das entsprechende Metadaten-Profil mitgeteilt, an dem sich die Metabeschreibung orientiert. Über die Referenz in den beiden `<link>`-Elementen wird auf die Namensräume für Dublin Core verwiesen, die durch die Präfix `DC` bzw. `DCTERMS` angesprochen werden. Danach folgt die eigentliche Aufzählung der Metaeigenschaften, die nach dem zuvor genannten Schema erfolgen muss. Wie dem Quelltext zu entnehmen ist, werden Metainformationen im Kopfbereich einer HTML-Datei erfasst. Eine Auslagerung in eine separate Datei, wie sie für SCORM-Metadaten möglich ist, wird nicht unterstützt.

```
1 <!DOCTYPE html PUBLIC "-//W3C//DTD HTML 3.2//EN">
2 <html>
3 <head profile="http://dublincore.org/documents/dcq-html/">
4 <link rel="schema.DC"
5   href="http://purl.org/dc/elements/1.1/">
```

```
6  <link  rel="schema.DCTERMS"
7     href="http://purl.org/dc/terms/">
8  <meta name="DC.title" content="Muskelkontraktion">
9  <meta name="DC.creator" content="Andre Wiesner">
10 <meta name="DC.subject" content="Muskelphysiologie">
11 <meta name="DC.description"
12    content="Funktionsweise der Muskulatur">
13
14 <title>Muskelkontraktion</title>
15 </head>
```

Listing 3.6: *Metaauszeichnung einer HTML-Seite mit Hilfe des Dublin Core-Profils.*

Inhalt: Abstrakt betrachtet dient jedes SCO oder Asset in erster Linie dazu, Lernstoff zu transportieren oder Mittel bereit zu stellen, die sich mit diesem auseinandersetzen. Eine Ressource hat also immer einen Inhalt, und dieser kann in unterschiedlicher Weise kodiert werden. Überwiegend – zumindest entsteht dieser Eindruck, wenn man in den einschlägigen Repositorys stöbert – wird der Lernstoff in textueller Form bereit gestellt. Aber auch Bilder, Grafiken, Animationen, Videos oder Audioclips dienen seiner Vermittlung. Sehr häufig wird ein Medienmix bevorzugt in der Hoffnung, das (gleichzeitige) Aktivieren verschiedener Wahrnehmungskanäle würde die Informationsaufnahme erhöhen, was jedoch nicht notwendigerweise der Fall sein muss [May01].

Unabhängig von der gewählten Kodierungsform kann ein Medienobjekt in unterschiedlichen Formaten präsentiert und in einem vom Browser interpretierbaren Dokumenttyp eingebettet werden. In der Regel werden Lernressourcen als HTML-Dokumente veröffentlicht, aber auch PDF und Microsoft-Office-Formate finden Anwendung. *Lst.* 3.7 zeigt den Quelltext eines HTML-basierten Lernobjekts, das einen Textabschnitt und eine Grafik im GIF-Format enthält. In den Kopfdaten (`<head>`) wird der Titel notiert. Der eigentliche, anzuzeigende Inhalt wird z. B. Überschriften, Texte, Verweise oder Grafikreferenzen, wird im „Körper" (`<body>`) festgehalten.

```
1  <!DOCTYPE html PUBLIC "-//W3C//DTD_HTML_3.2//EN">
2  <html>
3  <head>
4  <title>Muskelverspannungen</title>
5  </head>
6  <body>
7  <h1>Muskelverspannungen</h1>
8  <p>Meistens sind Verspannungen die Konsequenz einer
9  ungünstigen, statischen Körperhaltung. Typisch
10 für Bildschirmarbeit ist das Arbeiten mit
11 vorgeneigtem Kopf. Es kann einen Teufelskreis in
12 Gang setzen: Die Muskulatur des Nackens wird
13 überfordert und verspannt sich. Dadurch wird sie
14 weniger durchblutet und beginnt zu schmerzen. Durch
15 die Schmerzen verspannen wir unsere Muskulatur.
```

```
16  Die Verspannung verringert die Blutzufuhr ...</p>
17
18  <img border="0" src="bilder/verspann.jpg"
19  alt="Nackenschmerzen" width="154" height="221">
20  </body>
21  </html>
```

Listing 3.7: Quelltext einer beispielhaften HTML-Seite.

Die Schwierigkeit einer Indizierung, bei der (HTML-)Dokumente analysiert, ausgewählte Terme extrahiert und als Indexterme gespeichert werden, besteht generell darin, jene Begriffe zu ermitteln, die den Inhalt der Ressource möglichst gut wiedergeben (vgl. Kapitel 2.1.2). Hierzu kann das Indizierungsverfahren Terme aus bestimmten Bereichen einer HTML-Datei (z. B. im Titel oder in den Metadaten) stärker gewichten oder andere von einer Indizierung ausschließen (z. B. Formatierungsanweisungen). Erschwerend kommt hinzu, dass die „Hypertext Markup Language" nur eine geringe und festgelegte Zahl von Elementen zur Verfügung stellt, die Textbereiche mit Bedeutung versehen. Dazu gehören z. B. Tags wie <h1>, <h2> etc. für Überschriften, <p> für Textabsätze oder <em> und <b> für Hervorhebungen.

Formatierung: Ein weiterer, transzendenter Datenbereich bezieht sich auf die Präsentationsebene, also auf die ästhetische Gestaltung eines Lernobjekts, die heute auch gerne als „Look and Feel" bezeichnet wird. Nach *Klein* gliedert sich die visuelle Gestaltung einer Lernressource in drei Bereiche: die Präsentation des Inhalts, die Formgebung der Navigationselemente und die Gestaltung des Screen-Designs [Kle02]. Bleibt man bei dem vermutlich am weitesten verbreiteten Format für Lernobjekte – HTML – so existieren hier eine Reihe von Formatierungsanweisungen, die beispielsweise Art, Größe und Farbe der verwendeten Schriften festlegen, die räumliche Anordnung der einzelnen Bildschirmelemente spezifizieren oder Hintergrundeigenschaften regeln. Formatierungen können auf zwei Wegen erfolgen: über die üblichen HTML-Formatierungen (wie z. B. <font> für die Festlegung von Schrifteigenschaften) oder über sog. „Cascading Style Sheets" (CSS), die weitaus mehr Formatierungsmöglichkeiten offerieren als HTML und darüber hinaus die Definition zentraler Formate erlauben. Diese kann z. B. im Kopfbereich einer HTML-Datei erfolgen oder aber in eine separate Datei ausgelagert werden. Alle Elemente einer HTML-Datei, die ein Style Sheet referenziert, erhalten dann jeweils diejenige Formatierung, die ihnen im CSS-Bereich zugewiesen wurde. *Lst.* 3.8 zeigt als Beispiel eine CSS-Definition im <head>-Bereich einer HTML-Datei über das <style>-Element.

```
1  <!DOCTYPE html PUBLIC "-//W3C//DTD_HTML_3.2//EN">
2  <html>
3    <head>
4      <title>Muskuläre Dysbalance</title>
5      <style type="text/css">
6      p {
```

```
 7        font: Verdana, Geneva, Arial, sans−serif;
 8        font−size: medium;
 9        font−style: normal;
10      }
11    </style>
12    </head>
13  <body>
14  <div>
15    <p>Unter muskulären Dysbalancen versteht man
16      verstärkte Muskelverkürzungen und/oder
17      Muskelabschwächungen zwischen Agonist und
18      Antagonist durch einseitige Kraftentwicklung
19      bei gleichzeitiger Vernachlässigung ihrer
20      Dehnungsfähigkeit.</p>
21    </div>
22    </body>
23  </html>
```

Listing 3.8: *Beispiel einer Einbindung von CSS-Anweisungen in eine HTML-Datei.*

3.4 Bewertung der Datenbasis

Der vorhergehende Abschnitt hat gezeigt, dass SCORM-konforme Lernobjekte eine Vielzahl von Merkmalen aufweisen. Und nur einen Teil dieser Attribute wird man berücksichtigen, möchte man die Ähnlichkeit von Lernobjekten untersuchen. Denn zum einen steigt mit der Anzahl der einbezogenen Attribute auch der Aufwand für deren Vergleich. Zum anderen sind nicht alle der oben angeführten Manifest-immanenten und -transzendenten Objekteigenschaften gleichermaßen geeignet, wenn es darum geht, ähnliche Ressourcen ausfindig zu machen – Ressourcen also, die gegenseitig austauschbar sind und mit denselben Nachbarressourcen kombiniert werden können. Welche Attribute aber sind für einen Vergleich von Assets oder SCOs verwendbar und welche nicht? Worin zeigt sich die Relevanz eines Attributs? Welches sind die Filterkriterien, um die Datenbasis zu reduzieren?

Im Folgenden wird der Frage nachgegangen, ob und in welchem Maße die einzelnen Objekteigenschaften dazu beitragen, ähnliche Lernobjekte zu erkennen. Ähnlichkeit wird dabei verstanden als eine Beziehung zwischen Ressourcen, die gegenseitig substituierbar sind. Die Bewertung der Objekteigenschaften erfolgt anhand von drei Kriterien: *Spezifität*, *Verfügbarkeit* und *Verlässlichkeit*. Es wird sich zeigen, dass die verschiedenen Attribute hinsichtlich dieser drei Kriterien sehr unterschiedlich ausgeprägt sind. So besitzen einige Merkmale eine nur geringe Spezifität. Andere wirken zwar in hohem Maße identitätsbildend, ihre Verfügbarkeit ist jedoch nicht gesichert. Und schließlich gibt es noch Merkmale, die hochspezifisch und (automatisch) indizierbar sind, deren konkrete Ausprägung aber keine verlässlichen Aussagen zulässt. Bevor aber im Einzelnen auf die Bewertungsergebnisse eingegangen wird, sollen zunächst die drei genannten Begriffe Spezifität, Verfügbarkeit und Verlässlichkeit näher erläutert werden.

Spezifität: Die Qualität der Ähnlichkeitsanalyse hängt entscheidend von der Prägnanz der Repräsentationsprofile ab, welche die untersuchten Lernobjekte aufweisen. Ein bildhafter Vergleich aus dem kriminologischen Bereich soll dies verdeutlichen: Angenommen, ein Täter hat verschiedene Spuren an einem Tatort hinterlassen. Darunter ein Schuh sowie ein Ring mit der Gravur eines Vornamens. Darüber hinaus wurde der Täter gesehen, so dass auch Geschlecht, Haarfarbe, Alter und Körpergröße in etwa bekannt sind. Die Ermittler stehen nun vor der Aufgabe, den Täter zu identifizieren. Hierzu wird eine Rasterfahndung eingeleitet: Anhand der vorliegenden Merkmale werden bestimmte Personengruppen aus einer Datenbank herausgefiltert. Es zeigt sich, dass Merkmale wie Haarfarbe oder Schuh- und Körpergröße zu allgemein sind und dazu führen, dass unverhältnismäßig viele unbescholtene Personen in den Kreis der Verdächtigen aufgenommen werden. Der Ring hingegen bzw. der darin gravierte Vorname scheint ein stärkeres Bestimmungsmerkmal zu sein – der Kreis der Verdächtigen kann damit deutlich eingeschränkt und auf jene Personen reduziert werden, die diesen Namen tragen. Anhand einer DNA-Spur an dem Schuh gelingt es schließlich, den Täter zu überführen. Ähnlich wie in dem aufgezeigten Beispiel sind auch die Merkmale von Lernobjekten unterschiedlich gut geeignet, zur Lösung einer Retrieval-Aufgabe beizutragen. Je prägnanter aber ein Lernobjekt insgesamt charakterisiert wird, desto verlässlicher wird auch die Auslese identischer oder ähnlicher Objekte sein. Hieran wird nun die Spezifität eines Objektmerkmals festgemacht: *an seinem Potential, die Identität eines Objekts bestimmbar zu machen.* Dieses Potential wird im Folgenden auch als „Diskriminationsstärke" bezeichnet – ein Begriff, der bereits im Zusammenhang mit der Vorstellung des Vektorraummodells (siehe Kapitel 2.1.2) benutzt wurde. Dort dient er als Maß für die inhaltliche Bedeutung eines Indexterms. Terme mit hoher Diskriminationsstärke charakterisieren einen Inhalt besser als Terme mit einer geringen Diskriminationskraft (wie beispielsweise Stoppwörter, die in allen Dokumenten sehr häufig auftreten). Die Diskriminationsstärke sagt also etwas darüber aus, in welchem Maße ein Term (bzw. ein Merkmal) dazu beiträgt, ein Dokument auf das Wesentliche zu reduzieren, ihm gewissermaßen eine Identität zu geben, so dass es von anderen Dokumenten unterscheidbar wird.

Im Folgenden sind es nun nicht ausschließlich die Terme, die eine Ressource charakterisieren, sondern alle der oben aufgeführten Objektmerkmale. Auch diese besitzen eine mehr oder minder hohe Diskriminationskraft, die es ermöglicht, Ressourcen voneinander abzugrenzen. Dabei gilt folgender Zusammenhang: je höher die Diskriminationsstärke eines Merkmals ist, d.h. je stärker es dazu beiträgt, die Identität eines Lernobjekts herauszubilden und es dadurch von anderen Lernobjekten zu unterscheiden hilft, desto höher ist seine Spezifität für das Retrieval-Verfahren. Trägt das Merkmal hingegen nur in geringem Maße zur Identitätsbildung bei, ist es vernachlässigbar, unabhängig von seiner Verfügbarkeit und Verlässlichkeit.

Eine quantitative Bestimmung der Diskriminationsstärke, wie sie für Ter-

143

me z. B. durch Auswertung ihrer statistischen Auftretenshäufigkeit möglich ist, kann dabei allerdings nicht vorgenommen werden. Im praktischen Einsatz des Verfahrens muss sich zeigen, ob der Anteil der einzelnen Attribute an der Güte des Verfahrens beziffert werden kann. Die folgende Spezifitätsbeurteilung wird sich deshalb auf qualitative Aussagen beschränken (müssen).

Verlässlichkeit: Selbst wenn ein Attribut a priori – also unabhängig von der konkreten Ausprägung – eine potentiell hohe Diskriminationsstärke aufweist und dessen Wert sowohl vorhanden als auch indizierbar ist, können sich manche Angaben als trügerisch erweisen und zu einer Verzerrung des Retrieval-Ergebnisses führen. Man denke an den oben erwähnten Ring, der an einem Tatort sichergestellt wurde. Vielleicht bezieht sich ja seine Gravur nicht auf den Vornamen des Täters sondern auf eine andere, ihm nahestehende Person? Die Verlässlichkeit bezieht sich also auf die Einschätzung des Gefahrenpotentials, dass die Eingangsdaten zu Fehlschlüssen hinsichtlich der Isomorphie von Ressourcen führen und das Analyseergebnis dadurch verfälscht wird.

Verfügbarkeit: Nicht immer werden an einem Tatort verwertbare Spuren gefunden. So sind auch nicht alle der in Kapitel 3.3 genannten Merkmale gleichermaßen verfügbar oder einem Retrieval-System zugänglich. Nur für einen Teil der Objekteigenschaften kann garantiert werden, dass hierzu Daten vorliegen, die von einem Retrieval-Verfahren verwertet werden können. Für den restlichen Teil ist die Verfügbarkeit hingegen unsicher. Dies liegt zum einen daran, dass die Deklaration einiger Manifest-spezifischer Attribute optional ist. Zum anderen kann es sein, dass zu einem Merkmal zwar Daten vorliegen, der Retrieval-Dienst aber nicht darauf zugreifen kann, weil eine Lokalisierung der Daten nicht gelingt oder die Informationen in einem zugriffsgeschützten Bereich liegen.

3.4.1 Identifier

Spezifität: Dieses Attribut dient der Identifizierung und Referenzierung einer Ressource in einem Content Package. Entsprechend muss ein Identifier auch nur innerhalb eines Manifests eindeutig sein. Idealtypisch aber entstammt die ID einem kontrollierten Vokabular, das über Manifest-Grenzen hinweg im gesamten Dokumentenbestand gültig ist. In diesem Fall kann dem Attribut eine hohe, global gültige Diskriminationsstärke bescheinigt werden. Ist der Identifier hingegen nur innerhalb eines Manifests gültig, besitzt das Attribut eine zwar hohe, aber nur lokal geltende Diskriminationsstärke.

Verlässlichkeit: Die Rekonstruktion der Nutzungshistorie eines Lernobjekts wäre einfach, würden Lernobjekte einen eindeutigen, beständigen Identifier tragen, der in allen assoziierten Aktivitätsbauminstanzen des gesamten Manifestkorpus identisch ist. Weisen dagegen identische und auf mehrere Aktivitätsbäume verteilte Lernobjekte *unterschiedliche* Identifier auf, werden die jeweiligen Ressourcen von dem Analyseverfahren fälschlicherweise als unabhängige Lernobjekte betrachtet. In der Praxis ist durchaus damit zu rechnen, dass gleiche Lernobjekte unterschiedliche Identifier aufweisen. Umgekehrt ist es auch möglich, dass ein und derselbe Identifier für verschiedene Lernobjekte genutzt wird. Dies liegt insbesondere daran, dass zur Vergabe von IDs bislang keine Konventionen existieren, die eine eindeutige Zuweisung über Manifestgrenzen hinweg regeln. Wie erwähnt müssen Autoren bzw. Autorenwerkzeuge bislang lediglich darauf achten, dass die gewählten Identifier-Attribute innerhalb einer Manifest-Datei eindeutig sind. Solange also die Auszeichnung und Bereitstellung von Lernobjekten nicht einer systemweit geltenden Konvention folgt, muss die Aussagekraft dieses Attributs als gering eingestuft werden.

Die Forderung nach einer global eindeutigen Kennzeichnung von Lernressourcen ist nicht neu. Sie steht auch im Vordergrund des Projektes COR-DRA ("Content Object Repository Discovery and Registration/Resolution Architecture"), das von der ADL-Inititative, der Corporation for National Research Initiatives und dem Learning Systems Architecture Lab geleitet wird[13]. Ähnlich wie die Spezifikation IMS Digital Repositories v1.0 [IMS03b] versucht auch CORDRA den Weg eines interoperablen Datenaustauschs zwischen Learning-Object-Repositorys zu bahnen. Insbesondere zielt das Projekt darauf ab, Suchanfragen zu ermöglichen, die nicht nur an ein einzelnes Repository, sondern an eine Föderation von Datenbanken gerichtet werden können. Als wesentliche Voraussetzung wird hierbei die Registrierung aller an der Distributionsstruktur beteiligten Komponenten in einer zentralen Registrierungsdatenbank gesehen, dazu zählen Lernobjekte genauso wie Repositorys und spezielle Service-Applikationen (z. B. Access-Services, Suchdienste etc.). All diese Komponenten (in COR-DRA werden sie als "Objekte" bezeichnet) müssen mit einem persistenten Identifier versehen werden [Kra04, KM05]. *Daniel R. Rehak* et al. plädieren diesbezüglich für die Nutzung des sog. "Handle-Systems" [RDL05]. Dabei handelt es sich um eine Entwicklung der CNRI, die bereits 1994 erfolgte. Im Handle-System werden Identifier in Form von "Handles" ausgedrückt (vgl. *Lst. 3.9*). Jeder Handle besteht dabei aus einem Präfix und einem Suffix. Das Präfix enthält einen numerischen Code zur Bezeichnung der Institution, die Träger des Objektes ist. Das Suffix dagegen kann aus einer beliebigen Zeichenkette bestehen [Cor09]. Dieser Identifier bleibt dauerhaft bestehen, auch wenn sich der Ablageort der Ressource über die Zeit hinweg ändern sollte. Die Speicherung und Auflösung der Identifier erfolgt dabei über einen *lokalen* Handle-Service, der jeder CORDRA-Instanz zugeordnet wird. Einem *globalen* Handle-Service ("Global Handle Registry")[14] sind dabei alle lokalen Handle-Server bekannt, so dass Anfragen auf oberster Ebene eines Handle-Systems direkt an den entsprechenden lokalen Dienst weitergeleitet werden können, der für die Auflösung der Anfrage zuständig ist. In einer derart hoch organisierten Infrastruktur, wie

---

[13]wobei die ADL-Inititative für die Koordinierung des Projektes verantwortlich ist
[14]Die Global Handle Registry wird direkt von der CNRI verwaltet.

sie CORDRA verkörpert, erwächst der Identifier zu einem der wichtigsten und verlässlichsten Attribute, die einem Retrieval-System zur Verfügung stehen. Die rechenintensive Prüfung auf Gleichheit bzw. Ähnlichkeit kann für Ressourcen mit gleichem Identifier entfallen.

```
1  <resources>
2    <resource identifier="2000.01/EEF4DF17361A4E554663B70C3"
3      adlcp:scormType="sco" href="reti.htm" type="webcontent">
4      <file href="reti.htm"/>
5      <file href="gfx/retinaculum.jpg"/>
6    </resource>
7  </resources>
```

Listing 3.9: Beispiel eines Handle-Identifiers.

Verfügbarkeit: Die Zuweisung eines Identifiers ist obligatorisch und erfolgt innerhalb eines Manifests. Sofern also einem Retrieval-System der Zugriff auf Manifest-spezifische Daten über die in Kapitel 3.2 vorgestellten Kommunikationsmechanismen möglich ist, kann dieses Attribut für alle Ressourcen ausgelesen werden.

3.4.2 Titel

Spezifität: Sehr häufig spiegelt der Titel den inhaltlichen Schwerpunkt einer Aktivität wider. Im Idealfall verbleiben nach erfolgter Indizierung, bei der Stoppwörter wie z. B. Artikel entfernt werden, jene Terme übrig, die als Schlüsselbegriffe eine hohe Diskriminationsstärke aufweisen d.h. den Inhalt sehr gut repräsentieren. Die Aussagekraft des Titels ist jedoch gering, wenn eine Aktivität z. B. als Einleitung, Motivation, Beispiel, Zusammenfassung oder ähnlichen „inhaltsleeren" Begriffen überschrieben ist. In diesem Fall können ggf. Sekundärtitel (also z. B. Titel von Aktivitäten, die auf der Vorfahren-Achse liegen) in den Analyseprozess hinzugezogen werden, um den thematischen Schwerpunkt der Ressource stärker eingrenzen zu können. Insgesamt aber reicht die Diskriminationskraft des Titels nicht aus, eine eindeutige Bestimmung und Unterscheidung von Ressourcen zu ermöglichen.

Verlässlichkeit: Ressourcen, deren Titel syntaktisch identische Schlüsselbegriffe aufweisen, können nicht mit Sicherheit als ähnlich oder gar gleich eingestuft werden. So kann ein und derselbe Begriff in unterschiedlichen Zusammenhängen unterschiedliche Bedeutung haben. Man spricht diesbezüglich auch von einem „semantischen Relativismus". Wird beispielsweise von einem „Druck" gesprochen, kann dieser entweder physikalisch als Wirkung einer Kraft auf eine Fläche, als psychische Beanspruchung oder im Sinne eines Reproduktionsverfahrens interpretiert werden. Umgekehrt kann auch nicht davon ausgegangen werden, dass syntaktisch unterschiedliche Begriffe auch semantisch unähnlich sind. Linguistische Phänomene wie Flexion, Synonymie, Komposition, Metonymie, Hyponymie oder Meronymie (vgl. Kapitel 2.1.2) verdeutlichen, dass in der sprachlichen Realität eine Ähnlichkeit zwischen Begriffen auch dann bestehen kann, wenn diese syntaktisch unähnlich sind. Die Verlässlichkeit der Angaben im Titel einer Aktivität lässt sich durch ein Stemming oder die Verwendung von Thesauri-Netzen oder anderen Ontologien erhöhen.

Verfügbarkeit: Bezüglich der zu erwartenden Verfügbarkeit von Angaben zum Titel einer Ressource bzw. Aktivität gelten die gleichen Aussagen wie in Bezug auf das oben angesprochene Identifier-Attribut: Jede Ressource *muss* einen Titel tragen. Hat das Retrieval-System keinen Zugriff auf den eigentlichen Inhalt einer Ressource, stellt der Titel eine wichtige alternative Quelle für ihre inhaltliche Erschließung dar.

3.4.3 Metadaten

Die folgenden Ausführungen gelten sowohl für Manifest-immanente als auch Manifest-transzendente Metadaten.

Spezifität: Eine verlässliche (Gesamt-)Beurteilung der Diskriminationsstärke von Metadaten setzt streng genommen voraus, dass jeder Deskriptor einzeln betrachtet wird, was jedoch den Rahmen dieser Arbeit deutlich sprengen würde. Offensichtlich aber variiert die Spezifität der Attribute untereinander sehr stark, betrachtet man den von SCORM empfohlenen LOM-Standard. So weisen Deskriptoren wie z. B. `lom.general.identifier` – ähnlich wie der Manifest-eigene Identifier – a priori eine hohe Diskriminationsstärke auf. Da ein Vergleich von Ressourcen insbesondere deren inhaltliche Ausrichtung relevant ist, kommen den Elementen `<title>`, `<description>`, `<keyword>` und `<coverage>` der Elementgruppe `lom.general` ebenfalls besondere Bedeutung zu. Attribute wie z. B. `lom.general.language` oder `lom.technical.format` tragen hingegen nur wenig dazu bei, der Ressource ein Gesicht, eine Identität zu verleihen. Inwieweit also eine konkrete Metadateninstanz dazu beiträgt, gleiche oder ähnliche Lernobjekte zu bestimmen, hängt entscheidend von der Art der verwendeten Attribute ab. Aber auch die Ausführlichkeit der Metabeschreibung bzw. die Anzahl der verwendeten Deskriptoren spielt eine Rolle: Denn je mehr gemeinsame Attribute zwei Objekte aufweisen, desto bestimmter kann davon ausgegangen werden, dass sich diese gleichen.

Verlässlichkeit: Ein ausschließlich syntaktischer Vergleich von Lernobjekten anhand der zur Verfügung stehenden Metadaten birgt eine ähnliche Problematik, die schon in Kapitel 3.4.2 im Zusammenhang mit der Verlässlichkeit von Titel-Angaben erläutert wurde: die natürliche Sprache weist hinsichtlich der Ähnlichkeit von Begriffen einige linguistische Besonderheiten auf, die es nahelegen, semantische Vergleichsmethoden hinzuzuziehen.

Verfügbarkeit: Im Gegensatz zu den beiden erstgenannten Attributen sind Angaben zu Metadaten optional. In Kapitel 2.1.3 wurde bereits angesprochen, dass aufgrund unklarer Vorgaben, fehlender Attribuierungsmöglichkeiten und des hohen zeitlichen Aufwands eine Metabeschreibung oftmals unterlassen wird. Für die Verfügbarkeit von Metadaten besteht folglich keine Gewähr.

3.4.4 Sequenzierungsinformationen

Spezifität: Sequenzierungsinformationen können einen Beitrag leisten, das Ergebnis einer Ähnlichkeitsanalyse zu bestätigen oder dieses in Frage zu stellen. Als Isomorphie-Indikator ist die Sequenzierung dabei umso geeigneter, je mehr Datenelemente für eine Analyse zur Verfügung stehen. Entsprechend erscheint es sinnvoll, neben den objekteigenen Ablaufsteuerungsregeln auch solche in die Auswertung mit einfließen zu lassen, die auf Ebene der Elternaktivität definiert wurden.

Die Relevanz von Sequenzierungsinformationen liegt jedoch weniger in ihrem Potential, zu einer Identifizierung ähnlicher oder identischer Objekte beitragen zu können. Sie sind vor allem deswegen bedeutsam, weil sie auf Abhängigkeitsbeziehungen inhaltlicher oder didaktischer Art hinweisen. Dieses Wissen – die Abhängigkeit eines Lernobjekts von anderen Ressourcen – ist für Kursdesigner, Tutoren und Lernende gleichermaßen bedeutsam, soll verhindert werden, dass die für eine erfolgreiche Bearbeitung eines Lernobjekts notwendigen Voraussetzungen fehlen. Entsprechend wichtig ist es, dass ein Retrieval-System diese Informationen bereitstellt.

Verlässlichkeit: Wäre die Sequenzierungsinformation das einzige Merkmal, das für einen Vergleich von Lernobjekten zur Verfügung steht, könnten sicherlich keine signifikanten Aussagen über die Isomorphie von Ressourcen getroffen werden. So wäre es beispielsweise voreilig, zwei Ressourcen, die unterschiedliche Leistungsanforderungen (in Form des `<minNormalizedMeasure>`-Parameters) an die Lernenden stellen, als unähnlich einzustufen. Hier darf nicht übersehen werden, dass Sequenzierungsregeln in hohem Maße kontextsensitiv sind, also immer im Hinblick auf bestimmte Zielgruppen und deren spezifische Ausgangsbedingungen definiert werden. So muss in der Praxis durchaus damit gerechnet werden, dass für ein und dasselbe Lernobjekt in unterschiedlichen Anwendungskontexten unterschiedliche Leistungsanforderungen definiert werden. Abweichende Werte müssen also nicht notwendigerweise bedeuten, dass die Objekte unähnlich sind. Betrachtet man Sequenzierungsinformationen aus jener zweiten Perspektive, die Abhängigkeitsbeziehungen zwischen Lernobjekten preisgibt, muss auch hier die Frage gestellt werden, mit welcher Bestimmtheit eine Sequenzierungsregel die *Art* der Abhängigkeit zwischen Ressourcen erkennen lässt. Angenommen, innerhalb der Elternaktivität eines Clusters ist festgelegt, dass die Kindaktivitäten (also die Ressourcen) nur in der Reihenfolge bearbeitet werden dürfen, in der sie auch im XML-Baum der Content Organization auftreten (`<controlMode choice="false" forwardOnly="true"/>`). In diesem Fall liegt die Schlussfolgerung nahe, dass innerhalb des gleichen Clusters alle Folgeaktivitäten eines Startknotens diesen voraussetzen. Die Art der Abhängigkeit bleibt jedoch unspezifisch. Es kann sein, dass der zeitliche Vorgänger A eines Lernobjekts B eine notwendige Verständnisvoraussetzung darstellt. Ein Kurs über objektorientierte Programmierung beispielsweise wird erst dann das Überladen einer Klasse thematisieren, wenn zuvor ein grundlegendes Verständnis von Methoden und ihrer Deklaration geschaffen wurde. Es ist aber auch möglich, dass A weniger aus inhaltlichen, sondern mehr aus didaktischen Gründen zeitlich vor B platziert wird. Man denke an das weithin bekannte Hallo-Welt-Programm – ein Programmierbeispiel, das in der Regel unmittelbar zu Beginn eines Kurses präsentiert wird, um durch ein erstes Erfolgserlebnis bzw. einen Aha-Effekt den motivationalen Grundstein für die weitere Bearbeitung des Lernstoffs zu legen.

Und schließlich ist es möglich, dass eine Vorgänger-Nachfolger-Beziehung weder sachlogische noch didaktische Ursachen hat. Dies verdeutlicht *Lst. 3.3*. In dem Beispiel wurden die Aufgaben eines Tests aus technischen Gründen auf mehrere Ressourcen aufgeteilt, um eine feingranulare Protokollierung der Einzelantworten über die Run-Time Environment zu ermöglichen. Die Sequenzierung soll hier in erster Linie sicherstellen, dass der Lernende tatsächlich alle Testfragen beantwortet. Insgesamt also muss festgestellt werden, dass es ohne eine weitere Spezifizierung – wie mittels der LOM-Kategorie `<relation>` – praktisch unmöglich ist, aus der Sequenzierungsinformation die Art der Abhängigkeit zwischen Lernobjekten herzuleiten.

Verfügbarkeit: Die Formulierung von Sequenzierungsregeln für Lernressourcen ist ebenso optional wie ihre Beschreibung mit Metadaten. Werden keine Sequenzierungsinformationen expliziert, kann dies auf folgende Ursachen zurückgeführt werden:

1. Der Kursdesigner legt keinen Wert auf eine Sequenzierung des Lernangebots.

2. Der Kursdesigner hält eine Sequenzierung zwar für wünschenswert, das anvisierte Distributionssystem unterstützt aber nicht die Datenmodelle der SCORM-Spezifikation Sequencing and Navigation.

3. Der Kursdesigner betrachtet die technische Umsetzung einer Sequenzierungsstrategie als zu aufwändig.

Zweifelsohne ist der Erstellungsaufwand für eine Ablaufsteuerung nicht zu unterschätzen. Ein Kursdesigner muss mit der SN-Spezifikation vertraut sein und darin festgelegten, zahlreichen Eingriffsmöglichkeiten in den zeitlichen Ablauf eines Kurses kennen. Abbildung 3.9 vermittelt einen Eindruck von der Komplexität dieses Unterfangens. Zwar kann die Überführung einer Sequenzierungsstrategie in die entsprechende XML-Repräsentation von einem Editor wie Reload[15] übernommen werden; aber auch hier ist ein Mindestmaß SCORM-spezifischen Wissens über die korrekte Sequenzierung von Lernarrangements unumgänglich. Die Motivation, diesen Aufwand auf sich zu nehmen, leidet zusätzlich unter dem in Punkt 2 genannten Aspekt. Zwar behaupten viele Anbieter von Learning-Management-Systemen, ihr System sei „SCORM-kompatibel", was auch

---

[15]siehe `http://www.reload.ac.uk`

eine entsprechende Zertifizierung belege. Tatsächlich aber werden oftmals nur Teile des aktuellen Standards unterstützt. Und die SN-Spezifikation gehört nur selten dazu[16]. Alles in allem also gilt die Verfügbarkeit von Sequenzierungsinformationen als eher unsicher.

3.4.5 Physische Repräsentation

Spezifität: Eine Ressource wird auf physischer Ebene durch ein oder mehrere Dateien (`<file>`) repräsentiert. Die XML-Repräsentation einer Datei weist ein `href`-Attribut auf, das eine Lokalisierung der Datei ermöglicht. Diese Pfadangabe kann entweder relativ zum Wurzelverzeichnis des Content Packages gesetzt werden oder aber durch eine URL (Uniform Resource Locator) spezifiziert werden. Die Mindestbestandteile einer URL sind dabei das verwendete Netzprotokoll (z. B. HTTP oder HTTPS), der Host (z. B. `http://www.merlot.org`) und die Pfadangabe bzw. das Verzeichnis auf dem Server, auf dem die Ressource liegt[17]. Beschränkt sich die Pfadangabe auf das lokale Verzeichnis des Content Packages, kommt dem `href`-Attribut eine ähnlich (geringe) Bedeutung zu wie einem Identifier auf Ressourcen-Ebene, dessen Gültigkeit lokal begrenzt ist. Handelt es sich dagegen um eine externe URL, hat man es mit einem global gültigen Identifier auf Datei-Ebene zu tun, der ähnlich eines CORDRA-Identifiers a priori eine hohe Diskriminationsstärke aufweist. Ressourcen, die als Inventar Dateien mit gleicher URL aufweisen, können mit Sicherheit als identisch betrachtet werden. Relativ gesetzte Pfade hingegen spielen für die Analyse der Ähnlichkeit nur insofern eine Rolle, als dass ein Indizierungsdienst der Pfadangabe folgen kann, um den Inhalt der Datei zu erschließen.

Verlässlichkeit: Das `href`-Attribut ist nicht immer ein verlässlicher Partner, wenn es um die Bestimmung der Ähnlichkeit von Lernobjekten geht. Dateien, welche durch die gleiche URL referenziert werden, können zwar verlässlich als identisch klassifiziert werden. Aber auch Dateien mit unterschiedlichen URLs können deckungsgleich sein. Dies gilt insbesondere für Lerninhalte, die unter der Creative-Common-Lizenz genutzt werden dürfen. In diesem Fall obliegt die Nutzung einer Lernressource in der Regel keinen oder nur leicht eingeschränkten urheberrechtlichen Bestimmungen. Ein Lernobjekt kann ohne Zahlung von Lizenzgebühren bearbeitet, verändert, vervielfältigt und an einem beliebigen Ort verfügbar gemacht werden. Dies begünstigt die Entstehung von Duplikaten an verschiedenen Orten, die über verschiedene URLs erreicht werden. Verlässlich dagegen kann

---

[16]So sind einige kommerzielle Systeme wie z. B. Clix der IMC AG zertifiziert nach Version 1.2 (Stand Mai 2009). Die Konformitäts-Anforderungen dieser Version beziehen sich jedoch ausschließlich auf die Implementierung der API, die Unterstützung bestimmter Datenelemente der Run-Time Environment sowie Start-Mechanismen von Content-Objekten [Adv02]. Eine Unterstützung der aktuellen SN-Spezifikation wird erst in den Konformitäts-Anforderungen für SCORM 2004 in der Version 1.0 aus dem Jahre 2006 gefordert [Adv06a].

[17]Eine alternative Möglichkeit, einer Datei eine URL zuzuweisen, besteht darin, eine Serveradresse als `xml:base` zentral im Wurzelelement eines Manifests zu deklarieren, so dass im Identifier-Attribut nur noch der Verzeichnispfad spezifiziert werden muss.

über die URL implizit auf das Format einer Datei geschlossen werden, das ebenfalls als Vergleichskriterium herangezogen werden kann. Desweiteren ist zu beachten, dass Ressourcen, die für einen Betrachter als identisch erscheinen, ein durchaus unterschiedliches Inventar an Dateien aufweisen können. Die Ursache liegt darin, dass bestimmte Daten wahlweise innerhalb eines HTML-Dokumentes oder außerhalb in einer separaten Datei kodiert werden können. Man denke beispielsweise an CSS-Anweisungen oder JavaScript-Funktionen, die aus Gründen einer besseren Handhabbarkeit in getrennte Dateien mit den Endungen CSS oder JS auslagerbar sind. Für eine Ähnlichkeitsanalyse spielt jedoch nur die Art der Daten eine Rolle, nicht aber die Frage, ob diese zentral oder dezentral kodiert wurden.

Verfügbarkeit: Jede Ressource eines Content Packages muss mit mindestens einer Datei verknüpft sein. Es kann also mit Gewissheit davon ausgegangen werden, dass zu jeder Ressource Daten zur physischen Repräsentation vorliegen. Ob jedoch die Dateien über eine URL oder einen lokalen Pfad referenziert werden, bleibt dem Bereitsteller eines Content Packages überlassen und kann von Datei zu Datei variieren.

3.4.6 Nachbarschaft

Spezifität: Zwei weitere, nachbarschaftsbezogene Aspekte können in die Betrachtung der Isomorphie einfließen: Die graphische Struktur des Lernangebots, in der ein Objekt eingebunden ist, sowie die über-, unter- oder nebengeordneten Nachbarn einer Ressource, welche in ihrer gegenseitigen Verwobenheit die Struktur des Kurses bilden.

Der erste Aspekt bezieht sich ausschließlich auf die graphische Repräsentation eines Aktivitätsbaums, der aus Knoten und Kanten besteht und durch die Verschachtelung von `<item>`-Elementen zustande kommt. Die Eigenschaften der Knoten sind hierbei unerheblich. Ausschlaggebend ist lediglich ihre Anordnung im Baum. Die Annahme dabei ist, dass man von der Isomorphie von Graphen auf die Isomorphie von Ressourcen schließen kann. Zwei Ressourcen unterschiedlicher Kurse gelten dann als ähnlich, wenn die jeweiligen Graphen, die sie enthalten, eine ähnliche Struktur aufweisen, wobei der Vergleich auch auf bestimmte Äste der Aktivitätsbäume beschränkt werden kann.

Der zweite Aspekt fokussiert die Nachbarschaft einer Ressource, untersucht also z. B., mit welchen nebengeordneten (Geschwister-)Objekten die Ressource eine gemeinsame Aktivität bildet, welche anderen Ressourcen auf gleicher Höhe, aber in anderen Clustern eingebunden sind, oder welche Objekte aus Sicht der Ausgangsressource weiter oben oder unten im Baum verankert wurden.

Die Diskriminationsstärke der beiden Merkmale wird als eher gering eingestuft werden, geht man davon aus, dass ein Lernobjekt – wie es die Lego-Metapher (siehe Kapitel 2.3.2) suggeriert – einen großen Freiheitsgrad bezüglich seiner Kombinierbarkeit mit anderen Objekten aufweist.

Je stärker dieser Freiheitsgrad ist, desto beliebiger sind die Objekte, die mit einer Ressource einhergehen können und desto vielfältiger sind auch die Strukturen, die sich dadurch ergeben. Auf der anderen Seite aber zeigt die praktische Erfahrung, dass dieser Freiheitsgrad oftmals doch eher gering ist und es schwer fällt, eine einzelne Ressource aus ihrem Zusammenhang zu lösen. In der Konsequenz führt dies dazu, dass nicht nur einzelne Knoten sondern ganze Äste eines Kursbaums übernommen werden. Nicht selten also trägt eine Ressource einen impliziten Bauplan in sich, der in gewisser Weise vorschreibt, mit welchen anderen Objekten diese kombiniert und strukturiert werden kann. Dieser Bauplan macht ein Lernobjekt zwar nicht eindeutig bestimmbar, kann aber doch maßgeblich zu seiner Identität beitragen.

Verlässlichkeit: Die Struktur eines Lernangebots ist grundsätzlich verlässlich von der XML-Repräsentation einer Content Organization ableitbar. Als trügerisch hingegen können sich die Angaben zu den Nachbarschaftsknoten einer Ressource erweisen. Beispielsweise dann, wenn gleiche Identifier unterschiedliche Objekte kennzeichnen oder umgekehrt gleiche Objekte unterschiedliche Identifier tragen. Erst wenn Nachbarn eindeutig bestimmt wurden, ist ein Vergleich von Lernobjekten auf dieser Ebene möglich und sinnvoll. Doch auch dann kann nicht zweifelsfrei von einer ähnlichen Nachbarschaft auf eine Ähnlichkeit der Objekte geschlossen werden. Man denke an folgenden Fall: Es werden zwei Ressourcen A und A* unterschiedlicher Kurse verglichen. Beide weisen die gleichen Geschwisterknoten B und C auf. Die Ressourcen werden in den beiden zugehörigen Aktivitätsbäumen in der Reihenfolge A-B-C und A*-B-C aufgeführt. Hier liegt die Interpretation nahe, dass beide Objekte ähnlich wenn nicht sogar identisch sind. Tatsächlich aber können die beiden Ressourcen inhaltlich stark divergieren. Beispielsweise dann, wenn A ein Vortest mit Multiple-Choice-Aufgaben ist und A* ein Einführungsbeispiel (wie das bereits erwähnte Hallo-Welt-Programm) enthält, das den folgenden Einheiten aus motivationalen Gründen vorausgeschickt wird.

Verfügbarkeit: Die Spezifizierung einer Kursstruktur und die Kopplung von Ressourcen an Blattknoten ist obligatorisch und erfolgt innerhalb des `<organization>`-Elements in einer Manifest-Datei. Die Verfügbarkeit nachbarschaftsbezogener Daten gilt also entsprechend als sicher.

3.4.7 API-Methoden

Spezifität: JavaScript-Funktionen, die auf API-spezifische Methoden zugreifen, besitzen im Allgemeinen eine eher schwache Diskriminationsstärke. Zum einen sind sie zu wenig objektspezifisch, als dass man darüber eine Ressource eindeutig identifizieren kann – Methodenaufrufe wie `getAPI()` oder `Initialize()` (vgl. *Lst.* 3.4) finden sich praktisch in allen Lernobjekten, die mit einem Learning-Management-System kommunizieren. Zum anderen weisen nur SCOs diese Funktionen auf; Assets können anhand dieser Daten in keiner Weise bestimmt oder verglichen werden. Eine Relevanz ist nur insofern gegeben, als dass von bestimmten Kommandos (wie z. B. `SetValue()`) darauf geschlossen werden kann, dass es sich bei dem Objekt um einen Vortest oder eine Erfolgskontrolle handelt, deren Ergebnis an das Learning-Management-System übermittelt werden soll.

Verlässlichkeit: Eine verlässliche Einschätzung der Ähnlichkeit von Lernobjekten anhand ihrer API-Aufrufe ist praktisch nicht möglich. Funktionen können unterschiedlich benannt sein und unterschiedliche Parameterwerte setzen, ohne dass dies den Schluss nahelegt, die Objekte seien nicht miteinander verwandt. Ebenso vermessen wäre es, würde man aus der syntaktischen Ähnlichkeit der Funktionen auf eine inhaltliche Ähnlichkeit der Ressourcen schließen.

Verfügbarkeit: Die Verfügbarkeit von Daten in diesem Bereich ist sehr eingeschränkt. Zum einen handelt es sich hier um einen transzendenten Datentyp, der nur dann erschlossen werden kann, wenn das Retrieval-System Zugriff auf das Lernobjekt bzw. die angeschlossenen (JavaScript)-Dateien hat. Zum anderen ist die Nutzung der Run-Time Environment optional. Sieht der Kursdesigner keinen Bedarf für einen Datenaustausch oder ist ihm die technische Umsetzung zu aufwändig, wird er sich gegen eine Implementierung entscheiden.

3.4.8 Formatierung

Spezifität: Auch das Manifest-transzendente Merkmal der Formatierung eines Lernobjekts scheint weniger gut geeignet, die Identität eines Assets bzw. SCOs zu erschließen oder Kandidaten zu bestimmen, welche eine hochgradige Isomorphie zur Ausgangsressource aufweisen. Ähnlich wie API-Methoden sind auch Formatierungsanweisungen zu unspezifisch, als dass sie ein Objekt prägnant charakterisieren könnten. Oftmals erfolgt die Formatierung nach einem Corporate Design, das durch die Vorgaben einer Organisation oder eines Projektes festgelegt ist. Autoren haben in diesem Fall keinen Einfluss auf die optische Gestaltung eines Lernangebots. Man denke beispielsweise an das eingangs erwähnte Projekt „Wissenswerkstatt Rechensysteme". Hier erstellten Autoren eine große Zahl von Ressourcen auf XML-Ebene. Diese Ressourcen wurden mit Hilfe der Extensible Stylesheet Language (XSL) in XHTML-basierte Lernmodule transformiert, die allesamt das gleiche Erscheinungsbild aufweisen, obwohl sie thematisch stark variieren [LWH02].

Verlässlichkeit: Die Parametrisierung von Formatierungsanweisungen erfolgt nach einem kontrollierten Vokabular, das durch den (X)HTML- oder CSS-Standard vorgegeben wird. Insofern können formatierungsbezogene Daten als verlässlich gelten. Unkontrolliert ist hingegen die Vergabe von Identifiern für Klassen-bezogene Formatierungsanweisungen, die über das Attribut `class` von (X)HTML-Elementen aus referenziert werden. Diesbezüglich fällt es schwer, Klassenformatierungen zu vergleichen, die trotz unterschiedlicher Identifier gleiche Formatierungsbereiche betreffen können.

Verfügbarkeit: Nur (X)HTML-Dateien enthalten Formatierungsanweisungen, die von einem Retrieval-System ausgelesen werden können. Formatierungsbezogene Daten für binär kodierte Inhalte wie Flash-Animationen, Bilder[18] oder Videos sind einer Indizierung hingegen nicht ohne weiteres zugänglich. Da es sich um ein transzendentes Merkmal handelt, ist der Zugriff auch nur dann möglich, wenn die Lokalisierung der Ressource und ihrer ggf. assoziierten CSS-Datei(en) gelingt und der Indizierungsdienst die hierfür erforderlichen Leserechte besitzt.

3.4.9 Inhalt

Spezifität: Von allen bislang aufgeführten Merkmalen kann die inhaltliche Gestaltung eines Lernobjekts sicherlich am stärksten dazu beitragen, einer Ressource ein Gesicht, eine Identität zu geben. Sie ist die prägnanteste Eigenschaft, anhand derer Lernobjekte verglichen und klassifiziert werden können. Bemüht man nochmals die eingangs erwähnte kriminologische Metapher, entspricht der Inhalt quasi einer Speichel-Probe, die eine (mit an Sicherheit angrenzender Wahrscheinlichkeit) eindeutige Bestimmung des Täters ermöglicht. Allerdings sei an dieser Stellte auch erwähnt, dass eine ausschließlich auf inhaltliche Eigenschaften fokussierte Analyse keinen verlässlichen Rückschluss auf das didaktische Verwertungspotential einer Ressource zulässt. So können zwei Lernobjekte A und B zwar inhaltliche Ähnlichkeiten aufweisen, in Punkto didaktischer Gestaltung aber durchaus voneinander abweichen, so dass in einem Fall die Kombination der Ressource A mit einer Ressource C möglich, die Paarung B-C hingegen nicht empfehlenswert scheint.

Verlässlichkeit: Abhängig von Medientyp und Format existieren unterschiedliche Ansätze, um inhaltsbezogene Daten zu extrahieren. Bei textuellen Objekten wird deren sprachliche Oberfläche analysiert. Die Verlässlichkeit der indizierten Terme bzw. ihrer Interpretation ist dabei aus den in Kapitel 3.4.2, 3.4.3 und 2.1.2 bereits genannten Gründen eingeschränkt. Bei binären Objekten kann beispielsweise durch Segmentierung (vgl. Kapitel 3.5.1) versucht werden, semantisch bedeutsame Informationen zu erschließen. Automatische Interpretationsverfahren liefern allerdings bislang keine wirklich zuverlässigen Objektbeschreibungen [Sch06].

Verfügbarkeit: Ähnlich wie bei formatierungsbezogenen Daten ist auch bei inhaltlichen Daten die Verfügbarkeit in zweierlei Weise eingeschränkt: Zum einen muss ein Retrieval-System die URLs der referenzierten Dateien einer Ressource kennen und über die für eine Indizierung erforderlichen Leserechte verfügen. Zum anderen sollten die inhaltlichen Deskriptoren automatisch extrahierbar sein. Bei textuellen Objekten wie HTML- oder

---

[18]mit Ausnahme von XML-basierten SVG-Graphiken

PDF-Dateien ist dies unproblematisch. Schwierig hingegen ist die Erschließung binär kodierter Inhalte in Grafiken, Bildern, Videos oder Audio-Dateien. Zwar existieren mittlerweile verschiedene Ansätze, inhaltstragende Deskriptoren zu extrahieren, diese sind jedoch noch zu wenig ausgereift, um einem praktischen Einsatz standhalten zu können. Konventionelle Retrieval-Systeme sind deswegen auf inhaltliche Metabeschreibungen binärer Dateien angewiesen. Fehlen diese, kann praktisch keine Aussage zum Inhalt eines binären Objektes getroffen werden. Dem ATH-Verfahren hingegen stehen noch weitere Daten (wie z. B. Titel oder Nachbarschaftsbeziehungen) zur Verfügung, die einen Rückschluss auf den inhaltlichen Schwerpunkt ermöglichen. Der folgende Abschnitt wird dieses Verfahren ausführlich erläutern.

3.5 Bestimmung der Ähnlichkeit

Die Diskussion transzendenter und immanenter Objektmerkmale führt zu der wegweisenden Erkenntnis, dass eine Klassifikation ähnlicher Lernressourcen anhand *multipler* Vergleichskriterien vollzogen werden sollte. Keines der oben aufgeführten Bestimmungsmerkmale ist hinsichtlich seiner Spezifität, Verlässlichkeit und Verfügbarkeit hinreichend geeignet, als alleiniges Kriterium die Isomorphie von Lernobjekten zuverlässig zu bestimmen[19]. So besitzt beispielsweise die inhaltliche Dimension eine sehr hohe Spezifität; die ausschließliche Betrachtung der sprachlichen Oberfläche erlaubt aber keinen Rückschluss auf die Kombinierbarkeit mit anderen Ressourcen. Zudem ist die Zugänglichkeit dieses Merkmals eingeschränkt, so dass die Verfügbarkeit inhaltsbezogener Daten nicht für alle Ressourcen gewährleistet ist. Die Diskussion hat aber auch gezeigt, dass manche Merkmale (wie z. B. API-Methoden) eine so geringe Spezifität aufweisen, dass ihre Berücksichtigung nur den Berechnungsaufwand, nicht aber die Güte des Analyseergebnisses erhöhen würde.

Das nachfolgende Konzept zur Bestimmung ähnlicher Lernobjekte greift die Ergebnisse dieser Diskussion auf und reduziert die weitere Betrachtung auf jene Merkmale, die in ihrer Gesamtheit eine zuverlässige Bestimmung gleichartiger Ressourcen erwarten lassen. Im Einzelnen sind dies: der *Inhalt* einer Ressource, der *Titel* der assoziierten Aktivität(en), die *Nachbarschaft* eines Objektes und ihre *Struktur* sowie die *Metabeschreibung* einer Ressource. Sequenzierungsbezogene Daten fließen zwar nicht in die Isomorphie-Analyse ein, sie werden jedoch insofern verwertet, als dass Nutzer Empfehlungen zur zeitlichen Abfolge eines vorgeschlagenen Lernarrangements erhalten. Formatierungs- und API-bezogene Daten hingegen werden bewusst ausgespart – ihre Spezifität ist zu gering, als dass eine Verwertung lohnenswert erscheint.

Das vorgeschlagene Verfahren wählt einen induktiven Weg: es berechnet für jedes Merkmal die partielle Ähnlichkeit zweier Ressourcen. Die Gesamtähnlichkeit

---

[19]Eine Ausnahme stellt das Attribut Identifier dar, sofern es in kontrollierten Umgebungen Verwendung findet. In diesem Fall ist der Identifier ein verlässliches Bestimmungsmerkmal. Die Ähnlichkeitsuntersuchung kann dann für Lernobjekte entfallen, die den gleichen Identifier aufweisen.

ergibt sich als gewichtete Summe der Teilähnlichkeiten. Über die zweckmäßige Größe der einzelnen Gewichtungsfaktoren wird Kapitel 3.5.6 berichten. Zunächst steht jedoch die Bestimmung der partiellen Ähnlichkeit im Vordergrund. Diese wird für jede der fünf genannten Dimensionen auf mathematischer Ebene erläutert. Fragen zur technischen Implementierung werden dabei ausgeklammert – sie stehen im Mittelpunkt von Kapitel 4.

3.5.1 Inhaltsbezogene Ähnlichkeit – sim_{con}

Die inhaltliche Klassifizierung von Lernobjekten soll an folgendem Beispiel verdeutlicht werden: Gegeben seien die beiden Ressourcen r_i und r_j. Die zugehörige XML-Repräsentation in den jeweiligen Manifest-Instanzen zeigen *Lst.* 3.10 und 3.11. Für eine Bestimmung der inhaltlichen Ähnlichkeit wird die sprachliche Oberfläche der beiden HTML-Dokumente `activity_i.html` und `activity_j.html` analysiert und verglichen. Über die XML-Attribute `xml:base` und `href` der Elemente `<manifest>` bzw. `<resource>` und `<file>` lokalisiert der Indizierungsdienst die textuellen Objekte und liest deren Terme aus. Der Einsatz von Stoppwortlisten und eine morphologische Analyse, bei der konjugierte oder deklinierte Wörter auf ihren Wortstamm zurückgeführt werden, reduziert den Berechnungsaufwand und erhöht die Verlässlichkeit der nachgelagerten Ähnlichkeitsbestimmung.

```
1  <manifest identifier="SAMPLE1"
2    xml:base="http://example.org/"'>
3    <resource identifier="resource_i" adlcp:scormType="asset"
4      type="webcontent" href="activity_i.html">
5      <file href="activity_i.html"/>
6    </resource>
7  </manifest>
```

Listing 3.10: beispielhafte XML-Repräsentation einer Ressource r_i

```
1  <resource identifier="resource_j"
2    adlcp:scormType="asset"
3    type="webcontent" href="activity_j.html">
4    <file href="activity_j.html"/>
5  </resource>
```

Listing 3.11: beispielhafte XML-Repräsentation einer Ressource r_j

Die Untersuchung von Lernobjekten hinsichtlich ihrer inhaltlichen Ähnlichkeit kann mit Hilfe des Vektorraummodells erfolgen. Dabei wird jede Ressource r, die einer automatischen Indizierung zugänglich ist, als (Wort-)Vektor $\vec{r}$ wie folgt dargestellt:

$$\vec{r_i} = (w_{r_i,t_1}, w_{r_i,t_2}, ..., w_{r_i,t_n})$$
$$\text{mit } r_i \in R \text{ und } t_j \in T \tag{3.1}$$

R und T repräsentieren die Menge der indizierten Ressourcen bzw. Terme; w_{r_i,t_j} entspricht dem Gewicht des Terms t_j der Ressource r_i. Zur Berechnung der Termgewichte eignet sich insbesondere das TF-IDF-Verfahren (vgl. Kapitel 2.1.2):

$$w_{r_i,t_j} = \frac{n_{r_i,t_j}}{\max_{t \in T} n_{r_i,t}} \cdot \log\left(\frac{1 + |R|}{|r_{t_j}|}\right) \tag{3.2}$$

wobei n_{r_i,t_j} die Auftrittshäufigkeit des Terms t_j in der Ressource r_i und $|R|$ die Gesamtzahl aller Ressourcen in der Kollektion bezeichnen. Der Nenner des logarithmischen Ausdrucks bezieht sich auf die Anzahl der Ressourcen, die den Term t_j enthalten.

Die Bestimmung der Ähnlichkeit von Ressourcen hinsichtlich ihrer sprachlichen Oberfläche erfolgt über die Distanz der vektoriellen Repräsentanten. Als Distanzmaß dient hierbei der Kosinus des Winkels α, den beide Vektoren einschließen. Dieser ergibt sich aus dem Skalarprodukt der normierten Ressourcenvektoren $\vec{r_i}$ und $\vec{r_j}$ (Gleichung 3.3). Um den Berechnungsaufwand zu reduzieren, kann – wie z. B. von *Wolfgang Stock* in [Sto98] vorgeschlagen – der Vergleich auf die Top-n-Terme beschränkt werden. Berücksichtigt werden also nur solche Terme, deren TF-IDF-Wert einen bestimmten Schwellenwert überschreitet.

$$sim_{con}(r_i, r_j) := \cos\alpha(r_i, r_j) = \frac{\vec{r_i} \cdot \vec{r_j}}{|\vec{r_i}| \cdot |\vec{r_j}|}$$

$$= \frac{\sum\limits_{t \in T} w_{r_i,t} \cdot w_{r_j,t}}{\sqrt{\sum\limits_{t \in T} w_{r_i,t}^2} \cdot \sqrt{\sum\limits_{t \in T} w_{r_j,t}^2}} \tag{3.3}$$

$$\text{mit } 0 \leqslant sim_{con}(r_i, r_j) \leqslant 1$$

Nun entspräche es einer inadäquaten Vereinfachung der realen Gegebenheiten, würde man pauschal annehmen, dass eine Lernressource ausschließlich aus einer einzelnen, textuellen Datei besteht, in der jedes Zeichen durch sich selbst repräsentiert und von einem Indizierungsdienst extrahiert werden kann. Vielmehr muss gerade im E-Learning-Bereich – einer Domäne, die Multimedialität und Interaktivität zu ihren wichtigsten gestalterischen Leitprinzipien erhebt – damit gerechnet werden, dass Lernressourcen in Form von komplexen Multimedia-Objekten in Erscheinung treten, in denen ein großer Teil des zu vermittelnden Wissens nicht-textueller Art ist und in Form von Bild-, Video- oder Audiodateien bereitgestellt wird. Wie aber können multimediale Ressourcen inhaltlich erschlossen und verglichen werden?

Sollen komplexe, multimediale Lernobjekte miteinander verglichen werden, ist es sinnvoll, diese zunächst in nicht-komplexe Medienobjekte zu zerlegen und diese paarweise zu vergleichen [Sch06]. Gegebenenfalls finden also mehrere Ähnlichkeitsberechnungen statt, deren Ergebnisse auf geeignete Weise miteinander verknüpft werden müssen. Allerdings sollten in die Berechnung nur jene Objekte einfließen, denen eine inhaltstragende Funktion zukommt. Hierzu bedarf es einer Datenvorverarbeitung, in der die inhaltliche Relevanz der separierten Objekte beurteilt wird. Auch diese Vorgehensweise soll wieder anhand eines Beispiels erläutert werden.

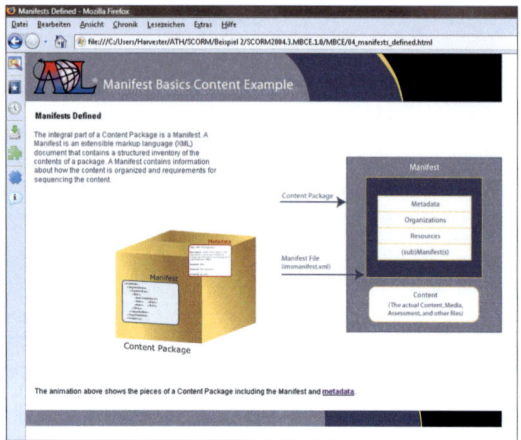

Abbildung 3.10: *Das Lernobjekt* RES-04.html *(04_manifests.html) zu Lst. 3.12. Die Datei* 08_metadata.html *wird über den Hyperlink „metadata" referenziert.*

Das folgende Listing (*Lst.* 3.12) zeigt eine hybride Konstellation binärer und textueller Dateiformate, wie sie für eine multimediale Lernressource typisch ist. Das Beispiel entstand in Anlehnung an das sog. „Manifest Basics Content Example", einem Beispielkurs der ADL-Initiative, der die Gründzüge eines SCORM-Content-Packages anschaulich illustrieren soll[20]. Die Bildschirmausgabe der Ressource ist *Abb.* 3.10 zu entnehmen.

```
1  <resource identifier="RES-04" type="webcontent"
2    href="MBCE/04_manifests.html"
3    adlcp:scormType="sco">
4    <file href="MBCE/04_manifests.html" />
5    <file href="MBCE/08_metadata.html" />
6    <file href="MBCE/flash/page-03.swf" />
7    <file href="MBCE/images/page-12.jpg" />
8    <file href="Shared_Files/scripts/APIWrapper.js" />
9    <file href="Shared_Files/scripts/courseFunctions.js" />
10   <file href="Shared_Files/images/top.jpg" />
11   <file href="Shared_Files/css/snstyle.css" />
12 </resource>
```

Listing 3.12: *XML-Repräsentation einer beispielhaften multimedialen Ressource*

Das physische Inventar dieser Ressource besteht aus einem HTML-Dokument, zwei Dateien, in denen JavaScript-Code ausgelagert wurde, einer Datei mit Formatierungsanweisungen, einer rasterbasierten Grafik im GIF-Format sowie einer Flash-Animation. Die in den JavaScript- bzw. CSS-Dateien enthaltenen API-

---

[20]Der Kurs wird unter http://www.adlnet.gov/scorm/20043ED/CE.aspx zum Herunterladen angeboten.

und formatierungsbezogenen Anweisungen können grundsätzlich ignoriert werden; sie dienen nicht der inhaltlichen Charakterisierung einer Ressource. Für die weitere Analyse verbleiben also (1) das HTML-Dokument sowie (2) die beiden binären Dateien mit der Grafik und der Animation.

Zu (1): Aus dem href-Attribut von <resource> geht hervor, dass ein Learning-Management-System zuerst die Datei 04_manifests.html aufruft, wenn die Aktivität im Kursbaum ausgewählt wird – sie ist also die Initial-Datei der Ressource und sollte als solche in jedem Fall gemäß der oben beschriebenen Vorgehensweise indiziert werden. Nicht selten wird auf Autorenseite der textuelle Anteil des Lerninhalts einer Ressource auf mehrere (HTML-)Dateien verteilt, die dann über Hyperlinks in die Initial-Datei eingebunden werden. In diesem Fall weist das physische Inventar einer Ressource also weitere textuelle Dokumente auf, deren Terme ebenfalls extrahiert und jenen der Initial-Datei hinzugefügt werden sollten.

Zu (2): Binäre Dateien müssen nicht notwendigerweise von inhaltlicher Bedeutung sein. Man denke beispielsweise an Grafikelemente wie Navigationspfeile oder Aufzählungszeichen, Firmenlogos oder andere Elemente eines Corporate Designs. So gehört auch die in *Lst.* 3.12 genannte Ressource top.jpg zu jenen binären Dateien, die ausschließlich der visuellen Gestaltung eines Lernobjekts dienen. Hier ist wie angesprochen eine Datenvorverarbeitung empfehlenswert, bei der inhaltlich irrelevante Medienobjekte ausgefiltert werden. Mögliche Indikatoren für nicht-inhaltstragende Objekte sind:

- die Größe eines Objekts: Layout- und Navigationsorientierte Elemente wie Aufzählungszeichen, Trennbalken oder Navigationspfeile weisen in der Regel ein kleineres Format auf als inhaltstragende Grafiken oder Bilder. Durch Festlegung eines geeigneten Schwellenwertes können irrelevante Objekte gefiltert werden. Allerdings sind auch hier Fehlinterpretationen möglich. So z. B., wenn (inhaltstragende) mathematische Ausdrücke aufgrund der eingeschränkten HTML-Kodierungsmöglichkeiten als Grafiken erstellt werden, deren Größe den festgelegten Schwellenwert unterschreitet.

- eine fehlende Bildunterschrift: diese erschließt sich allerdings nur dem menschlichen Betrachter einer Ressource. Da der HTML-Standard kein eigenes Element für Bildunterschriften vorsieht, ist der maschinelle Auswertung schwierig. Zudem weisen, wie *Abb.* 3.10 vor Augen führt, nicht alle Abbildungen per Konvention Bildunterschriften auf.

- wiederholte Verwendung: Layout- und Navigationsorientierte Elemente werden häufig innerhalb eines Kurses in verschiedenen Ressourcen wiederverwendet. Inhaltstragende Objekte hingegen sind zumeist exklusiv einer einzelnen Ressource vorbehalten. Im Rahmen der Datenvorverarbeitung sollte also überprüft werden, ob die referenzierte Datei auch in andere Ressourcen eingebettet ist. Die Überprüfung kann entfallen, wenn auf Autorenseite für mehrmalig verwendete, Layout- oder Navigations-bezogene Elemente das hierfür vorgesehene <dependency>-Element verwendet wurde (vgl. *Lst.* 3.13).

```
 1  <resource identifier="RES-04" type="webcontent"
 2  href="MBCE/04_manifests.html" adlcp:scormType="sco">
 3    <file href="MBCE/04_manifests.html"/>
 4    <file href="MBCE/08_metadata.html"/>
 5    <file href="MBCE/flash/page-03.swf"/>
 6    <file href="MBCE/images/page-12.jpg"/>
 7    <dependency identifierref="RES-Shared"/>
 8  </resource>
 9  <resource identifier="RES-Shared" type="webcontent"
10  adlcp:scormType="asset">
11    <file href="Shared_Files/scripts/APIWrapper.js"/>
12    <file href="Shared_Files/scripts/courseFunctions.js"/>
13    <file href="Shared_Files/images/top.jpg"/>
14    <file href="Shared_Files/css/snstyle.css"/>
15  </resource>
```

Listing 3.13: *Verwendung des <dependency>-Elements zur Einbindung von Dateien anderer Ressourcen*

Wie aber kann nun die Ähnlichkeit von Lernobjekten beurteilt werden, deren (binär kodierte) Inhalte nicht durch indizierbare Schlüsselterme repräsentiert werden?

Zunächst sollte in einem weiteren Schritt der Datenvorverarbeitung jedem binären Medienobjekt, auf das ein Retrieval-System zugreifen kann, ein eindeutiger Bezeichner zugeordnet werden. Solche Identifier können mit Hilfe von Hash-Funktionen wie z. B. „MD5" erzeugt werden. MD5 berechnet die Prüfsumme einer Datei als 128-Bit-langen Hash-Wert, der in der Regel als 32-stellige Hexadezimalzahl notiert wird. Üblicherweise werden Hash-Funktionen zur Integritätsprüfung von Dateien nach einer Datenübermittlung oder -speicherung benutzt. Sie reagieren sehr sensibel auf Änderungen in Dateien. So reicht ein verändertes Zeichen oder Bit aus, um eine komplett unterschiedliche Prüfsumme hervorzurufen[21].

Werden nun Ressourcen auf Ebene der Medienobjekte verglichen, kann eine weitere Analyse für jene Objekte entfallen, welche den gleichen Hash-Wert aufweisen – diese können mit an Sicherheit grenzender Wahrscheinlichkeit als identisch angesehen werden. Medienobjekte hingegen, deren Hash-Werte voneinander abweichen oder nicht berechnet werden konnten, müssen einer weiteren Analyse unterzogen werden. Von wesentlicher Bedeutung sind dabei Objektbeschreibungen, die entweder automatisiert durch spezielle Extraktionsverfahren erzeugt oder aber von menschlicher Hand in Form einer Metabeschreibung expliziert werden. Charakteristika, die maschinell (und nicht selten durch menschliches Zutun) aus dem Objekt selbst abgeleitet werden, bezeichnet man auch als „Features". Diese werden hinsichtlich ihrer semantischen Wertigkeit in zwei Gruppen unterteilt (vgl. [BVBF07]): „Low-Level Features" beziehen sich im Wesentlichen auf statistische (Roh-)Daten. Typische Low-Level Features von Audiosequenzen sind beispielsweise Tonhöhe, mittlere Amplitude Frequenzverteilung oder Anteil der Stille (Silence Ratio). Bei Bildern können z. B. Positionsmerkmale (Koordinaten von Bildpunkten), Farbmerkmale (Häufigkeitsver-

---

[21]Details zur algorithmischen Verfahrensweise des „Message-Digest Algorithm 5" sind beispielsweise [Riv92] zu entnehmen.

teilung von Pixeln gleicher Farbe) oder Textureigenschaften extrahiert werden. „High-Level Features" hingegen beziehen sich auf Eigenschaften, welche den eigentlichen Inhalt, die Semantik eines Objektes charakterisieren: Welches Objekt ist auf einer Fotografie abgebildet, welcher Gattung gehört ein Musiktitel an, wer wird in einem Video dargestellt etc.? Im Unterschied zu Low-Level Features können High-Level Features nur selten automatisch extrahiert werden. Nur in wenigen Fällen gelingt es, von statistischen Daten auf semantisch bedeutsame Informationen zu schließen, so z. B. wenn eine bestimmte Farbverteilung eines Bildes die Interpretation nahelegt, dass es sich hierbei um die Aufnahme einer Wüste oder eines Waldes handelt[22]. Diese Schwierigkeit, eine Brücke zwischen automatisch extrahierbaren Features und aussagekräftigen Objektbeschreibungen zu schlagen, wird auch als „Semantic Gap" bezeichnet.

Da die Bestimmung der Ähnlichkeit von Medienobjekten auf semantischer Ebene erfolgen sollte, werden für einen Vergleich Daten zu High-Level Features benötigt. Misslingt aber die automatische Extraktion dieser Daten, ist das Retrieval-Verfahren auf manuell erzeugte Objektbeschreibungen angewiesen, die in standardisierter Form vorliegen sollten. SCORM empfiehlt Anbietern von Lerninhalten, diese gemäß dem LOM-Standard zu annotieren. Auf Manifest-Ebene werden Metabeschreibungen von Medienobjekten innerhalb des `<file>`-Elements bereit gestellt (vgl. *Abb.* 3.4). Die Verwertung dieser textuellen Beschreibungen kann analog der in Kapitel 3.5.3 erläuterten Verfahrensweise erfolgen. Die Annotationsterme werden indiziert und entsprechend ihres Lokalisierungspfades in der Metabschreibung mit einer Präfix versehen (z. B. `lom.general.keyword.Muskelkontraktion`). Eine Gewichtung der Terme erfolgt entsprechend der inhaltlichen Spezifität eines Metadatenattributs. Über eine Ähnlichkeitsmetrik wie dem Kosinusmaß kann dann unter Nutzung des Vektorraummodells die Ähnlichkeit der paarweise verglichenen Objekte ermittelt werden[23].

Die Anzahl der erforderlichen Ähnlichkeitsberechnungen ist variabel und hängt vom Umfang des physischen Inventars der multimedialen Lernobjekte ab. Je mehr Medienobjekte die involvierten Ressourcen enthalten, desto mehr Berechnungen müssen auch vollzogen werden. Um die Gesamtähnlichkeit zu bestimmen, werden die verschiedenen Einzelwerte auf geeignete Weise aggregiert. Eine Aggregationsfunktion sim_{con} sollte dabei den in Kapitel 3.5.6 genannten Anforderungen gerecht werden. Eine häufig genutzte Möglichkeit der Zusammenführung von Ähnlichkeitswerten stellt das arithmetische Mittel dar:

$$sim_{con}(x_1 ... , x_n) = \left(\frac{x_1 + ... + x_n}{n} \right) \qquad (3.4)$$

wobei n die Anzahl der Eingangswerte repräsentiert. Unter Umständen kann es sinnvoll sein, die Ähnlichkeitswerte unterschiedlich zu gewichten. So kann bei-

---

[22]Verfahren zur (semi-)automatischen Extraktion von High-Level Features werden beispielsweise in [BVBF07, Sch06, May97] vorgestellt.

[23]Eine alternative Möglichkeit wäre es, mit Hilfe der textuellen Umgebung eines Medienobjekts eine Objektbeschreibung zu konstruieren. Hierzu müsste definiert werden, bis zu welcher maximalen Anzahl von Zeichen vor und nach der Einbettung oder Referenzierung eines Medienobjekts Terme indiziert werden sollen. Da die Terme der Initial-Datei aber ohnehin schon in die Ähnlichkeitsberechnung einfließen, verspricht diese bei Bildsuchmaschinen gängige Praxis keinen großen Mehrwert.

spielsweise eine Priorisierung des Vergleichs von textuellen Objekten erwünscht sein, weil hier verlässlichere Werte erwartet werden. In diesem Fall sollte jedes einzelne Gewicht w im Intervall $[0; 1]$ liegen und die Summe der Gewichte gleich 1 sein:

$$\sum_{i=1}^{n} \omega_i = 1 \text{ mit } 0 \leqslant \omega_i \leqslant 1 \tag{3.5}$$

Das gewichtete arithmetische Mittel ergibt sich dann entsprechend Gleichung 3.6.

$$sim_{con}(x_1..., x_n) = \sum_{i=1}^{n} \omega_i \cdot x_i \tag{3.6}$$

3.5.2 Titelbezogene Ähnlichkeit – *sim*$_{title}$

Abschitt 3.4.9 hat gezeigt, dass die Verfügbarkeit sprachlicher Beschreibungen für Lernobjekte unsicher ist. Eine alternative Möglichkeit, eine solche Beschreibung zu konstruieren, bieten die Titel-Deskriptoren von Aktivitäten. Als Manifest-immanentes, obligatorisches Objektmerkmal ist die Nutzbarkeit dieses Deskriptors für alle Ressourcen gewährleistet. *Abb.* 3.11 illustriert beispielhaft die Verwertung dieser Art von Eingangsdaten.

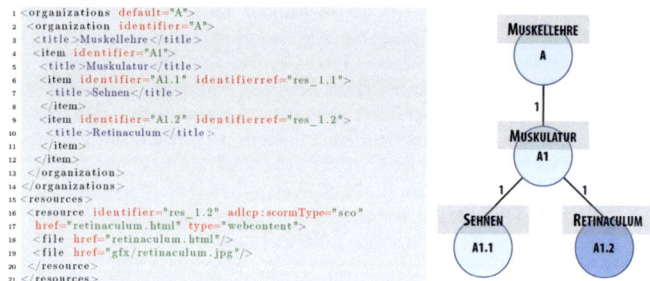

Abbildung 3.11: *Auszug einer Manifest-Datei mit Blickrichtung auf die Titel der Aktivitäten als Quelltext (links) und Baumstruktur (rechts).*

Betrachtet wird die Ressource res_1.2. Diese ist mit einer Aktivität verknüpft, die den Titel „Retinaculum" trägt. Auf gleicher Ebene im Aktivitätsbaum befindet sich die Ressource res_1.1 mit dem Titel „Sehnen". Beide Aktivitäten sind Teil der Elternaktivität „Muskulatur" des Kurses „Muskellehre". Im Rahmen der Datenvorverarbeitung sollten zunächst alle nicht-inhaltstragenden Terme[24] aussortiert werden. Hierzu gehören neben den „üblichen Verdächtigen" wie Artikel, Präpositionen und Konjunktionen auch solche, die gerne zur Gliederung eines Lernangebots Verwendung finden, darunter z. B. Terme wie „Motivation", „Beispiel", „Einführung" oder „Zusammenfassung". Die verbleibenden Terme der

---

[24]Wenn im weiteren Verlauf dieses Abschnitts von Termen gesprochen wird, sind damit immer die Titelterme einer Aktivität gemeint.

betrachteten Ressource werden *zusammen* mit den Termen der über- oder nebengeordneten Aktivitäten – ähnlich wie in Gleichung 3.1 beschrieben – vektoriell der Ressource r zugeordnet, wobei H die Menge der Titelterme und R die
Menge der Ressourcen verkörpert:

$$\vec{r_i} = (w_{r_i,h_1}, w_{r_i,h_2}, ..., w_{r_i,h_n})$$
$$\text{mit } r_i \in R \text{ und } h_j \in H \tag{3.7}$$

Bei der Gewichtung der Titelterme erscheint das TF-IDF-Verfahren als ungeeignet – zumindest was die TF-Komponente betrifft. Denn dieser liegt die Annahme zugrunde, dass häufig genannte Terme eine höhere Diskriminationsstärke
aufweisen als solche, die nur sporadisch in Erscheinung treten. Bei Titeltermen
wird man diese Häufung jedoch selten beobachten. Folglich muss die inhaltliche
Relevanz der Terme anhand eines anderen Indikators festgemacht werden.

Ein solcher Indikator kann der Abstand einer benachbarten Aktivität des gleichen Aktivitätsbaums sein. Umso näher eine Aktivität auf Graphen-Ebene an
der Zielressource liegt, desto stärker können die assoziierten Terme gewichtet
werden. Der Abstand kann über die Summe der Gewichte aller Kanten opera-
tionalisiert werden, die auf dem kürzesten Weg der Länge $|W|$ zwischen den
Endknoten a_{r_i} und a_{h_j} durchschritten werden[25]. Dabei bezeichnet a_{r_i} die mit
der Ausgangsressource r_i assoziierte Aktivität, während der zweite Endknoten
den Term h_j zur Charakterisierung der Ausgangsressource bereitstellt.

Die Gewichtung eines einzelnen Terms w_{r_i,h_j} ergibt sich aus dem Kehrwert
der Summe der Kantengewichte g, wobei eine Kante zwischen zwei benachbarten
Aktivitäten der gleichen Organization in der Form $\langle a_k, a_{k+1} \rangle$ notiert wird:

$$w_{r_i,h_j} = \sum_{o_{r_i,h_j} \in O} \frac{1}{1 + \left| W_{a_{r_i},a_{h_j}} \right|} = \sum_{o_{r_i,h_j} \in O} \frac{1}{1 + \sum_{k=1}^{m-1} g(\langle a_k, a_{k+1} \rangle)}$$
$$\text{mit } a \in A_{r_i} \text{ wobei gilt:}$$
$$a_k = a_{r_i} \text{ für } k = 1$$
$$a_{k+1} = a_{h_j} \text{ für } k = m - 1, \tag{3.8}$$
$$w_{r_i,h_j} \in \,]0;1[\text{ für } a_{r_i} \neq a_{h_j} \text{ und}$$
$$w_{r_i,h_j} = 1 \text{ für } a_{r_i} = a_{h_j}$$

In Gleichung 3.8 repräsentiert A_{r_i} die Menge aller Aktivitäten, die gemeinsam
mit der Aktivität a_{r_i} der assoziierten Ressource r_i in einem oder mehreren Aktivitätsbäumen bzw. Content Organizations $o \in O$ auftreten. Einer Ressource
also, die beispielsweise in drei unterschiedliche Content Organizations eingebunden ist, werden folglich die Titelterme aller Aktivitäten dieser drei Kurse
zugeordnet[26]. Der Summand 1 im Nenner verhindert, dass dieser 0 wird, falls
gilt: $a_{r_i} = a_{h_j}$. Tritt die Ressource r_i noch in einer anderen Content Organization o_{r_i,h_j} in Erscheinung, die ebenfalls den Titelterm h_j aufweist, werden die
berechneten Einzelwerte für die Termgewichte w_{r_i,h_j} summiert.

---

[25] Der Weg W ist eine Folge von $m - 1$ Kanten, die m Aktivitäten miteinander verbinden. Bei
einem konstanten Kantengewicht von 1 ist die Summe der Kantengewichtet gleich $m - 1$.
[26] Weiter gilt: $A_{r_i} \subset A \supset R$, wobei A für die Menge aller Aktivitäten im gesamten Manifestbe-
stand steht. Die Menge R ist eine Teilmenge von A, da jede Ressource mit einer Aktivität,
nicht jede Aktivität aber mit einer Ressource assoziiert ist, wie dies für Cluster-Aktivitäten
der Fall ist (vgl. Kapitel 2.4.1).

Abb. 3.12 zeigt den Ausschnitt des Aktivitätsbaums, wie er zuvor in *Abb.* 3.11 auf XML-Ebene definiert wurde. Die Kantengewichte sind in dem Beispiel auf 1 gesetzt. Die Tabelle rechts enthält die Gewichte derjenigen Terme, die der Ressource `act_1.2` zugeschrieben werden.

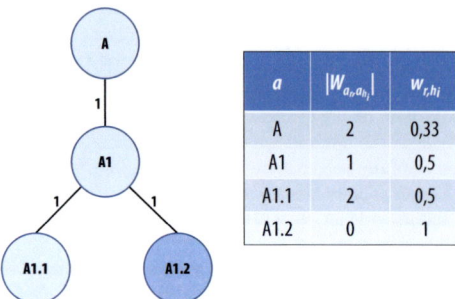

Abbildung 3.12: *Aktivitätsbaum aus Abb. 3.11 mit den berechneten Termgewichten für die Ressource* `res_1.2`, *die an die Aktivität* `A1.2` *gekoppelt ist.*

Eine Gewichtung sollte jedoch nicht alleine aus lokaler Perspektive erfolgen, bei der die Titel-Deskriptoren einer Ressource entsprechend der strukturellen Verankerung ihrer zugehörigen Aktivitäten bewertet werden. Vielmehr bedarf es – wie es auch das TF-IDF-Verfahren nahelegt – einer globalen Komponente, welche das Auftreten der Terme im gesamten Datenbestand eruiert. Hierbei kann die Inverse Document Frequency (oder besser: „Inverse *Organization* Frequency") herangezogen werden. Diese zählt die Anzahl der Content-Organizations, die den Term h_j enthalten und setzt das Ergebnis zur Gesamtzahl der gespeicherten Organizations ins (logarithmische) Verhältnis. Gleichung 3.9 ergänzt Gleichung 3.8 um diese zweite, globale Gewichtskomponente[27]:

$$w_{r_i,h_j} = \sum_{o_{r_i,h_j} \in O} \frac{1}{1 + \left| W_{a_{r_i},a_{h_j}} \right|} \cdot \log\left(\frac{|O|}{|o_{h_j}|}\right) \qquad (3.9)$$

wobei O wieder die Menge aller Organizations, und $\left|o_{h_j}\right|$ die Anzahl jener Organizations kennzeichnet, in denen der Titelterm h_j auftritt.

---

[27]Mit der Logarithmierung wird erreicht, dass große Werte gedämpft werden, die bei geringen Termfrequenzen entstehen.

Sind die Termgewichte berechnet, kann abschließend die partielle Ähnlichkeit sim_{title} zweier Ressourcen r_i und r_j bestimmt werden. Die Berechnung erfolgt analog Gleichung 3.3:

$$sim_{title}(r_i, r_j) := \cos \alpha(r_i, r_j) = \frac{\vec{r_i} \cdot \vec{r_j}}{|\vec{r_i}| \cdot |\vec{r_j}|}$$

$$= \frac{\sum\limits_{h \in H} w_{r_i,h} \cdot w_{r_j,h}}{\sqrt{\sum\limits_{h \in H} w_{r_i,h}^2} \cdot \sqrt{\sum\limits_{h \in H} w_{r_j,h}^2}} \tag{3.10}$$

$$\text{mit } 0 \leqslant sim_{title}(r_i, r_j) \leqslant 1$$

3.5.3 Metadatenbezogene Ähnlichkeit – sim_{meta}

Kapitel 3.5.1 thematisierte bereits den Vergleich von Ressourcen anhand von Metadeskriptoren. Während dort allerdings Metabeschreibungen auf `<file>`-Ebene betrachtet wurden, geht es im Folgenden um Deskriptoren, die auf `<resource>`- bzw. `<item>`-Ebene vorliegen. *Lst.* 3.14 gibt dazu ein Beispiel:

```
 1 <resource identifier="res1" adlcp:scormType="sco"
 2 href="muskelformen.html" type="webcontent">
 3  <metadata>
 4   <lom:lom>
 5    <lom:general>
 6     <lom:title>
 7      <lom:string>Überblick über die
 8      veschiedenen Muskelformen</lom:string>
 9     </lom:title>
10     <lom:language>de</lom:language>
11     <lom:description>
12      <lom:string> der Muskulatur</lom:string>
13     </lom:description>
14     <lom:keyword>
15      <lom:string>Muskelformen</lom:string>
16     </lom:keyword>
17     <lom:keyword>
18      <lom:string>Muskellehre</lom:string>
19     </lom:keyword>
20    </lom:general>
21   </lom:lom>
22  </metadata>
23  <file href="muskelformen.html"/>
24 </resource>
```

Listing 3.14: *Exemplarische Metabeschreibung eines Lernobjekts innerhalb eines* `<resource>`-*Elements*

SCORM erlaubt Metabeschreibungen für alle Komponenten des Aggregationsmodells (vgl. Kapitel 2.4.1). Die Metabeschreibung eines Lernobjekts muss deswegen nicht notwendigerweise – wie dies in dem oben genannten Quelltext der Fall ist – innerhalb eines `<resource>`-Elements erfolgen, sie kann auch auf `<item>`-Ebene in die assoziierte Aktivität eingebunden werden. Folglich müssen

165

beide Ebenen bei einer Indizierung Berücksichtigung finden. Zudem ist darauf zu achten, dass der semantische Zusammenhang eines Terms erhalten bleibt, der durch die Zugehörigkeit zu einer LOM-Kategorie hergestellt wird. Andernfalls besteht die Gefahr, dass aufgrund syntaktisch identischer, aber kategorisch unterschiedlicher Terme, eine Verwandtschaft zweier Ressourcen attestiert wird, die faktisch nicht vorhanden ist. Man denke beispielsweise an den Metaterm „HTML", der sich in der einen Ressource auf das technische Format (`lom.technical.format.HTML`) und in der anderen auf einen inhaltlichen Schlüsselbegriff (`lom.general.keyword.string.HTML`) beziehen könnte.

Eine Klassifizierung ähnlicher Ressourcen anhand ihrer Meta-Attribute ist wieder mit Hilfe des Vektorraummodells möglich. Ein Lernobjekt wird dabei über die gewichteten Metaterme m vektoriell repräsentiert. Diese entstammen der Menge M aller Metaterme für Ressourcen bzw. Aktivitäten, die mit einer Ressource verknüpft sind:

$$\vec{r_i} = (w_{r_i,m_1}, w_{r_i,m_2}, ..., w_{r_i,m_n})$$
$$\text{mit } m_j \in M \tag{3.11}$$

Auch hier erscheint die Term Frequency wenig geeignet, eine sinnvolle Gewichtung w von Metatermen herbeizuführen. Denn in diesem Fall manifestiert sich die Diskriminationsstärke der Terme nicht in ihrer lokalen Häufung, sondern in ihrer Zugehörigkeit zu einer Kategorie des LOM-Standards. Die Diskriminationsstärke der einzelnen Annotierungsbereiche ist dabei durchaus unterschiedlich zu beurteilen. So besitzen die Elemente der Kategorie `lom.general` (wie z. B. `title`, `keyword` oder `description`) eine sicherlich höhere Spezifität als solche, die der Kategorie `lom.lifeCycle` angehören. *Abb.* 3.13 stellt die verschiedenen Attributbereiche des LOM-Standards hinsichtlich ihrer Spezifität graphisch gegenüber[28].

Die Schätzung der Diskriminationsstärke bzw. Spezifität in *Abb.* 3.13 legt ein Gewichtungsschema nahe, dass ausgehend von einer maximalen Gewichtung der Terme der Kategorie `lom.general` das Gewicht von Kategorie zu Kategorie sukzessive verringert. Eine einfache Variante wäre beispielsweise, der ersten Kategorie den Wert 1 zuzuweisen, während die Gewichte der anderen Kategorie schrittweise um den Betrag $1/9$ reduziert werden. Ähnlich wie in Kapitel 3.5.2 wird auch diese Gewichtungskomponente ergänzt um eine zweite, welche die Auftretenshäufigkeit der Terme im gesamten (Meta-)Datenbestand betrachtet. Diese zweite Komponente gewährleistet, dass häufig vorkommende Terme wie z. B. „Einführung" oder „Überblick" ein geringeres Gewicht erhalten als solche, die eher selten Verwendung finden. Gleichung 3.12 führt die beiden Gewichtungskomponenten zusammen, wobei L die Menge der Termgewichte darstellt, die für die einzelnen Kategorien festgelegt wurden. U hingegen ist die Menge aller Metadatensätze für Ressourcen[29].

---

[28]Vereinfacht wird davon ausgegangen, dass die Spezifität von Elementen innerhalb der gleichen Kategorie relativ homogen ist.

[29]Liegen zu ein und derselben Ressource mehrere Metabeschreibungen in verschiedenen Manifesten vor, werden diese zu einer Metabeschreibung aggregiert, wobei identische Terme gleicher Kategorie ignoriert werden.

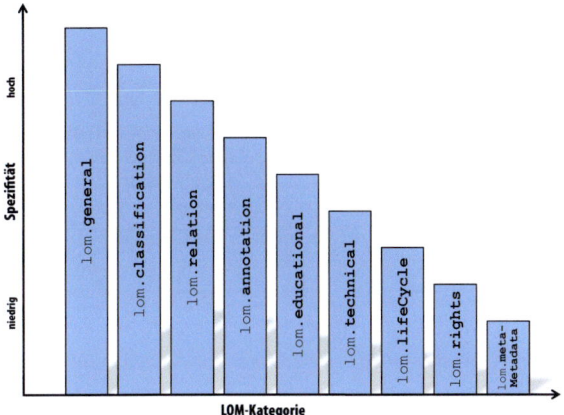

Abbildung 3.13: *Vergleich der Metadaten-Kategorien des LOM-Standards hinsichtlich ihrer Diskriminationsstärke*

$$w_{r_i, m_j} = l_k \cdot \log\left(\frac{|U|}{|u_{m_j}|}\right) \text{ mit}$$

$$u \in U \text{ und}$$

$$l \in L = \{l_{gen}, l_{life}, l_{meta}, l_{tech}, l_{edu}, l_{rights}, l_{rel}, l_{anno}, l_{class}\}$$

(3.12)

Die Berechnung der Ähnlichkeit zweier Ressourcen r_i und r_j anhand ihrer Metadeskriptoren zeigt abschließend Gleichung 3.13:

$$sim_{meta}(r_i, r_j) := \cos\alpha(r_i, r_j) = \frac{\vec{r_i} \cdot \vec{r_j}}{|\vec{r_i}| \cdot |\vec{r_j}|}$$

$$= \frac{\sum\limits_{m \in M} w_{r_i, m} \cdot w_{r_j, m}}{\sqrt{\sum\limits_{m \in M} w_{r_i, m}^2} \cdot \sqrt{\sum\limits_{m \in M} w_{r_j, m}^2}}$$

(3.13)

$$\text{mit } 0 \leqslant sim_{meta}(r_i, r_j) \leqslant 1$$

3.5.4 Nachbarschaftsbezogene Ähnlichkeit – *sim*$_{neigh}$

Die Nachbarschaft eines Lernobjekts erstreckt sich auf alle Aktivitätsbäume, in welche das Objekt eingebunden ist. Sie bezieht sich ausschließlich auf die Blätter dieser Bäume – (Cluster-)Aktivitäten, die mit keiner Ressource direkt verknüpft sind, werden nicht betrachtet. Die Nachbarschaft einer Ressource kann wieder als Vektor in der Form

$$\vec{r_i} = (w_{r_i,r_1}, w_{r_i,r_2}, ..., w_{r_i,r_n})$$
$$\text{mit } r_l \in R_{r_i} \subset R \tag{3.14}$$

dargestellt werden. Die Menge R_{r_i} ist eine Teilmenge von R, die jene Ressourcen enthält, die zusammen mit r_i Teil der gleichen Content Organization(s) sind. Zur Verdeutlichung der Berechnung des Ressourcengewichts w wird nochmals *Lst. 3.2* in Kapitel 3.3.2 bemüht. Das Ausgangsobjekt r_i soll in diesem Fall die Ressource mit der ID `res_1.3.2` sein. Dieses Objekt hat innerhalb seines Kurses vier Nachbar-Ressourcen (vgl. *Abb. 3.14*).

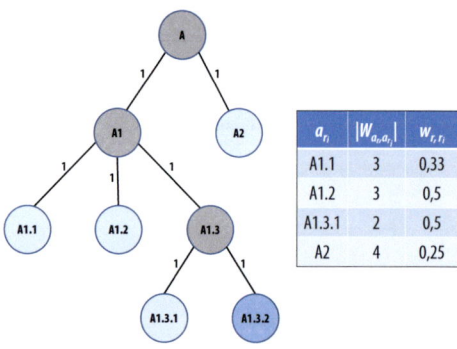

Abbildung 3.14: *Aktivitätsbaum zu Lst. 3.2. Allen Kanten des Graphen wurde das Gewicht 1 zugeordnet. Die Tabelle rechts enthält die berechneten Werte für die Distanz d und Gewichtung w nach Gleichung 3.15. Bezugsobjekt ist dabei die Aktivität 1.3.2.*

Vereinfacht wird angenommen, dass keine weiteren Content Organizations existieren, in welche `res_1.3.2` ebenfalls involviert ist. $\vec{r_i}$, dessen umgebender Vektorraum sich über alle Ressourcen der Menge R aufspannt, wird also ausschließlich durch die Objekte ausgerichtet, die mit den Aktivitäten `A1.1`, `A1.2`, `A1.3.1` und `A2` verknüpft sind. Wie aber können nun die vier Attribute dieses Nachbarschafts-Vektors gewichtet werden?

Ein sehr einfaches, binäres Schema ordnet einer Ressource entweder den Wert 1 („ist Nachbar von r_i") oder den Wert 0 („ist nicht Nachbar von r_i") zu. Alle Nachbarschaftsressourcen würden folglich das gleiche Gewicht erhalten – unabhängig davon, wie *nahe* die Ressourcen einander stehen, ob sie also z. B. Teil des gleichen Clusters sind oder gänzlich unterschiedlichen Elternaktivitäten aufweisen. Diese strukturelle Nähe aber sollte in die Gewichtung einfließen, da ein Geschwisterknoten eine inhaltlich und didaktisch stärkere Affinität besitzt als ein Knoten bzw. eine Ressource, die einem anderen Cluster angehört. Eine solche Gewichtung kann ähnlich der in Kapitel 3.5.2 beschriebenen Vorgehensweise zur Bewertung von Titeltermen erfolgen. Maßgeblich ist auch hier der kürzeste Weg W zwischen zwei Ressourcen r_i und r_l bzw. ihrer assoziierten Aktivitäten

a_{r_i} und a_{r_l} innerhalb des betrachteten Aktivitätsbaums. Tritt die Kombination (r_i, r_l) in mehreren Aktivitätsbäumen o_{r_i, r_l} auf, werden die Gewichte summiert. Häufig gewählte Kombinationen fließen also stärker in die Ähnlichkeitsberechnung ein.

Wie Gleichung 3.15 zeigt, ergibt sich die Gewichtung einer Ressource des gleichen Aktivitätsbaums aus dem Kehrwert der Distanz bzw. der Weglänge. Letztere entspricht bei einem ungewichteten Graphen der Anzahl der Kanten, die zwischen beiden Endknoten passiert werden. Bei einem gewichteten Graphen ist die Länge des Weges gleich der Summe seiner Kantengewichte:

$$w_{r_i, r_l} = \sum_{o_{r_i, r_l} \in O} \frac{1}{\left| W_{a_{r_i}, a_{r_l}} \right|} = \sum_{o_{r_i, r_l} \in O} \frac{1}{\sum\limits_{k=1}^{m-1} g(\langle a_k, a_{k+1} \rangle)} \text{ wobei gilt:}$$

$$a_k = a_{r_i} \text{ für } k = 1$$
$$a_{k+1} = a_{r_l} \text{ für } k = m - 1$$

$$(3.15)$$

Die Ähnlichkeit zweier Lernobjekte hinsichtlich ihrer jeweiligen Nachbarschaft wird über das normierte Skalarprodukt der beiden Vektoren $\vec{r_i}$ und $\vec{r_j}$ berechnet:

$$sim_{neigh}(r_i, r_j) := \cos\alpha(r_i, r_j) = \frac{\vec{r_i} \cdot \vec{r_j}}{|\vec{r_i}| \cdot |\vec{r_j}|}$$

$$= \frac{\sum\limits_{r \in R} w_{r_i, r} \cdot w_{r_j, r}}{\sqrt{\sum\limits_{r \in R} w_{r_i, r}^2} \cdot \sqrt{\sum\limits_{r \in R} w_{r_j, r}^2}}$$

$$(3.16)$$

$$\text{mit } 0 \leqslant sim_{neigh}(r_i, r_j) \leqslant 1$$

3.5.5 Graphbezogene Ähnlichkeit – sim_{graph}

Eine weitere Eigenschaft von Lernobjekten, die ebenfalls dazu beitragen kann, ähnliche Ressourcen aufzufinden, ist abermals auf Graphenebene angesiedelt. Es ist die Struktur des Aktivitätsbaums, an der eine Ressource als Blattknoten partizipiert. Dabei ist es unerheblich, wie die Knoten dieses Baumes benannt sind, welche Aktivitäten sie repräsentieren und welche anderen Ressourcen referenziert werden. Ausschlaggebend ist alleine die Struktur der Graphen. Ist diese ähnlich, gelten auch die involvierten Ressourcen als (partiell) ähnlich. Als Vergleichskriterium dient also die Isomorphie der Aktivitätsbäume. Wie aber kann diese untersucht werden?

Generell ist zu erwarten, dass die Varianz der betrachteten Umgebungen zweier ähnlicher Ressourcen in ihrer unmittelbaren Nachbarschaft schwächer sein wird, als in weiter entfernten Teilbereichen der Graphen. Dies liegt naturgemäß daran, dass eine Ressource die Freiheitsgrade ihrer Kombinierbarkeit mit anderen Objekten umso stärker einschränkt, je näher diese strukturell an der Ausgangsressource liegen. In Kapitel 3.4.6 wurde bereits darauf hingewiesen, dass aufgrund einer manchmal unvermeidbaren gegenseitigen Abhängigkeit von Ressourcen der Gestaltungsspielraum für neue Arrangements eher gering ist.

Solche voneinander abhängigen Einheiten werden bei einer Wiederverwendung nicht getrennt, sondern als komplette Einheit in einen neuen Kurs überführt. Entsprechend gleichen sich auch die Strukturen der übernommenen Lerneinheiten. Wenn aber die Überlegung richtig ist, dass die Varianz der Umgebung abhängig von der Nähe zur Ausgangsressource ist, führt dies zu dem Schluss, dass sich die Untersuchung der Isomorphie von Aktivitätsbäumen nicht auf den kompletten Graphen erstrecken sollte, sondern lediglich auf einen Teilbereich.

Für die Bestimmung der Isomorphie wird der betrachtete Ast in einen binären Code, d.h. in eine $0 - 1$-Folge überführt. Hierzu umwandert der Algorithmus den Teilbaum ausgehend vom obersten Knoten (also dem direkten Nachfolger der Wurzel) nach links unten. Immer dann, wenn er auf einen tiefer gelegenen Knoten trifft, wird dem Binärwort eine 1 hinzugefügt. Erreicht der Algorithmus hingegen eine höher gelegene Aktivität, wird eine 0 notiert (vgl. [Tit03]).

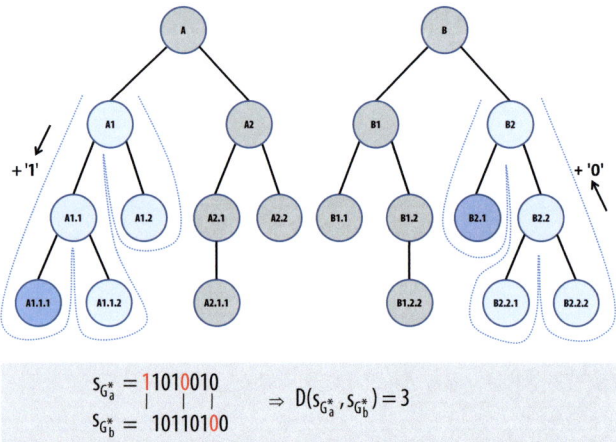

Abbildung 3.15: *Bestimmung der Isomorphie von zwei Teilgraphen G_a^* und G_a^* – sie werden jeweils von einer gepunkteten Linie umspannt – anhand der Levenshtein-Distanz D ihrer Binärrepräsentationen $s_{G_a^*}$ und $s_{G_b^*}$.*

Die Zahlenfolge, die auf diese Weise für einen Teilbaum mit n Knoten entsteht, besitzt $2(n-1)$ Stellen und weist jeweils $n-1$ Nullen und Einsen auf. Mit Hilfe der „Levenshtein-Distanz" kann dann die Ähnlichkeit zweier Binärworte und damit auch die Ähnlichkeit der Graphen berechnet werden[30]. Das nach dem russischen Mathematiker *Vladimir Levenshtein* benannte und in [Lev66] vorgestellte Vergleichsverfahren ermittelt die minimale Anzahl von Operationen, die erforderlich sind, um eine Zeichenkette in eine andere zu transformieren. Zulässige Operationen sind dabei „Einfügen", „Ersetzen" und „Löschen". Um beispielsweise

---

[30]Die Levenshtein-Distanz wird auch häufig als „Edit-Distanz" oder „Editierabstand" bezeichnet.

die Zeichenkette 1001 in das Binärwort 1100 zu überführen, müssen zwei Ersetzungen vorgenommen werden. Entsprechend beträgt der Editierabstand 2, falls das Ersetzen eines Zeichens mit dem Gewicht 1 bewertet wird[31]. Eine auf einen Wertebereich zwischen $[0; 1]$ normierte Ähnlichkeit zeigt Gleichung 3.17. Die Levenshtein-Distanz D wird dabei durch die Länge der längsten Zeichenkette S eines Teilgraphen G^* dividiert und von 1 subtrahiert[32]:

$$sim_{graph}(r_i, r_j) = 1 - \frac{D\left(s_{G_i^*}, s_{G_j^*}\right)}{\max\left\{\left|s_{G_i^*}\right|, \left|s_{G_j^*}\right|\right\}} \qquad (3.17)$$

Wenn die Umwanderung der beiden Graphen der Konvention folgt, und der Weg von links oben nach rechts oben führt, wird jedes Binärwort mit 1 beginnen und mit 0 enden. Unabhängig von der konkreten Gestaltung der Wurzelbäume ist also eine Grundähnlichkeit von $1 - \left(\frac{\max\left\{\left|s_{G_i^*}\right|, \left|s_{G_j^*}\right|\right\} - 2}{\max\left\{\left|s_{G_i^*}\right|, \left|s_{G_j^*}\right|\right\}}\right) = \frac{2}{\max\left\{\left|s_{G_i^*}\right|, \left|s_{G_j^*}\right|\right\}}$ vorhanden. Der berechnete Ähnlichkeitswert sollte nur dann übernommen werden, wenn dieser Schwellenwert überschritten wird.

Folgendes Beispiel – veranschaulicht anhand von *Abb.* 3.15 – soll die Bestimmung der Isomorphie verdeutlichen: Gegeben seien zwei Aktivitätsbäume $G_a (A_a, E_a)$ und $G_b (A_b, E_b)$, bestehend aus einer Menge von Knoten bzw. Aktivitäten A und einer Menge von Kanten E. G_a referenziert die Ressource r_a (Aktivität A1.1.1), G_b die Ressource r_b (Aktivität B2.1). Ziel ist es, die strukturelle Ähnlichkeit der jeweiligen Umgebungen von r_a und r_b zu berechnen. Hierzu werden die Teilgraphen G_a^* mit $A_a = \{A1, A1.1, A1.2, A1.1.1, A1.1.2\}$ und G_b^* mit $A_b = \{B2, B2.1, B2.2, B2.2.1, B2.2.2\}$ betrachtet – d.h. alle Vorgänger einer Ressource bis zur Wurzel des Baumes sowie alle Nachfahren dieser Vorgänger bis zu den Blattknoten. Die binäre Repräsentation s der beiden Äste lautet 11010010 für G_a^* und 10110100 für G_b^*. Um beide Zeichenketten ineinander zu überführen, sind 3 Operationen erforderlich (zweimal Einfügen, einmal Ersetzen). Die Levenshtein-Distanz $D(s_{G_a^*}, s_{G_b^*})$ beträgt also 3, die nach Gleichung 3.17 berechnete Ähnlichkeit der beiden Teilgraphen liegt bei 0,625.

---

[31] Die algorithmische Umsetzung dieses Verfahrens und Verfahrensvarianten werden beispielsweise in [Kru83] vorgestellt. Dort wird auch darauf hingewiesen, dass der Algorithmus zur Bestimmung des minimalen Editierabstands von mehr als neun Wissenschaftlern zeitgleich und unabhängig voneinander entwickelt wurde.

[32] Der hier dargelegte Ansatz bedarf einer Erweiterung, wenn eine oder beide Bezugsressourcen an mehr als einem Aktivitätsbaum partizipieren. In diesem Fall bleibt es nicht bei einem einzelnen Vergleich. Vielmehr müssen alle Aktivitätsbäume auf beiden Seiten paarweise verglichen werden. Da aufgrund der Unschärfe des Verfahrens mit Ausreißern gerechnet werden muss und die Anzahl der Ähnlichkeitswerte in der Regel relativ gering sein wird – für eine Ressource r_i in n und eine Ressource r_j in m Kursen sind $n \cdot m$ Ähnlichkeitsberechnungen erforderlich –, liegt es nahe, nicht das arithmetische Mittel, sondern den Median der Zahlenreihe zu bestimmen und diesen in die Berechnung der Gesamtähnlichkeit einfließen zu lassen.

3.5.6 Bestimmung der Gesamtähnlichkeit – sim_{agg}

Insgesamt werden also pro Ressourcenpaar bis zu fünf Einzelwerte berechnet[33]: die Ähnlichkeit der inhaltlichen Gestaltung, die Ähnlichkeit der Metabeschreibungen, die Ähnlichkeit der Titulierung, die Ähnlichkeit der Umgebungen und schließlich die Ähnlichkeit der graphischen Strukturen. Diese fünf Werte müssen auf sinnvolle Art und Weise aggregiert werden, um einen aussagekräftigen Gesamtwert zu bilden, der eine Klassifizierung ähnlicher Objekte erlaubt. Diese Aggregationsfunktion sim_{agg} sollte folgenden Anforderungen genügen (vgl. [Sch06]):

1. Die einzelnen Ähnlichkeitswerte $(x_1, \ldots, x_5)$ liegen im Intervall $[0; 1]$. Die Aggregatfunktion muss diese Einzelwerte auf einen Gesamtwert abbilden, der ebenfalls im Intervall $[0; 1]$ liegt:

$$sim_{agg} : [0; 1]^n \rightarrow [0; 1] \tag{3.18}$$

2. Steigen oder sinken die aggregierten Ähnlichkeitswerte, muss auch der Gesamtwert steigen oder sinken (strenge Monotonie):

$$x_1 < y_1 \wedge \ldots \wedge x_n < y_n \Rightarrow sim_{agg}(x_1, ..., x_n) < sim_{agg}(y_1, ..., y_n)$$
$$x_1 > y_1 \wedge \ldots \wedge x_n > y_n \Rightarrow sim_{agg}(x_1, ..., x_n) > sim_{agg}(y_1, ..., y_n) \tag{3.19}$$

3. Die Aggregatfunktion muss stetig sein – minimale Änderungen der Eingangswerte sollen sich auch nur in kleinen Änderungen der Funktionswerte bemerkbar machen und nicht zu abrupten Sprüngen führen.

4. Die Aggregation gleicher Ähnlichkeitswerte muss als Ergebnis den Ähnlichkeitswert selbst liefern (Idempotenz):

$$sim_{agg}(a, ..., a) = a \tag{3.20}$$

5. Die Reihenfolge der aggregierten Werte ist für die Berechnung der Gesamtähnlichkeit unerheblich:

$$sim_{agg}(x_1, ..., x_n) = sim_{agg}(x_{p_1}, ..., x_{p_n}) \tag{3.21}$$

wobei p_i eine beliebige Permutation der Werte i bezeichnet.

Eine geeignete Form der Aggregation multipler Ähnlichkeitswerte stellt das arithmetische Mittel dar:

$$sim_{agg}(x_1, ..., x_n) = \left(\frac{x_1 + ... + x_n}{n} \right) \tag{3.22}$$

---

[33]Die tatsächliche Anzahl der Einzelberechnungen hängt von der Verfügbarkeit an vergleichbaren (immanenten oder transzendenten) Daten ab. Kann des Retrieval-System beispielsweise zwar auf die Metabeschreibungen, nicht aber auf den Inhalt zweier Ressourcen zugreifen, werden für dieses Ressourcenpaar nur vier Berechnungen durchgeführt sim_{meta}, sim_{title}, sim_{neigh} und sim_{graph}.

Ähnlich wie in Kapitel 3.5.1 beschrieben muss auch hier überlegt werden, die Ähnlichkeitswerte mit unterschiedlichem Gewicht in die Berechnung der Gesamtähnlichkeit einfließen zu lassen. Hierfür spricht, dass die einzelnen Vergleichsverfahren eine unterschiedliche Genauigkeit aufweisen bzw. die Aussagekraft des berechneten Wertes je nach Anwendungskontext variieren kann. Deutlich wird dies insbesondere bei der letztgenannten Ähnlichkeitsdimension – sim_{graph}. Da sich dort der Vergleich von Ressourcen über den Vergleich von Teilgraphen vollzieht, gilt der berechnete Ähnlichkeitswert nicht nur für die beiden Ausgangsressourcen, sondern auch für alle übrigen Objekte der beiden Teilgraphen[34]. Im Vergleich zur inhaltlichen oder metadatenbezogenen Analyse trägt dieses Verfahren also weniger als andere dazu bei, die Individualität einer Ressource herauszuarbeiten bzw. ähnliche Objekte verlässlich zu klassifizieren. Auch die Analyse der Umgebung eines Lernobjekts ist nur dort verlässlich, wo eine Konvention zur Vergabe von Identifiern (anhand derer die Nachbarn einer Ressource bestimmt werden) definiert wurde. Bei Lernobjekten eines Repositorys oder Verbünden von solchen, die keiner derartigen Konvention folgen, ist die Bestimmung der Umgebungsähnlichkeit weniger aussagekräftig, als beispielsweise innerhalb eines CORDRA-Systems.

Generell sollte der Gewichtungsfaktor k so gewählt werden, dass die Summe der Gewichte 1 beträgt und die Teilgewichte zwischen 0 und 1 liegen (vgl. Gleichung 3.5). Gleichung 3.23 zeigt abschließend die Berechnung der Gesamtähnlichkeit als gewichtetes arithmetisches Mittel:

$$sim_{agg}(x_1, ..., x_5, k_1, ..., k_5) = \sum_{i=1}^{5} k_i \cdot x_i \qquad (3.23)$$

mit

$$x_1 = sim_{con}$$
$$x_2 = sim_{title}$$
$$x_3 = sim_{meta}$$
$$x_4 = sim_{neigh}$$
$$x_5 = sim_{graph}$$

3.5.7 Ranking

In einer Ähnlichkeitsmatrix wird für jede mögliche Ressourcenpaarung die nach Gleichung 3.23 berechnete Ähnlichkeit der Objekte festgehalten. Anhand dieser Matrix ist es durch eine einfache Datenbankabfrage möglich, die jeweils nächsten Nachbarn einer Ressource zu ermitteln und auszugeben. Hierzu bedarf es lediglich der Definition eines Schwellenwerts – Objekte, deren Ähnlichkeit diesem Wert entspricht oder ihn übersteigt, werden in die Trefferliste aufgenommen, wobei die Sortierung dieser Liste bzw. das Ranking der ermittelten Treffer entsprechend dem jeweiligen Ähnlichkeitswert erfolgt.

In das Ranking eines Lernobjekts kann neben seiner Ähnlichkeit zur Ausgangsressource noch eine zweite Größe einfließen: der *Wiederverwendungsgrad*

---

[34]In dem in Kapitel 3.5.5 genannten Beispiel würden also auch die beiden Ressourcen (bzw. Aktivitäten) A1.2 und B2.2.2 eine Ähnlichkeit von 0,625 aufweisen.

W des Objektes, ausgedrückt – ähnlich wie bei der TF-Gewichtung – als Verhältnis seiner Auftretenshäufigkeit zur Auftretenshäufigkeit der am stärksten wiederverwendeten Ressource der Kollektion:

$$W_{r_j} = \frac{n_{r_j}}{\max_{r \in R} n_r} \tag{3.24}$$

Weisen Objekte in etwa die gleiche Ähnlichkeit zur Ausgangsressource auf, sollen in der Trefferliste diejenigen weiter vorne platziert werden, die am häufigsten verwendet wurden. Bei gleicher Gesamtähnlichkeit entscheidet also die „Popularität" eines Objektes über seinen Rang. Auf der anderen Seite darf aber Popularität nicht überbewertet werden: eine unähnliche Ressource sollte nicht aufgrund eines hohen Wiederverwendungsgrades einen höheren Rang erzielen als eine deutlich ähnlichere Ressource. Entsprechend bedarf es auch hier einer Gewichtungskonstante k, die den Einfluss der Popularität auf das Ranking einer Ressource steuert. Gleichung 3.25 zeigt die Berechnung des Retrieval-Statuswertes P einer Ressource r_j als Summe ihrer Ähnlichkeit zu der Ausgangsressource r_i und ihrem Wiederverwendungsgrad W:

$$P_{r_j} = sim_{agg}(r_i, r_j) + k \cdot W_{r_j} \tag{3.25}$$

3.6 Collaborative Filtering

Zwei Arten von Retrieval-Diensten erfordern die Berechnung der Ähnlichkeit von Lernressourcen: Bei der „Pull"-Variante stellt der Nutzer *aktiv* eine Anfrage an die ATH-Applikation. Diese Anfrage kann in Form von Schlüsselbegriffen erfolgen. Aber auch ein Lernobjekt oder eine Kombination von solchen – repräsentiert durch deren Identifier – kann Gegenstand einer Anfrage sein (vgl. Kapitel 4.5). Bei der „Push"-Variante hingegen verhält sich der Nutzer eher passiv. Hier ist es der Retrieval-Dienst, der aktiv auf den Nutzer zugeht und auf Grundlage seines Profils „nützliche" Lernressourcen empfiehlt. Eigenschaftsbasierte Filterverfahren gehören zu dieser zweiten Gruppe von Push-Diensten[35].

Eigenschaftsbasierte Push- und Pull-Dienste sind einander sehr ähnlich: In beiden Fällen sucht der Retrieval-Dienst nach Ressourcen, die ähnliche Attribute aufweisen, wie sie in der Anfrage des Nutzers oder seinem Präferenzprofil zum Ausdruck kommen. Damit ist auch beiden Varianten das kritische Merkmal gemein, dass ihre Effektivität alleine von der Quantität und Qualität der verfügbaren Attribute abhängt. In Bezug auf das ATH-Verfahren bedeutet dies, dass die Verlässlichkeit der erzielten Ergebnisse umso geringer sein wird, je weniger Objektmerkmale für die Berechnung der Ähnlichkeit zur Verfügung stehen. Insbesondere ein Fehlen höher gewichteter Attribute wie die inhaltliche Beschreibung einer Ressource wird sich dabei nachteilig auswirken.

Hinzu kommen zwei weitere Nachteile, die in Kapitel 2.2.3 im Kontext des Content-Based Filtering als „Inside-The-Box"- und „Objektivitäts-Problematik"

---

[35]Die Realisierung eines solchen Dienstes für Lernobjekte wird in Kapitel 4.5 im Zusammenhang mit der Webservice-Routine getContentRecommendation der ATH-Applikation angesprochen.

bezeichnet wurden. Erstere äußert sich darin, dass stets nur Lernobjekte empfohlen werden, welche zu den Ausgangsressourcen eine objektbezogene Verwandtschaft besitzen. Das System wird keine Ressourcen empfehlen, die außerhalb der fachlichen Domäne(n) des Nutzers liegen. Besonders für Studierende kann es jedoch wünschenswert sein, neben Lernobjekten zu den aktuellen Arbeitsschwerpunkten auch solche Ressourcen zu entdecken, die z. B. Metatechniken wie wissenschaftliche Arbeits- und Präsentationsmethoden oder Inhalte aus dem Bereich des „Studium generale" vermitteln. Die Objektivitäts-Problematik bezieht sich auf die Nichtberücksichtigung subjektiver Kriterien, was zu unerwünschten Effekten führen kann. So ist es möglich, dass das eigenschaftsbasierte ATH-Verfahren Ressourcen selektiert, die zwar in objektiver Hinsicht nach den in Kapitel 3.5 angeführten Kriterien ähnlich sind, die subjektiv empfundene Qualität der empfohlenen Objekte in den Augen des Betrachters aber stark variiert und die Selektion folglich wenig hilfreich für den Nutzer ist. Eine alternative Vorgehensweise zeigen Collaborative-Filtering-Ansätze. Hier wird nicht nach ähnlichen Objekten, sondern nach ähnlichen Nutzern gesucht, Nutzer also, die gemeinsame Präferenzen aufweisen und in Vergangenheit gleiche Objekte gewählt, erworben oder bewertet haben. Aus dem Kreis der nächsten Nachbarn bzw. Mentoren werden dann jene Objekte vorgeschlagen, die nicht in der Schnittmenge gemeinsamer Objekte des aktiven Nutzers und seiner Mentoren enthalten sind. In der Praxis sind derart gestaltete Empfehlungsdienste sehr verbreitet. Häufig werden dabei kollaborative Ansätze durch eigenschaftsbasierte Methoden ergänzt, um von den Vorzügen beider Verfahren profitieren zu können. Diesbezüglich spricht man von hybriden Ansätzen – Kapitel 2.2.4 hat davon berichtet. Ein solcher hybrider Ansatz ist auch im Rahmen der Verwertung von IMS-Manifesten denk- und praktizierbar. Im Folgenden wird dargelegt, wie eine kollaborative Komponente verwirklicht werden kann. Die Darstellung orientiert sich dabei an den in Kapitel 2.2.2 erwähnten Dreischritt, wie er für kollaborative Empfehlungssysteme typisch ist:

1. **Repräsentation der Eingangsdaten:** Kollaborative Empfehlungssysteme operieren auf Basis einer User-Item-Matrix, wie sie in Gleichung 2.30 dargestellt ist. Jede Zeile dieser Matrix repräsentiert das Bewertungsprofil eines bestimmten Nutzers. In diesem wird sichtbar, welche Objekte der Anwender bisher konsumiert bzw. bewertet hat und wie hoch diese Bewertungen ausfallen. Um eine solche Ratingmatrix innerhalb des ATH-Systems zu erhalten, müssen aus technischer Sicht Nutzerkonten vorgesehen werden. Die Übermittlung eines Manifests an das System durch einen Nutzer oder das Ablegen empfohlener Lernobjekte in einem virtuellen Warenkorb, werden einem Konto zugeordnet und die beteiligten Ressourcen zusammen mit dem Zeitstempel der Transaktion im Profil des Anwenders gespeichert. Anhand von zwei Szenarien soll dies verdeutlicht werden:

   Szenario 1: Ein Lehrender authentifiziert sich gegenüber dem ATH-System und übermittelt einen Kurs oder eine Kurseinheit in Form einer Manifest-Datei, um in der Kollektion z. B. nach alternativen Kursarrangements oder ergänzenden Lerneinheiten zu suchen. Die <re-

sources>-Sektion wird dabei quasi als Warenkorb betrachtet, dessen enthaltene Lernobjekte nutzerbezogen in der User-Item- bzw. User-Resource-Matrix gespeichert werden. Dem Profil des Nutzers werden auch solche Objekte (automatisch) zugeordnet, die er zwar nicht selbst übermittelt hat, die aber als Metadatenattribut `metadata.lom.-lifeCycle.contribute.entity` den Namen des Lehrenden aufweisen. Eine Bewertung der Lernobjekte kann dabei sowohl in impliziter als auch expliziter Form erfolgen. Zunächst wird die Bewertung jeder neu hinzugefügten Ressource mit einem bestimmten Initialwert versehen. Dieser Wert steigt oder fällt – je nach der zugrunde gelegten Ordinalskala –, je mehr Kurse des Anwenders gefunden werden, welche dieses Lernobjekt enthalten. Mit anderen Worten: bei einer impliziten Bewertung dient der Wiederverwendungsgrad als Maßstab für die Zuteilung eines Rating-Wertes. Diese Vorgehensweise basiert auf der naheliegenden Annahme, dass ein Kursdesigner nur dann eine Ressource mehrmalig verwenden wird, wenn er von der Qualität des Objektes überzeugt ist und sich der Einsatz der Ressource in der Praxis bewährt hat. Dieses implizite Verfahren kann ergänzt werden durch ein explizites, das dem Nutzer die Möglichkeit eröffnet, die Objekte des eigenen Profils selbst zu bewerten und gegebenenfalls Korrekturen vorzunehmen.

Szenario 2: Ein Studierender hat verschiedene, vom Empfehlungsdienst vorgeschlagene Lernobjekte durchgearbeitet und interessiert sich nun für weiterführende Lernangebote oder Inhalte, die Kommilitonen mit einem ähnlich gelagerten Interessensprofil gewählt haben. Die Anfrage des Nutzers – sie enthält die Identifier der Ausgangsressourcen – wird ebenfalls als Warenkorb betrachtet, und die darin enthaltenen Ressourcen werden dem Profil des Studierenden mit einem Initialwert als Bewertung zugeordnet. Auch hier hat der Nutzer die Möglichkeit, die Objekte des eigenen Kontos nachträglich zu bewerten. *Abb.* 3.16 zeigt eine exemplarische Rating-Matrix, wie sie im Rahmen der beiden Szenarien zustande kommen könnte.

	Resource r_1	Resource r_2	Resource r_3	Resource r_4	Resource r_5	Resource r_6	Resource r_7
User u_1	-	3	1	-	-	5	-
User u_2	3	3	-	2	2	-	3
User u_3	-	-	1	-	1	-	3
User u_4	4	-	-	4	2	-	-
User u_5	-	-	3	3	-	-	2
User u_6	4	3	2	3	-	4	-
User u_7	5	2	2	-	3	5	3

Abbildung 3.16: *Beispielhafte User-Resource-Matrix. Die Bewertung von Ressourcen erfolgt hier mit Hilfe einer fünfstufigen Skala, wobei 5 für die höchste und 1 für die niedrigste Präferenz gewählt wird. Als Initialwert erhält eine Ressource die Bewertung 3.*

2. **Sondierung der Nachbarschaft** Auf Basis der User-Resource-Matrix lassen sich Nutzerprofile vergleichen und deren (Un-)Ähnlichkeit berechnen. Diese Berechnung kann dabei analog der in Kapitel 2.2.2 vorgestellten Verfahrensweise erfolgen: Ein Nutzerprofil wird als Rating-Vektor $\vec{e}$ repräsentiert. Für die Ermittlung der Ähnlichkeit zweier Profile $\vec{e_{u_i}}$ und $\vec{e_{u_j}}$ wird das Skalarprodukt der normierten Vektoren berechnet (Gleichung 3.26):

$$sim(e_{u_i}, e_{u_j}) = \frac{\vec{e_{u_i}} \cdot \vec{e_{u_j}}}{|\vec{e_{u_i}}| \cdot |\vec{e_{u_j}}|}$$

$$= \frac{\sum\limits_{r \in R} e_{u_i,r} \cdot e_{u_j,r}}{\sqrt{\sum\limits_{r \in R} e_{u_i,r}^2} \cdot \sqrt{\sum\limits_{r \in R} e_{u_j,r}^2}} \qquad (3.26)$$

$$\text{mit } 0 \leqslant sim(u_i, u_j) \leqslant 1$$

Die paarweisen Ähnlichkeiten werden in einer Ähnlichkeitsmatrix, wie sie *Abb.* 3.17 zeigt, festgehalten. Anschließend werden die k-nächsten Nachbarn eines aktiven Nutzers ausgewählt. Ihre Profile fließen in die Empfehlungsberechnung ein. In dem oben genannten Beispiel wäre für den Nutzer u_2 bei einer Nachbarschaft der Größe k=4 die Menge der nächsten Nachbarn $N_{u_2} = \{u_3, u_4, u_6, u_7\}$.

	User u_1	User u_2	User u_3	User u_4	User u_5	User u_6	User u_7
User u_1	1	0,26	0,05	0	0,11	0,71	0,64
User u_2	0,26	1	0,56	0,68	0,43	0,62	0,70
User u_3	0,05	0,56	1	0,10	0,58	0,08	0,48
User u_4	0	0,68	0,10	1	0,43	0,63	0,50
User u_5	0,11	0,43	0,58	0,43	1	0,43	0,29
User u_6	0,71	0,62	0,08	0,63	0,43	1	0,78
User u_7	0,64	0,70	0,48	0,50	0,29	0,78	1

Abbildung 3.17: *Ähnlichkeitsmatrix zu der in Abb. 3.16 dargestellten User-Resource-Matrix.*

3. **Generierung von Empfehlungen:** Die in der Vereinigungsmenge enthaltenen und von den Nachbarn bewerteten Objekte werden – exklusive der Ressourcen, die auch das Profil des aktiven Nutzers aufweist – als Empfehlung ausgegeben. Zur Berechnung der Rangfolge kann dabei eine der in Kapitel 2.2.2 genannten Formeln Verwendung finden. Nutzt man beispielsweise Gleichung 2.35, bei der die Empfehlungswürdigkeit einer Ressource

maßgeblich von der Nähe des Nachbars zum aktiven Nutzer abhängt, werden – bezogen auf die Matrix in *Abb.* 3.16 – die beiden Ressourcen r_3 und r_6 als Empfehlung ausgegeben, wobei r_6 den höheren Prognosewert (2,46) im Vergleich zu r_3 (1,3) erzielt und in der Rangfolge damit vorne liegt.

4. **Verfahrenskombination:** Auch ein kollaboratives Filterverfahren liefert nicht immer optimale Ergebnisse. So werden die empfohlenen Lernobjekte umso weniger zu einem Nutzer „passen", je geringer die Zahl evidenter, k-nächster Nachbarn ist, die für diesen Nutzer ermittelt werden konnten:

> „The collaborative filtering predictions are more inaccurate in cases where the number, agreement or history between users is low."
> [CGM+99]

Dies ist insbesondere in der Startphase eines Empfehlungssystems zu erwarten, bei der nur zu wenigen Nutzern Eingangsdaten in Form von Bewertungen vorliegen. Man spricht hier vom sog. „Cold-Start-Problem" (vgl. Kapitel 2.2.2). Eigenschaftsbasierte Filterverfahren hingegen werden von dieser Initial-Problematik weniger tangiert. Aus diesem Grund werden kollaborative Systeme in der Praxis häufig durch eigenschaftsbasierte Ansätze ergänzt.

In Kapitel 2.2.4 wurden verschiedene Möglichkeiten der Kombination von kollaborativen mit eigenschaftsbasierten Filterverfahren vorgestellt. Prinzipiell können alle diese sieben genannten Hybridverfahren auf den Anwendungskontext des ATH-Projektes übertragen werden, wenn es darum geht, die Effektivität des Empfehlungssystems durch eine Verschmelzung unterschiedlicher Techniken zu steigern. Vielversprechend erscheint beispielsweise der Ansatz von *Claypool* et al., der zu den gewichteten Hybridverfahren zählt. Hierbei werden in einem ersten Schritt – unabhängig voneinander – Empfehlungen auf Basis eines eigenschaftsbasierten und kollaborativen Filterverfahrens nutzerbezogen generiert. Die beiden Teilergebnismengen werden vereint und die Empfehlungen mit Hilfe eines dynamischen Gewichtungsverfahrens in eine Rangfolge gebracht. Dabei werden in der Initialphase beide Verfahrensvarianten zunächst gleich gewichtet. Anschließend erfolgt eine Bewertung der Verfahren, wobei der mittlere absolute Prognosefehler betrachtet wird. Die Bewertung wird wiederholt, sobald die Datenmatrix neue Ratings aufweist. Dasjenige Verfahren, das den geringeren Prognosefehler zeigt, wird entsprechend höher gewichtet, d.h. die von diesem Verfahren empfohlenen Objekte werden in der Ergebnisliste höher platziert. Untersuchungen von *Claypool* et al. haben erwartungsgemäß gezeigt[36], dass in der Startphase ein eigenschaftsbasiertes Verfahren bessere Ergebnisse erzielt. Im weiteren zeitlichen Verlauf aber gewinnt das kollaborative Verfahren mit der zunehmenden Zahl von Bewertungen an Genauigkeit und liefert bessere Ergebnisse als der konkurrierende, eigenschaftsbasierte Filter.

---

[36]Der Untersuchung von *Claypool* et al. liegt allerdings eine geringe Probandenzahl zugrunde. Insgesamt waren lediglich 18 Studierende an den Experimenten beteiligt.

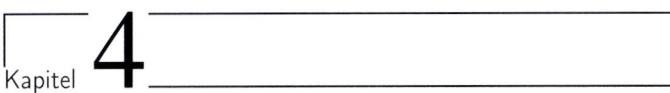

Kapitel 4

Technische Implementierung

Das im vorigen Kapitel beschriebene Konzept zur Akkumulation, Analyse und Verwertung von IMS-Manifesten wurde weitestgehend technisch umgesetzt. So entstand eine Service-Applikation, die auf Basis der akquirierten und bereinigten SCORM-spezifischen Eingangsdaten die in Kapitel 3.1.4 spezifizierten Dienste bereit stellt. Über eine Webservice-Schnittstelle haben potentielle Clients wie z. B. Learning-Management-Systeme, Learning-Object-Repositorys oder Learning-Brokerage-Systeme die Möglichkeit, auf diese Dienste zuzugreifen. *Abb.* 4.1 stellt die ATH-Applikation im Überblick dar. Im Wesentlichen besteht diese aus fünf Komponenten, denen im Einzelnen folgende Bedeutung zukommt:

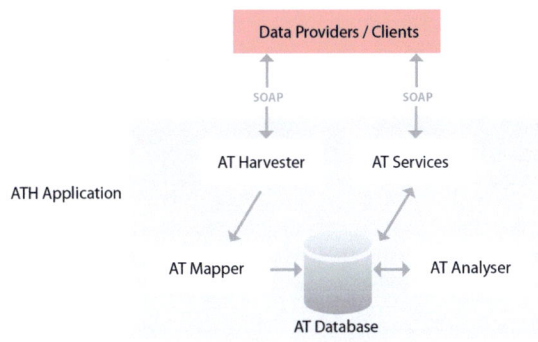

Abbildung 4.1: *Architektur der ATH-Applikation*

- „AT Harvester": Einholung von Activity Trees gemäß des festgelegten Kooperationsschemas zwischen Daten- und Service-Provider

179

- „AT Mapper": Bereinigung und Aufbereitung der akquirierten Daten für eine effiziente Datenspeicherung und -verarbeitung

- „AT Database": Speicherung von Rohdaten und Analyseergebnissen

- „AT Analyser": Analyse der gesammelten Daten entsprechend des in Kapitel 3.5 spezifizierten Verfahrens

- „AT Services": Beantwortung der von Client-Applikationen gestellten Anfragen.

Die folgenden Abschnitte stellen die Komponenten der ATH-Applikation in der oben genannten Reihenfolge vor. So beginnt die Zusammenschau mit der Harvesting-Komponente, die nach dem Pull-Prinzip IMS-Manifeste einsammelt und zentral archiviert. Am Ende des Kapitels wird anhand des ebenfalls implementierten „AT Explorers" demonstriert, wie eine Client-Applikation auf das ATH-System zugreifen und die von dort stammenden Daten verwerten kann.

4.1 AT Harvester

Der AT Harvester ist eine Java-basierte Komponente mit der Aufgabe, Daten-Provider zu kontaktieren, um IMS-Manifeste einzuholen und übertragene Dokumente in einem Dateisystem zu speichern. Kapitel 3.2 hat mit dem Protocol for Metadata Harvesting der Open Archives Initiative und der Webservice-Technologie bereits zwei Möglichkeiten der Akquise von Manifest-Instanzen vorgestellt. Der AT Harvester wurde dabei prototypisch auf die letztgenannte Akquise-Strategie ausgerichtet. Er greift über SOAP auf die Webservice-Schnittstelle der Daten-Provider zu, fordert ein oder mehrere Manifest-Instanzen an und legt das in den HTTP-Antworten der Daten-Provider enthaltene XML-Dokument im Dateisystem der ATH-Applikation ab. Die grundlegende Funktionsweise des AT Harvesters wurde anhand des exemplarischen Webservices `getIMSManifestXML` des Learning-Management-Systemes ILIAS getestet. Diese Methode verlangt als Parameter die Identifier für die Session (`sid`) und das Manifest (`ref_id`). Zurückgeliefert wird das zugehörige Manifest in XML-Struktur, nachdem zuvor über die Session-ID die Zugriffsberechtigung geprüft wurde[1]. Drei weitere Webservices von ILIAS sind im Zusammenhang mit der Gewinnung von Manifesten relevant:

- `login`: Ermöglicht die Anmeldung eines Nutzers über die Parameter `client`, `username` und `password` und liefert nach erfolgreicher Authentifizierung eine Session-ID (`sid`) zurück.

- `logout`: Beendet eine Session.

- `getTreeChildren`: Liefert zu einem referenzierten Objekt alle Kindobjekte zurück, die vom gleichen Typ (`IMSManifestXML`) sind. Die Methode nutzt

---

[1] Die WSDL-Beschreibung dieses Webservices von ILIAS ist unter `http://www.ilias.de/test39x/webservice/soap/server.php` ersichtlich.

als Parameter die Identifier der Session (sid), des Objekts (ref_id), des Nutzers (user_id) sowie den Typ des Objektes (types).

ILIAS Manifest Harvesting

Harvest IMSManifest XML-files from ILIAS.

ILIAS path	http://localhost/ilias3	Input the path of the ILIAS installation to be searched.
ILIAS client	test	Input the ILIAS client to be searched.
Username	root	Input your username for ILIAS login.
Password	*****	Input your valid password for ILIAS login.
Save path	c:\IMSFiles\	Input an existing path where the IMS XML-files should be saved.
Reference ID	1	Input a specific reference ID to search or enter '1' for the ILIAS root element.
	Search by ID	
Search range	100	Input a number of reference IDs to be searched instead of a search by reference ID.
	Search x IDs	
	Reset	

Abbildung 4.2: JavaServer Page der Webanwendung ILIAS Manifest Harvesting.

Die Harvesting-Komponente fragt automatisiert in regelmäßigen Abständen verschiedene ILIAS-Server ab. Die Anfrage nach IMS-Manifesten kann aber auch manuell durch einen Administrator erfolgen. Hierzu wurde eine einfach gehaltene JSP-Weboberfläche mit Eingabefeldern für die verschiedenen Parameter der drei angesprochenen Dienste entwickelt. Zurückgegriffen wurde dabei auf das Open-Source-Framework „Struts", das der Entwicklung von Java-basierten Web-Applikationen dient[2]. Abb. 4.2 zeigt einen Screenshot dieser Weboberfläche. Nach Eingabe der erforderlichen Parameter werden verschiedene Methoden der Struts-basierten Webanwendung aufgerufen, die auf die Harvesting-bezogenen ILIAS-Webservices zugreifen. Die Methode request der Klasse IliasImsRequest() beispielsweise nimmt die Benutzeranmeldung in ILIAS vor, ermittelt die Manifest-Datei mit der angegebenen ID und sucht zusätzlich rekursiv nach allen untergeordneten Objekten. Diese werden am lokalen Speicherort abgelegt, der in der Eingabemaske spezifiziert wurde. Anschließend wird der ILIAS-Webservice logout angesprochen.

4.2 AT Mapper

Der Aufgabenbereich des AT Mappers umfasst (1) die Vorverarbeitung der „geernteten" Manifeste für den Transfer in die Datenbank und (2) den Transfer selbst, bei dem die Inhalte der XML-Elemente und -Attribute nach einem festgelegten Mapping-Schema in die Tabellenstruktur der relationalen Datenbank eingebunden werden.

---

[2]Struts ist ein Jakarta-Projekt der Apache Software Foundation (siehe http://struts.apache.org). Der Name Struts (im Sinne von „Stütze", „Verstrebung") ist eine Anspielung an die (nicht-sichtbaren) architektonischen Komponenten, die im Gebäudebau zur Stabilisierung verwendet werden.

Zu (1): Das vom Daten-Provider gesendete Manifest wird mit Hilfe von XSL in ein XML-Dokument überführt, das im Hinblick auf den Transfer der Daten in die Datenbank optimiert ist. Im Rahmen der Transformation werden beispielsweise alle (Kapsel-)Elemente gelöscht, die selbst keine Attribute besitzen und nur der semantischen Strukturierung des Dokumentes dienen. Beispiele hierfür sind die Elemente `<organizations>` oder `<resources>`. Andere Elemente werden mit zusätzlichen Attributen versehen, um insbesondere die Effizienz der nachgelagerten Analyseprozesse zu erhöhen oder die Beantwortung von Client-Anfragen zu erleichtern. So erhält beispielsweise das Element `<manifest>` einen Zeitstempel mit Datum und Uhrzeit der Übertragung eines Manifests an den ATH Center. Darüber hinaus wird über das `<manifest>`-Attribut `sourceFile` der Datensatz mit der Quelldatei des Daten-Providers verknüpft. Jedes `<item>` wird mit einer Knotennummer (z. B. 1.1, 1.2.1 etc.) versehen, um sicherzustellen, dass die Reihenfolge der Items bzw. Aktivitäten, die für eine erfolgreiche Rekonstruktion des Aktivitätsbaumes entscheidend ist, richtig abgebildet wird. Auch die Generierung einer ID zu jedem komplexen XML-Element, für das eine eigene Datentabelle vorgesehen ist, erfolgt über das XSLT-Stylesheet. *Lst.* 4.1 zeigt einen Auszug dieses Stylesheets.

```
1  <xsl:template match="imscp:item">
2    <xsl:element name="{name()}">
3      <xsl:attribute name="nodeNumber">
4        <xsl:number level="multiple" format="1.1.1.1"/>
5      </xsl:attribute>
6      <xsl:for-each select="@*">
7        <xsl:attribute name="{name()}">
8          <xsl:value-of select="."/>
9        </xsl:attribute>
10     </xsl:for-each>
11     <xsl:call-template name="setathIDWithNodeNumber">
12       <xsl:with-param name="athID"/>
13     </xsl:call-template>
14     <xsl:apply-templates select="*|text()"/>
15   </xsl:element>
16 </xsl:template>
```

Listing 4.1: *Auszug aus der XSLT-Datei, die ein Manifest in ein für den Datenbank-Transfer optimiertes Zwischenformat transformiert. Das abgebildete Template fügt allen `<item>`-Knoten das Attribut `nodeNumber` mit der Nummer des Knotens entsprechend seines Auftretens im Aktivitätsbaum hinzu. Desweiteren wird das Attribut `athID` erzeugt, das aus der Nummer des Manifests und der Knotenposition zusammengesetzt ist. Alle anderen Attribute wie z. B. `isvisible` oder `identifierref` werden unverändert übernommen.*

Zu (2): Im Anschluss an die Transformation werden die baumartig strukturierten Daten des modifizierten XML-Dokuments auf das relationale Modell der Datenbank abgebildet. Hierzu bedarf es einer Mapping-Vorschrift, die sicherstellt, dass die verschiedenen Element- und Attributinhalte in den richtigen Tabellen und Tabellenspalten gespeichert werden. Bevor aber im Detail auf diese Abbildungsvorschrift eingegangen wird, soll zunächst erörtert werden, nach welchen Regeln ein relationales Datenmodell im Hinblick auf eine effiziente Ablage XML-basierter Daten zu entwerfen ist.

Grundsätzlich wird die Struktur der Datenbank, ihre Relationen und Verknüpfungen, aus der Struktur der XML-Daten abgeleitet, die in Form eines XML-Schemas oder einer DTD beschrieben wird. *Ronald Bourret* hat hierzu in [Bou05] einen vielbeachteten Ansatz vorgestellt, der heute in zahlreichen Bereichen Anwendung findet[3]. Seine Empfehlungen sind auch in das Design der ATH-Datenbank eingeflossen. Im Folgenden sollen deshalb die wichtigsten Regeln kurz vorgestellt werden.

Bourret unterscheidet zwischen *einfachen* und *komplexen* Datentypen – eine Differenzierung, die auch in XML-Schema vorgenommen wird. Komplexe Datentypen sind Elemente, die andere (Kind-)Elemente umschließen und/oder Attribute enthalten. Einfache Datentypen hingegen besitzen keine Kindelemente oder Attribute. Die Art des Datentyps entscheidet darüber, ob ein Element als eigene Relation oder als Attribut einer Relation abgebildet wird. So sind für komplexe Elemente grundsätzlich eigene Tabellen vorgesehen, während einfache Elemente oder Attribute als Tabellenspalten modelliert werden. Die drei aus Sicht des AT Mappers wichtigsten Abbildungsprinzipien werden nachfolgend vorgestellt und anhand von Beispielen erläutert.

Abb. 4.3 zeigt die Schema-Definition eines komplexen Elements *A*, das zwei einfache Elemente (*B*, *C*) vom Typ `xsd:string` umschließt und zusätzlich ein Integer-Attribut *a1* aufweist. Diesem Element wird die Relation *TableA* zugeordnet, wobei *B*, *C* und *a1* als Attribute dieser Relation abgebildet werden. In Bezug auf ein Manifest-Dokument trifft diese Konstellation beispielsweise auf das `<item>`-Element zu, das als komplexes Element ein einfaches Element (`<title>`) kapselt und desweiteren verschiedene Attribute (z. B. `nodeNumber`, `identifierref`) enthält bzw. enthalten kann. Der Abbildungsvorschrift entsprechend findet man in der ATH-Datenbank die Tabelle `item` mit den Spaltennamen `title`, `nodeNumber`, `identifierref` etc.. Einfache Elemente oder Attribute, die nicht notwendigerweise auftreten müssen (`minOccurs="0"`) – sie werden im Diagramm von *Abb.* 4.3 von einer gestrichelten Linie umrandet – korrespondieren mit Tabellenspalten, die bei einem SQL-Insert den Wert `NULL` annehmen dürfen.

Die zweite Regel bezieht sich auf Knoten, die selbst als komplexes Element gelten und als Elternelement ein ebenfalls komplexes Element besitzen. Als Beispiel dient das Element `<resource>` mit den Attributen `identifier`, `type`, `href`, `adlcp:scormType`, `xml:base` sowie den (komplexen) Kindelementen `<file>` und `<dependency>`. Gemäß dem Schema von *Bourret* müssen für diese drei komplexen Datentypen drei separate Tabellen vorgesehen werden, deren Tupel über einen *Primär-* und *Fremdschlüssel* miteinander verknüpft werden. Da ein `<file>` beliebig oft innerhalb der gleichen `<resource>` auftreten darf, wird in diesem Fall in der `file`-Tabelle ein Fremdschlüssel abgelegt, der auf den Primärschlüssel eines Datensatzes

---

[3]Davon zeugt das lebendige Forum von *Bourret* mit einer Fülle von Beiträgen interessierter Nutzer (`http://tech.groups.yahoo.com/group/xml-dbms/`).

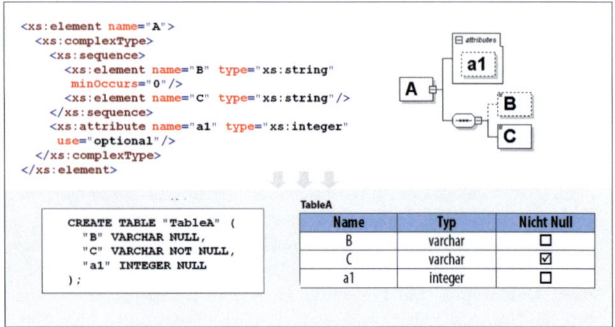

Abbildung 4.3: *Abbildung eines komplexen XML-Elements auf eine Tabelle einer relationalen Datenbank nach [Bou05]. Im oberen Teil der Darstellung ist die XML-Schema-Definition des Elements textuell (links) und graphisch (rechts) dargestellt. Der untere Teil zeigt links die SQL-Syntax zur Erzeugung der zugehörigen Tabelle, die rechts als Graphik abgebildet ist.*

in der `resource`-Tabelle zeigt – *Abb.* 4.4 verdeutlicht diesen Zusammenhang auf allgemeiner Ebene. Steht das untergeordnete komplexe Element hingegen mit dem Elternelement in einer 1:1-Beziehung (wie z. B. die beiden Elemente `<resource>` und `<dependency>`), spielt es keine Rolle, welche der beiden Tabellen den Primär- oder Fremdschlüssel enthält.

Anhand des `<item>`-Elements lässt sich eine weitere, dritte Regel verdeutlichen, die sich mit dem Phänomen der Rekursion auseinandersetzt. Ein `<item>`-Knoten kann bis zu einer beliebigen Verschachtelungstiefe weitere `<item>`-Elemente enthalten. Auch dieses Problem wird – wie *Abb.* 4.5 zeigt – über die Verknüpfung von Datensätzen durch eine Primär- und Fremdschlüsselbeziehung gelöst. Allerdings werden in diesem Fall die Tupel nicht auf zwei oder mehrere Tabellen verteilt, sondern in ein und derselben Relation gespeichert. *Abb.* 4.6 illustriert als Entity-Relationship-Modell einen Ausschnitt der Tabellenstruktur, die unter Befolgung der oben genannten Abbildungsregeln im Zuge des ATH-Datenbankdesigns zustande kam.

Für den automatisierten Transfer der Daten eines IMS-Manifests in eine relationale Datenbank wurde auf die Mapping-Software XML-DBMS[4] von *Bourret* zurückgegriffen. *Bourret* bietet diese Java-basierte Middleware zur freien Nutzung für kommerzielle als auch nicht-kommerzielle Verwendungszwecke an. Sie besteht im Wesentlichen aus einem Satz von Java-Paketen, die u. a. durch einen JDBC-Datenbanktreiber[5] und einen XML-Parser ergänzt werden müssen. Die Mapping-Software wird über ei-

---

[4]siehe http://www.rpbourret.com/xmldbms/index.htm
[5]JDBC steht für Java Database Connectivity. Dabei handelt es sich um eine Datenbankschnittstelle für Java-Anwendungen.

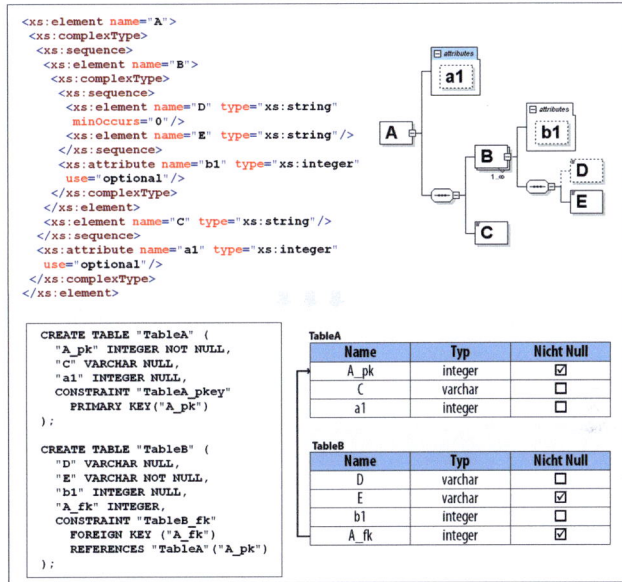

```
<xs:element name="A">
 <xs:complexType>
  <xs:sequence>
   <xs:element name="B">
    <xs:complexType>
     <xs:sequence>
      <xs:element name="D" type="xs:string"
       minOccurs="0"/>
      <xs:element name="E" type="xs:string"/>
     </xs:sequence>
     <xs:attribute name="b1" type="xs:integer"
      use="optional"/>
    </xs:complexType>
   </xs:element>
   <xs:element name="C" type="xs:string"/>
  </xs:sequence>
  <xs:attribute name="a1" type="xs:integer"
   use="optional"/>
 </xs:complexType>
</xs:element>
```

```
CREATE TABLE "TableA" (
  "A_pk" INTEGER NOT NULL,
  "C" VARCHAR NULL,
  "a1" INTEGER NULL,
  CONSTRAINT "TableA_pkey"
     PRIMARY KEY ("A_pk")
);

CREATE TABLE "TableB" (
  "D" VARCHAR NULL,
  "E" VARCHAR NOT NULL,
  "b1" INTEGER NULL,
  "A_fk" INTEGER,
  CONSTRAINT "TableB_fk"
     FOREIGN KEY ("A_fk")
     REFERENCES "TableA"("A_pk")
);
```

TableA

Name	Typ	Nicht Null
A_pk	integer	☑
C	varchar	☐
a1	integer	☐

TableB

Name	Typ	Nicht Null
D	varchar	☐
E	varchar	☑
b1	integer	☐
A_fk	integer	☑

Abbildung 4.4: *Abbildung eines komplexen XML-Elements, das als Elternelement ein weiteres komplexes Element umschließt.*

ne spezielle Konfigurationsdatei (*.map) eingestellt. Diese enthält in XML-Notation die Abbildungsregeln, nach denen XML-Daten in die Datenbank übertragen werden. *Lst.* 4.2 zeigt als Beispiel die Definition derjenigen Vorschrift, die für die Abbildung der Attribute des <file>-Elements auf die gleichnamige Tabelle verantwortlich ist:

```
1  <ClassMap>
2   <ElementType Name="file"/>
3   <ToClassTable Schema="adlcp" Name="file"/>
4   <PropertyMap TokenList="No" ContainsXML="No">
5    <Attribute Name="href"/>
6    <ToColumn Name="href"/>
7   </PropertyMap>
8   <PropertyMap TokenList="No" ContainsXML="No">
9    <Attribute Name="athID"/>
10   <ToColumn Name="file_id"/>
11  </PropertyMap>
12  <RelatedClass KeyInParentTable="Unique">
13   <ElementType Name="metadata"/>
14   <UseUniqueKey Name="PrimaryKey"/>
15   <UseForeignKey Name="fk_file_id"/>
```

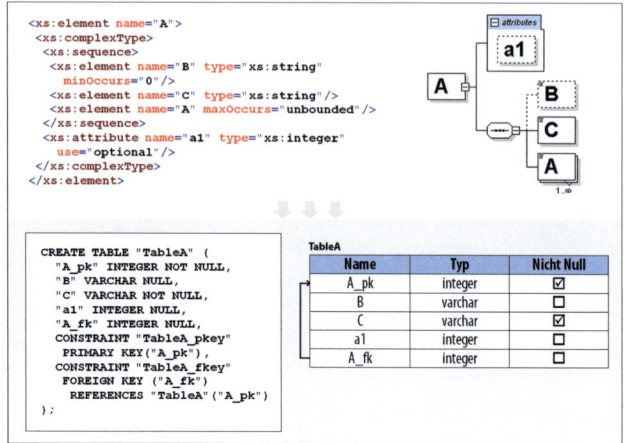

Abbildung 4.5: *Abbildung eines komplexen XML-Elements, das sich selbst rekursiv enthalten kann.*

```
16  </RelatedClass>
17  </ClassMap>
```

Listing 4.2: *Ausschnitt der Mapping-Datei mit der Abbildungsvorschrift für das <file>-Element. Der Bereich, der durch das <RelatedClass>-Element umschlossen wird, legt fest, dass das Kindelement <metadata> auf eine separate Tabelle abgebildet wird, die durch einen Fremdschlüssel (fk_file_id) mit der file-Tabelle verknüpft ist.*

Um den Transfer anzustoßen, greift der AT Mapper auf die API der Middleware zu. Hierbei wird zunächst ein Objekt der Klasse `Transfer` instanziiert. Anschließend werden über die Methode `setDatabaseProperties` die für die Kommunikation mit der Datenbank erforderlichen Parameter bekannt gegeben. Die Methode `storeDocument`, die als Parameter u. a. den Namen des Manifests und der Mapping-Datei erfordert, führt schließlich den eigentlichen Transfer der Daten durch.

4.3 AT Database

Im Zentrum der ATH-Applikation steht – wie *Abb.* 4.1 zeigt – ihre Datenbank. Dass diese auf ein relationales Speichermodell zurückgreift, wurde oben bereits vorweggenommen. Die Entscheidung für eine relationale Datenbank ist jedoch keineswegs selbstverständlich. Denn aufgrund des XML-Formats der Eingangsdaten bieten sich insbesondere „native" XML-Datenbanken wie z. B. eXist[6], TA-

---

[6]Java-basierte, native XML-Datenbank, die unter der Open-Source-Lizenz steht (http://exist.sourceforge.net/).

MINO[7] oder Xindice[8] für die Verwaltung der IMS-Manifeste an. Im Vergleich zu relationalen Datenbanken entfällt hier die Notwendigkeit, Daten beim Im- und Export in ein nicht-hierarchisches Datenmodell umzuwandeln. Die Eingangsdaten werden nicht als Tupel gespeichert, sondern in Form von XML-Dokumenten abgelegt, wobei gleichartige Dokumente in sog. „Collections" organisiert und zu einer gemeinsamen Datenbasis vereint werden. Das originäre Format bleibt also erhalten, wodurch eine Rückgewinnung der XML-Struktur im Gegensatz zu Mapping-basierten Ansätzen unproblematisch ist.

Datenbankabfragen werden mit Hilfe von XPath und XQuery durchgeführt. Beide Sprachen sind auf die Verarbeitung hierarchischer Strukturen ausgelegt. Bei komplexen Anfragen liefern sie daher in der Regel schnellere Ergebnisse als vergleichbare SQL-Anfragen, die sich über mehrere Tabellen erstrecken und hierfür das „Join"-Statement nutzen. Dennoch weisen native XML-Datenbanken einen gewichtigen Nachteil auf: Die vergleichsweise junge Technologie besitzt noch nicht den Reifegrad anderer Datenbanksysteme. So bieten relationale Systeme eine über Jahrzehnte gewachsene Funktionalität mit der mächtigen Datenbanksprache SQL. Vor allem im Bereich der Daten*manipulation* ist die Structured Query Language dem XML-Pendant „XUpdate" deutlich überlegen. Die XML Update Language liegt zwar bereits seit dem Jahr 2000 als Working Draft der XML:DB-Initiative[9] vor, wurde seitdem aber nicht mehr verändert bzw. erweitert. Auch das W3C hat die Frage der Datenmanipulation lange Zeit eher stiefmütterlich behandelt. Erst im August 2008 verabschiedete das Konsortium als „Candidate Recommendation" die Spezifikation „XQuery Update Facility 1.0", welche die Anfragesprache XQuery um einige XUpdate-typische Manipulationsroutinen wie Insert, Delete, Replace oder Rename erweitert.

Die Entscheidung für oder gegen eine relationale oder native Datenhaltung hängt insbesondere von der Art der zu speichernden XML-Daten ab. Generell werden zwei Klassen von XML-strukturierten Daten unterschieden: Die sog. „datenzentrierten" XML-Dokumente sind in erster Linie für die maschinelle Verarbeitung konzipiert. Sie besitzen in der Regel eine vorhersehbare, feingranulare Struktur, deren Definition in Form einer DTD oder eines Schemas vorliegt. Elemente und Attribute als informationstragende Einheiten sind meist zahlreich vorhanden, während Textknoten mit natürlichsprachlichen Inhalten kaum in Erscheinung treten. Demgegenüber stehen „dokumentzentrierte" Strukturen, die überwiegend natürlichsprachlichen Inhalt besitzen und Elemente mit gemischtem Inhalt[10] aufweisen. Im Allgemeinen ist dieser Dokumenttyp weniger stark und flacher strukturiert, dafür aber auch für Menschen gut lesbar.

---

[7]Kommerzielle XML-Datenbank, die von dem Unternehmen Software-AG entwickelt und vermarktet wird (`http://www.softwareag.com/Corporate/products/wm/tamino/default.asp`),

[8]Java-basierte XML-Datenbank der Apache Software Foundation (`http://xml.apache.org/xindice/`). Sie unterliegt ebenfalls der Open-Source-Lizenz.

[9]Die XML:DB-Initiative (`http://xmldb-org.sourceforge.net/`) wurde von den Unternehmen dbXML Group, SMB GmbH und der OpenHealth Care Group ins Leben gerufen, um die bis dato verstreuten Aktivitäten im Bereich von XML-Datenbanktechnologien zu bündeln und gemeinsame Spezifikationen zu erarbeiten.

[10]Ein XML-Element mit gemischtem Inhalt (`xsd:complexType mixed="true"`) darf Textknoten zwischen den (Kind-) Elementen enthalten.

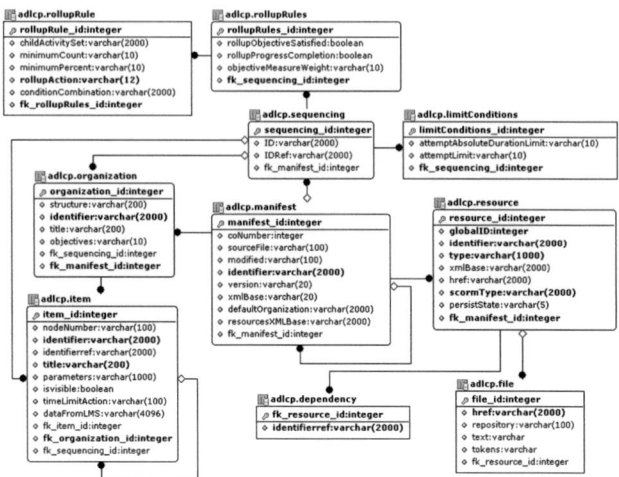

Abbildung 4.6: *Ausschnitt der Tabellenstruktur der AT Database, dargestellt als Entity-Relationship-Modell unter Verwendung der IDEF1X-Notation. Tabellen, die durch einen Primär- und Fremdschlüssel in Beziehung stehen, werden mit einer Linie verbunden. Ein schwarzer Kreis kennzeichnet dabei die Kindrelation, die den Fremdschlüssel enthält. Eine Raute auf der Eltern-Seite – sie enthält den Primärschlüssel – deutet an, dass es sich hierbei um eine optionale Beziehung handelt.*

Die Erfahrung hat gezeigt, dass sich native XML-Datenbanken v. a. für eine dokumentzentrierte Informationsverarbeitung eignen, bei der die Struktur der Eingangsdaten sehr unregelmäßig ist und von Dokument zu Dokument variieren kann. Native Systeme können ihre Vorteile besonders dann ausspielen, wenn Anfrageergebnisse als XML-Fragment oder -Dokument zurückgeliefert werden sollen. Demgegenüber werden relationale Systeme eher für die Verarbeitung datenzentrierter Strukturen eingesetzt, insbesondere dann, wenn es auf eine effiziente Speicherung, Abfrage und Manipulation großer Datenmengen ankommt und eine Rückgewinnung hierarchischer XML-Strukturen nicht notwendig ist. Ähnliche Ausgangsbedingungen liegen auch bei der Datenhaltung von IMS-Manifesten vor. Diese zählen zur Gruppe der datenzentrierten XML-Dokumente, die eine starre, für alle Dokumente verbindliche Schemadefinition aufweisen. Die Struktur ist also vorhersehbar, so dass eine eindeutige Abbildungsvorschrift im Vorfeld der Datenaggregation definiert werden kann.

Für eine relationale Datenhaltung spricht auch, dass sich die informationsverarbeitenden Prozesse der ATH-Applikation nicht auf das Auffinden von Daten in XML-Dokumenten beschränken – für diese Aufgabe sind native XML-Datenbanken prädestiniert. Vielmehr besteht ein großer Teil der Datenbankoperationen darin, neue Daten zu erzeugen oder bestehende Daten zu verändern. Man denke an die Berechnung der Teilähnlichkeiten zwischen Lernobjekten, die nicht nur aus Gründen einer höheren Effizienz, sondern auch im Sinne einer besseren Lesbarkeit tabellarisch in Ähnlichkeitsmatrizen gespeichert werden sollten.

Aus diesen Gründen fiel die Entscheidung auf ein relationales Speichermodell. Ausgewählt wurde dabei die Datenbank PostgreSQL[11]. Sie gehört der Gruppe der „objektrelationalen" Datenbanken an, die typische Leistungsmerkmale relationaler Systeme (wie z. B. ein Transaktionsmanagement, die Sicherstellung referentieller Integrität oder die Definierbarkeit sog. „Sichten" bzw. „Views"[12]) um objektorientierte Konzepte (wie z. B. die Definition benutzereigener Datentypen, Operatoren und Funktionen) erweitert. PostgreSQL unterstützt die Standards SQL92 und SQL99. Die Software unterliegt der BSC-Lizenz, darf also frei verwendet werden.

4.4 AT Analyser

Das Analyzer-Modul des ATH-Systems widmet sich der Aufgabe, die in Kapitel 3.5 hergeleitete Berechnung der Ähnlichkeit von Lernressourcen praktisch zu vollziehen. Konkret umfasst das Aufgabenspektrum des AT Analysers folgende Bereiche:

(1) Berechnung der inhaltsbezogenen Ähnlichkeit sim_{con}

(2) Berechnung der titelbezogenen Ähnlichkeit sim_{title}

(3) Berechnung der metadatenbezogenen Ähnlichkeit sim_{meta}

(4) Berechnung der nachbarschaftsbezogenen Ähnlichkeit sim_{neigh}

(5) Berechnung der graphbezogenen Ähnlichkeit sim_{graph}

(6) Zusammenführung der Teilergebnisse und Berechnung der Gesamtähnlichkeit sim_{agg}.

Zu (1): Nach dem Harvesting neuer Ressourcen versucht der AT Analyser über die XML-Attribute `href` und `xml:base` der Elemente `<resource>` bzw. `<manifest>` eine Ressource zu lokalisieren. Falls ein Zugriff auf den textuellen Inhalt eines Objektes möglich ist, wird dieser ausgelesen und bereinigt[13]. Unter Zuhilfenahme von Apache Lucene[14], einer Java-Bibliothek,

---

[11]Die Entstehung von PostgreSQL geht auf ein Forschungsprojekt der University of California in Berkeley zurück. Heute wird die Entwicklung der Datenbank von einer Open-Source-Community getragen. Ausführliche Informationen zu PostgreSQL findet man unter `http://www.postgresql.org/`.

[12]Views sind dynamisch erzeugte Tabellen, die über die SELECT-Anweisung definiert werden. Sie ermöglichen die Darstellung von Daten und Tabellen in Abhängigkeit bestimmter nutzer- oder anwendungsspezifischer Anforderungen. PostgreSQL bietet die Besonderheit, mit Hilfe von Regeln (Rules und Triggers), die in Views enthaltenen Daten zu modifizieren.

[13]Der AT Analyser beschränkt sich bei der Indizierung auf HTML- und PDF-basierte Ressourcen.

[14]Ausführliche Informationen zu den Open-Source-Projekt Apache Lucene sind unter `http://lucene.apache.org/java/docs/` zu finden.

die verschiedene Pakete zur Indizierung von Dokumenten anbietet, werden dabei vorhandene Formatierungen und Sonderzeichen entfernt[15]. Eine Stoppwortliste legt darüber hinaus fest, welche Terme nicht in die Datenbank geschrieben werden sollen. Darüber hinaus zerlegt der Stemming-Algorithmus von Lucene die Terme in einzelne Tokens, die in der Tabellenspalte `adlcp.file.tokens` (siehe *Abb.* 4.6) abgelegt werden. Danach kann mit der eigentlichen Berechnung von sim_{con} begonnen werden[16]. *Abb.* 4.7 zeigt das logische Datenmodell für die Ermittlung dieser Teilähnlichkeit, dargestellt als Entity-Relationship-Modell unter Verwendung der IDEF1X-Notation[17].

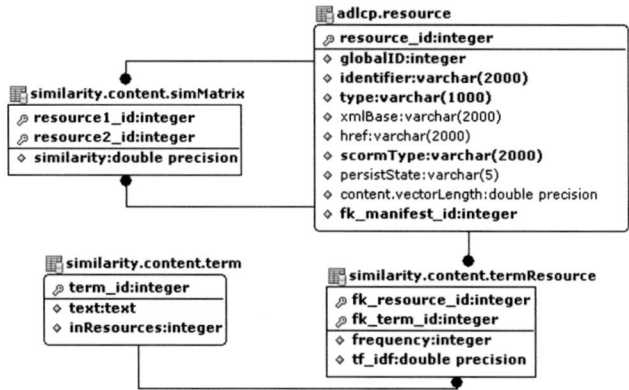

Abbildung 4.7: Relationales Datenmodell für die Bestimmung der inhaltlichen Ähnlichkeit von Ressourcen.

In dem Modell werden die Mengen R aller Ressourcen und T aller Terme durch die Entitäten `adlcp.resource` sowie `similarity.content.term` repräsentiert. Zwischen beiden Entitäten besteht eine $n{:}m$-Beziehung, die über die Hilfsentität `similarity.content.termResource` in zwei $1{:}n$-Beziehungen aufgebrochen wird. *Lst.* 4.3 zeigt die SQL-Anweisungen zur Transformati-

---

[15]Der auf diese Weise bereinigte Text wird ebenfalls in der Datenbank gespeichert. Dies hat den Vorteil, dass bei einer schlüsselwortbasierten Ad-Hoc-Anfrage an die ATH-Service-Applikation gefundene Ressourcen (ähnlich wie bei Google) zusammen mit einem kurzen Textausschnitt präsentiert werden können.

[16]Zum Zeitpunkt dieser Arbeit fließen in die Berechnung der inhaltlichen Ähnlichkeit ausschließlich textuelle Objekte ein. Bild- Video- oder Audiodateien werden noch nicht berücksichtigt.

[17]Die Datenmodellierungssprache IDEF1X wurde in den 80-er Jahren im Rahmen des Programms „Integrated Computer Aided Manufacturing" der U.S. Air Force entwickelt. Das Kürzel setzt sich aus drei Komponenten zusammen: IDEF steht für „Integration Definition", 1 bezieht sich auf die Modellierung von Informationsstrukturen und X (für „Extension") deutet an, dass es sich hierbei um eine Erweiterung des ursprünglichen Standards IDEF1 handelt.

on dieses Modells in eine relationale Datenbankstruktur[18]. Für die Berechnung der Ähnlichkeit des natürlichsprachlichen Inhalts zweier Ressourcen, die – wie Gleichung 3.3 gezeigt hat – über das normierte Skalarprodukt der beiden Ressourcen-Vektoren erfolgt, müssen folgende Parameter ermittelt werden:

- n_{r,t_i}: Die Auftrittshäufigkeit des Terms t_i innerhalb der Ressource r_{t_i} wird nach dem Indizieren eines Objekts durch den AT Analyser im Attribut `frequency` der Tabelle `content.termResource` gespeichert.

- $max_{t \in T} n_{r,t}$: Die Auftrittshäufigkeit des meistgenannten Terms einer Ressource wird über die folgende SQL-Anweisung der Tabelle `content.termResource` entnommen:

  `SELECT max(frequency) FROM similarity."content.termResource"`
  `WHERE fk_resource_id = *ID der Ressource*`

  Liegen beide Parameter vor, kann die TF-Komponente des TF-IDF-Gewichtungsverfahrens berechnet werden. Die beiden nachfolgenden Parameter hingegen dienen der Ermittlung der zweiten Komponente, dem IDF-Wert:

- $|r_{t_i}|$: Die Anzahl der Ressourcen innerhalb der Kollektion, welche den Term t_i enthalten, kann ebenfalls direkt aus der Tabelle `content.term-Resource` entnommen werden. Die entsprechende Anfrage sieht wie folgt aus:

  `SELECT count(fk_resource_id) FROM similarity."content.termResource"`
  `WHERE fk_terms_id = -fk_term_id-`

  Das Ergebnis wird in die Spalte `inResources` der Tabelle `content.term` geschrieben.

- $|R|$: Die Gesamtzahl der Ressourcen, deren natürlichsprachlicher Inhalt indiziert wurde, wird wie folgt abgefragt:

  `SELECT count(DISTINCT fk_resource_id)`
  `FROM similarity."content.termResource"`

  Diese vier Parameter fließen in die Berechnung der Diskriminationsstärke w_{r,t_i} ein. Sie wird in der Spalte `tf_idf` der Tabelle `content.term-Resource` gespeichert.

Wurden alle Termgewichte berechnet, kann die Länge der Vektoren der betrachteten Ressourcen ermittelt werden. Das Berechnungsergebnis wird in dem Attribut `content.vectorLength` von `adlcp.resource` festgehalten. Damit sind alle Vorberechnungen abgeschlossen, die für die Ermittlung der Ähnlichkeit sim_{con} erforderlich sind. Der AT Analyser verarbeitet nun die vorliegenden Daten entsprechend Gleichung 3.3 und speichert das Ergebnis in der Ähnlichkeitsmatrix `content.simMatrix`[19].

---

[18] Im Sinne einer höheren Übersichtlichkeit wurden die Tabellen unterschiedlichen Namensräumen bzw. Schemas zugewiesen. Der Name des jeweiligen Schemas (z. B. `adlcp`, `similiarity` oder `lom`) wird im Folgenden aus Gründen einer besseren Lesbarkeit bei der Nennung von Tabellennamen weggelassen.

[19] Prinzipiell ist es möglich, diese und auch die folgenden Ähnlichkeitsmatrizen als virtuelle Tabellen bzw. Views anzulegen. Allerdings hat sich gezeigt, dass bei der – für die Berechnung

```
CREATE TABLE adlcp.resource (
  resource_id INTEGER NOT NULL,
  identifier VARCHAR(2000) NOT NULL,
  type VARCHAR(1000) NOT NULL,
  xmlBase VARCHAR(2000),
  href VARCHAR(2000),
  scormType VARCHAR(2000) NOT NULL,
  persistState VARCHAR(5),
  "term.vectorLength" DOUBLE PRECISION,
  PRIMARY KEY(resource_id));

CREATE TABLE similarity."content.term" (
  term_id INTEGER NOT NULL,
  text TEXT UNIQUE NOT NULL,
  "inResources" INTEGER NOT NULL,
  PRIMARY KEY(term_id));

CREATE TABLE similarity."content.termResource" (
  fk_resource_id INTEGER NOT NULL REFERENCES
    adlcp.resource(resource_id),
  fk_term_id INTEGER NOT NULL REFERENCES
    similarity."content.term"(term_id),
  frequency INTEGER NOT NULL,
  tf_idf DOUBLE PRECISION,
  PRIMARY KEY(fk_resource_id, fk_term_id));

CREATE TABLE similarity."content.simMatrix" (
  resource1_id INTEGER NOT NULL REFERENCES
    adlcp.resource(resource_id),
  resource2_id INTEGER NOT NULL REFERENCES
    adlcp.resource(resource_id),
  similarity DOUBLE PRECISION NOT NULL,
  PRIMARY KEY(resource1_id, resource2_id));
```

Listing 4.3: SQL-Anweisungen zur Überführung des Entity-Relationship-Modells von Abb. 4.7 in eine relationale Tabellenstruktur.

Zu (2): Die Berechnung der Teilähnlichkeit sim_{title} erfolgt nach einem ähnlichen Schema, jedoch werden – wie in Kapitel 3.5.2 beschrieben wurde – die Titeldeskriptoren nicht nach dem TF-IDF-Verfahren gewichtet. Vielmehr ist die Position der zugehörigen Aktivitäten in der Nachbarschaft des Ausgangsobjekts für die Gewichtung der Terme ausschlaggebend. Der AT Analyser muss also für jede einzelne Aktivität, die gemeinsam mit der Ausgangsressource in einem Kurs auftritt, den jeweiligen Abstand im Aktivitätsbaum berechnen. Danach kann die Termgewichtung und schließlich die Bestimmung von sim_{title} erfolgen.

Das logische Datenmodell für diese Berechnung ist in *Abb.* 4.8 dargestellt.

---

der Gesamtähnlichkeit erforderliche – Verkettung der Views lange Responsezeiten entstehen. Um die Performanz zu erhöhen, wurde die Materialisierung von Anfrageergebnissen über das SQL-Statement SELECT INTO bevorzugt.

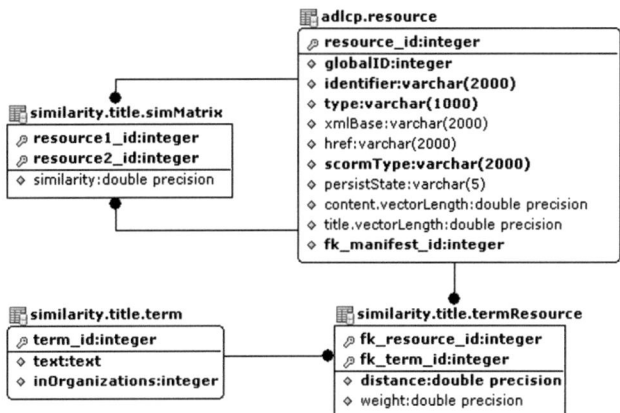

Abbildung 4.8: *Datenmodell für die Bestimmung der Teilähnlichkeit sim$_{title}$*

Ähnlich wie in dem Modell von *Abb.* 4.7 ist auch hier eine Hilfsentität `title.termResource` erforderlich, da die Entitäten `adlcp.resource` und `title.term` eine Kardinalität von $n{:}m$ aufweisen. Bei der Indizierung eines Titeldeskriptors finden ähnliche Bereinigungsprozesse statt, wie sie in (1) beschrieben wurden. Auch hier wird eine Stoppwortliste eingesetzt, die um nicht-inhaltstragene Begriffe wie „Vorbemerkungen", „Einleitung", „Beispiel" oder „Zusammenfassung" erweitert wurde.

Neue Terme werden in der Tabelle `title.term` gespeichert. Zur Berechnung der Inverse Organization Frequency (vgl. Gleichung 3.9) wird im gleichen Tupel auch die Anzahl der Organizations (`inOrganizations`) mit diesem Titeldeskriptor eingetragen. Der zweite, für die Termgewichtung entscheidende Parameter, die Distanz im Aktivitätsbaum, wird in der Hilfsentität als `distance` hinterlegt. Das Termgewicht selbst wird dort in der Spalte `weigth` gespeichert. Die Erweiterung der Relation `adlcp.resource` um das Attribut `title.vectorLength` dient der Ablage der Vektorlänge einer Ressource, die auf Basis der Termgewichte berechnet wird. Die Ergebnisse des Ähnlichkeitsvergleichs werden in der Tabelle `title.simMatrix` protokolliert.

Zu (3): Auch im Hinblick auf den dritten termbezogenen Analyseaspekt kommt das Tabellenschema der ATH-Datenbank mit nur drei zusätzlichen Relationen aus (vgl. *Abb.* 4.9). `metadata.term` speichert die Terme, diese werden wieder über eine Hilfsentität (`metadata.termResource`) mit den Ressourcen in Beziehung gesetzt, während der konkrete Ähnlichkeitswert eines Ressourcenpaares in der Tabelle `metadata.simMatrix` dokumentiert wird.

Die Menge der indizierten Terme speist sich aus den Metabeschreibungen der Ressourcen, die sowohl innerhalb eines `<item>`-, als auch innerhalb

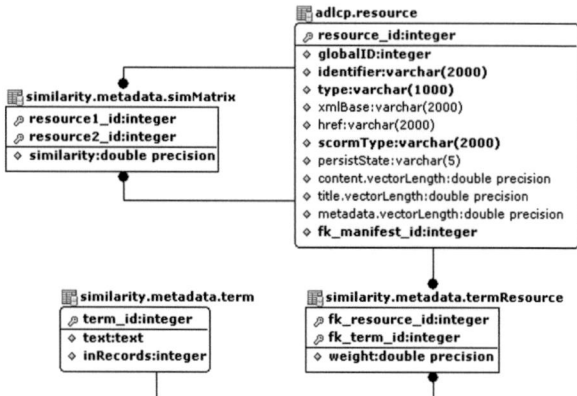

Abbildung 4.9: *Datenmodell für die Bestimmung der Teilähnlichkeit sim$_{meta}$*

eines <resource>-Elements erfolgen kann. Diejenigen Terme bzw. Tokens, die den Stoppwort-Filter passieren, werden zusammen mit der Auftrittshäufigkeit dieses Terms (inRecords) in der Metadatenkollektion als Tupel in metadata.term gespeichert. Um die Vergleichbarkeit der Metadeskriptoren auf kategorialer Ebene zu wahren, erhalten diese als Präfix die zugehörige LOM-Kategorie vorangestellt (z. B. *general.keyword*.nervensystem). Die Gewichtung (metadata.termResource.weight) folgt dem Vorschlag in Kapitel 3.5.3. Zum Speichern der Vektorlänge einer Ressource wird die Tabelle adlcp.resource nochmals um ein Attribut (metadata.vectorLength) erweitert.

Zu (4): Das Vektorraummodell wird ein letztes Mal bemüht, wenn es um die Berechnung der Ähnlichkeit von Ressourcen hinsichtlich ihrer Nachbarschaft geht. In Kapitel 3.5.4 wurde bereits erläutert, dass die hierbei betrachtete Umgebung eines Objekts aus jenen Ressourcen besteht, die mit dieser gemeinsam in einem oder mehreren Aktivitätsbäumen als Blattknoten in Erscheinung treten. Diese Nachbarschaft wird – wie *Abb.* 4.10 verdeutlicht – über die Relation neighbours.pair abgebildet. Das Attribut resource2_id verweist dabei über einen Fremdschlüssel auf die Nachbarressource, deren Distanz zum Ausgangsobjekt und das davon abhängige Gewicht (siehe Gleichung 3.15) in den Spalten distance und weight protokolliert werden.

Die Länge des Nachbarschaftsvektors wird wieder in der Tabelle adlcp.resource festgehalten, die hierzu um das Attribut neighbours.vectorLength erweitert wird. Die nach Gleichung 3.16 berechnete Teilähnlichkeit *sim$_{neigh}$* wird in der Relation neighbours.simMatrix gespeichert.

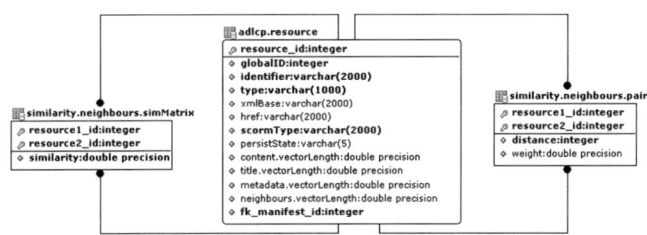

Abbildung 4.10: *Datenmodell für die Bestimmung der Teilähnlichkeit sim_{neigh}*

Zu (5): Zur Berechnung der graphbezogenen Ähnlichkeit sim_{graph} selektiert ein Algorithmus des AT Analysers einen die Ressource enthaltenden Teilbereich des Aktivitätsbaums und wandelt diesen wie in Kapitel 3.5.5 beschrieben in eine binäre Zeichenkette um[20]. Diese wird als graph.binaryWord in der Tabelle adlcp.resource gespeichert. Alle Ressourcen, die ebenfalls in diesem Teilbaum enthalten sind, wird ohne zusätzlichen algorithmischen Aufwand das gleiche Binärwort zugewiesen.

Ein zweiter Algorithmus berechnet die Levenshtein-Distanz zu denjenigen Objekten, die nicht Bestandteil des gleichen Aktivitätsbaums sind. Die ermittelte Distanz wird entsprechend Gleichung 3.17 auf einen Wert zwischen 0 und 1 abgebildet und in der Ähnlichkeitsmatrix graph.simMatrix gespeichert. Für die Berechnung dieser Teilähnlichkeit muss also das Tabellenschema similarity um lediglich eine Tabelle erweitert werden (*Abb. 4.11*).

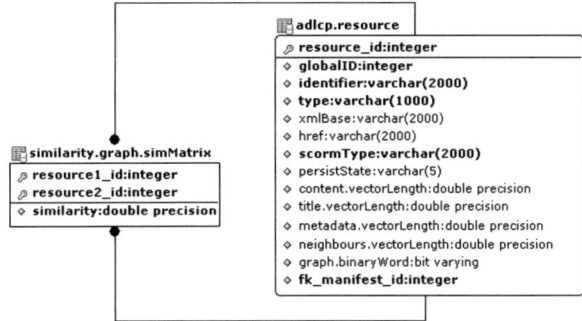

Abbildung 4.11: *Datenmodell für die Bestimmung der Teilähnlichkeit sim_{graph}*

---

[20]Ausgewählt wird dabei jener Ast des Aktivitätsbaums, der von den untersten Blattknoten bis zur Wurzel reicht

Zu (6): Der letzte logische Schritt des AT Analysers besteht darin, die ermittelten Teilähnlichkeiten zu einem Gesamtwert zu aggregieren. Ein Algorithmus berechnet hierzu den gewichteten Mittelwert nach Gleichung 3.23 und speichert diesen in der Tabelle `simMatrix` (*Abb.* 4.12). Ressourcen, deren Ähnlichkeit annähernd 1 ist, erhalten einen gemeinsamen Identifier, der in der Spalte `globalID` der Tabelle `adlcp.resource` gespeichert wird. Analog wird bei Ressourcen mit gleichem `identifier`-Attribut verfahren – allerdings nur unter der Voraussetzung, dass dieser Identifier vom gleichen Handle-Service (vgl. Kapitel 3.4.1) stammt. Globale, innerhalb der ATH-Kollektion eindeutige Identifier bündeln also Objekt-Instanzen, die durch Wiederverwendung ein und derselben Ressource hervorgerufen wurden. Erst dieser Mechanismus ermöglicht die Beantwortung von Client-Anfragen der Art „Zeige alle Aktivitätsbäume, in welche die Ressource xy involviert ist". Der folgende Abschnitt wird diesen Aspekt nochmals aufgreifen.

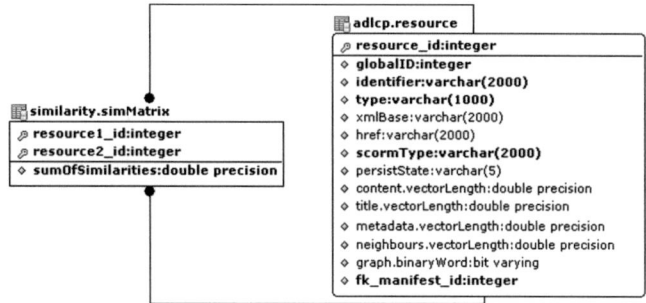

Abbildung 4.12: Datenmodell für die Bestimmung der Gesamtähnlichkeit sim_{agg}

4.5 AT Services

Die wesentliche Zielsetzung des Service-Moduls besteht darin, Anfragen von Nutzern oder Software-Agenten entgegenzunehmen, die angeforderten Informationen aus der Datenbank zu extrahieren und die Ergebnisse in erwartungskonformer Form an die nachfragende Entität zurückzuliefern. Hierzu bietet das Service-Modul verschiedene Dienste an, die als Webservice implementiert und auf einem Systinet Server[21] bereitgestellt werden. Über eine WSDL-Beschreibung können sich potentielle Clients ein Bild von den Funktionen, Datentypen und Austauschprotokollen dieser Dienste machen. *Abb.* 4.13 zeigt einen schemati-

---

[21] Eingesetzt wurde der Systinet Server For Java in der Version 6.0. Detaillierte Informationen zu diesem Produkt finden sich unter `http://www.systinet.com`.

schen Überblick dieser Beschreibung, wie er von der Software Altova XMLSpy[22] erzeugt wird.

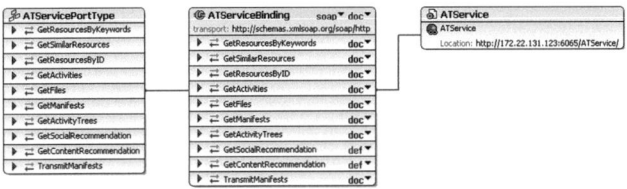

Abbildung 4.13: *Schematische Übersicht der WSDL-Beschreibung des Netzwerkdienstes ATService. Dargestellt werden die beiden Sektionen* `<portType>` *(links) und* `<binding>` *(Mitte).*

Die insgesamt zehn angebotenen Netzwerkdienste gliedern sich mit einer Ausnahme in zwei Teilbereiche: Die erste Gruppe widmet sich Anfragen, deren Auswertung nutzer*unspezifisch* erfolgt. Die Informationsverarbeitung läuft also unabhängig von einem ggf. vorliegenden Profil des Nutzers. Der zweite Bereich umfasst Filter-basierte (Empfehlungs-)Dienste. Anfragen solchen Typs werden unter Berücksichtigung des in der User-Resource-Matrix materialisierten Interessensprofils des anfragenden Nutzers beantwortet.

Eine Sonderrolle nimmt dabei die Methode `TransmitManifests` ein, die sich keinem der beiden Bereiche zuordnen lässt. Sie dient der Übermittlung von IMS-Manifesten an die ATH-Applikation und nutzt dabei die Möglichkeit, SOAP-Nachrichten mit Anhängen („Attachments") zu versehen[23]. Hierzu muss auf Seite des Daten-Providers das XML-Dokument in ein Objekt der Systinet-spezifischen Klasse `RequestMessageAttachment` gepackt und als SOAP-Message an die Service-Komponente übermittelt werden[24]. Bei erfolgreicher Übertragung erhält der Daten-Provider eine Eingangsbestätigung, andernfalls wird eine Fehlermeldung zurückgeliefert. Das Service-Modul übergibt die Manifeste an den AT Mapper, der die Daten wie in Kapitel 4.2 beschrieben bereinigt und in die Datenbank transferiert. `TransmitManifests` ist eine Webservice-Funktion (bzw. „Operation", wie sie die Web Service Description Language bezeichnet), die dem Typus `Request-Response` mit definierten In- und Output-Parametern angehört. Der Client sendet eine Nachricht an den Server, der ihm daraufhin eine Rückantwort zuschickt. Dieses Schema gilt auch für alle Methoden der beiden angesprochenen Bereiche, die im Folgenden stichpunktartig vorgestellt werden. Dabei richtet sich der Blick zunächst auf die Gruppe der nicht-personalisierten Dienste:

- `GetResourcesByKeywords`: ermöglicht die Suche nach Lernobjekten, die bestimmte Schlüsselbegriffe enthalten. Diese werden als Argument dem Webservice übergeben, der die Zeichenkette in einzelne Tokens zerlegt, analog

---

[22]siehe `http://www.altova.com/products/xmlspy/xml_editor.html`
[23]Zum Thema SOAP-Attachments siehe `http://www.w3.org/TR/SOAP-attachments`.
[24]Mehrere Manifeste können in einen Array dieses Objekttyps untergebracht werden

Gleichung 2.10 gewichtet und die Ergebnisse in der Spalte `tf_idf` der Tabelle `service.queryTerm` protokolliert (*Abb.* 4.14). Die Anfrage selbst wird in der Tabelle `service.query` gespeichert. Mit Hilfe des Vektorraummodells

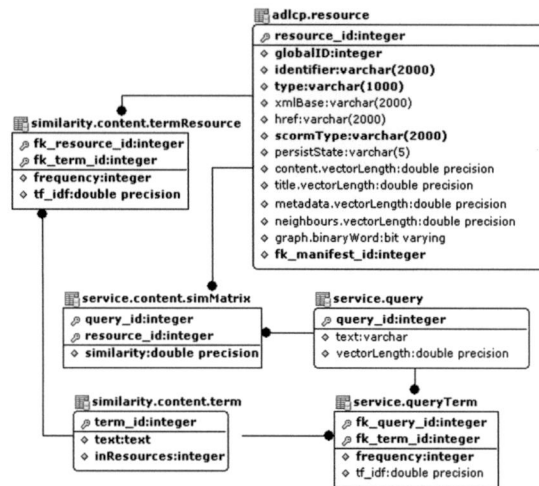

Abbildung 4.14: *Datenmodell für die Bestimmung der Ähnlichkeit zwischen Anfrage- und Ressourcenvektor auf Basis des textuellen Inhalts einer Ressource.*

wird das Anfrageliteral mit den in der Datenbank gespeicherten termbasierten Beschreibungen von Ressourcen verglichen. In den Vergleich fließen sowohl die indizierten Inhalte, als auch die Aktivitätstitel und Metadeskriptoren ein. Die Anfrage wird dabei als virtuelle Ressource aufgefasst, wobei die Ähnlichkeit mit anderen (realen) Ressourcen über das normierte Skalarprodukt nach Gleichung 2.5 ermittelt und in der Tabelle `service.content.simMatrix` gespeichert wird. Zurückgeliefert wird ein Objekt der Klasse `ResourceInfo`, das jene Ressourcen enthält, deren Ähnlichkeit zum Query-Vektor einen festgelegten Schwellenwert überschreitet. *Abb.* 4.15 zeigt, dass dieses Objekt einen Array sog. `ResourceDetails`-Objekte kapselt, wobei jede Instanz dieses Objekttyps Attribute zu einer einzelnen Ressource enthält.

- `getSimilarResources`: sucht nach Objekten, die einer gegebenen Ressource oder Gruppe von Ressourcen ähneln. Als Argument wird dem Webservice der globale Identifier (`gloablID`) einer Ressourcen-Klasse übergeben. Die Methode ermittelt zunächst alle Instanzen dieser Klasse mit identischer `globalID`. Zu diesen Instanzen werden die ähnlichsten Ressourcen ausgewählt. Maßgeblich für die Selektion sind die in der Tabelle `similarity.simMatrix` vorliegenden Ähnlichkeitswerte. Ist die Ähnlichkeit einer Ressource

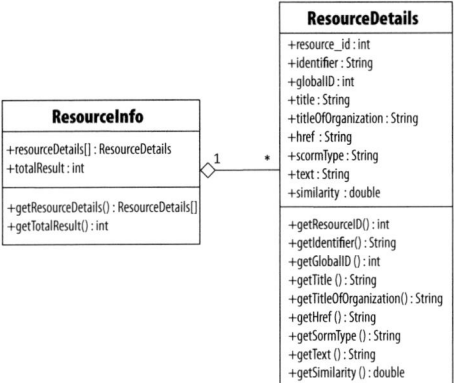

Abbildung 4.15: *Die Klassen* `ResourceInfo` *und* `ResourceDetails` *in UML-Notation.* `ResourceDetails` *enthält verschiedene, eine Ressource beschreibende Variablen, die den Tabellen* `adlcp.item` *und* `adlcp.resource` *entnommen werden. Zurückgeliefert werden u. a. die drei Arten von Ressource-Identifier:* `resource_id` *ist der innerhalb der ATH-Datenbank eindeutige Bezeichner bzw. Primärschlüssel einer Ressource. Das* `identifier`*-Attribut hingegen bezieht sich auf den lokalen, innerhalb eines Manifests verwendeten Identifier. Die* `globalID` *verweist wie bereits erwähnt auf die Ressource-Klasse, welcher das Objekt als Instanz angehört. Die Variable* `text` *speichert einen Textauszug, der die in der Anfrage formulierten Schlüsselwörter aufweist.* `Similarity` *enthält die berechnete Ähnlichkeit zwischen Anfrage- und Ressourcenvektor. Die Variable* `totalResult` *von* `ResourceInfo` *bezieht sich auf die Gesamtzahl der gefundenen Objekte.*

größer als ein vorgegebener Schwellenwert, werden die Variablen dieser Ressource in ein `ResourceDetails`-Objekt gepackt und zusammen mit den Deskriptoren weiterer ähnlicher Lernobjekte in Form eines `ResourceInfo`-Objekts gebündelt zurückgeliefert. Die Sortierung der Ressourcen innerhalb des Arrays erfolgt entsprechend ihrer Ähnlichkeit zur Ausgangsressource in absteigender Reihenfolge.

- `getResourcesByID`: gibt Aufschluss über den Wiederverwendungsgrad einer Ressource. Die Methode bringt in Erfahrung, wie oft eine Ressource eingesetzt wurde und welche Varianten davon existieren. Sie liefert eine Instanz der Klasse `ResourceInfo` zurück. Als Argument muss wieder eine `globalID` übergeben werden. Dies gilt – mit Ausnahme von `getFiles`, die als Argument den vom AT Mapper erzeugten Identifier der zugehörigen Ressource (`resource_id`) erhält – für alle nachfolgenden Methoden der Gruppe nichtpersonalisierter Dienste.

- `getActivities`: Mit Hilfe dieser Methode wird eruiert, in welchen Cluster-Aktivitäten eine Ressource enthalten ist und mit welchen anderen (Geschwister-)Ressourcen sie darin kombiniert wurde. Über den boolschen Parameter `considerSimilarResources` wird mit der Angabe `true` erreicht, dass auch Cluster-Aktivitäten ähnlicher Ressourcen Berücksichtigung finden. Die Rückgabe erfolgt in Form einer Instanz der Klasse `ActivityTreeInfo`, die einen Array von `ActivityTreeDetails`-Objekten in sich birgt (*Abb.* 4.16). Jedes dieser Objekte dient der Spezifizierung der Knoten eines Aktivitätsbaums und umfasst Variablen, die sowohl Ressourcen (`ResourceDetails`) als auch Aktivitäten (`ItemDetails`) beschreiben. Eine Client-Anwendung kann anhand der in einem `ActivityTreeDetails`-Objekt enthaltenen Angaben den kompletten Kursbaum oder Teile davon rekonstruieren und graphisch ausgeben (vgl. *Abb.* 4.16).

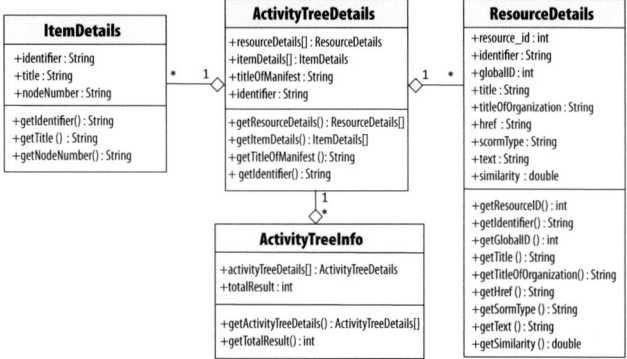

Abbildung 4.16: *Die Beziehung der Klassen* `ActivityTreeInfo`, `ActivityTreeDetails`, `ResourceDetails` *und* `ItemDetails`.

- `getFiles`: liefert die mit einer gegebenen Ressource verknüpften Dateien bzw. Assets zurück, die im Manifest über das `<file>`-Element spezifiziert werden. Über das Flag `considerSimilarResources` kann angegeben werden, ob auch nach Dateien ähnlicher Ressourcen gesucht werden soll. Die in der Tabelle `adlcp.file` enthaltenen Attribute eines Assets fließen als Variablen in eine Instanz von `FileDetails` ein. Ein Array von `FileDetails`-Instanzen wird von einem `FileInfo`-Objekt gekapselt (*Abb.* 4.17).

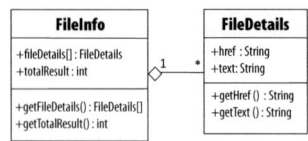

Abbildung 4.17: *Die Klassen* `FileInfo` *und* `FileDetails`.

- `getManifests`: ermittelt das zugehörige Manifest zu jeder Ressource, welche die gegebene `globalID` aufweist. Auch hier kann wieder über einen boolschen Parameter die Suche nach Manifesten ähnlicher Ressourcen ausgedehnt werden. Zurückgeliefert wird ein Array von `ManifestDetails`-Instanzen, die in Form eines `ManifestInfo`-Objekts gekapselt werden (*Abb.* 4.18).

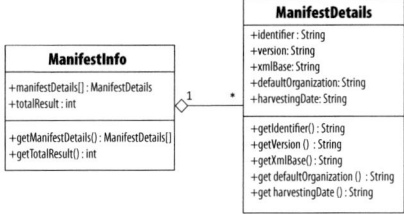

Abbildung 4.18: *Die Klassen* ManifestInfo *und* ManifestDetails*.*

- `getActivityTrees`: sucht in der Datenbank der ATH-Applikation zu allen Instanzen der gleichen, über die `globalID` gegebenen Ressource-Klasse nach Aktivitätsbäumen, welche diese Ressource als Blattknoten referenzieren. Die Suche kann ebenfalls über das Flag `considerSimilarResources` auf ähnliche Objekte ausgeweitet werden. Die gefundenen Bäume werden in Form eines `ActivityTreeInfo`-Objekts (*Abb.* 4.16) an den Client gesendet. Anstelle eines einzelnen globalen Identifiers kann der Methode `getActivityTrees` auch eine `ArrayList` bestehend aus mehreren Identifiern übergeben werden. Damit lässt sich eine warenkorbbasierte Anfrage realisieren, bei der zu einer gegebenen Menge von Ressourcen Kursstrukturen ausfindig gemacht werden sollen, die mindestens eine der im Warenkorb des Nutzers befindlichen Objekte enthalten. Die Liste der gefundenen Aktivitätsbäume wird dabei abhängig von der Anzahl übereinstimmender Ressourcen sortiert. Je mehr Ressourcen des Warenkorbs ein Aktivitätsbaum also enthält, desto weiter steht er in der Trefferliste vorne. Kapitel 4.6 wird diese Art von Anfrage aus Sicht der Client-Applikation nochmals beleuchten.

Die beiden nachfolgend beschriebenen Dienste beziehen sich auf Anfragen, deren Beantwortung die Kenntnis der vom Nutzer präferierten Objekte voraussetzt. Bei der Auswertung wird also ein Augenmerk darauf gerichtet, welche Ressourcen der anfragende Nutzer in der Vergangenheit selektiert und bewertet hat. Diese Informationen werden in der User-Resource-Matrix vorgehalten. *Abb.* 4.19 verdeutlicht, wie eine solche Matrix in ein relationales Modell überführt werden kann. Benötigt werden drei zusätzliche Relationen: die Tabelle `service.user` speichert einige Konto-spezifische Angaben wie Name des Nutzers, Benutzerkennwort und E-Mail-Adresse. Über die Hilfsentität `service.userResource` wird die Beziehung zwischen den Relationen `service.user` und `adlcp.resource` hergestellt. Dort werden auch die nutzerspezifischen Bewertungen von Ressourcen

(`Ratings`) zusammen mit ihrem Zeitstempel (`timestampq`) festgehalten. Für die Implementierung wurde diesbezüglich eine fünfstufige Skala gewählt, bei der 5 die höchste und 1 die niedrigste Präferenz darstellt. Die Verknüpfung zur `user`-Tabelle erfolgt über den Fremdschlüssel `fk_user_id`, während die Verbindung zur `resource`-Tabelle über das Attribut `fk_resource_id` erfolgt. Letzteres verweist auf die Repräsentanten identischer Objekte, die in `adlcp.resource` mit dem Flag `representative=true` gekennzeichnet sind[25]. Allen beiden Methoden wird als Argument der Login-Name und das Passwort übergeben. Letzteres wird aus Sicherheitsgründen als MD5-Hashwert kaschiert. Anfragen werden nur dann ausgeführt, wenn der vom Client übermittelte Hashwert des Nutzerpassworts mit dem Eintrag in der ATH-Datenbank übereinstimmt.

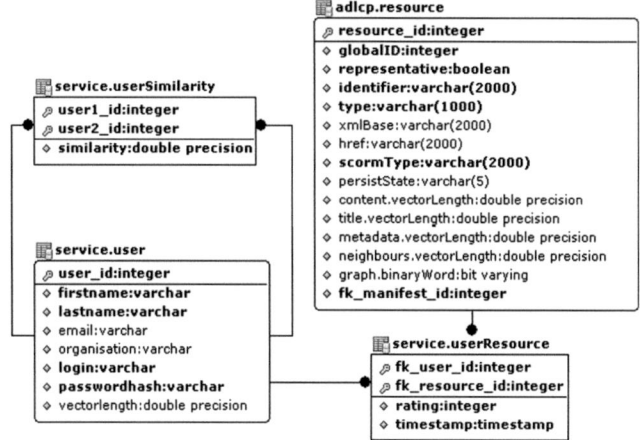

Abbildung 4.19: *Datenmodell für die Bestimmung ähnlicher Nutzer.*

- `getSocialRecommendation`: empfiehlt einem aktiven Nutzer Ressourcen, die ähnliche Nutzer präferieren. Die grundlegende Verfahrensweise dieses Dienstes orientiert sich an der in Kapitel 3.6 vorgestellten Methodik. Hierbei werden die in `service.user` registrierten Nutzer über das normierte Skalarprodukt ihrer Rating-Vektoren verglichen. Der Algorithmus muss zunächst die Längen aller Rating-Vektoren vorberechnen. Diese werden in der Spalte `vectorLength` der letztgenannten Tabelle gespeichert. Anschließend wird nach Gleichung 3.26 die Ähnlichkeit der Nutzer ermittelt und in der Tabelle `service.userSimilarity` hinterlegt. Dieser Tabelle werden im nächsten Schritt die k-nächsten Nachbarn des aktiven Nutzers entnommen. Die

---

[25]Wie bereits erwähnt werden identische Ressourcen durch einen gemeinsamen Identifier (`globalID`) markiert. Für jede Gruppe identischer Objekte muss ein Stellvertreter gewählt werden, der die Gruppe in der User-Resource-Matrix repräsentiert.

Liste der empfohlenen Ressourcen wird abschließend über Gleichung 2.35 berechnet und in Form eines `ResourceInfo`-Objekts zurückgeliefert.

- `getContentRecommendation`: Während der vorgenannte Dienst Empfehlungen aus den Profilen anderer Nutzer extrahiert, verfolgt die Methode `getContentRecommendation` einen eigenschaftsbasierten Ansatz: Zu den vom Nutzer präferierten und in der User-Resource-Matrix enthaltenen Objekten wird auf Grundlage der Ähnlichkeitsmatrix `similiarity.simMatrix` die Menge jener Ressourcen bestimmt, deren Ähnlichkeit größer als ein vorgegebener Schwellenwert ist. Damit in die Sortierung der Trefferliste auch die möglicherweise unterschiedlichen Präferenzwerte des Nutzers einfließen, werden diese mit den Ähnlichkeitswerten multipliziert. Hat also ein Nutzer z. B. eine Ressource A mit 2 und eine andere Ressource B mit 3 Punkten bewertet, erscheint bei ansonsten gleicher Ähnlichkeit zwischen A und A^* bzw. B und B^* das letztgenannte Objekt B^* in der Trefferliste weiter oben als A^*. Die auf diese Weise gebildete Liste wird wieder als `ResourceInfo`-Objekt via SOAP an den Client übermittelt.

Prinzipiell kann jede internetfähige Software-Umgebung auf die oben angeführten Webdienste zugreifen. Dazu gehören Learning-Management-Systeme ebenso wie Autorenwerkzeuge, welche die Erstellung von Lerninhalten und -arrangements unterstützen. Der letztgenannten Gruppe gehört auch der AT Explorer an – eine Client-Anwendung, die entwickelt wurde, um die Funktionalität und Nutzbarkeit des Service-Moduls zu testen und zu verbessern. Im Folgenden wird diese Anwendung kurz vorgestellt.

4.6 AT Explorer

An allen oben aufgeführten Webdiensten partizipieren grundsätzlich zwei Arten von Software-Applikationen: Clients, die – ausgelöst durch ein spezifisches Informationsbedürfnis – einen Webservice kontaktieren, sowie der Service-Provider bzw. die ATH-Applikation, die versucht, im Rahmen ihrer Dienstleistung dieses Informationsbedürfnis zu stillen. Soll die Praxistauglichkeit des implementierten Dienstes überprüft werden, reicht es deswegen nicht aus, das Augenmerk alleine auf den Service-Provider zu richten und bspw. das Zusammenspiel der internen Komponenten bei der Bearbeitung der Client-Anfrage zu beobachten. Vielmehr muss zusätzlich die Interaktion mit dem Client berücksichtigt werden, der Daten nicht nur anfordert, sondern auch verwertet. Reichen die zurückgelieferten Daten z. B. nicht aus, einen Aktivitätsbaum auf geeignete Weise zu visualisieren, ist die Nutzbarkeit des Webservices in Frage gestellt.

Der AT Explorer wurde primär mit der Zielsetzung entwickelt, die Verwertbarkeit der vom Service-Modul bereitgestellten Daten zu prüfen und Verbesserungsmöglichkeiten zu identifizieren. Über eine graphische Benutzungsoberfläche (GUI) können die verschiedenen Webfunktionen des ATH-Systems angesprochen und die Rückgabedaten betrachtet werden.

Die Client-Applikation basiert, wie *Abb.* 4.20 illustriert, auf der „Rich-Client-Plattform" (RCP) von Eclipse – einem Java-basierten Framework, das die Ent-

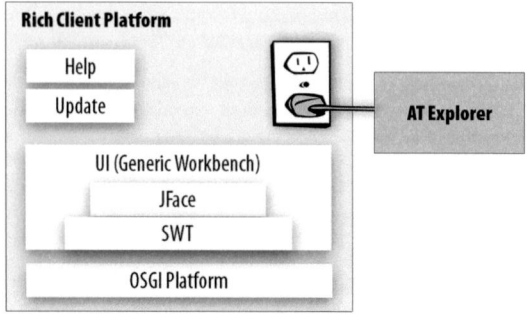

Abbildung 4.20: *Komponenten der Rich-Client-Plattform von Eclipse.*

wicklung modularer, erweiterbarer „Standalone"-Anwendungen unterstützt. Eclipse ist seit vielen Jahren als Open-Source-Entwicklungsumgebung insbesondere für Java-Projekte bekannt. Ihre Stärken liegen seit jeher in ihrer komponentenorientierten Architektur. So kann die Funktionalität der Umgebung auf einfache Weise durch sog. „Plugins" erweitert werden. Die Architektur von Eclipse wurde mit der Version 3.0 im Juni 2004 grundlegend neu gestaltet, so dass heute neben einer integrierten Entwicklungsumgebung auch beliebig andere, komplexe Anwendungen realisiert werden können. Grundlage dieser Flexibilität ist die Rich-Client-Plattform. Sie besteht aus folgenden Komponenten:

- Open Service Gateway Initiative (OSGI) Platform: Ablaufumgebung für Plugins

- Standard Widget Toolkit (SWT): Java-Bibliothek für die Erstellung einer GUI

- JFace: setzt auf den Basiskomponenten von SWT auf und stellt eine Reihe komplexer Widgets zur Gestaltung einer GUI bereit

- Generic Workbench: Grundlegende, auf SWT und JFace basierende Benutzungsoberfläche zur Verwaltung von Werkzeugleisten, Views[26], Editoren, Wizards etc.

Optional können auch das Eclipse-Hilfesystem mit einer ausgereiften Volltextsuche und der Update-Manager zur automatischen Aktualisierung von Plugins verwendet werden. Die Vorteile der Nutzung von RCP für die Entwicklung einer Client-Anwendung liegen auf der Hand: die Applikation ist flexibel erweiterbar, ihr Funktionsumfang kann jederzeit durch eigene Plugins oder Entwicklungen

---

[26]Eine View ist ein Fenster der Eclipse-Workbench, das eine Entität (z. B. Datei oder Java-Klasse) aus einer spezifischen Sicht darstellt. In der „Navigator-View" wird bspw. das Dateiverzeichnis des Eclipse-Arbeitsbereichs exploriert. Im Gegensatz zu Editor-Fenstern können in Views keine Daten verändert werden. Views und Editors lassen sich in Eclipse in Form sog. „Perspektiven" arrangieren.

von Drittanbietern ausgebaut werden. Bereits heute existiert eine Vielzahl von Plugins, die im Hinblick auf die Erweiterung des AT Explorers zu einem leistungsfähigen Autorenwerkzeug von Bedeutung sind. Dazu gehören z. B. Text- oder HTML-Editoren mit umfangreichen Funktionen wie „Syntax Highlighting" oder „Code Completion". Auch die Versionierung von Lernmaterialien mit Hilfe von CVS oder Subversion stellt eine für Kursentwickler attraktive Erweiterung dar. Hinzu kommt die ansprechende Benutzungsoberfläche von Rich Clients, die sich an den vertrauten, nativen Grafikklassen des verwendeten Betriebssystems anlehnt. Die folgenden Screenshots des AT Explorers machen dies deutlich und geben zugleich einen Einblick in den Funktionsumfang dieser Anwendung.

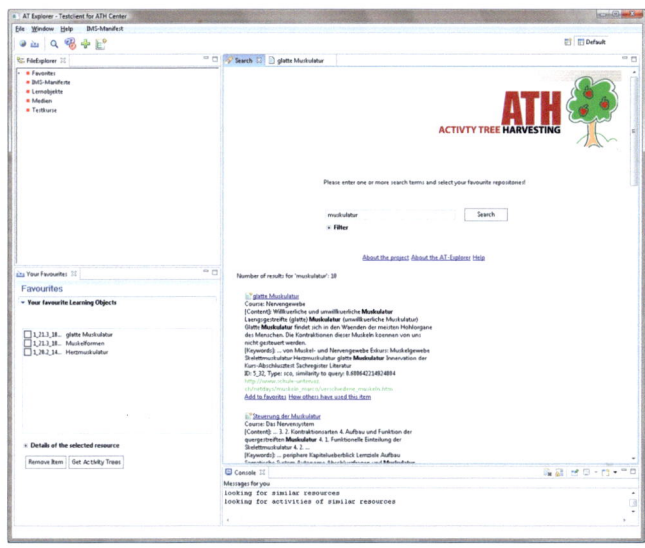

Abbildung 4.21: *Ansicht des AT Explorers mit dem „Search"-Fenster für die Anfrage* getResourcesByKeywords. *Ressourcen können in einem virtuellen Warenkorb abgelegt werden, der in der „Your Favourites-View" angezeigt wird (links unten). Statusmeldungen werden in der „Console-View" (rechts unten) ausgegeben. Der „FileExplorer" (links oben) liefert eine Übersicht über die Dateien des aktuellen Arbeitsbereichs.*

Die erste Ansicht (*Abb.* 4.21) zeigt im rechten Bildbereich die graphische Umsetzung des Anfragetypus getResourcesByKeywords. In dem Beispiel wird nach Ressourcen gesucht, die im Titel, Fließtext oder in der Metabeschreibung den Begriff „Muskulatur" enthalten. Unterhalb des für die Eingabe von Suchbegriffen vorgesehenen Formularfelds wird die Liste der gefundenen Ressourcen angezeigt. Zu jedem Objekt erscheint ein kurzer Textauszug, wobei Anfrageterme fett markiert dargestellt werden. Die Objektliste wird aus dem vom AT Explorer angeforderten `RessourceInfo`-Objekt konstruiert. *Lst.* 4.4 zeigt exemplarisch, wie auf Client-Seite das Service-Modul der ATH-Applikation angesprochen wird.

```
1  public ResourceInfo getResources(String pKeyword) {
2
3      ATService service;
4      String iReq = pKeyword;
5      String wsdlURI = "http://172.22.131.123:6065/ATService/";
6      String serviceURI = "http://172.22.131.123:6065/ATService/";
7      ServiceClient client = ServiceClient.create(wsdlURI);
8      client.setServiceURL(serviceURI);
9
10     try {
11         service = (ATService) client.createProxy(ATService.class)
12         return service.getResourcesByKeywords(iReq);
13     } catch (Exception e) {
14         return null;
15     }
16 }
```

Listing 4.4: Aufruf der Webservice-Methode `getResourcesByKeywords` durch den Client.

Jede gefundene und über ein `ResourceDetails`-Objekt repräsentierte Ressource kann auf dreifache Weise selektiert werden: Zum einen besteht die Möglichkeit, das Objekt in der Browser-Ansicht zu begutachten (siehe *Abb.* 4.22 unten). Zum anderen kann das Objekt in den Warenkorb („Your Favorites") gelegt werden, falls eine Wiederverwendung der Ressource geplant ist. Ausgehend von den im Warenkorb enthaltenen Objekten kann dann über den Button „Get Activity Trees" der gleichnamige Webdienst aufgerufen werden, um Lernarrangements zu finden, welche eine oder mehrere dieser Ressourcen enthalten. Die ermittelten Aktivitätsbäume werden analog der in *Abb.* 4.23 gezeigten Darstellungsweise präsentiert.

Die dritte Variante, eine Ressource auszuwählen, ist durch den Link „How others have used this item" gegeben. In diesem Fall werden im Hintergrund die Methoden `getFiles`, `getResourcesByID`, `getManifests`, `getActivityTrees` und `getActivities` aufgerufen. Der AT Explorer visualisiert die Ergebnisse dieser verschiedenen Anfragen über einen sog. „Multi-Page Form Editor". Diese Editor-Variante der Rich-Client-Plattform basiert auf dem Forms-Plugin und ermöglicht zum einen eine HTML-ähnliche Darstellung von Daten, die auf mehrere Reiter verteilt werden können. *Abb.* 4.22 zeigt diesen Editor mit aktiver „Properties"-Page. Dort werden neben einigen Ressource-spezifischen Deskriptoren auch assoziierte Dateien (`getFiles`) sowie identische Ressourcen (`getResourcesByID`) angezeigt. Der Reiter „Content Packages" präsentiert eine Liste der Manifest-Instanzen zur gegebenen Ressource (`getManifests`).

Die „Activity Trees"-Page widmet sich, wie *Abb.* 4.23 (oben) zeigt, der graphischen Repräsentation der in einem `ActivityTreeInfo`-Objekt gekapselten Aktivitätsbäume (`getActivityTrees`). Die Position der Bezugsressource wird dabei im jeweiligen Baum grau hervorgehoben. Die beiden verbleibenden Reiter „Similar Resources" und „Activities", welche auf den Anfragen `getSimilarResources` sowie `getActivities` basieren, werden im unteren Teil der Abbildung illustriert.

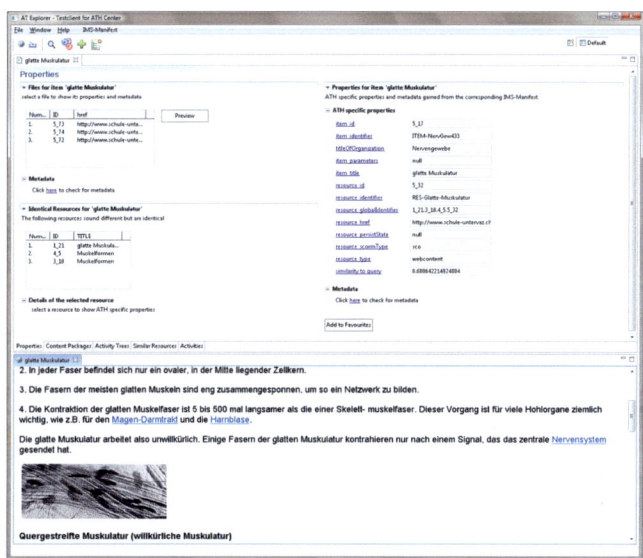

Abbildung 4.22: AT Explorer mit „Properties-Page" zu einer ausgewählten Ressource. Die Files einer Ressource können in der „Browser-View" (unten) betrachtet werden.

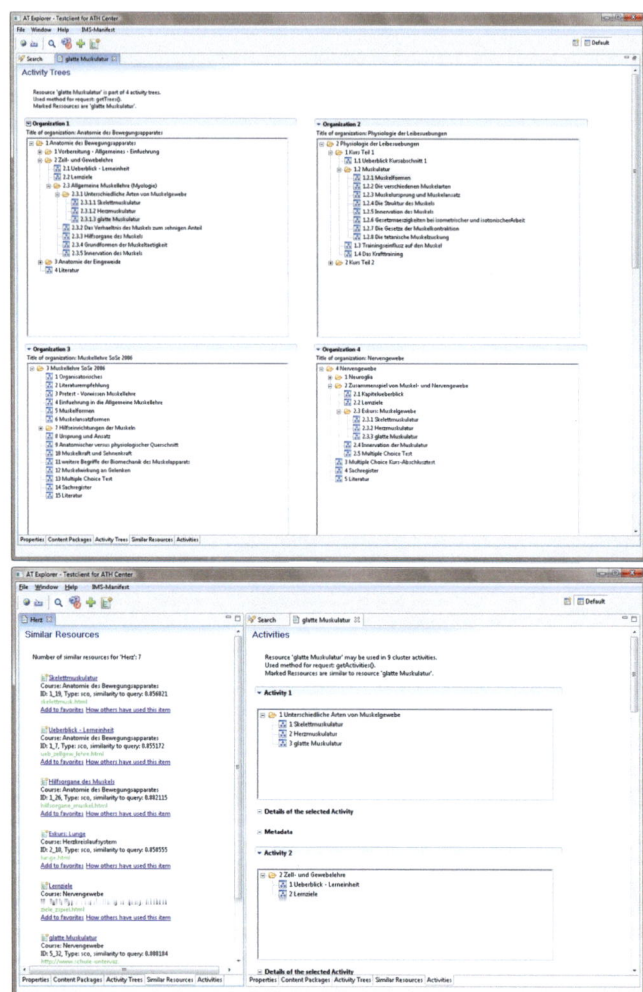

Abbildung 4.23: *AT Explorer mit Activity-Tree-Page (oben) und Multi-Page-Form-Editoren (unten). Oben: Aktivitätsbäume werden mit Hilfe der* Treeviewer-*Komponente aus dem JFace UI Toolkit visualisiert. Unten links: Auf der Similiar-Resources-Page werden zu einer gegebenen Ressource ähnliche Objekte aufgelistet. Die Activities-Page auf der rechten Seite bildet die Clusteraktivitäten ab, welche die Bezugsressource (grau markiert) enthalten.*

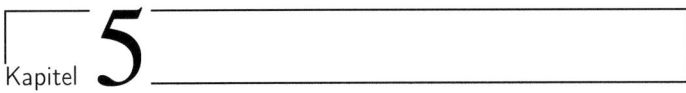

Kapitel 5

Strategische Überlegungen zur Evaluation

Ein wichtiger Aspekt, der untrennbar mit der Implementierung eines jeden neuen oder modifizierten Retrieval-Verfahrens verbunden ist, bezieht sich auf die Frage, anhand welcher Gütekriterien dieses in der Praxis bewertet und mit anderen, bestehenden Entwicklungen verglichen werden kann. Grundsätzlich werden bei einer Gütebewertung zwei Dimensionen unterschieden: *Effizienz* und *Effektivität* (vgl. [Fer03])[1]. Während im Rahmen der Effizienzbeurteilung der Ressourcenbedarf der verwendeten Algorithmen zu ermitteln ist, versucht die Effektivitätsanalyse quantitativ zu erfassen, ob und in welchem Maße das System in der Lage ist, die zu einer Anfrage oder einem Nutzerprofil passenden Objekte zu ermitteln.

Im Vordergrund der nachfolgend angestellten Überlegungen zur Evaluation der oben vorgestellten eigenschaftsbasierten und kollaborativen Retrieval-Verfahren steht die Bewertung ihrer Effektivität. Diese findet in einem vielschichtigen Spannungsfeld verschiedener Faktoren statt, deren Ausprägung die Wahl der geeigneten Evaluationsstrategie maßgeblich beeinflusst bzw. beeinflussen sollte. Kapitel 5.1 wird dieses Spannungsfeld analysieren und die wesentlichen Rahmenbedingungen einer Effektivitätsanalyse systematisch erfassen. Im Anschluss werden in Kapitel 5.2 und 5.3 verschiedene Gütemaße vorgestellt, die zur quantitativen Bewertung der beiden Ansätze herangezogen werden können.

5.1 Einflussfaktoren

Jonathan L. Herlocker et al. haben in [HKTR04] eine vielbeachtete Systematisierung des Evaluationsprozesses vorgenommen. Das Faktorenmodell wurde zwar im Hinblick auf die Bewertung von kollaborativen Empfehlungssystemen aufgestellt, seine Struktur ist jedoch so generisch gehalten, dass damit auch die

---

[1]Eine ähnliche Unterscheidung treffen *Baeza-Yates* und *Ribeiro-Neto* in [BYRN+99]. Allerdings wird hier von einer „Performance-" und „Retrieval Performance-Evaluation" gesprochen. Erstere entspricht der Bewertung eines Systems im Hinblick auf seine Effizienz. Letztere bezieht sich auf seine Effektivität, also die Qualität der erzielten Ergebnisse.

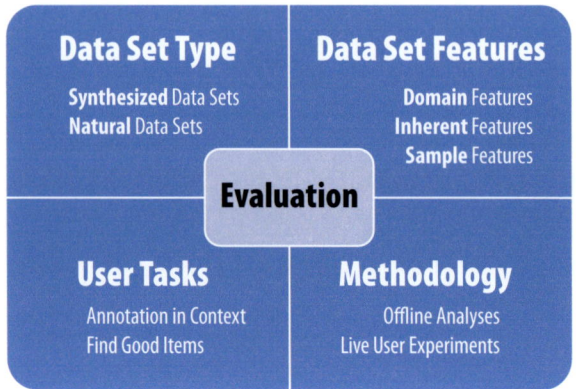

Abbildung 5.1: *Schematische Darstellung der auf die Evaluation von Retrieval- und Empfehlungssystemen Einfluss nehmenden Bereiche (in Anlehnung an [HKTR04])*

Rahmenbedingungen eigenschaftsbasierter Retrieval-Verfahren abgebildet werden können. *Abb.* 5.1 zeigt eine komprimierte Darstellung der proklamierten Einflussbereiche mit ihren möglichen Ausprägungen. Vier Faktoren werden dabei genannt:

5.1.1 Data Set Type

Grundsätzlich kann die Bewertung der Effektivität eines Algorithmus entweder anhand *realer* oder – falls diese ungeeignet oder nicht verfügbar sind – *synthetischer* Datensätze durchgeführt werden. Reale Datensätze zur Bewertung kollaborativer Empfehlungssysteme werden z. B. im Rahmen der Projekte Each-Movie[2], MovieLens oder Jester bereitgestellt. MovieLens offeriert dabei zwei unterschiedliche Datensätze bestehend aus ca. 100000 Bewertungen für 1682 Filme von 943 Nutzern bzw. 1 Million Bewertungen von 6040 Nutzern für 3900 Filme [Res08].

Auch im Bereich des Information Retrieval existieren vergleichbare Testkollektionen. Allerdings wird dort anstelle von Daten über Nutzer bzw. Nutzerbewertungen eine mehr oder minder große Zahl an (überwiegend englischsprachigen) Dokumenten aus unterschiedlichen Quellen vorgehalten. Die wohl bekannteste und zugleich umfangreichste Sammlung dieser Art offeriert das National Institute of Standards and Technology[3] in Zusammenarbeit mit dem U.S. Department of Defense. Sie umfasst Artikel, die u. a. dem Wall Street Journal und der Financial Times entstammen. In den ersten sechs Jahren ihres Bestehens ist diese als

---

[2]Das unter der Federführung von HP/Compaq Research geleitete EachMovie-Projekt wurde im Oktober 2004 stillgelegt. Der Datensatz wird seit dieser Zeit nicht mehr angeboten, wurde jedoch in den MovieLens-Datensatz integriert.

[3]siehe http://www.nist.gov/index.html

„TREC-Kollektion"[4] bekannt gewordene Sammlung auf über 1,7 Millionen Dokumente angewachsen. Die Kollektion umfasst jedoch nicht ausschließlich Textdokumente. Auch Benutzeranfragen (sog. „Topics") mit der jeweils zugehörigen Menge relevanter Dokumente werden zur Verfügung gestellt. Erst dadurch wird die Bewertung, Optimierung und der Vergleich von Retrieval-Algorithmen überhaupt erst möglich. Neben TREC existieren noch eine Reihe weiterer, kleinerer Testkollektionen, darunter z. B. LISA[5] mit ca. 6000 und CACM[6] mit rund 3200 Texten. Eine Übersicht über gebräuchliche Kollektionen im IR-Bereich ist u. a. in [Fer03] und [BYRN+99] zu finden.

Retrieval-Algorithmen, deren Einsatz in Domänen vorgesehen ist, die durch keine bestehenden Testdaten abgedeckt werden können, müssen dagegen mit Hilfe synthetischer Daten erprobt werden. In diesem Fall werden Nutzer- oder Objektprofile nach vorgegebenen Modellen künstlich generiert. Mit synthetischen Daten wurde beispielsweise in der Initialphase des Projektes Usenet News experimentiert. Die Autoren weisen auf die Vorzüge hin, die simulierte Daten bieten, betonen aber auf der anderen Seite auch, dass künstlich erzeugte Testdaten die Realität nicht oder nur unzureichend abbilden und – da sie in der Regel auf bestimmte Anwendungsszenarien getrimmt sind – eine einseitige Begünstigung der eigenen Algorithmen bewirken, so dass ein Vergleich mit anderen Algorithmen auf Basis der gleichen Testdaten nur wenig aussagekräftig ist. Insofern sollten synthetische Daten nur in der Aufbauphase eines real existierenden Datensatzes Verwendung finden.

Auch die Evaluation der eigenschaftsbasierten Komponente des ATH-Verfahrens muss in der Startphase mit synthetisch erzeugten Testdaten auskommen. Derzeit existiert keine adäquate Testkollektion mit Lernressourcen bzw. Repräsentationen von solchen, welche die in Kapitel 3.3 genannten Eigenschaften aufweisen. Die erwähnten Textsammlungen sind deshalb für einen Test des Verfahrens ungeeignet. Sie fokussieren ausschließlich die inhaltliche, textuelle Eigenschaft von Objekten, während beispielsweise Beziehungen zwischen Objekten – wie sie für die in Kursen strukturierten Lernressourcen typisch sind – ausgeklammert werden.

Zweifellos ist die Erzeugung eines solchen Korpus virtueller Lernobjekte mit einem hohen Aufwand verbunden. Zum einen sollte die Menge dieser künstlichen Ressourcen im Hinblick auf signifikante Ergebnisse möglichst groß und zugleich heterogen sein [Kur04], zum anderen erschwert die Vielgestaltigkeit des Profils jeder einzelnen zu erzeugenden Lernressource – bedingt durch die verschiedenen transzendenten und immanenten Merkmale SCORM-konformer Lernobjekte – ihre künstliche Herstellung. Ein weiterer, unvermeidbarer Aufwand ist für die Formulierung (einer möglichst hohen Zahl) realistischer Benutzeranfragen einzuplanen, denen jeweils eine Liste relevanter Ressourcen zugeordnet werden muss.

---

[4]Auf der jährlich stattfindenden *Text REtrieval Conference* präsentieren und vergleichen internationale Forschergruppen die Evaluationsergebnisse ihrer Retrieval-Algorithmen, die anhand der Dokumente der gleichnamigen Kollektion erprobt wurden.

[5]LISA steht für Library and Information Science Abstracts.

[6]Der CACM-Textkorpus umfasst alle Artikel, die im Zeitraum 1958-1979 in der Reihe „Communications of the ACM" veröffentlicht wurden. Die Sammlung ist unter `ftp://ftp.cs.cornell.edu/pub/smart/cacm/` verfügbar.

Auch wenn die Harvesting-Komponente der ATH-Applikation nach einer gewissen Laufzeit genügend Ressourcen aggregiert hat und damit synthetische Daten ersetzen kann, müssen realistische Anfragen mit der zugehörigen Antwortmenge vorgefertigt werden. Da die Relevanzbeurteilung zudem möglichst objektiv sein sollte, reicht es in der Regel nicht aus, die Bestimmung der Antwortmenge einem einzelnen Experten zu überlassen. Vielmehr ist eine kooperative Beurteilung durch mehrere Sachverständige empfehlenswert.

Auch für die Bewertung der kollaborativen Empfehlungskomponente des ATH-Verfahrens existiert derzeit keine öffentlich zugängliche Datensammlung mit einer genügend hohen Zahl an Nutzern, Lernressourcen und Bewertungen von solchen. Da die Funktionsweise des Algorithmus in diesem Fall jedoch weniger stark von der Art der bewerteten Objekte abhängig ist, kann in der Initialphase eine Erprobung anhand der oben erwähnten Testkollektionen stattfinden. Allerdings muss damit gerechnet werden, dass der auf diese Weise justierte Algorithmus aufgrund domänenspezifischer Effekte nicht eins zu eins auf die Empfehlungsberechnung von Lernressourcen übertragen werden kann.

5.1.2 Data Set Features

Ein zweiter, auf die Evaluation einflussnehmender Bereich umfasst die spezifischen Merkmale des verwendeten Datenmaterials. Diese können von Kollektion zu Kollektion variieren, so dass mit unterschiedlichen Ergebnissen gerechnet werden muss, wenn ein und derselbe Algorithmus auf verschiedenen Datenbasen untersucht wird. Aber auch innerhalb der gleichen Kollektion kann die Güte des Verfahrens schwanken. Denkbar ist dies beispielsweise, wenn für den Test des eigenschaftsbasierten Verfahrens Ressourcen herangezogen werden, die nicht dem gleichen Fachbereich entstammen und eine unterschiedliche inhaltliche und mediale Gestaltung aufweisen.

Herlocker et al. sprechen diesbezüglich von *domänenbezogenen* Merkmalen, die eine Datenbasis charakterisieren. Neben der Art der empfohlenen Objekte gehört dazu auch die Kosten-Nutzen-Relation „falscher" oder „richtiger" Empfehlungen. So wirken sich – vom Standpunkt des Nutzers aus betrachtet – unpassende Empfehlungen, die zu einem irrtümlichen Kauf des Produktes führen, in Sparten mit monetär geringerwertigen Objekten (wie z. B. Videofilmen) weniger stark aus, als in Bereichen, in denen mit hochwertigen elektronischen Artikeln gehandelt wird. Auch im ATH-Kontext ist dieser Aspekt von Belang. Fachexperten werden (fälschlicherweise) vorgeschlagene, qualitativ minderwertige Lernobjekte bemerken und ablehnen. Bei Studierenden besteht hingegen die Gefahr, dass ungeeignete Objekte, die eine fehlerhafte, inhaltliche Darstellung aufweisen, aufgrund des geringeren Vorwissens nicht erkannt und infolgedessen unerwünschter Weise verinnerlicht werden.

Aber auch *inhärente* Merkmale, die sich auf die Eigenart des Retrieval- und Empfehlungssystems beziehen, müssen bei einer Evaluation Berücksichtigung finden. Hier ist beispielsweise relevant, ob die vorliegenden Nutzerbewertungen in expliziter oder impliziter Form erhoben wurden. Und auch die Skalierung dieser Bewertungen ist von Belang, wie Kapitel 5.3 zeigen wird.

Die dritte Kategorie der *statistischen* Merkmale umfasst Aspekte, die Bezug nehmen auf den Umfang der Datenbasis – also die Anzahl der darin enthaltenen Objekte, Nutzer und Bewertungen – und die Dichte der verwertbaren Datensätze. In Bezug auf die Datenbasis der eigenschaftsbasierten Komponente bringt Letztere zum Ausdruck, in welchem Maße eine Ressource Daten zu den verschiedenen Merkmalen aufweist. Innerhalb einer Kollektion real existierender Objekte wird diese Dichte von Ressource zu Ressource variieren, da nicht zu allen Objekten Daten über deren transzendente und immanente Eigenschaften in Form von inhaltlichen Deskriptoren oder Metabeschreibungen vorliegen werden. Bei der Anfertigung einer synthetisch erzeugten Datenbasis ist darauf zu achten, dass auch Ressourcen mit fehlenden Deskriptoren nachgebildet werden, um eruieren zu können, wie die Effektivität des Verfahrens mit der Datendichte korreliert.

In Bezug auf die Datenbasis, die für die kollaborative Komponente relevant ist, wird Dichte üblicherweise definiert als der über alle Nutzer gemittelte, prozentuale Anteil bewerteter Objekte. Sie kann durch die Hinzunahme oder den Ausschluss von Objekten manipuliert und in ihrer algorithmischen Auswirkung untersucht werden. Aber auch die lokale Betrachtung der Bewertungsdichte innerhalb einzelner Nutzerprofile ist nicht minder wichtig, insbesondere in Hinblick auf die Selektion geeigneter Probanden, deren Bewertungen zur Überprüfung berechneter Prognosen herangezogen werden sollen. Hier sind v. a. Nutzer interessant, die aufgrund einer häufigen Frequentierung eines Systems überdurchschnittlich viele Bewertungen vorweisen.

5.1.3 User Tasks

Wenn es darum geht, die geeignete Evaluationsstrategie auszuloten, müssen neben datenbezogenen Einflussgrößen auch die Aufgaben betrachtet werden, die einem Retrieval-System im Rahmen der Entscheidungsfindungsprozesse von Nutzern zukommen. *Herlocker* et al. sprechen dabei ausdrücklich von *nutzer*bezogenen Aufgabenstellungen – betriebswirtschaftliche Interessen fallen nicht in diese Kategorie. Die Autoren unterscheiden zwei grundlegende Aufgaben, die signifikant häufig im Zusammenhang mit Empfehlungssystemen anzutreffen sind. Die erste bezeichnen sie als „Annotation in Context" und verweisen dabei auf das bereits erwähnte Tapestry-Projekt als beispielhafte Implementierung. Hier werden Objekte durch zusätzliche Informationen (bzw. Bewertungen anderer Nutzer) angereichert. Diese Annotationen dienen anderen Nutzern als Hilfestellung bei der Auswahl geeigneter Ressourcen. Etwas anders verhält es sich mit dem User Task „Find Good Items", der von der überwiegenden Zahl von Collaborative Filtering Systemen favorisiert wird[7]. Hier werden Ressourcen nicht annotiert, sondern selektiert, d.h. es wird eine Vorauswahl der vermeintlich besten Objekte getroffen, die dem Nutzer als (zumeist unkommentierte) Empfehlung präsentiert werden.

---

[7]Die Entscheidung für eine der beiden genannten User Tasks bleibt nicht ohne Wirkung auf die Akquise der Nutzerbewertungen. So werden in einem Empfehlungssystem, das einen Find Good Items-Ansatz präferiert, „gute" Objekte – weil öfters vorgeschlagen – verstärkt bewertet, während unpopuläre Objekte erst gar nicht zur Bewertung angeboten werden.

Auch das ATH-System präferiert diesen Ansatz, wobei der Begriff „good items" interpretativen Spielraum lässt und sich nicht notwendigerweise auf die Qualität der ermittelten Ressourcen beziehen muss. Dies gilt insbesondere in Hinblick auf das eigenschaftsbasierte Retrieval-Verfahren. Hier ist es nicht die Aufgabe des Algorithmus, qualitativ hochwertige Ressourcen zu finden. Vielmehr lautet die Zielsetzung, zu einer Anfrage oder einem Benutzerprofil möglichst *ähnliche* Objekte zu ermitteln. In diesem Fall sind also „good items" diejenigen Objekte, die der oder den Ausgangsressourcen nahe stehen.

Auch beim kollaborativen Ansatz besteht die Aufgabe des Algorithmus darin, die zu einem Nutzer *passenden* Objekte zu finden, wobei hier die Rangfolge der empfohlenen Objekte entsprechend ihrer (von den Mentoren bewerteten) Qualität gebildet wird. „Good items" können also auch Objekte sein, die dem Interessensprofil anderer, nahestehender Nutzer entsprechen.

5.1.4 Methodology

Die Bewertung von Retrieval-Systemen kann auf zwei methodisch unterschiedlichen Wegen erfolgen. In *Offline*-Evaluationen *kollaborativer* Verfahren schätzt der Filteralgorithmus auf Basis der vorhandenen Datenlage den Wert eines fingierten Missing Values. Diese Schätzung wird anschließend anhand des real vorhandenen Wertes und einer der unten genannten Metriken bewertet. In Offline-Evaluationen *eigenschaftsbasierter* Verfahren hingegen wird eine Anfrage gestellt, zu der bekannt ist, welche Ressourcen in der Treffermenge enthalten sein müssen. Diese Treffermenge wird analysiert und mit Hilfe bestimmter Gütemaße beurteilt.

Offline-Analysen haben den Vorteil, dass der Aufwand für ihre Vorbereitung und Durchführung gering, die Evaluation parallelisierbar und die Untersuchung beliebig oft wiederholbar ist, falls die Notwendigkeit besteht, den Algorithmus in veränderter Form erneut oder an einer weiteren Datenbasis zu erproben. Im Vergleich dazu verursachen *Online*-Untersuchungen weitaus mehr Planungs- und Durchführungsaufwand; sie sind aber insofern vorteilhaft, als dass die Nutzer selbst das Suchergebnis oder die errechneten Prognosen beurteilen können, und die Gesamteinschätzung der Effektivität eines Algorithmus dadurch eine höhere Validität erlangt. Darüber hinaus bieten Online-Experimente die Möglichkeit, Kriterien (wie z. B. die Benutzungsfreundlichkeit) zu evaluieren, die auf das Gesamtsystem bezogen sind, und nicht alleine die algorithmische Umsetzung betreffen.

Betrachtet man die in diesem Abschnitt getroffenen Aussagen in ihrer Gesamtheit, wird deutlich, dass die Evaluation von Retrieval-Systemen ein schwieriges, komplexes Terrain darstellt, das durch eine Vielzahl von Bedingungs- und Entscheidungsfeldern geprägt ist. Die Evaluation erfordert eine akkurate Vorbereitung. Indem ihre Rahmenbedingungen gründlich sondiert werden, wird gleichzeitig ein tragfähiges Fundament geschaffen für die nachfolgende Auswahl eines passenden synthetischen oder realen Datensatzes, die Entscheidung für Offline- oder Online-Experimente und die Selektion einer geeigneten Metrik, anhand derer die Prognosegüte eines Systems bewertet werden kann. Welche Metriken dabei Verwendung finden können, wird in den beiden folgenden Abschnitten erörtert.

5.2 Metriken zur Bewertung des eigenschaftsbasierten Retrieval-Algorithmus

Zur Beurteilung der Effektivität des eigenschaftsbasierten Retrieval-Verfahrens eignen sich insbesondere die Maße „Precision", „Recall" und „Specifity" bzw. „Fallout", die allesamt im Wertebereich zwischen 0 und 1 liegen. Dabei bezeichnet die Precision P den Anteil der relevanten Ressourcen in der Ergebnismenge R_q, der mit Hilfe des Recall-Wertes L zur Gesamtmenge der relevanten Objekte N_q in Beziehung gesetzt wird (*Abb.* 5.2). Der Specifity-Wert S dagegen gibt die Wahrscheinlichkeit an, mit der ein irrelevantes Objekt korrekterweise gefiltert wird. Anstelle der Spezifität kann auch der Fallout $\overline{S}$ betrachtet werden, der den Anteil der in der Treffermenge enthaltenen irrelevanten Objekte im Verhältnis zur Gesamtzahl der irrelevanten Objekte I_q beschreibt. Formal können diese Maße wie folgt beschrieben werden:

$$P(R_q) = \frac{|R_q \cap N_q|}{|R_q|} \tag{5.1}$$

$$L(R_q) = \frac{|R_q \cap N_q|}{|N_q|} \tag{5.2}$$

$$S(R_q) = 1 - \frac{|R_q \cap I_q|}{|I_q|} \tag{5.3}$$

$$\overline{S}(R_q) = 1 - S_{R_q} = \frac{|R_q \cap I_q|}{|I_q|} \tag{5.4}$$

Getrennt voneinander betrachtet erlaubt keines dieser Maße eine valide Einschätzung der Güte eines Retrieval-Systems. Eine optimale Precision von 1 kommt beispielsweise bereits dann zustande, wenn die Treffermenge nur aus einer einzelnen relevanten Ressource besteht. Der Wert des Recalls kann jedoch für dieses Bespiel sehr gering ausfallen, falls mehrere relevante Ressourcen innerhalb der Kollektion existieren. Umgekehrt würde ein Retrieval-System, das keine Unterscheidung zwischen relevanten und irrelevanten Ressourcen vornimmt und stets alle Objekte als Treffer ausgibt, einen Recallwert von 1 erreichen, wobei die Precision aber entsprechend schlecht ausfallen würde.

Eine sehr häufig genutzte Möglichkeit der gemeinsamen Betrachtung von Merkmalen bietet das sog. „Precision-Recall-Diagramm". Insbesondere bei der Festlegung einer Ähnlichkeitsschranke, die in vektorraumbasierten Retrieval-Verfahren zur Eingrenzung der Antwortmenge sinnvoll ist, hat sich diese Art der Visualisierung als nützlich erwiesen. Dabei wird – beginnend mit dem ranghöchsten, als relevant eingestuften Treffer – in absteigender Rangfolge für jede selektierte relevante Ressource der zugehörige Precision- und Recallwert berechnet. Dieses Wertepaar wird anschließend auf der Ordinate bzw. Abszisse des Diagrammes aufgetragen. Zur Bestimmung eines optimalen Schwellenmaßes

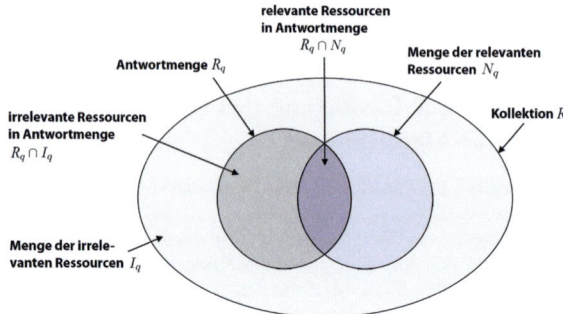

Abbildung 5.2: *Mengenmodell zur Bestimmung von Precision, Recall, Specifity und Fallout.*

wird sehr häufig der sog. „Breakeven-Point" betrachtet. Im Diagramm handelt es sich dabei um jenen Eintrag, bei dem beide Effektivitätsmaße einen annähernd gleichen Wert besitzen. *Abb.* 5.3 zeigt hierzu ein Beispiel.

Für eine verlässliche, repräsentative Einschätzung der Effektivität eines IR-Systems müssen mehrere Retrieval-Prozesse durchgeführt und bewertet werden. Der gemittelte Wert über alle Precision- und Recall-Werte dient dann als Gesamtmaß für die Selektionsstärke eines Systems. Nach *Ferber* kommen für die Berechnung des Mittelwerts zweierlei Varianten in Betracht (vgl. [Fer03]): Der erste Ansatz entspricht dem arithmetischen Mittel: Precision- und Recall-Werte werden summiert und durch die Anzahl der Selektionsdurchläufe S geteilt:

$$P_u(R) = \frac{1}{S} \sum_{i=1}^{S} \frac{|R_{q_i} \cap N_{q_i}|}{|R_{q_i}|} \tag{5.5}$$

$$L_u(R) = \frac{1}{S} \sum_{i=1}^{S} \frac{|R_{q_i} \cap N_{q_i}|}{|N_{q_i}|} \tag{5.6}$$

Bei der zweiten Variante fließt in die Berechnung des Mittelwerts die Größe der jeweiligen Ergebnismenge ein. Dadurch erhalten Anfragen mit wenigen Treffern ein geringeres Gewicht als Anfragen, die zu umfangreicheren Trefferlisten führen:

$$P_s(R) = \frac{\sum_{i=1}^{S} |R_{q_i} \cap N_{q_i}|}{\sum_{i=1}^{S} |R_{q_i}|} \tag{5.7}$$

$$L_s(R) = \frac{\sum_{i=1}^{S} |R_{q_i} \cap N_{q_i}|}{\sum_{i=1}^{S} |N_{q_i}|} \tag{5.8}$$

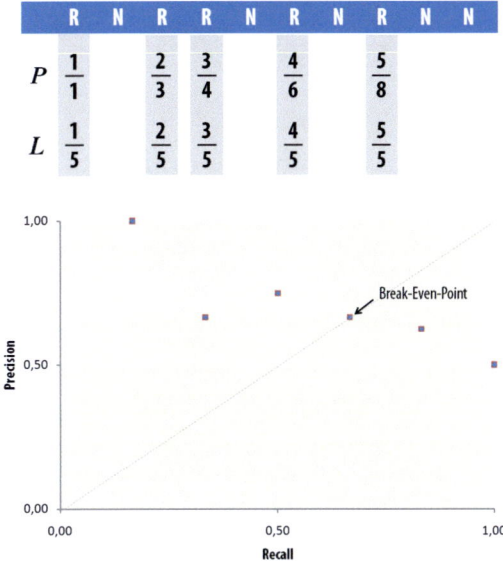

Abbildung 5.3: *PR-Diagramm zu einer beispielhaften Anfrage, zu der insgesamt fünf relevante Ressourcen (R) gehören. Erst bei einer Antwortmenge der Größe $|R_q| = 8$ sind alle relevanten Ressourcen enthalten, darunter aber auch drei irrelevante Ressourcen (N). Die Ressourcen werden in der oben abgebildeten Rangfolge zurückgeliefert. Zu jeder selektierten relevanten Ressource werden Precision (P) und Recall (L) berechnet und im Diagramm eingetragen.*

Neben einer getrennten Betrachtung der beiden Variablen, wie sie im Precision-Recall-Diagramm erfolgt, besteht auch die Möglichkeit, diese miteinander zu kombinieren. Die resultierende, singuläre Kennzahl kann dann in ihrer Abhängigkeit von einer anderen Variablen betrachtet und in einem Diagramm aufgetragen werden (vgl. *Abb. 5.5*). Das *F*-Maß ist hierfür ein Beispiel. Es bildet beide Variablen auf einen Wert ab, wobei der Tester die Möglichkeit hat, mit Hilfe des relativen Gewichtungsfaktors ω eine unterschiedliche Einflussnahme des Precision- und Recall-Wertes (Gleichung 5.9) einzustellen. Wird dieser Parameter auf 1 gesetzt, entspricht die Berechnung dem harmonischen Mittel, wie es Gleichung 5.10 darstellt[8]. Erhöht man hingegen ω auf 2, geht der Recall-Wert mit doppeltem Gewicht ein. Umgekehrt bewirkt eine Verringerung des

---

[8]Diesbezüglich wird auch vom *F1*-Maß gesprochen.

Parameters auf 0.5, dass die Gewichtung des Precision-Wertes verdoppelt bzw. die Einflussnahme des Recall-Wertes halbiert wird.

$$F_\omega = \frac{(1 + \omega) \cdot LP}{L + \omega P} \tag{5.9}$$

$$F1 = \frac{2LP}{L + P} \tag{5.10}$$

Die „Receiver Operating Characteristic" (ROC) stellt eine weitere Möglichkeit dar, die Güte eines IR-Systems zu bestimmen. Ursprünglich wurde dieses Analyseverfahren im zweiten Weltkrieg zur Rauschunterdrückung in der Radartechnik entwickelt. In der Folgezeit etablierte es sich aber auch in anderen Bereichen, insbesondere in der Psychologie und Medizin, wo es im Rahmen der Krankheitsdiagnostik auch heute noch Anwendung findet[9].

Das ROC-Analyseverfahren wird heute insbesondere zur Bestimmung der „Trennschärfe" eines Diagnosesystems eingesetzt. Diese drückt aus, wie gut ein System zwischen Signal und Rauschen, zwischen richtigen und falschen Diagnosen oder zwischen relevanten und irrelevanten Informationen unterscheiden kann. Betrachtet werden dabei „Sensitivität" und „Sensibilität" abhängig von einem Schwellenwert, anhand dessen die binäre Klassifizierung vorgenommen wird. Dieser Schwellenwert wird während der Untersuchung variiert und die gemessenen Werte für Sensitivität und Sensibilität in einem Diagramm aufgetragen – sie bilden die sog. „ROC-Curve". Übertragen auf den IR-Bereich entspricht die Sensitivität dem Recall-Wert, der die Wahrscheinlichkeit angibt, mit der ein relevantes Objekt als solches erkannt und dem Nutzer präsentiert wird. Die Spezifität dagegen bezeichnet, wie in Gleichung 5.3 dargestellt, den Anteil der irrelevanten Objekte, die der Algorithmus erkannt und ausgeblendet hat. *Abb.* 5.4 zeigt eine beispielhafte ROC-Curve. Üblicherweise wird dabei auf der X-Achse die umgekehrte Spezifität (und damit die Fallout-Rate) und auf der Y-Achse die Sensitivität aufgetragen[10].

Verringert man den Schwellenwert schrittweise ausgehend von seinem Maximum, würde ein perfekter Algorithmus mit einer ROC-Kurve einhergehen, die zunächst bei einer stabilen Spezifität von 100% entlang der Y-Achse führt, bis ein Schwellenwert erreicht ist, bei dem alle relevanten Objekte in der Treffermenge enthalten sind (100% Sensitivität) und die Precision maximal ist, dem Nutzer auch keine irrelevanten Objekte präsentiert werden. Eine weitere Senkung des Schwellenwerts in Richtung Minimum würde die Sensitivität stabil halten, während die Spezifität verliert. Die ROC-Kurve würde dann entlang des oberen Randes des umschließenden Quadrates weiterlaufen, bis alle (relevanten als auch irrelevanten) Objekte in der Treffermenge enthalten sind, die Sensitivität also 100% und die Spezifität 0% beträgt.

---

[9] In anderen, außerhalb der Signalentdeckungstheorie liegenden Anwendungskontexten, wird das Akronym ROC sehr häufig mit der Wortgruppe „*Relative* Operating Characteristic" gleichgesetzt. *John A. Swets*, der als Begründer der Signaltheorie gilt, hat diese alternative Bezeichnung gewählt, als er die Anwendung der ROC-Analyse in der Psychologie vorschlug [Swe73].

[10] Es existieren aber (wie z. B. in [Run00]) Darstellungsweisen, die von dieser Konvention abweichen.

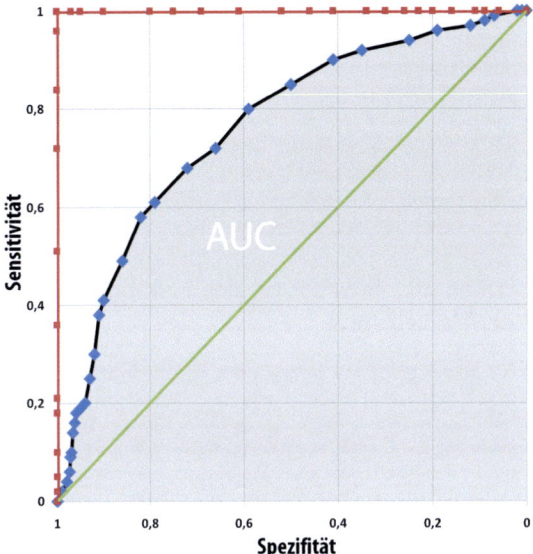

Abbildung 5.4: *Beispiele verschiedener ROC-Kurven. Die rote Kurve zeigt den Verlauf eines idealtypischen Algorithmus. Die Diagonale entspricht dem erwarteten Verhalten eines Zufallsalgorithmus. Für den Algorithmus, der durch die schwarze Kurve repräsentiert wird, wird die Trennschärfe berechnet, in dem die Fläche unter der Kurve („Area Under Curve", kurz AUC) geschätzt wird.*

Die Trennschärfe eines Algorithmus kann über die Fläche unterhalb der ROC-Kurve bestimmt werden[11]. Dabei gilt: je größer die Fläche, desto besser die Trennschärfe des evaluierten Algorithmus. Für einen perfekten Algorithmus, dessen zugehörige ROC-Kurve die oben beschriebene Rechtecks-Charakteristik aufweist, würde demnach die Trennschärfe 1 bzw. 100% betragen. Auch wenn dieser Wert sicherlich illusorisch und in der Praxis nicht zu erreichen ist, sollte die Trennschärfe eines Algorithmus in jedem Fall signifikant höher liegen als die minimale Trennschärfe in Höhe von 0,5. Dieser Wert kommt einem zufallsgesteuerten Algorithmus gleich, dessen ROC-Kurve entlang der Diagonalen von links unten nach rechts oben führt.

Unabhängig von der Entscheidung für oder gegen ein bestimmtes Gütemaß steht und fällt die Effektivitätsbewertung mit dem Konstrukt der Relevanz. Beide Bewertungsmaße können nur dann greifen, wenn die Menge N_q der für eine Anfrage relevanten Objekte bekannt ist. In der Regel werden Experten über die Bedeutung von Ressourcen entscheiden. Allerdings ist dies nur in kleineren Ressourcenkollektionen möglich. Und auch dann stellt sich die Frage, auf wel-

---

[11]Die Abschätzung der AUC kann z. B. über die Trapezmethode erfolgen.

cher Grundlage diese Einschätzung vorgenommen wird. Eine Ressource mag aus Sicht eines Nutzers relevant sein, ein anderer Nutzer kann das Objekt aber z. B. aufgrund eines umfassenderen Vorwissens oder eines anderen Anwendungskontextes als irrelevant ablehnen – so ist der Begriff der Relevanz ein subjektives Kriterium, das intrapersonal sehr unterschiedlich ausgelegt werden kann. Neuere wissenschaftliche Ansätze versuchen dieser Problematik zu begegnen, indem besonders Aspekte des Anfragekontexts eines Nutzers (z. B. Interessen des Nutzers, Wissensstand, ausgeübte Tätigkeiten etc.) bei der Auswertung berücksichtigt werden. Als Beispiel sei die Arbeit von *Morgenroth* genannt [Mor06].

5.3 Metriken zur Bewertung des kollaborativen Filter-Algorithmus

Grundsätzlich können die oben vorgestellten Effektivitätsmaße wie Precision, Recall, Fallout, Sensitivity oder Sensibility auch zur Bewertung von kollaborativen Empfehlungssystemen herangezogen werden. Dies gilt auch für die Single-Value-Varianten wie das F-Maß, das beispielsweise verwendet werden kann, um die Abhängigkeit der Effektivität eines Empfehlungssystems von der Größe der betrachteten Nachbarschaft eines Nutzers zu analysieren. *Badrul Sarwar* et al. z. B. haben diese Form der Analyse in ihrer Evaluation von E-Commerce-Filteralgorithmen gewählt [SKKR00]. *Abb.* 5.5 greift eines ihrer Untersuchungsergebnisse auf, um die Nutzung dieses Kombinationsmaßes beispielhaft zu verdeutlichen.

Hinsichtlich der Beurteilung von kollaborativen Systemen ergeben sich dennoch einige Besonderheiten, die im Folgenden dargestellt werden sollen. Die Bewertung der Güte kollaborativer Empfehlungssysteme wird seit Mitte der 90-er Jahre diskutiert. *Paul Resnick* et al. scheinen dabei die ersten Autoren, die dieses Thema in einer Publikation anschneiden[12]. In der Folgezeit wurden zahlreiche weitere Arbeiten wie z. B. [SM95, BHK98, BP98, BHC98] veröffentlicht, die teilweise ähnliche Evaluationsansätze verfolgten, nicht selten aber auch unterschiedliche Wege bei der Bewertung eines Empfehlungssystems eingeschlagen haben.

Insgesamt betrachtet steht heute eine große Bandbreite statistischer Verfahren zur Verfügung, von denen einige mehr, andere weniger oft in Evaluationen von kollaborativen Filteralgorithmen Anwendung finden[13]. Das gemeinsame Ziel dieser verschiedenen Verfahren ist es, die „Genauigkeit" eines Empfehlungssystems zu beurteilen. Allerdings handelt es sich dabei um einen sehr dehnbaren Terminus, der verschiedene Interpretationen zulässt: Genauigkeit kann sich zum einen auf die Präzision eines Algorithmus hinsichtlich der Schätzung einzelner Präferenzwerte beziehen. Zum anderen kann darunter aber auch die Häufigkeit eines Systems verstanden werden, richtige Empfehlungen zu geben. Und schließlich ist es möglich, als Genauigkeit die Eigenschaft eines Systems zu be-

---

[12]So wird in [RIS⁺94] von einem Experiment mit einer kleinen Zahl von Nutzern berichtet, die gebeten wurden, die Genauigkeit der für sie ermittelten Empfehlungen zu beurteilen.
[13]Häufig ist es aufgrund der Verwendung unterschiedlicher Metriken nicht oder nur bedingt möglich, einen Vergleich von Evaluationsergebnissen herbeizuführen.

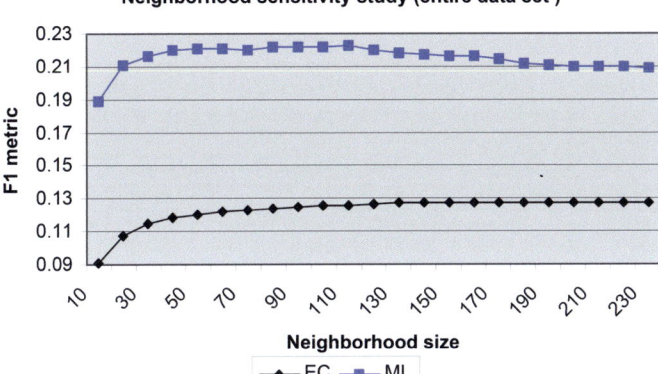

Abbildung 5.5: *Nutzung des F1-Maßes zur Veranschaulichung des Zusammenhangs zwischen Effektivität und Nachbarschaftsgröße. Das Beispiel entstammt einer Untersuchung von Sarwar et al., bei der ein Filteralgorithmus auf zwei unterschiedlichen Datensätzen erprobt wurde (EC: Datensatz des Internetshops Fingerhut (http://www.fingerhut.com/), MC: Datensatz des MovieLens-Projektes). In der Untersuchung wurde die Nachbarschaftsgröße variiert, während die Anzahl der präsentierten Empfehlungen konstant bei 10 blieb [SKKR00].*

zeichnen, ein Ranking von Objekten möglichst nah an der realen Präferenzfolge eines Nutzers abzubilden. Entsprechend dieser verschiedenen Interpretationsmöglichkeiten lassen sich die verwendeten Metriken drei Kategorien zuordnen [HKTR04]:

5.3.1 Predictive Acurracy Metrics

Metriken dieser Kategorie dienen der Bewertung von Algorithmen hinsichtlich ihrer Eigenschaft, Präferenzwerte korrekt zu prognostizieren. Die Prognosegüte kann hier definiert werden als das Ausmaß der Übereinstimmung zwischen den prognostizierten und den tatsächlich aufgetretenen Ratings. Ein sehr populäres Maß in diesem Bereich stellt der „Mittlere absolute Prognosefehler "(engl. „Mean Absolute Error", kurz MAE) dar. Er beschreibt die durchschnittliche Entfernung zwischen geschätztem und realem Präferenzwert. Dabei werden zu allen angestellten Prognosen die absoluten Abweichungen zu den tatsächlichen Ausprägungen berechnet, summiert und arithmetisch gemittelt. Im Unterschied zu den Metriken, die der Berechnung des mittleren positiven oder mittleren negativen Prognosefehlers dienen, spielt es bei dieser Metrik keine Rolle, ob die Abweichung positiv oder negativ im Sinne einer Über- oder Unterschätzung ist. Formal betrachtet lässt sich der MAE wie folgt definieren:

$$\text{MAE} = \frac{1}{n} \sum_{j=1}^{n} \left| p_{u_i,r_j} - e_{u_i,r_j} \right| \tag{5.11}$$

Dabei ist p_{u_i,r_j} die prognostizierte Bewertung des Nutzers u für die Ressource r, e_{u_i,r_j} entspricht dem realen Präferenzwert und n steht für die Anzahl der Durchläufe.

In der Praxis werden auch Varianten des MAE eingesetzt. Erwähnenswert sind hier insbesondere der „Mean Squared Error" (MSE) sowie der „Root Mean Squared Error" (RMSE), dargestellt in Gleichung 5.12 bzw. Gleichung 5.13. In beiden Varianten erhalten größere Prognosefehler ein stärkeres Gewicht.

$$\text{MSE} = \frac{1}{n} \sum_{j=1}^{n} \left| p_{u_i,r_j} - e_{u_i,r_j} \right|^2 \tag{5.12}$$

$$\text{RMAE} = \sqrt{\frac{1}{n} \sum_{j=1}^{n} \left| p_{u_i,r_j} - e_{u_i,r_j} \right|^2} \tag{5.13}$$

Insgesamt eignen sich diese Metriken zur Bewertung von Systemen, deren Aufgabe es ist, Präferenzwerte möglichst exakt zu bestimmen. Für die Evaluation von Ranking-Algorithmen sind diese Metriken weniger gut geeignet, da hier Abweichungen zwischen prognostizierten und realen Werten tolerierbar sind, solange die Selektion relevanter Objekte und ihr Ranking zutreffend sind. Die Berechnung der Prognosegüte anhand dieser drei Metriken hängt wesentlich von der Art der verwendeten Bewertungsskala ab. Wird eine Skala transformiert, ändern sich auch die berechneten Werte der Prognosegüte. Eine einfache Verschiebung der Skala dagegen hat keinen Einfluss auf das Berechnungsergebnis.

5.3.2 Classification Accuracy Metrics

Metriken dieser Kategorie bewerten die Prognosegüte anhand der *Häufigkeit*, mit der richtige oder falsche Prognosen gestellt werden. Populäre Metriken in diesem Bereich sind die bereits erwähnten Gütemaße Precision und Recall. Im Kontext von kollaborativen Empfehlungssystemen birgt ihre Verwendung allerdings einige Herausforderungen. So führt ihr Gebrauch nur dann zu aussagekräftigen Ergebnissen, wenn ex ante bekannt ist, welche Objekte der Nutzer präferiert, was angesichts der oft immensen Zahl von Objekten nicht selten eine unüberwindbare Hürde darstellt. Einen Ausweg aus dieser prekären Lage offeriert der Ansatz von *Chumk Basu* et al. [BHC98]. Hier identifiziert ein anhand von Trainingsdaten lernender Algorithmus die mutmaßlich relevanten Entitäten im gesamten Objektbestand. Auch mit Hilfe hybrider Techniken kann versucht werden, die Menge der relevanten Objekte einzugrenzen.

Eine weitere Herausforderung betrifft die Frage, ab welcher Benutzerwertung ein Objekt als relevant einzustufen ist. Erfolgt die Bewertung anhand einer mehrstufigen Skala, muss ein bestimmter, objektiver Schwellenwert definiert werden, der die Grenze zwischen Relevanz und Irrelevanz zieht. Diese Grenze kann individuell sehr unterschiedlich sein. Ein Nutzer, der beispielsweise auf einer 5-stufigen Skala ein Objekt mit 3 Punkten bewertet hat, mag dieses als durchaus relevant betrachten, während ein anderer Nutzer mit 3 Punkten explizit artikulieren möchte, dass dieses Objekt nicht seinen Vorstellungen entspricht.

5.3.3 Rank Accuracy Metrics

Die dritte Kategorie von Bewertungsmetriken schließlich betrachtet das von einem Algorithmus berechnete Ranking und vergleicht dieses mit der Rangordnung, die der Nutzer selbst vorgenommen hat. Metriken dieses Bereichs sind beispielsweise die „Half-life Utility Metric" nach *John S. Breese* et al. [BHK92] oder die „Normalized Distance-based Performance Measure"-Methode nach *Marco Balabanovic* und *Yoav Shoham* [BS97]. Sehr häufig werden Rangfolgen auch anhand des nach *Charles Spearman* benannten „Spearmans Rangkorrelationskoeffizienten" verglichen, der den quantitativen Zusammenhang zweier Rangfolgen rechnerisch als Wert zwischen -1 und 1 ausdrückt. Spearmans Rangkorrelationskoeffizient wird ähnlich dem „Pearsons Produkt-Moment Korrelationskoeffizienten" berechnet, allerdings mit dem Unterschied, dass hier als Variablen nicht die exakten Präferenzwerte einfließen. Vielmehr werden diese durch eine Rangordnungsposition ersetzt, wobei die Skalen- bzw. Rangwerte die Eigenschaft der Äquidistanz aufweisen müssen. Die Korrelation ρ der Rangfolgen errechnet sich dann als die Kovarianz $Cov(x,y)$, die durch das Produkt der Standardabweichungen σ_x und σ_y dividiert wird:

$$\rho = \frac{Cov(x,y)}{\sigma_x \cdot \sigma_y} \text{ mit}$$

$$Cov(x,y) = \frac{1}{n-1} \sum_{i=1}^{n} (x_i - \bar{x})(y_i - \bar{y}),$$

$$\sigma_x = \sqrt{\frac{1}{n} \sum_{i=1}^{n} (x_i - \bar{x})^2}, \ \sigma_y = \sqrt{\frac{1}{n} \sum_{i=1}^{n} (y_i - \bar{y})^2},$$

$$\bar{x} = \frac{1}{n} \sum_{i=1}^{n} x_i \text{ und } \bar{y} = \frac{1}{n} \sum_{i=1}^{n} y_i, \text{ wobei gilt:} -1 \leqslant \rho \leqslant 1$$

(5.14)

Dabei bezeichnen x_i und y_i die Ränge des betrachteten Wertepaares, $\bar{x}$ und $\bar{y}$ repräsentieren die gemittelten Ränge und n steht in diesem Fall für die Gesamtzahl der verglichenen Rangpaare. Nimmt die Rangfolge der relevanten Objekte sowohl bei den prognostizierten als auch den realen Ergebnissen über alle Wertepaare gleichermaßen ab oder zu, ist die Rangkorrelation maximal. Dagegen wird die Korrelation umso schwächer, je mehr Objekte irrtümlicherweise vom Algorithmus als relevant oder irrelevant eingestuft wurden.

Sehr häufig wird, wie Formel 5.15 zeigt, eine alternative, einfachere Darstellungsmöglichkeit dieses Rangkorrelationskoeffizienten gewählt. Dabei bezeichnet d_i die Differenz der beobachteten Ränge des Wertepaares x und y. Eine beispielhafte Berechnung des Spearmans Rangkorrelationskoeffizienten nach dieser Formel zeigt *Abb. 5.6.*

$$\rho = 1 - \frac{6 \sum\limits_{i=1}^{n} d_i^2}{n \cdot (n^2 - 1)} \qquad (5.15)$$

Objekt	Rang von x	Rang von y	Rang von y^*	Differenz $d_{x,y}$	$d_{x,y}^2$	d_{x,y^*}	d_{x,y^*}^2
res_5	1	2	9	-1	1	8	64
res_9	2	3	8	-1	1	6	36
res_25	3,5	5,5	6,5	-2	4	3	9
res_31	3,5	5,5	6,5	-2	4	3	9
res_20	5	1	5	4	16	0	0
res_45	6	7	4	-1	1	2	4
res_15	7	8	3	-1	1	4	16
res_87	8	9	2	-1	1	6	36
res_17	9	4	1	5	25	8	64
				Summe:	54		240

Abbildung 5.6: *Exemplarische Hilfstabelle zur Berechnung des Spearmans Rangkorrelationskoeffizienten je zweier Rangfolgen. Die x-Werte repräsentieren dabei die tatsächlichen, die y/y^*-Werte die von zwei Schätzungen prognostizierten Ränge der selektierten Objekte. Objekte mit gleichem Präferenzwert (res_25/res_31) teilen sich einen Rang, der gemittelt wird. Der nach Gleichung 5.15 errechnete Rangkorrelationskoeffizient beträgt in diesem Beispiel für die x- und y-Ränge 0.55, für die x- und y^*-Ränge -0.98.*

Spearmans Rangkorrelationskoeffizient ist insofern problematisch, als das hohe Rangplätze wesentlich stärker auf die Korrelation einwirken als niedrigere Ränge. *Maurice Kendall* hat 1938 in [Ken38] eine alternative Metrik vorgeschlagen, die nur Rangplatzunterschiede betrachtet, ohne dabei ihr konkretes Ausmaß zu berücksichtigen. Dadurch reagiert die als „Kendalls Tau" bekannt gewordene Metrik in kleineren Stichproben weniger sensibel auf Ausreißer-Rangpaare. Darüber hinaus erfordert sie keine äquidistante Skalierung der betrachteten Rangfolge.

Kendalls Tau wird wie folgt ermittelt: zunächst wird eine der beiden Variablen (z. B. x) in eine natürliche Rangfolge $(1, 2, 3, \ldots)$ gebracht. Daneben werden wie in *Abb.* 5.6 illustriert die korrespondierenden Ränge der zweiten Variable – in diesem Fall y – notiert. Nun werden jeweils für jedes vorgeschlagene Objekt in absteigender Rangfolge von x Wertepaare von y gebildet. Übertragen auf das in *Abb.* 5.6 genannte Beispiel ergeben sich dabei folgende Kombinationen:

res_5: $(2/3), (2/5,5), (2/5,5), (2/1), (2/7), (2/8), (2/9), (2/4)$
res_9: $(3/5,5), (3/5,5), (3/1), (3/7), (3/8), (3/9), (3/4)$
$\ldots$
res_87: $(9/4)$

Anschließend werden die „konkordanten" und „diskordanten" y-Paare gezählt und ihre Gesamtzahl in der Variablen C bzw. D festgehalten. Konkordante Paare sind solche, deren Werte-Anordnung mit der natürlichen Reihenfolge übereinstimmt (z. B. (2/3) für res_5). Ist die Reihenfolge umgekehrt, spricht man von einem diskordanten Werte-Paar (z. B. (2/1) für res_5). Weiterhin sind auch sog. „verbundene" Paare relevant, die identische Ränge aufweisen (z. B. (5,5/5,5) für res_25). Dabei werden sowohl die Wertepaare der y- als auch der x-Variablen betrachtet. Entsprechend ergeben sich die beiden Mächtigkeiten T_x und T_y. Liegen all diese Werte vor, kann Kenndalls Tau nach folgender Formel berechnet werden:

$$\tau = \frac{C - D}{\sqrt{(C + D + T_x)(C + D + T_y)}} \text{ wobei gilt: } -1 \leqslant \tau \leqslant 1 \qquad (5.16)$$

Wendet man diese Gleichung auf das oben genannte Beispiel an, ergibt sich ein Wert für τ, der dem oben errechneten Spearmans Rangkoeffizienten sehr nahe kommt:

$$\tau = \frac{26 - 8}{\sqrt{(26 + 8 + 1)(26 + 8 + 1)}} = 0,51 \qquad (5.17)$$

Beide Metriken weisen den Nachteil auf, dass Abweichungen auf allen Rangstufen gleich gewichtet werden. Ein Objekt z. B., dessen Bedeutung vom Filteralgorithmus überschätzt wurde und irrtümlicherweise an Rang 1 gesetzt wird, tatsächlich aber an Position 10 erscheint, erfährt die gleiche Behandlung wie ein Objekt, das in den beiden Rankings die Position 500 und 510 einnimmt.

Insgesamt betrachtet existieren also eine Reihe von Metriken, die zur Beurteilung der Güte eines Retrieval-Verfahrens für Lernobjekte herangezogen werden können. Die Entscheidung für oder gegen ein konkretes Gütemaß wird davon abhängen, welche Daten für die Evaluation des Verfahrens zur Verfügung stehen, welche Art von „Genauigkeit" bewertet werden soll und ob eine Vergleichbarkeit mit Ergebnissen anderer Evaluationen angestrebt wird.

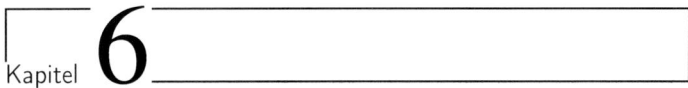

Kapitel 6

Erweiterungen

Seit Beginn seiner Entstehung hat der Forschungsbereich des Information Retrieval eine kontinuierliche Weiterentwicklung erfahren. Angetrieben durch das stete Bestreben, die Wiedergewinnung von Informationen noch effektiver zu gestalten, haben Forscher in den letzten Jahren und Jahrzehnten zahlreiche Innovationen hervorgebracht, die oftmals an die klassischen, vektorraumbasierten Suchverfahren anknüpfen und diese methodisch erweitern. Dazu gehört z. B. das unter dem Stichwort „Relevance Feedback" bekannte und in [Sal71] erstmals vorgestellte Verfahren von *Salton*. Hier stellt der Nutzer eine initiale Suchanfrage an ein Retrieval-System und bewertet anschließend die Relevanz der zurückgelieferten Dokumente. Anhand der als bedeutsam eingestuften Dokumente bzw. der darin enthaltenen Schlüsselbegriffe präzisiert das System die ursprüngliche Anfrage und nimmt eine Neugewichtung ihrer Terme vor. Auch das sog. „Query-Expansion"-Verfahren, bei dem die Suchanfrage und der zugehörige Vektor z. B. mit Hilfe von Thesauren um zielführende Terme erweitert wird, könnte man an dieser Stelle aufführen.

Es würde den Rahmen dieser Arbeit sprengen, wollte man alle heute bekannten und erfolgreichen Verfahren einer eingehenden Prüfung im Hinblick auf seine Nutzbarkeit im ATH-Kontext unterziehen. Vielmehr muss eine Reduktion vorgenommen werden, die sich an den wesentlichen verbesserungswürdigen Aspekten des vorgeschlagenen Retrieval-Verfahrens für SCORM-konforme Lernobjekte orientiert. Dazu gehört insbesondere die Einbeziehung des (didaktischen) Anfragekontexts, die Integration von Ablaufsteuerungsregeln und die Berücksichtigung der Semantik von Termen bei ihrer Auswertung. In diesem Sinne wird zunächst in Kapitel 6.1 eine metadatenbasierte Methodik zur Filterung kontextrelevanter Lernressourcen vorgestellt und diskutiert. Anschließend wird in Kapitel 6.2 aufgezeigt, auf welche Weise sequenzierungsbezogene Daten in den Retrieval-Prozess eingebunden werden können. Kapitel 6.3 geht auf die Verwendung von Ontologien und deren Integration in das ATH-Verfahren ein. Die semantische Beziehung zwischen Termen steht auch im Vordergrund des abschließenden Kapitels 6.4. In diesem Fall wird die Beziehung allerdings über sog. „Topics" hergestellt, die aus den Titeldeskriptoren der Lernaktivitäten abgeleitet werden.

6.1 Berücksichtigung des Anfragekontexts

Pädagogisches Handeln ist niemals voraussetzungslos. Es ist das Ergebnis bewußter Entscheidungen in einem komplexen Geflecht personaler, institutioneller, sozialer und kultureller Rahmenbedingungen. Dies gilt auch für die Konzeption einer elektronisch unterstützten Bildungsmaßnahme, unabhängig davon, ob diese für Schule, Hochschule oder Arbeitsplatz vorbereitet wird. Gelingt es, die spezifischen Rahmenbedingungen dieser Planungsprozesse, – wie z. B. die Ausgangslage der Lernenden, die Lernziele, Vermittlungs- und Kontrollvariablen – in das Retrieval-Verfahren einzubinden, sind exaktere, stärker auf den persönlichen Bedarf des Lehrenden zugeschnittene Ergebnisse zu erwarten.

Eine solche Einbindung würde die ATH-Applikation um eine wünschenswerte Funktionalität bereichern: der Lehrende, der auf der Suche nach geeigneten Lernmaterialien die Dienste dieses Retrieval-Systems beansprucht, beschreibt zu Beginn der Suche seinen individuellen Lehrkontext mit Hilfe eines kontrollierten Vokabulars von Metadeskriptoren. Die Suche wird dann auf jene Objekte beschränkt, die ähnliche Metadaten aufweisen, d.h. einem vergleichbaren Kontext entstammen. Die Frage ist jedoch, ob die über das Activity Tree Harvesting gesammelten (Meta-)Daten ausreichen, einen solchen Manifest-immanenten Ansatz zu verwirklichen; oder ob hierzu nicht vielmehr Daten erforderlich sind, die anderen, Manifest-transzendenten Quellen entstammen.

Bezogen auf den Lernkontext, also die Rahmenbedingungen, denen *Lernende* bei der Aneignung von Wissen ausgesetzt sind, existieren bereits solche Manifest-unabhängigen Verfahren. Als Beispiel sei auf den „Learning-in-Process"-Ansatz von *Andreas Schmidt* verwiesen, der auf Lernprozesse in Unternehmen zugeschnitten ist. Hier sammelt ein Empfehlungssystem im Hintergrund Informationen über die aktuelle Tätigkeit des Benutzers. Auf Grundlage der mit dieser Tätigkeit verbundenen Wissensanforderungen und der protokollierten Kenntnisse des Benutzers werden dann individuell abgestimmte Lernprogramme angeboten [Sch04b, Sch04a].

Im Hinblick auf den Planungskontext eines *Lehrenden*, wie ihn das Hamburger Modell beschreibt, scheinen – oberflächlich betrachtet – solche zusätzlichen, Manifest-unabhängigen Datenquellen unnötig, wenn es darum geht, den oben angesprochen Filtermechanismus umzusetzen. Schließlich sind in den SCORM-Paketen in aller Regel verwertbare Metabeschreibungen enthalten, welche die Urheber eigens verfasst haben, um anderen Nutzern die Rahmenbedingungen des Einsatzes einer Ressource oder eines Kurses zu verdeutlichen. Die Betonung liegt jedoch auf „scheinen". Denn bei genauerer Betrachtung des LOM-Standards offenbaren sich einige Unzulänglichkeiten dieser Ontologie aus pädagogischer und pragmatischer Sicht. So können manche kontextuelle Faktoren nur vage beschrieben werden, andere setzen zur Spezifizierung ein Klassifikationssystem voraus, das der ATH-Applikation bekannt sein muss, sollen die vorliegenden Metadaten als zusätzlicher Filter eingesetzt werden. Die folgenden fünf aus dem Hamburger Modell entnommenen Planungsaspekte verdeutlichen die angesprochenen Problemfelder:

Unterrichtsziele: An ein Lernangebot sind stets bestimmte Erwartungen geknüpft. Der Lehrende möchte beim Lernenden Veränderungsprozesse in Gang setzen, die zur Ausbildung fachlicher oder überfachlicher Kompetenzen führen. *Schulz* unterscheidet ähnlich wie *Bloom* zwischen kognitiven, affektiven und psychomotorischen Zielsetzungen[1] des Lehrenden, wobei diese auf verschiedenen Ebenen erreicht werden können (*Abb. 6.1*). In LOM vermutet man Elemente zur Deklaration solcher Lernziele in der Kategorie educational. Tatsächlich aber muss auf die Elementgruppe classification zurückgegriffen werden. Sie dient allgemein dazu, eine Ressource mit Hilfe einer speziellen, LOM-unabhängigen Taxonomie zu beschreiben. Derartige Taxonomien können zu unterschiedlichen Zwecken (classification.purpose) herangezogen werden – u. a. auch, um Ressourcen mit Lernzielen zu versehen. Hierzu muss zunächst der Name der gewählten Taxonomie bekannt gegeben werden (classification.taxonPath.-source). Anschließend wird der Pfad des jeweiligen Knotens über seinen Identifier classification.taxonPath.taxon.id und Namen classification.-taxonPath.taxon.entry spezifiziert. Dieser Mechanismus erlaubt eine höchstmögliche Flexibilität bei der didaktischen Auszeichnung von Lernmaterialien: Lernziele können in beliebigen Organisationsformen – sei es die Taxonomie von *Bloom* oder das Differenzierungsmodell von *Schulz* – mit Ressourcen verknüpft werden. Allerdings ist die Verwendung solcher didaktischer Ontologien aufgrund des hohen Erstellungsaufwands nur in größeren organisatorischen und institutionellen Einheiten zu erwarten. Ein einzelner Autor wird sich vermutlich nicht die Mühe machen, ein eigenes Klassifikationssystem zu entwickeln, um damit die ohnehin aufwändige Metaauszeichnung von Lernmaterialien komplettieren zu können. Vielmehr besteht die Gefahr, dass aufgrund fehlender alternativer bzw. taxonomieunabhängiger Deskriptoren die Beschreibung von Lernzielen ganz unterlassen wird.

Entfaltungsstufe	kognitive Dimension	affektive Dimension	psychomotorische Dimension
Habitualisierung	Überzeugung	Gesinnung	Gewohnheit
Entfaltung	Erkenntnis	Erlebnis	Fertigkeit
Anbahnung	Kenntnis	Anmutung	Fähigkeit

Abbildung 6.1: *Raster zur groben Einteilung von Lernzielen nach Schulz [Sch81]*

Erfolgskontrolle: An die Festlegung der Lernziele schließen sich Überlegungen zu ihrer Erweisbarkeit. Der Lehrende sucht nach Möglichkeiten einer Operationalisierung des Lernfortschritts und legt die Art der Erhebung fest,

---

[1]Während sich kognitive Lehrziele auf die Aneignung von Wissen beziehen, geht es bei affektiven Lehrzielen um die Änderung von Interessenslagen, Einstellungen oder Werten. Ein psychomotorisches Lehrziel ist beispielsweise die korrekte (manuelle) Bedienung einer Software.

welche eine Einschätzung des Lernerfolgs ermöglichen soll (z. B. Beobachtung, Test, Gruppengespräch). In der LOM-Spezifikation sucht man vergeblich nach einem Deskriptor, der exklusiv der Kodierung solcher Kontrollvariablen dient.

Vermittlungsvariablen: Unter dem Begriff der Vermittlungsvariablen fasst *Schulz* die Mittel und Wege zusammen, welche die Lernenden von ihrer Ausgangslage zu den gesetzten Zielen führen sollen. Fragen, die ein Lehrender in diesem Entscheidungsfeld beantworten muss, beziehen sich insbesondere auf die methodische und mediale Gestaltung eines Lernangebots und die Einbettung der Lernmaterialien in ein didaktisches Gesamtkonzept. Eine Metabeschreibung kann z. B. darauf hinweisen, ob und in welcher Phase eine Ressource in einem problem- oder projektbasierten Lernkontext einsetzbar ist, ob sich die Ressource für kooperative Arbeitstechniken eignet oder in welchem Rahmen diese in einem Blended-Learning-Szenarien Verwendung finden kann. In LOM sind keine Elemente zur Beschreibung solcher Informationen vorgesehen. Einzig das Freitext-Element `educational.description` scheint hierfür geeignet. Allerdings sollte dieses Element eher zurückhaltend verwendet werden, da es nur schwerlich maschinell interpretierbar ist [Som04].

Ausgangslage der Lernenden: Nachdem die Ziele und Vermittlungswege der Bildungsmaßnahme feststehen, muss analysiert werden, welche Voraussetzungen auf Seite der Zielgruppe erforderlich sind, um die intendierten Kompetenzen in der zur Verfügung stehenden Zeitspanne mit Hilfe der gewählten methodischen und medialen Vermittlungsstrategie zu erreichen. Manche dieser Voraussetzungen werden alle Lernenden mitbringen, andere variieren abhängig von z. B. lernbiographischen Vorerfahrungen oder der jeweiligen milieu- und geschlechtsspezifischen Sozialisation. Zur Deklaration solcher zielgruppenspezifischer Voraussetzungen und Ausgangsbedingungen bietet LOM wieder die Elementgruppe `classification` an, wobei in diesem Fall als Zweck `prerequisite`, `educational level` oder `skill level` gewählt werden kann. Die Vor- und Nachteile dieser Verfahrensweise sind dabei die gleichen, die bereits im Zusammenhang mit der Deklaration von Lernzielen genannt wurden. Für die Beschreibung der Zielgruppe selbst stehen nur wenige Elemente zur Verfügung. `Educational.intendedEndUser-Role` erlaubt lediglich, eine Unterscheidung zu treffen zwischen `teacher`, `learner`, `author` und `manager`. Eine nähere Spezifizierung dieser Zielgruppen ist nicht möglich. Alleine das Element `educational.typicalAgeRange` kann genutzt werden, um zumindest die altersmäßige Ausgangslage der Kursteilnehmer zu beschreiben.

Institutionelle Bedingungen: Entscheidungen zu Lernzielen, Vermittlungs- und Kontrollvariablen sind neben personalen und sozialen Bedingungen – wie z. B. die wissenschaftliche Qualifikation des Lehrenden, die lernbiographischen Vorerfahrungen der Kursteilnehmer, die Erwartungen aller Beteiligten an den Lernprozess oder ihre Vertrautheit im Umgang miteinander – auch von institutionellen Bedingungen abhängig. So ist jedes Lernangebot im Kontext der organisatorischen Instanz zu sehen, welche die Bildungsmaßnahme trägt und verantwortet. Diese ist wiederum eingebunden in ein übergeordnetes Bildungssystem, das von den gesamtgesellschaftlichen Rahmenbedingungen geprägt wird – *Schulz* bezeichnet diese im Hamburger Modell als Produktions- und Herrschaftsverhältnisse. Eine Metabeschreibung institutioneller Rahmenbedingungen gibt Hinweise darauf, wie z. B. ein schulisches Lernangebot in den Bildungsplan eingebunden ist, ob ein universitärer E-Learning-Kurs im Bachelor- oder Masterstudium angesiedelt ist, wie dieses Angebot in den lokal geltenden Modul-, Studien- und Prüfungsplänen verankert ist, oder welchen Hintergrund eine Weiterbildungsmaßnahme in einem Unternehmen hat (z. B. Einführung eines neuen Softwaresystems, Inkrafttreten einer neuen Arbeitsschutzverordnung etc.). In LOM sollen solche institutionellen Rahmenbedingungen über das Element educational.context festgehalten werden. Allerdings ist im Standard-Vokabular nur eine Unterscheidung zwischen school, higher education, training und other möglich. Dezidiertere Beschreibungen können und müssen über eine eigene Ontologie in dieses Feld eingebunden werden.

Insgesamt betrachtet kann also der LOM-Standard den Planungs- bzw. Anfragekontext eines Lehrenden nur unzureichend abbilden. Diese Erkenntnis ist jedoch nicht neu. Pädagogisch exaktere Beschreibungsmöglichkeiten werden z. B. in [AQN02, Kop04, Paw01] vorgeschlagen. Allerdings haben die dort angesprochenen Ansätze wie die „Educational Modeling Language"[2] oder das „Essener-Lern-Modell"[3] bislang keinen Eingang in die SCORM-Spezifikation gefunden.

Hinzu kommt, dass selbst dann, wenn kontextuelle Bedingungen auf Metaebene hinreichend erfasst sind, eine Verwertbarkeit dennoch fraglich erscheint. Das Problem liegt in der zu erwartenden Heterogenität der verwendeten Klassifikationssysteme. So muss damit gerechnet werden, dass je nach Institution, Fachgebiet, lerntheoretischer Ausrichtung etc. unterschiedliche Klassifikationssysteme eingesetzt werden. Ein Lehrender, der eine kontextbezogene Anfrage an den ATH-Dienst stellen möchte, müsste zunächst aus einer Vielzahl möglicher Taxonomien wählen. Diese Vorgehensweise ist nicht nur wenig benutzerfreundlich. Sie birgt auch den Nachteil, dass Ressourcen mit zwar ähnlichen, aber aus anderen Taxonomien entstammenden Lernzielen fälschlicherweise ausgefiltert werden. Eine Berücksichtigung des Lehrkontexts alleine auf Grundlage von Metadaten scheint deswegen nach gegenwärtigen Stand der SCORM- bzw. LOM-Spezifikation wenig erfolgversprechend.

---

[2]Bei der Educational Modeling Language handelt es sich um ein didaktisches Metamodell, das dem eigenen Anspruch nach pädagogisch neutral ist und sich deswegen zur Modellierung aller didaktischen Konzepte eignet. Diese können in Abhängigkeit von gegebenen Lehr- und Lerntheorien, Lernermodellen sowie Domänenmodellen spezifiziert werden.

[3]Das von *Jan M. Pawlowski* entwickelte Essener-Lern-Modell erlaubt die Modellierung von Lehrmethoden, wobei jede Methode anhand von 25 Attributen detailliert beschrieben werden kann. Dabei sind Angaben zu den notwendigen Arbeitsschritten, den eingesetzten Lernmaterialien und den gewonnenen Erfahrungen möglich. Kursdesigner erhalten durch die ausführliche Beschreibung wertvolle Hinweise zum Eigengebrauch dieser Methode.

6.2 Verwertung von Ablaufsteuerungsregeln

In diesem Abschnitt soll nochmals die Frage aufgeworfen werden, welche Rolle Sequenzierungsinformationen für die Wiedergewinnung von Lernressourcen spielen. In Kapitel 3.4 wurde bereits dargelegt, weshalb Ablaufsteuerungsregeln nicht in die Ähnlichkeitsanalyse einfließen. Dennoch kann diese Art von Daten – wie das folgende Beispiel zeigen soll – ein Retrieval-Ergebnis um hilfreiche Zusatzinformationen anreichern.

Angenommen, eine Ressource r wurde dreimal wiederverwendet, d. h. in der Manifestkollektion existieren drei Aktivitätsbäume o_1, o_2 und o_3, welche r enthalten. Jeder Aktivitätsbaum weist eine Clusteraktivität a auf, die neben r folgende Lernobjekte bündelt:

$$a_{o_1,r} = \{r, r_1\}, \ a_{o_2,r} = \{r, r_2\}, \ a_{o_3,r} = \{r, r_3\} \qquad (6.1)$$

Desweiteren wird angenommen, dass $a_{o_1,r}$ als einzige der drei Aktivitäten eine Sequenzierungsregel enthält. Diese legt fest, dass r erst dann selektierbar ist, wenn r_1 ausgewählt und bearbeitet wurde (*Lst. 6.1*):

```
1  <item identifier="a1">
2    <title>Titel von a1</title>
3    <item identifier="item_r1" identifierref="r1">
4      <title>Titel von item_r1</title>
5    </item>
6    <item identifier="item_r" identifierref="r">
7      <title>Titel von item_r</title>
8    </item>
9    <imsss:sequencing>
10     <imsss:controlMode choice="false" forwardOnly="true"/>
11   </imsss:sequencing>
12 </item>
```

Listing 6.1: Aktivität a_1 mit Sequenzierungsregel

Diese Art von Sequenzierungsregel weist auf eine Abhängigkeit der gemeinsam in einer Clusteraktivität auftretenden Ressourcen hin, wobei jedoch die Art der Abhängigkeit unspezifiziert bleibt. So liegt in dem oben aufgeführten Beispiel die Interpretation nahe, dass r die Ressource r_1 inhaltlich voraussetzt, und eine erfolgreiche Bearbeitung von r am ehesten dann gelingt, wenn sich der Lernende zuvor mit dem Inhalt von r_1 auseinandergesetzt hat. Es ist jedoch auch möglich, dass beide Ressourcen deshalb nacheinander bearbeitet werden sollen, weil sie zusammen eine Erfolgskontrolle bilden und der Kursdesigner sicherstellen möchte, dass der Lernende alle Testfragen in der vorgegebenen Reihenfolge beantwortet.

In beiden Fällen ist es aber wichtig, einen anfragenden Nutzer, der sich für die Lernressource r interessiert – sei es ein Lehrender oder ein Lernender – darauf hinzuweisen, dass das Objekt von einer anderen Ressource abhängig ist. Besonders im Hinblick auf die Retrieval-Methode `getActivities` (vgl. Kapitel 4.5) scheint dies bedeutsam. Die Methode liefert eine Liste aller Clusteraktivitäten (a_1, a_2 und a_3) inklusive zugehöriger Ressourcen (r_1, r_2 und r_3), welche die Ausgangsressource r (oder ähnliche Objekte) enthalten. Die Reihenfolge dieser drei Aktivitäten, wie sie z. B. mit Hilfe des AT Explorers präsentiert werden, spielt bislang keine Rolle. Ohne großen technischen Mehraufwand könnte man hier all jenen Aktivitäten ein höheres Gewicht verleihen, die solche Sequenzierungsinformationen enthalten. Bezogen auf das oben genannte Beispiel würde dann die Aktivität a_1 am ersten Rang, also vor a_2 und a_3 erscheinen, so dass der Nutzer schnell erkennt, welche anderen Objekte zwingend erforderlich sind, wenn r in einen neuen Kurskontext integriert werden soll.

Desweiteren ist denkbar, dass zu jeder Aktivität die komplette Ablaufsteuerungsregelung mitgeliefert wird. Der Nutzer kann sich dann selbst ein Bild von der mitunter komplexen Sequenzierung von Lernobjekten innerhalb einer Aktivität machen und ggf. die Anweisungen für seinen eigenen Kurs übernehmen. Da die XML-Syntax einen Nutzer ohne profunde SCORM-SN-Kenntnisse jedoch überfordern würde, sollte die Ausgabe dieser Informationen nur auf Bedarf erfolgen oder auf geeignete Weise visualisiert werden.

6.3 Verwendung von Ontologien

Führt man sich an dieser Stelle nochmals die in Kapitel 2.1.2 angeführten linguistischen Phänomene der Flexion, Synonymie, Komposition, Metonymie, Hyponymie, Meronymie und Homonymie vor Augen, so scheint klar, dass die Bestimmung der Ähnlichkeit von Lernressourcen auf Grundlage eines rein syntaktischen Vergleichs ihrer Inhalts-, Titel- und Metadeskriptoren in der Praxis mitunter zu unbefriedigenden Ergebnissen führen wird. So ist damit zu rechnen, dass bedeutungsgleiche Ressourcen z. B. aufgrund einer synonymen Begriffswahl nicht als solche eingestuft oder umgekehrt unähnliche Ressourcen infolge von Homonymen fälschlicherweise als ähnlich klassifiziert werden. Im klassischen Information-Retrieval-Bereich wurde diese Problematik schon früh erkannt. Lange bevor *Tim Berners-Lee* in [BL98] und [BLHL01] seine Vorstellungen zu einem „Semantic Web" artikulierte, wurde dort bereits versucht, durch Methoden wie dem „Latent Semantic Indexing" [DDF⁺90] oder der Nutzung von Thesauri [Jon86, SL71] nicht mehr nur die Syntaktik, sondern vielmehr die *Semantik*, also die Bedeutung inhaltstragender Terme zu erschließen, um eine verlässlichere Unterscheidung zwischen relevanten und irrelevanten Dokumenten zu ermöglichen. Die Vision des Semantic Web hat diese Bemühungen jedoch beflügelt und zahlreiche neue Ansätze initiiert, die Ontologien in den Retrieval-Prozess einbinden und dadurch deutlich bessere Recall- und Precision-Werte erreichen. Allerdings hat diese Verbesserung ihren Preis. Denn die Erstellung und Pflege solcher Ontologien wie auch die semantische Annotation von Dokumenten geht (immer noch) mit einem erheblichen Zeit- und Kostenaufwand einher. Nicht umsonst setzen sich heute zahlreiche Forschungsarbeiten mit der Frage auseinander, wie dieser Aufwand durch moderne Informationstechnologien verringert werden kann. Insgesamt aber verspricht die Verwendung ontologischer Begriffssysteme einen deutlichen Zugewinn der Effektivität – auch für das eigenschaftsbasierte Retrieval- und Filterverfahren des ATH-Retrieval-Dienstes.

Im weitesten Sinn sind Ontologien gemeinsam vereinbarte Begriffssysteme zur sprachlichen Verständigung oder – wie *Steffen Staab* in [Sta02] schreibt –

„formale Modelle einer Anwendungsdomäne, die dazu dienen, den Austausch und das Teilen von Wissen zu erleichtern." Durch ein kontrolliertes Vokabular von Begriffen und die Spezifizierung von Beziehungen zwischen solchen soll ein besseres gegenseitiges Verstehen erreicht werden, wobei Ontologien primär Maschinen zugutekommen, denen es dadurch ermöglicht wird, Informationen in ihrer Bedeutung zu erschließen und weiterzuverarbeiten. Folgendes Textbeispiel soll dies verdeutlichen:

> „*Paul Watzlawick* beschreibt das Aneignen von Wissen als subjektiven Prozess und nimmt damit eine radikale Gegenposition zu *Skinner* ein. Der Behaviorist geht davon aus, dass menschliche Lernprozesse durch äußere Einwirkung gesteuert werden."

Eine Maschine, die aus diesem Text Informationen extrahieren soll, um z. B. einen für Menschen lesbaren Textexzerp zu erzeugen, kann nicht ohne Hintergrundwissen entscheiden, ob sich der Begriff „Behaviorist" auf *Skinner* oder den radikalen Konstruktivisten *Paul Watzlawick* bezieht. Ist hingegen eine Ontologie hinterlegt, wie sie *Abb.* 6.2 beispielhaft zeigt, kann die richtige Zuordnung hergestellt werden.

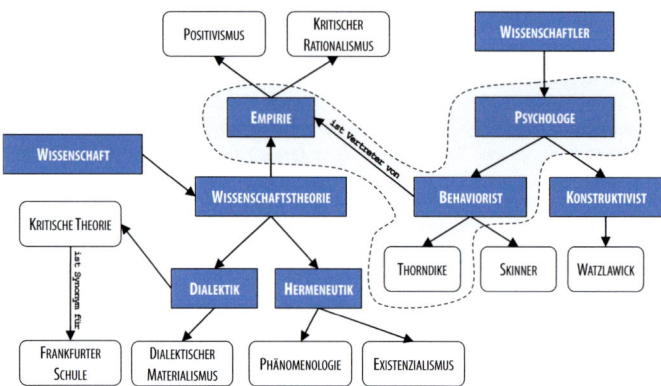

Abbildung 6.2: *Beispiel einer Ontologie. Konzepte werden durch Rechtecke, Beziehungen durch Pfeile und Instanzen durch abgerundete Rechtecke repräsentiert. Die Formalisierung des grau hinterlegten Bereichs mittels RDF wird in Lst. 6.2 vorgenommen.*

Ein zweites Beispiel soll den Nutzen von Ontologien im Bereich des Information Retrievals untermauern: Angenommen, eine Anfrage oder Ressource enthält als Schlüsselbegriff den Terminus „Kritische Theorie". Bei der Auswertung würde ein herkömmlicher, ontologieunabhängiger Algorithmus ohne zusätzliche Informationen nicht erkennen, dass eine andere Ressource mit dem inhaltlichen Deskriptor „Frankfurter Schule" zum Kreis der relevanten bzw. ähnlichen Objekte zählt. Kann der Retrieval-Algorithmus jedoch auf die Beispielontologie in *Abb.* 6.2 zurückgreifen, „versteht" er gewissermaßen die Synonymie der beiden

Begriffe. Folglich wird er die Ressource der Treffermenge beifügen, bzw. Objekte mit diesen zwar syntaktisch verschiedenen aber semantisch identischen Termen als ähnlich klassifizieren.

Betrachtet man *Abb.* 6.2, werden die drei grundsätzlichen Bestandteile einer Ontologie deutlich: Klassen oder *Konzepte* – wie sie entsprechend der englischen Bezeichnung „concepts" oft genannt werden – verkörpern das Seiende (griech. „ontos"). Sie stehen für die abstrakten Objekte des jeweiligen Weltausschnitts, der mit Hilfe einer Ontologie modelliert werden soll. In dem oben abgebildeten Modell ist beispielsweise „Psychologe" ein solches Konzept. Zusammenhänge zwischen Konzepten werden über benannte (z. B. „ist Synonym für" oder „ist Vertreter von") oder unbenannte *Relationen* modelliert. In *Abb.* 6.2 stehen unbenannte Verknüpfungen für Subkonzeptbeziehungen (z. B. „Wissenschaftler" → „Psychologe"). Ein konkretes Exemplar einer abstrakten Klasse wird als *Instanz* bezeichnet. So ist z. B. „Thorndike" eine Instanz, die der Klasse „Psychologe" angehört[4].

Ontologien lassen sich in verschiedene Gruppen einteilen. Betrachtet man ihren Abstraktionsgrad, kann nach *Nicola Guarino* zwischen „Top-Level-Ontologien", „domänspezifischen Ontologien", „Anwendungs-Ontologien" und „Aufgaben-Ontologien" unterschieden werden [Gua98]. Den höchsten Abstraktionsgrad weisen dabei Top-Level-Ontologien auf. Diese sind so allgemein gehalten, dass sie fachunabhängig (wieder-)verwendet werden können. Eine Domän-Ontologie setzt auf einer generischen Ontologie auf und erweitert diese um Konzepte eines größeren Fachgebiets (wie z. B. der Bereich der Medizin). Aufgaben-Ontologien basieren ebenfalls auf Top-Level-Modellen, allerdings werden hier generische Aufgaben (wie z. B. Verkauf oder Antragsstellung) formalisiert. Die höchste Spezifität besitzen Anwendungs-Ontologien. Sie modellieren einen sehr eng umfassten Ausschnitt eines Fach- oder Aufgabenbereichs (z. B. Datensicherung eines Computersystems)[5].

Als weiteres Unterscheidungsmerkmal kann die Art der Strukturierung von Ontologien herangezogen werden. So weisen „Klassifikationen" und „Taxonomien" eine strenge, monohierarchische Anordnung ihrer Elemente auf. Als Relationstyp ist lediglich die Subkonzeptbeziehung zugelassen, wobei einem untergeordneten Konzept höchstens eine Superklasse übergeordnet sein darf. Zur Visualisierung von Taxonomien wird in der Regel eine baumartige Darstellung gewählt. *Abb.* 6.3 zeigt eine frühe Form einer solchen hierarchisch aufgebauten Ontologie, den „Stammbaum des menschlichen Wissens" („Systême figuré des connaissances humaines"), der 1751 in der von *Denis Diderot* und anderen bedeutenden Schriftstellern verfassten französischsprachigen Enzyklopädie „Encyclopédie, ou Dictionnaire raisonné des sciences, des arts et des métiers" abgedruckt wurde.

---

[4] *Johannes Leitner* weist in [Lei06] darauf hin, dass die Klassifizierung einer Entität als Klasse oder Instanz kontextabhängig ist und deshalb zwischen Ontologien variieren kann. So ist es z. B. durchaus denkbar, dass in einem anderen Anwendungsumfeld „Behaviorismus" nicht wie oben dargestellt als Klasse, sondern als Instanz einer solchen modelliert wird.

[5] *Dieter Fensel* fügt dieser Liste unterschiedlicher Arten von Ontologien noch „Metadatenontologien" (z. B. LOM) und „Repräsentationsontologien" (wie z. B. XML) hinzu [Fen03].

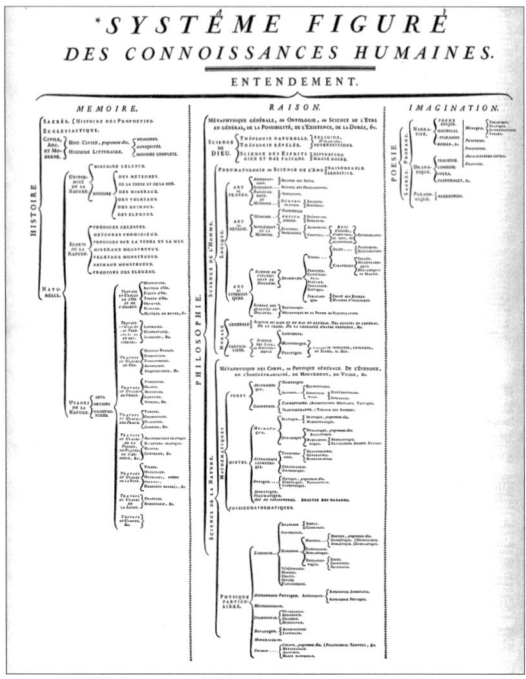

Abbildung 6.3: Der „Stammbaum des menschlichen Wissens", erschienen in Band 1 der „Encyclopédie ou Dictionnaire raisonné des sciences, des arts et des métiers" 1751.

Im Gegensatz zu Taxonomien können bei „Thesauren" prinzipiell beliebige Beziehungen zwischen Objekten definiert werden, wobei Begriffe in der Regel durch Äquivalenz-, Assoziations- und Hierarchierelationen vernetzt werden. Das lexikalisch-semantische Begriffsnetz WordNet[6]oder das deutsche Pendant GermaNet[7] sind Beispiele solcher Ontologien.

Für die Formalisierung ontologischer Modelle eignen sich eine Reihe von Beschreibungssprachen wie z. B. OIL [8], DAML [9] oder die vom W3C propagierte Sprache OWL[10]. Sehr häufig wird jedoch auf das „Resource Description Framework" (RDF)[11] zurückgegriffen, auf dem auch OWL basiert. Ontologi-

---

[6]siehe http://wordnet.princeton.edu/

[7]siehe http://www.sfs.uni-tuebingen.de/GermaNet/

[8]„Ontology Inference Layer" (siehe http://www.ontoknowledge.org/oil/

[9]„DARPA Agent Markup Language" (siehe http://www.daml.org/about.html)

[10]Die „Web Ontology Language" basiert technisch gesehen auf dem Ressource Description Framework (siehe http://www.w3.org/TR/owl-semantics/).

[11]siehe http://www.w3.org/RDF/

en werden hier durch Aneinanderreihung sog. „RDF-Statements" konstruiert –
informatorische Einheiten, die Eigenschaften von Ressourcen beschreiben, wobei der Begriff „Ressource" durchaus generischen Charakter hat und prinzipiell für jede Art von Objekt, sei es ein Textdokument oder ein ontologisches
Konzept stehen kann. Jedes RDF-Statement besteht formal aus einem Subjekt, Prädikat und Objekt. Das Subjekt eines RDF-Statements oder -Triples,
wie es aufgrund seiner Dreigliedrigkeit auch genannt wird, ist die Ressource,
deren Eigenschaft beschrieben werden soll. Die Eigenschaft selbst wird als Prädikat bezeichnet, während ihr konkreter Wert im Objekt des Triples formuliert
wird. Sowohl Subjekt als auch Prädikat und Objekt müssen eindeutig identifizierbar sein. Hierzu wird jeder Teil eines Statements mit einem Uniform Resource Identifier versehen. Als Beispiel sei die Identifizierung der Eigenschaft
„Resource hat Autor" mit Hilfe des Dublin-Core-Elements creator über die URI
http://purl.org/dc/elements/1.1/creator genannt.

RDF-Statements werden graphisch als gerichtete, azyklische Graphen dargestellt. Dabei stellen Subjekt und Objekt die Knoten des Graphen dar, während
das Prädikat die Kante und damit die Beziehung zwischen beiden Elementen
spezifiziert. *Abb.* 6.4 zeigt hierzu ein Beispiel. Dargestellt werden zwei Triples,
die wie folgt verbalisiert werden können: „EMPIRIE ist vom Typ Class. EMPIRIE ist
eine Subklasse von WISSENSCHAFTSTHEORIE."

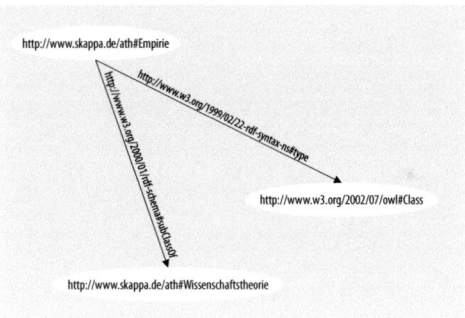

Abbildung 6.4: *Beispiel einer graphischen Repräsentation von RDF-Statements.*

Syntaktisch werden solche RDF-Graphen üblicherweise in Form von XML
beschrieben. Als Beispiel sei auf *Lst.* 6.2 verwiesen. Das Code-Fragment zeigt die
XML-Beschreibung für den grau hinterlegten Teilbereich der Ontologie von *Abb.*
6.2. Folgende (versprachlichte) RDF-Statements werden dabei repräsentiert:

- „Die Ressource ‚Psychologe' gehört zu einem Typ, der die Bezeichnung
  ‚Class' hat."

- „Die Ressource ‚Behaviorist' gehört zu einem Typ, der die Bezeichnung
  ‚Class' hat. Sie ist der Ressource ‚Psychologe' untergeordnet."

- „Die Ressource ‚Thorndike' gehört zu einem Typ mit der Bezeichnung ‚Behaviorist'."

- „Die Ressource ‚istVertreterVon' gehört zu einem Typ, der die Bezeichnung ‚ObjectProperty' hat. Sie ist eine Eigenschaft der Ressource ‚Behaviorist'. Die Ressource hat den Wertebereich der Ressource ‚Empirie'. ‚Empirie' ist vom Typ ‚Class'".

```xml
 1  <?xml version="1.0"?>
 2  <rdf:RDF xmlns:ath="http://www.skappa.de/ath#"
 3    xmlns:owl="http://www.w3.org/2002/07/owl#"
 4    xmlns:rdf="http://www.w3.org/1999/02/22-rdf-syntax-ns#"
 5    xmlns:rdfs="http://www.w3.org/2000/01/rdf-schema#">
 6    <rdf:Description rdf:about="ath:Psychologe">
 7     <rdf:type>
 8      <rdf:Description rdf:about="owl:Class"/>
 9     </rdf:type>
10    </rdf:Description>
11    <rdf:Description rdf:about="ath:Behaviorist">
12     <rdf:type>
13      <rdf:Description rdf:about="owl:Class"/>
14     </rdf:type>
15     <rdfs:subClassOf>
16      <rdf:Description rdf:about="ath:Psychologe"/>
17     </rdfs:subClassOf>
18    </rdf:Description>
19    <rdf:Description rdf:about="ath:Thorndike">
20     <rdf:type>
21      <rdf:Description rdf:about="ath:Behaviorist"/>
22     </rdf:type>
23    </rdf:Description>
24    <rdf:Description rdf:about="ath:istVertreterVon">
25     <rdf:type>
26      <rdf:Description rdf:about="owl:ObjectProperty"/>
27     </rdf:type>
28     <rdfs:domain>
29      <rdf:Description rdf:about="ath:Behaviorist"/>
30     </rdfs:domain>
31     <rdfs:range>
32      <rdf:Description rdf:about="ath:Empirie">
33       <rdf:type>
34        <rdf:Description rdf:about="owl:Class"/>
35       </rdf:type>
36      </rdf:Description>
37     </rdfs:range>
38    </rdf:Description>
39
40  </rdf:RDF>
```

Listing 6.2: *XML-Beschreibung des grau hinterlegten Ontologie-Ausschnitts von Abb. 6.2.*

Es ist unübersehbar, welch hoher Aufwand mit der Anfertigung einer Ontologie verbunden ist. Dabei liegt das Problem weniger auf der technischen Ebene:

für die Formalisierung mittels RDF und XML existieren mittlerweile zahlreiche Werkzeuge wie z. B. Altova SemanticWorks[12], WebODE[13] oder KAON[14]. Der Großteil des Aufwands ist vielmehr auf der konzeptionellen Ebene angesiedelt. Denn je nach Umfang des Anwendungsbereichs müssen mitunter mehrere 1000 Begriffe definiert und organisiert, also über Relationen miteinander verflochten werden. Hinzu kommt, dass Ontologien in der Regel auf soziokultureller Ebene verhandelt werden (müssen), um eine möglichst breite Akzeptanz in der Anwendung zu erreichen [Sta02]. Eine Gruppe von Domän-Experten steht also in der Pflicht, sich auf ein gemeinsames Begriffssystem zu einigen, was nicht selten aufgrund unterschiedlicher Vorstellungen und Erwartungen der Beteiligten in einem mühevollen und langwierigen Prozess resultiert.

Eine deutliche Vereinfachung der Konstruktion von Ontologien versprechen Extraktionsmechanismen, wie sie z. B. in [Hea92, MS00, CST03, CPSTS05] vorgestellt werden. Ontologien werden hier auf Basis eines domänspezifischen Textkorpus (semi-)automatisch erstellt, wobei relevante Konzepte und Konzeptrelationen z. B. durch statistische Verfahren wie Kookurrenz-Analysen oder andere Ansätze aus dem Forschungsgebiet der Informationsextraktion gewonnen werden. Werkzeuge wie TextToOnto[15] vereinen solche Mechanismen und erlauben es dem Anwender, auf schnellem Wege zu einer Ontologie zu gelangen, die dann manuell angepasst und optimiert werden kann und muss.

Mit der Erstellung einer Ontologie alleine ist es jedoch nicht getan, wenn es darum geht, die Güte eines Retrieval-Systems zu maximieren. In einem zweiten Schritt müssen alle Dokumente bzw. Ressourcen der Kollektion *semantisch annotiert* werden. Hierbei werden die inhaltlich relevanten Begriffe der textuellen Objekte mit Konzepten der Ontologie verknüpft. Auch dieser Prozess kann zumindest teilweise automatisiert werden. *David Vallet* et al. beispielsweise referieren in [VFC05] einen Ansatz, bei dem die Interpretation von Begriffen aus dem kontextuellen Umfeld abgeleitet wird. Als Beispiel wird das Wort „Lilie" genannt. Im Zusammenhang mit der Erwähnung des Künstlers *Vincent van Gogh* würde dieser Begriff als Instanz mit dem Konzept „Gemälde" verknüpft werden, wohingegen eine Verlinkung mit dem Konzept „Blumen" dann hergestellt wird, wenn aus der Klassifizierung des Dokuments hervorgeht, dass es sich um einen botanisch bezogenen Text handelt. Die Gefahr solcher Ansätze ist jedoch, dass falsche Beziehungen zwischen Instanzen und Konzepten hergestellt werden. Insbesondere bei Homonymen scheint diese Gefahr groß. *Ellen M. Vorhees* berichtet in [Voo99] von einem Experiment, bei dem durch fehlerhaft interpretierte Homonyme deutlich schlechtere Retrieval-Ergebnisse erzielt wurden als beim herkömmlichen termbasierten Retrieval.

Für die Berechnung der semantischen Ähnlichkeit zweier Textdokumente existieren unterschiedliche Ansätze. Eine sehr einfache Metrik wählen *Jan Paralic*

---

[12]siehe `http://www.altova.com/`

[13]siehe `http://webode.dia.fi.upm.es/WebODEWeb/`

[14]KAON steht für KArlsruhe ONtology and Semantic Web. Es handelt sich dabei um ein Open-Source Infrastruktur für Ontologie- und Semantic-Web-Anwendungen (siehe `http://kaon.semanticweb.org/`).

[15]siehe `http://sourceforge.net/projects/texttoonto`. TextToOnto ist Teil des KAON-Frameworks.

und *Ivan Kostial* in [PK03]. Die Ähnlichkeit wird hier über die Anzahl der gemeinsamen Instanzen zweier Dokumente d_i und d_j errechnet:

$$sim_{onto}(d_i, d_j) = \left\{ \frac{\left|I_{d_i} \cup I_{d_j}\right| \text{ für } \left|I_{d_i} \cup I_{d_j}\right| \neq 0, I_{d_i} \text{ und } I_{dj} \in I}{k} \right\} \quad (6.2)$$

Dabei verkörpern I_{d_i} und I_{d_j} die Menge der Instanzen, die bei der (manuellen oder automatischen) Annotation von d_i bzw. d_j identifiziert wurden. Die Konstante k wurde im Hinblick auf die Kombination des Verfahrens mit einem Standard-Retrieval-Algorithmus, basierend auf der TF-IDF-Gewichtung von Termen, eingeführt. So schlagen die Autoren eine multiplikative Kombination der beiden Verfahren vor und verweisen dabei auf sehr gute Effektivitätswerte, die in Experimenten mit der Testkollektion „Cystic Fibrosis"[16] erzielt wurden:

$$sim(d_i, d_j) = sim_{onto}(d_i, d_j) \cdot sim_{tfidf}(d_i, d_j) \quad (6.3)$$

In Bezug auf das eigenschaftsbasierte ATH-Verfahren scheint diese Metrik jedoch weniger gut geeignet. Zum einen ist sie in hohem Maße abhängig vom Umfang der verglichenen Textkörper. Je mehr Begriffe eine Ressource enthält, desto mehr Instanzen wird diese im Regelfall aufweisen und desto wahrscheinlicher ist auch, dass gemeinsame Instanzen mit einer anderen Ressource gefunden werden. Zum anderen ist der Wertebereich der semantischen Ähnlichkeit nicht wie bei den anderen Teilähnlichkeiten auf einen Wertebereich zwischen 0 und 1 beschränkt. Im Falle einer großen Zahl übereinstimmender Instanzen, wie sie bei umfangreichen, inhaltlich ähnlichen Ressourcen zu erwarten ist, wäre der Einfluss der semantischen Ähnlichkeit auf die Bildung der aggregierten Gesamtähnlichkeit sim_{agg} unkontrollierbar hoch. Ein weiterer Nachteil des Verfahrens von *Paralic* und *Kostial* ist, dass die Mehrfachnennung einer Instanz innerhalb des gleichen Dokuments unberücksichtigt bleibt, obwohl diese auf eine besondere inhaltliche Relevanz der Instanz hinweist.

Der Ansatz von *David Vallet* et al. geht diesbezüglich weiter. Die Autoren nutzen in [VFC05] das klassische Vektorraummodell und gewichten Instanzen nach ihrer Auftretenshäufigkeit im Dokument und Dokumentkorpus analog des TF-IDF-Verfahrens: Gleichung 6.4 zeigt das Gewichtungsschema übertragen auf den ATH-Anwendungskontext:

$$W_{r,i_i} = \frac{n_{r,i_i}}{\max_{i \in I} n_{r,i}} \cdot \log\left(\frac{|R|}{|r_{i_i}|}\right) \quad (6.4)$$

Dabei repräsentiert n_{r,i_i} die Auftretenshäufigkeit der Instanz i_i in der Ressource r, $\max_{i \in I} n_{r,i}$ verweist auf die Auftretenshäufigkeit der meistgenannten Instanz i in der Ressource r, R entspricht der Menge aller Ressourcen und der

---

[16]Die Cystic-Fibrosis-Testkollektion enthält rund 1200 wissenschaftliche Artikel, die in den 70-er Jahren zum Thema Mukoviszidose veröffentlicht und von der MEDLINE-Datenbank der U.S. National Library of Medicine indexiert wurden. Neben den Textdokumenten stellt die Kollektion auch 100 Benutzeranfragen mit den zugeordneten relevanten Dokumenten bereit [SWWT91].

Ausdruck im Nenner der logarithmierten IDF-Komponente bezieht sich auf die Anzahl jener Ressourcen, welche die Instanz i_i enthalten.

Die Ähnlichkeit zweier semantischer Beschreibungen berechnen *Vallet* et al. über das normierte Skalarprodukt der vektoriell repräsentierten Objekte:

$$sim_{onto}(r_i, r_j) = \frac{\vec{r_i} \cdot \vec{r_j}}{|\vec{r_i}| \cdot |\vec{r_j}|}$$

$$= \frac{\sum\limits_{i \in I} w_{r_i,i} \cdot w_{r_j,i}}{\sqrt{\sum\limits_{i \in I} w_{r_i,i}^2} \cdot \sqrt{\sum\limits_{i \in I} w_{r_j,i}^2}} \tag{6.5}$$

$$\text{mit } 0 \leqslant sim_{onto}(r_i, r_j) \leqslant 1$$

Die Integration der ontologischen Komponente in die Berechnung der drei wortbezogenen Teilähnlichkeiten sim_{con}, sim_{title} und sim_{meta} (vgl. Kapitel 3.5) kann auf verschiedenen Wegen erfolgen. Die folgenden Gleichungen zeigen abschließend einen Ansatz, bei dem der gewichtete Mittelwert aus der termbezogenen Ähnlichkeit (in den Gleichungen angedeutet durch den Index *term*) und der semantischen Ähnlichkeit gebildet wird. Über den Faktor k lässt sich der Einfluss der ontologischen Ähnlichkeit steuern. Er kann je nach Umfang und Qualität der vorliegenden semantischen Annotationen variiert werden:

$$sim_{con} = \frac{k \cdot sim_{con_{onto}} + sim_{con_{term}}}{k + 1} \tag{6.6}$$

$$sim_{title} = \frac{k \cdot sim_{title_{onto}} + sim_{title_{term}}}{k + 1} \tag{6.7}$$

$$sim_{meta} = \frac{k \cdot sim_{meta_{onto}} + sim_{meta_{term}}}{k + 1} \tag{6.8}$$

6.4 Themenbasierte Ähnlichkeitsanalyse

Die Zuhilfenahme von Ontologien soll einen wesentlichen Nachteil des Vektorraummodells kompensieren: Terme, die eine Ressource inhaltlich repräsentieren, werden als voneinander unabhängig betrachtet; auch dann, wenn sie eine enge semantische Verwandtschaft aufweisen. Über Ontologien kann die Analyse der Ähnlichkeit von Lernobjekten zwar von einer syntaktischen auf eine semantische Ebene angehoben werden, allerdings geht die Erstellung dieser begrifflichen Modelle nicht selten – wie der vorherige Abschnitt gezeigt hat – ebenfalls mit einem hohen Aufwand einher. Auch das in Kapitel 2.1.2 vorgestellte Topic-based Vector Space Model, bei dem die semantische Ähnlichkeit von Termen über deren Zuordnung zu einem gemeinsamen „Topic" bzw. Thema ausgedrückt wird, erfordert eine nicht minder aufwändige, transzendente Modellierung begrifflicher Abhängigkeiten.

Die grundlegende Idee des TVSM aber kann auch für das ATH-Retrieval-Verfahren fruchtbar gemacht werden. Und dies mit deutlich geringerem Aufwand, da die Modellierung der Termnähe über die in einem Manifest enthaltenen

Daten vorgenommen wird. Genauer gesagt werden Topics nicht wie bei *Becker* und *Kuropka* extern vorgegeben, sondern aus den Titelbeschreibungen der Ressourcen und Clusteraktivitäten automatisch gewonnen. Eine Besonderheit des Ansatzes ist auch, dass das Modell, welches der semantischen Termähnlichkeit zugrunde gelegt wird, nicht wie beim TVSM oder ontologiebasierten Verfahren durch einige wenige Experten vorgegeben wird. Vielmehr wirken – ähnlich wie beim Collaborative Tagging – eine Vielzahl von Nutzern an der Erstellung dieses Modells indirekt mit, indem sie Kursbeschreibungen zur Manifestkollektion beisteuern.

Die genaue Vorgehensweise lässt sich wie folgt beschreiben: Aus den Titeln aller Aktivitäten $a \in A$ wird zunächst die Topicmenge H abgeleitet, wobei ausschließlich themenrelevante Titelterme herangezogen werden[17]. Die in H und T enthaltenen Topics bzw. Terme formen die Spalten bzw. Zeilen einer „Term-Topic-Matrix" (*Abb.* 6.5). Zwischen einem Term t_i und einem Topic h_j kann eine semantische Affinität der Größe w_{t_i,h_j} bestehen. Beispielsweise hat der Term „Bewertung" von Ressource $A2.2$ (*Abb.* 6.6) eine Affinität zu den Topics „Nutzerprofile", „Information Retrieval" und „Content-Based Filtering" – also zu allen Topics, die in den Aktivitäten desjenigen Aktivitätsbaums genannt werden, in dem auch die Ressource r mit dem Term „Nutzerprofil" eingebunden ist. Die Menge dieser Aktivitäten soll als $A_{r_{t_i}}$ bezeichnet werden, wobei nur solche Aktivitäten relevant sind, in deren Titel eines der in H enthaltenen Topics auftritt[18].

	h_1	h_2	h_3	h_4	...	h_j	...	h_n
t_1		$W_{t1,h2}$		$W_{t1,h4}$				
t_2	$W_{t2,h1}$							
t_3	$W_{t3,h1}$		$W_{t3,h3}$	$W_{t3,h4}$				
t_4		$W_{t4,h2}$						
...								
t_i						$W_{ti,hj}$		
...								
t_m								$W_{tm,hn}$

Abbildung 6.5: *Term-Topic-Matrix*

[17]Ähnlich wie im TVSM wird auch hier vereinfacht angenommen, dass Topics voneinander unabhängig sind und einen Vektorraum der Größe n entsprechend der in H enthaltenen Topics aufspannen.

[18]So werden beispielsweise die Aktivitäten $A1$ und $A2$ in dem oben erwähnten Beispiel ignoriert.

Die konkrete Ausprägung w_{t_i,h_j} der Nähe eines Indexterms zu einem Topic kann, ähnlich wie in Kapitel 3.5.2 beschrieben, graphbezogen über die Länge des kürzesten Weges $|W|$ zwischen ihren zugehörigen Aktivitäten $a_{r_{t_i}}$ und a_{h_j} der Aktivitätenmenge $A_{r_{t_i}}$ ermittelt werden. Sie ist indirekt proportional zur Weglänge: je entfernter eine Ressource mit ihren zugehörigen Termen von dem ausgewerteten Aktivitätstitel ist, desto geringer ist die thematische Beziehung zwischen Index- und Topicterm:

$$w_{t_i,h_j} = \sum_{r_{t_i} \in R} \frac{1}{1 + \left| W_{a_{r_{t_i}}, a_{h_j}} \right|} = \sum_{r_{t_i} \in R} \frac{1}{1 + \sum\limits_{k=1}^{m-1} g(\langle a_k, a_{k+1} \rangle)} \quad \text{mit } a \in A_{r_{t_i}} \text{ wobei gilt:}$$

$$a_k = a_{r_{t_i}} \text{ für } k = 1,$$

$$a_{k+1} = a_{h_j} \text{ für } k = m - 1,$$

$$w_{t_i,h_j} \in \;]0;1[\text{ für } a_{r_{t_i}} \neq a_{h_j} \text{ und}$$

$$w_{t_i,h_j} = 1 \text{ für } a_{r_{t_i}} = a_{h_j}$$

(6.9)

Dabei bezeichnet g das Kantengewicht der Kante $\langle a_k, a_{k+1} \rangle$ zweier benachbarter Aktivitäten a_k und a_{k+1} des gleichen Aktivitätsbaums; m steht für die Anzahl der Knoten, die inklusive Start- und Endknoten auf dem Weg von $a_{r_{t_i}}$ zu a_{h_i} passiert werden. Ist ein Indexterm mehrmals, aber in unterschiedlichen Ressourcen dem gleichen Topic zugeordnet, wird zu jeder Paarung der Affinitätswert bestimmt und aufsummiert.

Die so berechnete Term-Topic-Matrix kann auf zweifache Weise verwertet werden: Zum einen eröffnet sie die Möglichkeit, im Sinne einer *Suchanfrageerweiterung* der Anfrage eines Nutzers thematisch ähnliche Begriffe hinzuzufügen, um einen besseren Recall-Wert zu erreichen. Hierzu muss lediglich überprüft werden, zu welchem Thema der Suchbegriff die stärkste Affinität besitzt. Die Anfrage wird dann um jene Terme ergänzt, deren Affinität zu diesem Topic einen bestimmten Schwellenwert überschreitet.

Zum anderen ermöglicht die Matrix, bei der Berechnung der Ähnlichkeit von Lernobjekten auch semantische Beziehungen zwischen Termen zu berücksichtigen. Hierzu wird jeder Term t_i in Form eines Topicvektors $\vec{t_i}$ repräsentiert, der die Affinität zu allen in H enthaltenen Topics beschreibt:

$$\vec{t_i} = (w_{t_i,h_1}, w_{t_i,h_2}, ..., w_{t_i,h_n}) \text{ mit } h_j \in H = \{h_1, h_2, \ldots, h_n\} \quad (6.10)$$

Um die inhaltliche Ähnlichkeit sim_{con} zweier Ressourcen zu berechnen, wird jede Ressource r vektoriell als Summe ihrer Termvektoren notiert:

$$\vec{r} = \sum_{t_i \in T} \textit{TF-IDF}(r, t_i) \cdot \vec{t_i} \quad (6.11)$$

mit

$$\textit{TF-IDF}(r, t_i) = \frac{n_{r,t_i}}{\max_{t \in T} n_{r,t}} \cdot \log\left(\frac{1 + |R|}{|r_{t_i}|} \right) \quad (6.12)$$

Die Ähnlichkeit sim_{con} kann dann über das Kosinusmaß wie folgt berechnet werden:

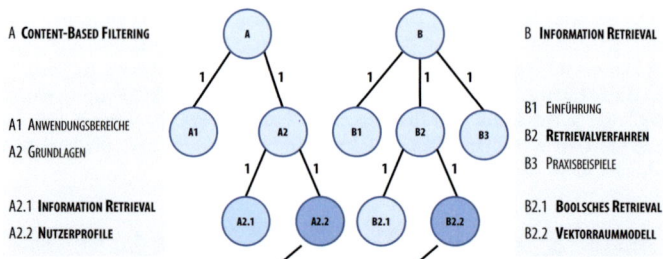

| A **CONTENT-BASED FILTERING** | | B **INFORMATION RETRIEVAL** |

A1 ANWENDUNGSBEREICHE	B1 EINFÜHRUNG
A2 GRUNDLAGEN	B2 RETRIEVALVERFAHREN
	B3 PRAXISBEISPIELE
A2.1 INFORMATION RETRIEVAL	B2.1 BOOLSCHES RETRIEVAL
A2.2 NUTZERPROFILE	B2.2 VEKTORRAUMMODELL

„Ein **Nutzerprofil** besteht aus einer Menge von **Empfehlungsele-**
menten, die mit einer **Bewertung** und dem Zeitpunkt der Aufnahme
ins **Profil** versehen sind."

„Im **Vektorraummodell** werden Objekte als **Vektoren** dargestellt,
deren **Ähnlichkeit** durch den **Winkel** berechnet wird, der zwischen den
einzelnen Vektoren besteht."

	h_1 (CBF)	h_2 (IR)	h_3 (NP)		h_2 (IR)	h_4 (RV)	h_5 (BR)	h_6 (VRM)
t_1 (Nutzerprofil)	0,33	0,33	1	t_5 (Vektorraummodell)	0,33	0,5	0,33	1
t_2 (Empfehlungselement)	0,33	0,33	1	t_6 (Vektoren)	0,33	0,5	0,33	1
t_3 (Bewertung)	0,33	0,33	1	t_7 (Ähnlichkeit)	0,33	0,5	0,33	1
t_4 (Profil)	0,33	0,33	1	t_8 (Winkel)	0,33	0,5	0,33	1

Abbildung 6.6: *Beispielhafte Berechnung der Topicaffinität* w_{t_i,h_j}.

$$sim_{con} = \frac{\overrightarrow{r_k} \cdot \overrightarrow{r_l}}{|\overrightarrow{r_k}| \cdot |\overrightarrow{r_l}|} = \frac{\sum\limits_{t_i \in T} w_{t_i,r_k}\overrightarrow{t_i} \cdot \sum\limits_{t_j \in T} w_{t_j,r_l}\overrightarrow{t_j}}{|\overrightarrow{r_k}| \cdot |\overrightarrow{r_l}|} \tag{6.13}$$

mit

$$|\overrightarrow{r}| = \sqrt{\sum_{t_i \in T}\sum_{t_j \in T} w_{t_i,r}w_{t_j,r}\overrightarrow{t_i}\overrightarrow{t_j}} \tag{6.14}$$

In der Konsequenz führt dieser Ansatz zu dem gewünschten Effekt, dass zwei inhaltlich verwandte und über ein gemeinsames Topic verbundene Ressourcen auch dann als ähnlich eingestuft werden, wenn ihre Indexterme syntaktisch unterschiedlich sind. Dies verdeutlicht das Beispiel in *Abb.* 6.6: Gegeben sind zwei Aktivitätsbäume A und B mit den Titeln aller Ressourcen und einem Kantengewicht gleich 1. Die betrachteten Indexterme t_1 - t_8 entstammen den beiden Ressourcen, die mit den Aktivitäten A2.2 und B2.2 verknüpft sind. Die Wertigkeit der Affinität zu den jeweiligen Topics (links oben bzw. rechts oben) nach Gleichung 6.9 ist in den untenstehenden Tabellen dargestellt. Nur thematisch bedeutsame Titelterme (im Bild fett hervorgehoben) werden als Topicterme ausgewählt. Der Topic-basierte Ansatz führt dazu, dass z. B. die beiden Termvektoren $\overrightarrow{t_1}$ („Nutzerprofil") $=\{0.33, 0.33, 1, 0, 0, 0\}$ und $\overrightarrow{t_5}$ („Vektorraummodell")$=\{0, 0.33, 0, 0.5, 0.33, 1\}$ durch die gemeinsame Zuordnung zu dem Topic h_2 („Information Retrieval") als ähnlich eingestuft werden. Folglich werden auch die beiden Ressourcen – obwohl sie keine gemeinsamen Indexterme besitzen – als thematisch verwandt betrachtet. Diese Einschätzung ist korrekt, da ein Vergleich von Nutzerprofilen in der Praxis häufig über das Vektorraum-modell vorgenommen wird.

Sicherlich kann nicht immer davon ausgegangen werden, dass in einem Akti-vitätstitel das Themengebiet der assoziierten Ressource genannt wird. Vielmehr fallen oftmals thematisch unbedeutende Begriffe wie beispielsweise „Einführung", „Grundlagen" oder „Zusammenfassung". Auch die (Haupt-)Kapitelbezeichnung-en dieser Arbeit sind ein Beispiel dafür.

Die Erfahrung aber zeigt, dass der Titel sehr häufig auf eine konkrete the-matische Klassifikation der nachfolgenden Inhalte abzielt. Und auch hier kann man wieder exemplarisch auf die Gliederung dieser Arbeit verweisen und als Beispiel Titel bzw. Topics wie „Information Retrieval", „Empfehlungssysteme" oder „E-Learning" heranführen. Geht man davon aus, dass dies für einen Groß-teil der geernteten Aktivitätstitel gilt, scheint dieser Ansatz gut geeignet, eine noch bessere Retrieval- und Empfehlungsgüte zu erreichen.

Kapitel 7

Rückblick

Wenn wir uns heute auf die Suche nach den geschichtlichen Wurzeln des abend-
ländischen Bildungsverständnisses begeben und den Ursprüngen unserer Vorstellungen zu Zielen und Inhalten des Lehrens und Lernens nachspüren, führt
unser Weg in die zweite Hälfte des 17. Jahrhunderts, als der Philosoph und
Theologe *Jan Amos Comenius* die erste systematische Didaktik der Neuzeit,
die „Didactica Magna" veröffentlichte. *Comenius* beschreibt darin die Didaktik
als die „vollständige Kunst, allen Menschen alles zu lehren" und zwar „rasch,
gründlich und schnell. [. . .] Erstes und letztes Ziel unserer Didaktik soll es sein,
die Unterrichtsweise aufzuspüren und zu erkunden, bei welcher die Lehrer weniger zu lehren brauchen, die Schüler dennoch mehr lernen; in den Schulen weniger
Lärm, Überdruss und unnütze Mühe herrsche, dafür mehr Freiheit, Vergnügen
und wahrhafter Fortschritt" [CF70, S. 9].

Rund 350 Jahre später haben wir mit den modernen Informations- und Kommunikationstechnologien mehr denn je die Chance, diesen noch heute gültigen
Anspruch der „Großen Didaktik" umzusetzen. Zwar gilt das pansophische Ziel,
alles zu vermitteln, aufgrund des längst unüberschaubaren Ausmaßes unseres
Wissensbestands als überholt. Dennoch eröffnen diese Technologien wie kein anderes Medium zuvor die Möglichkeit, dass *alle* in *Freiheit* – also selbstbestimmt
und selbstgesteuert, unabhängig von Geschlecht oder Herkunft, ungebunden an
Ort oder Zeit – an dem Wissen der Menschheit partizipieren. Und dies auf eine
Art, bei der Interaktivität und Multimedialität nicht nur *Vergnügen* schaffen,
sondern auch schwierige Sachverhältnisse begreifbar und *unnütze Mühen* ver-
mieden werden.

Dass eine rasche, gründliche und schnelle Bildung nur dann gelingen kann,
wenn ihre Inhalte auf anschauliche Weise vermittelt werden, war eine ebenfalls wichtige Erkenntnis von *Comenius*. Sein berühmtes, reichhaltig illustrier-
tes Lehrbuch „Orbis sensualium pictus" ist ein faszinierendes Zeugnis dieses didaktischen Postulats. 150 kunstvolle Holzschnitte erläutern die in lateinischer
und deutscher Sprache gehaltenen Ausführungen über die Welt, angefangen von
Gott bis hin zu den Insekten. Und es ist spürbar, welch immenser handwerkli-
cher Aufwand in der damaligen Zeit für die Erstellung solch liebevoll gestalteter
Illustrationen betrieben werden musste.

Der Erstellungsprozess von Lernmedien hat sich seither grundlegend verändert. Mit Hilfe digitaler Technologien ist es heute prinzipiell jedem Lehrenden möglich, Lerninhalte multimedial anzureichern. Aber nach wie vor sind hierfür Sachverstand, handwerkliches Können und pädagogisches Geschick unabdingbare Voraussetzungen. Und auch heute noch kann die Entwicklung qualitativ hochwertiger, lernwirksamer Medien mit einem hohen Zeit- und Kostenaufwand einhergehen. Man denke dabei an Simulationsumgebungen oder interaktive Animationen.

Immer häufiger werden auch aus diesem Grund digitale Lernmaterialien in Learning-Object-Repositorys eingestellt und anderen Lehrenden und Lernenden als Open Content zur freien (Wieder-)Verwendung angeboten. Die Urheber erhoffen sich auf diese Weise, eine möglichst hohe Nutzerschaft zu erreichen und durch die mehrmalige Verwendung in neuen Kontexten den Erstellungsaufwand zu relativieren.

Ein kritischer Erfolgsfaktor für die Verbreitung und Wiederverwendung von E-Learning-Inhalten ist ihre Auffindbarkeit in webbasierten Archivierungssystemen, seien es Learning-Object-Repositorys oder -Referatorys, Learning-Management- oder Learning-Brokerage-Systeme. Die vorliegende Arbeit hat sich insbesondere diesem Thema verschrieben. Zielsetzung war es, ein Verfahren zu schaffen, das Lehrende aber auch Lernende dabei unterstützt, wiederverwendbare Lernobjekte zu finden; das Vorschläge unterbreitet, wie bestehende Materialien kombiniert und zu didaktisch sinnvollen Lerneinheiten arrangiert werden können.

Der Blick richtete sich hierbei zunächst auf den Forschungsbereich des Information Retrieval. Seit den 50-er Jahren des letzten Jahrhunderts wird dort schon der Frage nachgespürt, wie das Auffinden von Dokumenten in umfangreichen Textsammlungen technisch erleichtert werden kann. Verschiedene Modelle wurden hierzu erarbeitet, von denen v.a. das Vektorraummodell große Verbreitung gefunden hat. Die Arbeit hat gezeigt, wie anhand der vektoriellen Repräsentation natürlichsprachlicher Texte die zu einer Anfrage passenden Objekte ermittelt werden. Auch die vorgestellte Service-Applikation greift auf dieses Modell zurück, beispielsweise wenn es darum geht, die zu einer termbasierten Anfrage relevanten Ressourcen zu finden.

Der Schwerpunkt der Arbeit lag jedoch in der Fragestellung, wie die Ähnlichkeit zwischen den Ressourcen selbst berechnet werden kann. Die Bestimmung ähnlicher Ressourcen stellt eine unverzichtbare Notwendigkeit dar, sollen Empfehlungen auf ein möglichst breites Datenfundament gestellt werden. Vorschläge, wie eine gegebene Ressource ergänzt, mit anderen Objekten zu einer Lerneinheit erweitert und in Lernarrangements strukturell eingebunden werden kann, gewinnen an Wert, wenn sie auch aus Daten ähnlicher Ressourcen und ihrer Nutzungskontexte gespeist werden. Besonders im Hinblick auf selten genutzte Objekte sollte der Betrachtungswinkel auf ähnliche Lernmaterialien erweitert werden, da andernfalls nur wenig verwertbare Informationen für die Empfehlungsberechnung zur Verfügung stehen. Ein spärliches Datenfundament ist aber auch dann möglich, wenn eine Ressource zwar häufig genutzt wird, dabei aber Veränderungen erfährt, die zu einer Mutation des ursprünglichen Objekts und zur Herausbildung unterschiedlicher Objektinstanzen führen. Die Auswertung einer Anfrage, die sich auf eine konkrete Objektinstanz bezieht, würde ohne eine entsprechende Ähnlichkeitsfunktion nur einen kleinen Ausschnitt der Gesamthistorie, nämlich die Historie der Instanz selbst berücksichtigen, während das informatorische Potential verwandter Ressourcen der gleichen Objektklasse ungenutzt bleibt.

Vorschläge zu mutmaßlich sinnvollen Produktkombinationen und Empfehlungen von Objekten, die dem Interessensprofil des Kunden entsprechen, begegnen uns heute insbesondere im Zusammenhang mit elektronischen Handelssystemen. Im Abschnitt über Empfehlungsdienste wurde gezeigt, welche Verfahren dort hauptsächlich Verwendung finden. Insbesondere war die Rede von kollaborativen und eigenschaftsbasierten Filterverfahren. Zur Gruppe der letztgenannten Techniken gehört auch das in der Arbeit vorgeschlagene Vefahren zur Bestimmung der Ähnlichkeit von Lernobjekten. Als Eingangsdaten verwertet es die in SCORM-konformen Kursbeschreibungen bzw. IMS-Manifesten vorliegenden Informationen zu Lernobjekten und ihren zugehörigen Aktivitätsbäumen. Solche Beschreibungen sind jedoch nicht ohne weiteres verfügbar. Es bedarf eines Kooperationsschemas zwischen Daten- und Service-Provider, zwischen denjenigen Instanzen also, die Manifeste vorhalten und solchen, die Manifeste aggregieren und darauf aufbauende Dienste anbieten. Ein mögliches Kooperationsschema, das technisch auf der Webservice-Technologie aufsetzt, wurde ebenfalls im Rahmen dieser Arbeit vorgestellt.

Gezeigt wurde auch, dass nicht alle Manifest-immanenten und -transzendenten Daten gleichermaßen relevant sind, wenn es um die algorithmische Berechnung der Nähe zweier Ressourcen geht. So wurde eine Beschränkung auf jene Daten vorgeschlagen, die sich auf die Beschreibung des Inhalts, des Titels, der Metadaten, der Nachbarschaft und der strukturellen Einbettung einer Ressource beziehen. Zu jeder dieser fünf deskriptiven Dimensionen wurde eine Ähnlichkeitsfunktion definiert. Über eine Aggregationsfunktion kann dann die Gesamtähnlichkeit eines Ressourcenpaares berechnet und in einer Ähnlichkeitsmatrix festgehalten werden.

Eine ganz andere Art von Ähnlichkeit nutzen kollaborative Empfehlungssysteme. Ihre Vorschläge basieren auf der Ähnlichkeit von Nutzern bzw. Nutzerprofilen. Die grundlegende Verfahrensweise lässt sich in drei Bereiche unterteilen: die Profilbildung anhand explizit oder implizit erhobener Objektbewertungen, der Vergleich von Bewertungsprofilen anhand einer Ähnlichkeitsmetrik wie z. B. dem Kosinusmaß, und schließlich die Generierung von Empfehlungen anhand der favorisierten Objekte ähnlicher Nutzer bzw. Mentoren. Auch diese Art von Empfehlungsmechanismus wurde in der Arbeit aufgegriffen und für die Wiedergewinnung von Lernressourcen adaptiert.

Insgesamt betrachtet fokussiert der in dieser Arbeit vorgestellte Ansatz zur Wiedergewinnung von Lernressourcen also nicht ein einzelnes Retrieval- oder Filterverfahren. Vielmehr handelt es sich um eine Bündelung verschiedener Mittel und Wege, Lernressourcen aufzuspüren und deren Wiederverwendung zu fördern. Dies spiegelt sich auch in der technischen Implementierung wider, in der ATH-Applikation, die einen Webservice mit Behandlungsroutinen für insgesamt neun unterschiedliche Anfragetypen beherbergt.

Die weiteren Arbeitsschritte werden sich darauf richten, eine genügend hohe Zahl von Testdaten zu akquirieren, um eine Evaluation des Ansatzes anhand der vorgestellten Bewertungsmetriken zu ermöglichen. Auch die Erprobung von Ontologien und anderer Möglichkeiten der Verfahrenserweiterung wird dabei sicherlich eine Rolle spielen.

Am Ende dieser Arbeit sei nochmals darauf hingewiesen, dass eine nachhaltige Nutzung von Lernmaterialien nicht alleine durch technische Maßnahmen erreicht wird. Das heute geflügelte Wort des Anglistikers *Jürgen Handke*, die meisten Professoren würden lieber die Zahnbürste des Kollegen nutzen als seine Lehrinhalte, weist darauf hin, dass es auch auf anderen Ebenen Barrieren zu überwinden gilt, die einer Wiederverwendung im Wege stehen. Dieser Zusammenhang darf nicht außer Acht gelassen werden, wenn mit Hilfe digitaler Lernmedien eine Unterrichtsweise angestrebt wird, bei der – mit den Worten von *Jan Amos Comenius* – „die Lehrer weniger zu lehren brauchen, die Schüler dennoch mehr lernen."

Literaturverzeichnis

[ABB⁺03]   ANDERSON, M. ; BALL, M. ; BOLEY, H. ; GREENE, S. ; HOWSE,
            N. ; LEMIRE, D. ; MCGRATH, S.: RACOFI: A Rule-Applying
            Collaborative Filtering System. In: *Proceedings of COLA'03* IE-
            EE/WIC, 2003

[AD03]   ABDULLAH, N.A. ; DAVIS, H.: Is simple sequencing simple adapti-
            ve hypermedia? In: *Proceedings of the fourteenth ACM conference
            on Hypertext and hypermedia*, 2003, S. 172–173

[Adv02]   ADVANCED DISTRIBUTED LEARNING: *Sharable Content
            Object Reference Model (SCORM) Version 1.2 Conforman-
            ce Requirements.* `http://www.adlnet.gov/Technologies/scorm/`
            `SCORMSDocuments/Previous%20Versions/SCORM%201.2/Conformance%`
            `20Test%20Suite%20(SCORM%201.2)/SCORM_1.2_ConformanceReq.pdf`
            (02.06.2009), 2002

[Adv04]   ADVANCED LEARNING OBJECT HUB APPLICATION (ALOHA):
            A tool for metatagging and inter-repository communications.
            `http://aloha.netera.ca/` (23.06.2008), 2004

[Adv06a]   ADVANCED DISTRIBUTED LEARNING: *SCORM 2004 3rd Editi-
            on. Conformance Requirements Version 1.0.* `http://www.adlnet.`
            `gov/Technologies/scorm/SCORMSDocuments/Previous%20Versions/`
            `SCORM%202004%203rd%20Ed/SCORM.2004.3ED.ConfReq.v1.0.pdf`
            (02.06.2009), 2006

[Adv06b]   ADVANCED DISTRIBUTED LEARNING: *SCORM 2004 3rd
            Edition Content Aggregation Model (CAM) Version 1.0.* `http:`
            `//www.adlnet.gov/Technologies/scorm/SCORMSDocuments/Previous%`
            `20Versions/SCORM%202004%203rd%20Ed/SCORM.2004.3ED.DocSuite.zip`
            (02.06.2009), 2006

[Adv06c]   ADVANCED DISTRIBUTED LEARNING: *SCORM 2004 3rd
            Edition Run-Time Environment (RTE) Version 1.0.* `http:`
            `//www.adlnet.gov/Technologies/scorm/SCORMSDocuments/Previous%`
            `20Versions/SCORM%202004%203rd%20Ed/SCORM.2004.3ED.DocSuite.zip`
            (02.06.2009), 2006

251

[Adv06d]   ADVANCED DISTRIBUTED LEARNING: *SCORM 2004 3rd Edition Sequencing and Navigation (SN) Version 1.0.* `http://www.adlnet.gov/Technologies/scorm/SCORMSDocuments/Previous%20Versions/SCORM%202004%203rd%20Ed/SCORM.2004.3ED.DocSuite.zip` (02.06.2009), 2006

[Adv06e]   ADVANCED DISTRIBUTED LEARNING: *Sharable Content Object Reference Model (SCORM) 2004 Overview.* `http://www.adlnet.gov/downloads/DownloadPage.aspx?ID=237` (24.06.2008), 2006

[Adv06f]   ADVANCED DISTRIBUTED LEARNING TECHNICAL TEAM: *SCORM 2004 3rd Edition Conformance Test Suite.* `http://www.adlnet.gov/scorm/20043ED/cts.aspx` (12.09.2008), 2006

[AH07]   ALFANO, C. S. ; HENDERSON, S. L.: Repositories. In: NOTHRUP, P. (Hrsg.): *Learning Objects for Instruction: Design and Evaluation.* Hershey : Information Science Publishing, 2007, S. 16–28

[AK07]   ADOMAVICIUS, G. ; KWON, Y.O.: New recommendation techniques for multicriteria rating systems. In: *IEEE Intelligent Systems* 22 (2007), Nr. 3, S. 48

[AML99]   ATEYEH, K. ; MÜLLE, J. ; LOCKEMANN, P.C.: Modulare Aufbereitung von multimedialen Lerninhalten für eine heterogene Lernumgebung. In: *Interner Bericht Universität Karlsruhe, Fakultät für Informatik* 17 (1999), S. 1–17

[AQN02]   ALLERT, H. ; QU, C. ; NEJDL, W.: *Theoretischer Ansatz zur Rolle der Didaktik in Metadaten Standards.* `http://web.uni-frankfurt.de/dz/neue_medien/standardisierung/allert_text.pdf` (05.05.2009), 2002

[Avi01]   AVIATION INDUSTRY CBT COMMITTEE (AICC): *CMI Guidelines for Interoperability. Version 3.5.* `http://aicc.org/docs/tech/cmi001v3-5.pdf` (10.09.2008), 2001

[Ban77a]   BANDURA, A.: Self-efficacy: Toward a unifying theory of behavioral change. In: *Psychological Review* 84 (1077), Nr. 2, S. 101–215

[Ban77b]   BANDURA, A.: *Social learning theory.* Englewood Cliffs : Prentice-Hall, 1977

[BBM06]   BATEMAN, S. ; BROOKS, C. ; MCCALLA, G.: Collaborative Tagging Approaches for Ontological Metadata in Adaptive ELearning Systems. In: *Proceedings of the Fourth International Workshop on Applications of Semantic Web Technologies for E-Learning (SW-EL 2006) in conjunction with 2006 International Conference on Adaptive Hypermedia and Adaptive Web-Based Systems (AH2006)*, 2006, S. 3–12

[BBSS01]   BACK, A. ; BENDEL, O. ; STOLLER-SCHAI, D.: *E-Learning im Unternehmen.* Zürich : Orell Füssli Verlag, 2001 (Grundlagen – Strategien – Methoden – Technologien)

[BC87]   BELKIN, N.J. ; CROFT, W.B.: Retrieval techniques. In: *Annual review of information science and technology* 22 (1987), S. 109–145. ISBN 0-444-70302-0

[BC92]   BELKIN, N.J. ; CROFT, W.B.: Information filtering and information retrieval: two sides of the same coin? In: *COMMUNICATIONS OF THE ACM* 35 (1992), Nr. 12, S. 29–38

[BCH03]   BARTON, J. ; CURRIER, S. ; HEY, J.: Building quality assurance into metadata creation: an analysis based on the learning objects and e-prints communities of practice. In: SUTTON, S. (Hrsg.) ; GREENBERG, J. (Hrsg.) ; TENNIS, J. (Hrsg.): *Proceedings 2003 Dublin Core Conference: Supporting Communities of Discourse and Practice - Metadata Research and Applications*, 2003, S. 39–48

[BEF⁺74]   BLOOM, B.S. ; ENGLEHART, M.D. ; FURST, E.J. ; HILL, W.H. ; KRATHWOHL, D.R.: *Taxonomy of educational objectives: the classification of educational goals. Handbook 1, Cognitive domain.* New York : Longman White Plains, 1974

[Bel93]   BELKIN, N.J.: Interaction with texts: Information retrieval as information-seeking behavior. In: *Information retrieval* 93 (1993), S. 55–66

[Ben88]   BENJAMIN, L.T.: A history of teaching machines. In: *American Psychologist* 43 (1988), Nr. 9, S. 703–712

[BHC98]   BASU, C. ; HIRSH, H. ; COHEN, W.: Recommendation as classification: using social and content-based information in recommendation. In: *AAAI '98/IAAI '98: Proceedings of the fifteenth national/tenth conference on Artificial intelligence/Innovative applications of artificial intelligence*, American Association for Artificial Intelligence, 1998, S. 714–720

[BHK92]   BREESE, J.S. ; HECKERMAN, D. ; KADIE, C.: Empirical Analysis of Predictive Algorithms for Collaborative Filtering. In: *Learning* 9 (1992), S. 309–347

[BHK98]   BREESE, J.S. ; HECKERMAN, D. ; KADIE, C.: Empirical Analysis of Predictive Algorithms for Collaborative Filtering. In: *Learning* 9 (1998), S. 309–347

[BI09]   BUNDESVERBAND INFORMATIONSWIRTSCHAFT, Telekommunikation und neue Medien e.V. (.: *E-Learning setzt sich durch.* http://www.bitkom.org/files/documents/BITKOM_Presseinfo_E-Learning_PK_04_03_2009.pdf (12.05.2009), 2009

[BK03]   BECKER, J. ; KUROPKA, D.: Topic-based vector space model. In: *Proceedings of the 6th International Conference on Business Information Systems*, 2003, S. 7–12

[BK05]   BAUMGARTNER, P. ; KALZ, M.: Wiederverwendung von Lernobjekten aus didaktischer Sicht. In: *Auf zu neuen Ufern* (2005), S. 97–106

[BL98]   BERNERS-LEE, T.: *Semantic web road map.* http://www.w3.org/ DesignIssues/Semantic.html (18.03.2009), 1998

[BLHL01]   BERNERS-LEE, T. ; HENDLER, J. ; LASSILA, O.: The Semantic Web: A new form of Web content that is meaningful to computers will unleash a revolution of new possibilities. In: *Scientific American* 284 (2001), Nr. 5, S. 34–43

[BLW99]   BARRITT, C. ; LEWIS, D. ; WIESELER, W.: rning object strategy. Definition, creation process, and guidelines for building / Cisco Systems, Inc. 1999. – Forschungsbericht

[BM00]   BRUSILOVSKY, P. ; MAYBURY, M.: From Adaptive Hypermedia To The Adaptive Web. In: *Communication of the ACM* 45 (200), Nr. 5, S. 30–33

[Bou05]   BOURRET, R.: *Mapping DTDs to Databases.* http://www. rpbourret.com/xml/DTDToDatabase.htm (10.02.2009), 2005

[BP98]   BILLSUS, D. ; PAZZANI, M.J.: Learning collaborative information filters. In: *Proceedings of the Fifteenth International Conference on Machine Learning* Bd. 54, 1998, S. 46–54

[Bru99]   BRUSILOVSKY, P.: Adaptive and Intelligent Technologies for Web-based Eduction. In: *KI* 13 (1999), Nr. 4, S. 19–25

[Bru01]   BRUSILOVSKY, P.: Adaptive Hypermedia. In: *User Modeling and User-Adapted Interaction* 11 (2001), S. 87–110

[DS97]   DALADANOVIC, M. ; SHOHAM, Y.: Content Based, Collaborative Recommendation. In: *COMMUNICATIONS OF THE ACM* 40 (1997), Nr. 3, S. 66–72

[BSAS95]   BUCKLEY, C. ; SALTON, G. ; ALLAN, J. ; SINGHAL, A.: Automatic query expansion using SMART: TREC 3. In: *Overview of the Third Text REtrieval Conference (TREC-3)*, 1995, S. 69–80

[BSM96]   BUCKLEY, C. ; SINGHAL, A. ; MITRA, M.: New Retrieval Approaches Using SMART: TREC 4. In: *Proceedings of the Fourth Text REtrieval Conference (TREC-4). NIST Special Publication*, 1996, S. 25–48

[Bur99]   BURKE, R.: Integrating Knowledge-based and Collaborative-filtering Recommender Systems. In: *Proceedings of The Australian Workshop on AI in Electronic Commerce (AIEC'99) in conjunction with The Australian Joint Conference on Artificial Intelligence (AI'99)*, 1999, S. 69–72

[Bur02]   BURKE, R.: Hybrid Recommender Systems: Survey and Experiments. In: *User Modeling and User-Adapted Interaction* 12 (2002), Nr. 4, S. 331–370

[Bur04]   BURKE, R.: Hybrid recommender systems with case-based components. In: *Proceedings of the 7th European Conference, ECC-BR 2004. Lecture Notes in Computer Science. Advances in Case-Based Reasoning*. Berlin, Heidelberg : Springer, 2004, S. 91–105

[BV03]   BRUSILOVSKY, P. ; VASSILEVA, J.: Course Sequencing Techniques for Large-Scale Web-Based Education. In: *International Journal of Continuing Education and Lifelong Learning* 13 (2003), Nr. 1, S. 75–94

[BVBF07]   BLANKEN, H. ; VRIES, A. de ; BLOK, H. ; FEND, L.: *Multimedia Retrieval*. Berlin : Springer, 2007

[BYRN⁺99]   BAEZA-YATES, R. ; RIBEIRO-NETO, B. u. a.: *Modern information retrieval*. Harlow : Addison-Wesley, 1999

[CE03]   CAUMANNS, J. ; ELMASGÜNES, H.: Rapid Development of IMS Compliant E-Learning Content. In: JACKO, C. J.A. ; S. J.A. ; Stephanidis (Hrsg.): *Human-computer interaction: Theory and practice. Part I. Proceedings of HCI International 2003*. Mahwah, USA : Lawrence Erlbaum Associates, Inc, 2003, S. 906–910

[CF70]   COMENIUS, J.A. ; FLITNER, A.: *Große Didaktik*. Düsseldorf : Verlag Helmut Küpper vormals Georg Bondi, 1970

[CGM⁺99]   CLAYPOOL, M. ; GOKHALE, A. ; MIRANDA, T. ; MURNIKOV, P. ; NETES, D. ; SARTIN, M.: Combining content-based and collaborative filters in an online newspaper. In: *ACM SIGIR. Workshop on Recommender Systems: Algorithms and Evaluation*, 1999, S. 1–8

[CH01]   CAUMANNS, J. ; HOLLFELDER, S.: Web-Basierte Repositories zur Speicherung, Verwaltung und Wiederverwendung multimedialer Lernfragmente. In: SCHMIDT, R. (Hrsg.): *Proceedings der 23. DGI-Online-Tagung 2001. Information Research and Content Management.*, DGI, 2001, S. 130–140

[CH02]   CROSS, J. ; HAMILTON, I.: *The DNA OF eLearning. An excerpt from Beyond E-Learning, Internet Time Group*. http://www.gtnspa.it/white%20paper/DNA%20of%20e-learning.pdf (05.05.2009), 2002

[CL03] CAUMANNS, J. ; LIU, N.: The IR-space: Support for Automated Retrieval of Learning Objects Metadata. In: *Japan Society for Information and Systems in Education (JSISE): The Joint Workshop of Cognition and Learning Through Media-Communication for Advanced e-Learning*. Berlin, 2003, S. 47–50

[Cor09] CORPORATION FOR NATIONAL RESEARCH INITIATIVES: *Handle System*. http://www.handle.net/ (10.05.2009), 2009

[CPSTS05] CIMIANO, P. ; PIVK, A. ; SCHMIDT-THIEME, L. ; STAAB, S.: Learning Taxonomic Relations from Heterogeneous Sources of Evidence. In: BUITELAAR, P. (Hrsg.) ; CIMIANO, P. (Hrsg.) ; MAGNINI, B. (Hrsg.): *Ontology Learning from Text: Methods, Evaluation and Applications* Bd. 123. Amsterdam : IOS Press, 2005, S. 59–73

[CST03] CIMIANO, P. ; STAAB, S. ; TANE, J.: Automatic Acquisition of Taxonomies from Text: FCA meets NLP. In: *Proceedings of the ECML/PKDD Workshop on Adaptive Text Extraction and Mining*, Ruder Boskovoc Institute, 2003, 10-17

[DCC07] DICK, W. ; CAREY, L. ; CAREY, J.: *The Systematic Design of Instruction*. 6 edition. Boston : Pearson, Allyn and Bacon, 2007

[DDF⁺90] DEERWESTER, S. ; DUMAIS, S.T. ; FURNAS, G.W. ; LANDAUER, T.K. ; HARSHMAN, R.: Indexing by latent semantic analysis. In: *Journal of the American society for information science* 41 (1990), Nr. 6, S. 391–407

[DE01] DICHANZ, H. ; ERNST, A.: E-Learning–Begriffliche, psychologische und didaktische Überlegungen zum ‚electronic learning‘. In: *MedienPädagogik. Zeitschrift für Theorie und Praxis der Medienbildung* Virtualität und E-Learning (2001), S. 1–30

[Deu03] DEUTSCHER MULTIMEDIA VERBAND (DMMV) E.V. (HRSG.): *DMMV-Gehaltsspiegel 2003/2004. Die Gehaltsstruktur der Interaktiven Medien-Branche*. München : HighText Verlag, 2003

[DFC⁺01] DUVAL, E. ; FORTE, E. ; CARDINAELS, K. ; VERHOEVEN, B. ; DURM, R.. ; HENDRIKX, K. ; FORTE, M.W. ; EBEL, N. ; MACOWICZ, M. ; WARKENTYNE, K. ; HAENNI, F.: The Ariadne knowledge pool system. In: *Commun. ACM* 44 (2001), Nr. 5, S. 72–78

[DH03] DUVAL, E. ; HODGINS, H.W.: A LOM Research Agenda. In: HENCSEY, G. (Hrsg.) ; WHITE, B. (Hrsg.) ; CHEN, Y. (Hrsg.) ; KOVAKS, L. (Hrsg.) ; LAWRENCE, S. (Hrsg.): *WWW '03: Proceedings of the 12th international conference on World Wide Web*. New York, NY, USA : ACM, 2003, S. 1–9

[DHK07]   DRACHSLER, H. ; HUMMEL, H.G. ; KOPER, R.: Recommenda-
           tions for learners are different: Applying memory-based recom-
           mender system techniques to lifelong learning. In: *Proceedings of
           the EC-TEL Conference*, 2007, S. 17–20

[DI06]   DIEDERICH, J. ; IOFCIU, T.: Finding Communities of Practi-
           ce from User Profiles Based On Folksonomies. In: *Proceedings of
           the 1st International Workshop on Building Technology Enhanced
           Learning solutions for Communities of Practice (TEL-CoPs'06),
           co-located with the First European Conference on Technology-
           Enhanced Learning*, 2006, S. 288–297

[Dow01]   DOWNES, S.: Learning objects: Resources for distance educati-
           on worldwide. In: *International review of research in open and
           distance learning* 2 (2001), Nr. 1, S. 1–35

[Dör84]   DÖRNER, D.: Denken, Problemlösen und Intelligenz. In: *Psycho-
           logische Rundschau* 35 (1984), S. 1–20

[Duv04]   DUVAL, E.: *A learning object manifesto*. http://ariadne.cs.
           kuleuven.be/mediawiki/index.php/A_Learning_Object_Manifesto
           (12.05.2009), 2004

[Eur08]   EUROPEAN SCHOOLNET (EUN): *Learning Resource Exchange
           (LRE)*. http://lre.eun.org/ (05.05.2009), 2008

[Fan01]   FANK, M.: *Einführung in das Informationsmanagement*. 2. Auf-
           lage. München : Oldenbourg, 2001

[Fen03]   FENSEL, D.: *Ontologies: a silver bullet for knowledge management
           and electronic commerce*. Berlin : Springer, 2003

[Fer03]   FERBER, R.: *Information Retrieval*. Heidelberg : Dpunkt-Verlag,
           2003

[Fie08]   FIERMONTE, P.: *Why do arrows never hit their target when
           used in combination with a teaching machine?* http://www.
           pinofiermonte.com/2008_05_01_archive.html (12.05.2009), 2008

[FRF02]   FRIESEN, N. ; ROBERTS, A. ; FISHER, S.: Cancore: learning ob-
           ject metadata. In: *Canadian Journal of Learning and Technology*
           28 (2002), Nr. 3, S. 43–54

[Fri01]   FRIESEN, N.: What are educational objects? In: *Interactive Lear-
           ning Environments* 9 (2001), Nr. 3, S. 219–230

[Fri04]   FRIESEN, N.: CanCore: Semantic Interoperability for Learning
           Object Metadata. In: HILLMANN, D.I. (Hrsg.) ; WESTBROOKS,
           E.L. (Hrsg.): *Metadata in practice*. Chicago : American Library
           Association, 2004, S. 104–116

[Gag65]   GAGNÉ, R.: *The Conditions of Learning*. New York : Holt, Rinehart and Winston, 1965

[Gar97]   GARFIELD, E.: A Tribute To Calvin N. Mooers, A Pioneer Of Information Retrieval. In: *The Scientist* 11 (1997), Nr. 6, S. 9

[GC04]   GÜNZEL, C. ; CHRIST, J.: Neues Lernen. Dünkel und Dilettanten. In: *Focus* 34 (2004), Nr. Nr. 34, S. 95–96

[GES99]   GESTALT (GETTING EDUCATIONAL SYSTEMS TALKING ACROSS LEADING-EDGE TECHNOLOGIES): *GESTALT Metadata Analysis*. `http://www.fdgroup.co.uk/gestalt/metadata.html` (10.04.2009), 1999

[GMM01]   GUTTMAN, R.H. ; MOUKAS, A.G. ; MAES, P.: Agent-mediated electronic commerce: a survey. In: *The Knowledge Engineering Review* 13 (2001), Nr. 02, S. 147–159

[GNOT92]   GOLDBERG, D. ; NICHOLS, D. ; OKI, B.M. ; TERRY, D.: Using collaborative filtering to weave an information tapestry. In: *Commun. ACM* 35 (1992), Nr. 12, S. 61–70

[GS78]   GREEN, P.E. ; SRINIVASAN, V.: Conjoint Analysis in Consumer Research: Issues and Outlook. In: *Journal of Consumer Research* 5 (1978), Nr. 2, S. 103

[GS90]   GREEN, P.E. ; SRINIVASAN, V.: Conjoint Analysis in Marketing: New Developments with Implications for Research and Practice. In: *Journal of Marketing* 54 (1990), Nr. 4, S. 3–19

[GSHNT03]   GEYER-SCHULZ, A. ; HAHSLER, M. ; NEUMANN, A. ; THEDE, A.: Behavior-Based Recommender Systems as Value-Added Services for Scientific Libraries. In: BOZDOGAN, H. (Hrsg.): *Statistical Data Mining & Knowledge Discovery*. London : Chapman & Hall/CRC, 2003, S. 433–454

[Gua98]   GUARINO, N.: Formal Ontology and Information Systems. In: *Proceedings of FOIS'98*, 1998, S. 3–15

[Hea92]   HEARST, M.A.: Automatic acquisition of hyponyms from large text corpora. In: *Proceedings of the 14th conference on Computational linguistics2*. Morristown, NJ, USA : Association for Computational Linguistics, 1992, S. 539–545

[Hen99]   HENDERSON, B.: *The Components of Online Education: Higher Education on the Internet*. Saskatoon : Centre for the Study of Co-operatives, University of Saskatchewan, 1999

[Hey89]   HEY, MA) John B. (. John B. (Concord: *System and method of predicting subjective reactions*. US Patent *4,870,579*. `http://www.freepatentsonline.com/4870579.html`(05.05.2009). Version: September 1989

[HFM⁺01]   HOERMANN, S. ; FAATZ, A. ; MERKEL, O. ; HUGO, A. ;
STEINMETZ, R.: Ein Kurseditor für modularisierte Lernressourcen auf der Basis von Learning Objects Metadata zur Erstellung von adaptierbaren Kursen. In: *LLWA 01 - Tagungsband
der GI-Workshopwoche Lernen-Lehren-Wissen-Adaptivität*, Ralf
Klinkenberg et al., 2001, S. 315–323

[Hil04]   HILDRETH, C. P.; K. P.; Kimble ; HILDRETH, P. M. (Hrsg.):
*Knowledge networks : innovation through communities of prac-
tice*. Hershey : Idea Group Publ., c2004

[HK05]   HAN, E.-H. ; KARYPIS, G.: Feature-based recommendation system. In: *CIKM '05: Proceedings of the 14th ACM international
conference on Information and knowledge management*, ACM,
2005, S. 446–452

[HK07]   HOHFELD, S. ; KWIATKOWSKI, M.: Empfehlungssysteme aus in-
formationswissenschaftlicher Sicht–State of the Art. In: *Information Wissenschaft und Praxis* 58 (2007), Nr. 5, S. 265–276

[HKTR04]   HERLOCKER, J.L. ; KONSTAN, J.A. ; TERVEEN, L.G. ; RIEDL,
J.T.: Evaluating collaborative filtering recommender systems. In:
ACM Transactions on Information Systems (TOIS) 22 (2004),
Nr. 1, S. 5–53

[Hod02]   HODGINS, H.W.: The future of learning objects. In: WILEY, D. A.
(Hrsg.): *The Instructional Use of Learning Objects*. Bloomington
: Agency for Instructional Technology, 2002, S. 281–298

[Hör06]   HÖRMANN, S.: *Wiederverwendung von digitalen Lernobjekten in
einem auf Aggregation basierenden Autorenprozess*, Technischen
Universität Darmstadt, Diss., 2006

[HREW04]   HATALA, M. ; RICHARDS, G. ; EAP, T. ; WILLMS, J.: The interoperability of learning object repositories and services: standards,
implementations and lessons learned. In: *WWW Alt. '04: Proceedings of the 13th international World Wide Web conference on
Alternate track papers and posters*. New York, NY, USA : ACM
Press, 2004, S. 19–27

[Hub74]   HUBER, G.P.: Multi-attribute utility models: A review of field
and field-like studies. In: *Management Science* 20 (1974), Nr. 10,
S. 1393–1402

[Hul96]   HULL, D.A.: Stemming algorithms: A case study for detailed
evaluation. In: *Journal of the American Society for Information
Science* 47 (1996), Nr. 1, S. 70–84

[HVDBB⁺07]   HUMMEL, H.G. ; VAN DEN BERG, B. ; BERLANGA, A.J. ;
DRACHSLER, H. ; JANSSEN, J. ; NADOLSKI, R. ; KOPER, R.:

Combining social-based and information-based approaches for personalised recommendation on sequencing learning activities. In: *International Journal of Learning Technology* 3 (2007), Nr. 2, S. 152–168

[IEE02a] IEEE LEARNING TECHNOLOGY STANDARDS COMMITTEE (LT-SC) - WORKING GROUP 11: *Standard for Learning Technology - Data Model for Content Object Communication.* http://ltsc.ieee.org/wg11/par1484-11-1.html (12.03.2009), 2002

[IEE02b] IEEE LEARNING TECHNOLOGY STANDARDS COMMITTEE (LT-SC) - WORKING GROUP 12: *P1484.12.1 - IEEE Standard for Learning Object Metadata (LOM).* http://ltsc.ieee.org/wg12/index.html (10.03.2009), 2002

[IEE03] IEEE LEARNING TECHNOLOGY STANDARDS COMMITTEE (LT-SC) - WORKING GROUP 11: *Standard for Learning Technology - ECMAScript Application Programming Interface for Content to Runtime Services Communication.* http://ltsc.ieee.org/wg11/par1484-11-2.html (10.03.2009), 2003

[IG08] INFORMATIK (GI), Fachgruppe Information R. f.: *Ziele und Aufgaben der Fachgruppe „Information Retrieval".* http://www.uni-hildesheim.de/fgir/ (20.05.2009), 2008

[IMS01] IMS GLOBAL LEARNING CONSORTIUM INC.: *IMS Content Packaging XML Binding.* http://www.imsglobal.org/content/packaging/index.html (05.03.2009), 2001

[IMS03a] IMS GLOBAL LEARNING CONSORTIUM INC.: *IMS Content Packaging Specification v 1.1.3.* http://www.imsglobal.org/content/packaging/index.html (10.03.2009), 2003

[IMS03b] IMS GLOBAL LEARNING CONSORTIUM, INC. ; INC., IMS Global Learning C. (Hrsg.): *IMS Digital Repositories Interoperability - Core Functions Information Model. Version 1.0 Final Specification.* http://www.imsglobal.org/digitalrepositories/driv1p0/imsdri_infov1p0.html (02.06.2009), 2003

[IMS03c] IMS GLOBAL LEARNING CONSORTIUM INC.: *IMS Simple Sequencing Information and Behavior Model.* http://www.imsglobal.org/simplesequencing/index.html (05.05.2009), 2003

[IMS05] IMS GLOBAL LEARNING CONSORTIUM INC.: *IMS ePortfolio Specification.* http://www.imsglobal.org/ep/ (10.05.2009), 2005

[ite01] ITEACH@KOM (TECHNISCHE UNIVERSITÄT DARMSTADT): *LOM-Editor Version 1.0.* http://www.multibook.de/lom/de/index.html (05.05.2009), 2001

[Jon72]   JONES, K.S.: A statistical interpretation of term specificity and its application in retrieval. In: *Journal of Documentation* 28 (1972), S. 11–21

[Jon86]   JONES, K.S.: *Synonymy and semantic classification*. Edinburgh : Edinburgh University Press, 1986

[KB03]   KAROSSEIT, A. ; BAATARJAV, D.: Semi-automatische Kategorisierung textbasierter Lernobjekte auf der Basis semantischer Netze. In: *Berliner XML Tage*, 2003, S. 91–102

[Ken38]   KENDALL, M.G.: A new meawure of rank correlation. In: *Biometrika* 30 (1938), Nr. 1-2, S. 81–93

[Ker99]   KERRES, M.: Didaktische Konzeption multimedialer und telemedialer Lernumgebungen. In: *HMD - Praxis der Wirtschaftsinformatik* 1999 (1999), S. 9–21

[Ker01]   KERRES, M.: *Multimediale und telemediale Lernumgebungen. Konzeption und Entwicklung*. 2. Auflage. München : Oldenbourg Wissenschaftsverlag, 2001

[KH03]   KASPAR, C. ; HAGENHOFF, S.: Individualität und Produktindividualisierung ; Kundenprofile für die Personalisierung von digitalen Produkten . In: *Arbeitsbericht / Institut für Wirtschaftsinformatik, Abteilung Wirtschaftsinformatik 2, Georg-August-Universität Göttingen* 17 (2003), S. 1–47

[KK02]   KRAUSE, S. ; KORTMANN, R.D.: Standardisierung im E-Learning oder Vom schleichenden Untergang der Didaktik. In: *Online-Zeitschrift für Theorie und Praxis der Medienbildung* 2 (2002), S. 1–10

[Kla85a]   KLAFKI, Wolfgang: *Neue Studien zur Bildungstheorie und Didaktik : Beiträge zur kritisch-konstruktiven Didaktik*. Weinheim : Beltz, 1985

[Kla85b]   KLAUER, K.J.: Framework for a Theory of Teaching. In: *Teaching and Teacher Education* 1 (1985), Nr. 1, S. 5–17

[Kla06]   KLAHOLD, A.: *CRIC: Kontextbasierte Empfehlung unstrukturierter Texte in Echtzeitumgebungen*, Universität Siegen, Diss., 2006

[Kla09]   KLAHOLD, A.: *Empfehlungssysteme: Grundlagen, Konzepte und Systeme*. Wiesbaden : Vieweg und Teubner Verlag, 2009

[Kle02]   KLEIN, M.: *Courseware Engineering - ein Vorgehensmodell zur Erstellung von wiederverwendbaren, hypermedialen Kursen*, Universität Karlsruhe (TH), Diss., 2002

[KM05] KRAAN, W. ; MASON, J.: Issues in Federating Repositories. In: *D-Lib Magazine* 11 (2005), Nr. 2. http://dx.doi.org/10.1045/march2005-kraan. – DOI 10.1045/march2005–kraan

[Kno04a] KNOLMAYER, G.F.: E-Learning Objects. In: *Wirtschaftsinformatik* 46 (2004), S. 222–224

[Kno04b] KNOLMAYER, G.F.: E-Learning Objects. In: *Wirtschaftsinformatik* 46 (2004), S. 222–224

[Koc01] KOCH, M.: Kollaboratives Filtern. In: SCHWABE, Gerhard (Hrsg.) ; STREITZ, Norbert (Hrsg.) ; UNLAND, Rainer (Hrsg.): *CSCW-Kompendium : Lehr- und Handbuch zum computerunterstützten kooperativen Arbeiten.* Berlin : Springer, 2001, S. 351–356

[KOG08] KLEIMANN, B. ; ÖZKILIC, M. ; GÖCKS, M.: *Studieren im Web 2.0. Studienbezogene Web und E-Learning-Dienste. HISBUS-Kurzinformation Nr. 21.* https://hisbus.his.de/hisbus/docs/hisbus21.pdf (20.05.2009), 2008

[Kop04] KOPER, R.: Modeling units of study from a pedagogical perspective: the pedagogical meta-model behind EML. In: MCGREAL, Rory (Hrsg.): *Online education using learning objects.* London : RoutledgeFalmer, 2004, S. 43–58

[Kra04] KRAAN, W.: *ADL to Make a „Repository SCORM".* http://metadata.cetis.ac.uk/content2/20040219153041 (01.06.2009), 2004

[Kru83] KRUSKAL, J. B.: An Overview of Sequence Comparison: Time Warps, String Edits, and Macromolecules. In: *SIAM Review* 25 (1983), Nr. 2, 201-237. http://dx.doi.org/10.1137/1025045. – DOI 10.1137/1025045

[Kru97] KRULWICH, B.: LIFESTYLE FINDER: Intelligent User Profiling Using Large-Scale Demographic Data. In: *AI Magazine* 18 (1997), Nr. 2, S. 37–46

[Kun05] KUNZ, D.: *Ein integrierter Ansatz zur wissensbasierten Informationsrecherche,* Universität Stuttgart, Diss., 2005

[Kur04] KUROPKA, D.: *Modelle zur Repräsentation natürlichsprachlicher Dokumente: Ontologie-basiertes Information-filtering-und-retrieval mit relationalen Datenbanken.* Berlin : Logos Verlag Berlin, 2004

[KW02] KAROSSEIT, A. ; WENDT, A.: Teachware on Demand im Kontext eines Peer-To-Peer-Netzwerks. In: *Lecture Notes in Informatics (LNI)* 17 (2002), S. 281–291

[Laz91] LAZARUS, R.S.: *Emotion and Adaptation.* New York : Oxford University Press, 1991

[LBMB05]   LEMIRE, D. ; BOLEY, H. ; MCGRATH, S. ; BALL, M.: Collaborative filtering and inference rules for context-aware learning
object recommendation. In: *Interactive Technology and Smart
Education* 2 (2005), Nr. 3, S. 179–188

[Lei06]   LEITNER, J.: Extraktion von Ontologien aus natürlichsprachlichen Texten. In: *Text Mining: Wissensgewinnung aus natürlich-
sprachigen Dokumenten, Interner Bericht* 5 (2006), S. 1432–7864

[Lev66]   LEVENSHTEIN, V. I.: Binary Codes Capable of Correcting De-
letions, Insertions and Reversals. In: *Soviet Physics Doklady* 10
(1966), February, S. 707–710

[LJB⁺01]   LINDEN, G.D. ; JACOBI, J.A. ; BENSON, E.A. u. a.: *Collaborative recommendations using item-to-item similarity mappings. US
Patent 6,266,649*. Juli 24 2001

[LM05]   LEMIRE, D. ; MACLACHLAN, A.: Slope one predictors for online
rating-based collaborative filtering. In: *Proceedings of the Fifth
SIAM International Conference on Data Mining* Society for In-
dustrial Mathematics, 2005, S. 471–475

[Lon00]   LONGMIRE, W.: Content and Context: Designing and Developing
Learning Objects. In: *Learning Without Limits* 3 (2000), S. 21–30

[LS⁺03]   LINDEN, G. ; SMITH, B. u. a.: Amazon.com recommendations:
Item-to-item collaborative filtering. In: *IEEE Internet computing*
7 (2003), Nr. 1, S. 76–80

[Luh58]   LUHN, H.P.: The automatic creation of literature abstracts. In:
IBM Journal of Research and Development 2 (1958), Nr. 2, S.
159–165

[LWH02]   LUCKE, U. ; WIESNER, A. ; H., Schmeck: XML: Nur ein neues Schlagwort? Zum Nutzen von XML in Lehr- und Lernsystemen. In: *It+ti. Informationstechnik und Technische Informatik* 4
(2002), APR, S. 211–216

[Mad02]   MADDOCKS, P.: *Case Study: Cisco Systems Ventures into the
Land of Reusability*. http://www.astd.org/LC/2002/0302_maddocks.
htm (03.06.2009), 2002

[May97]   MAYBURY, M.T.: *Intelligent multimedia information retrieval*.
Menlo Park : AAAI Press, 1997

[May01]   MAYER, R.E.: *Multimedia learning*. Cambridge : Cambridge
University Press, 2001

[ME95]   MALTZ, D. ; EHRLICH, K.: Pointing the way: active collaborative
filtering. In: *Proceedings of the SIGCHI conference on Human
factors in computing systems*, 1995, S. 202–209

[Mer83]   MERRILL, M.D.: Component display theory. In: REIGELUTH,
            Charles M. (Hrsg.): *Instructional design theories and models: An
            overview of their current status.* Hillsdale : Lawrence Erlbaum
            Associates, 1983, S. 279–333

[MER09]   MERLOT: *MERLOT Peer Review Process.* http://taste.
            merlot.org/peerreviewprocess.html (05.05.2009), 2009

[Mie01]   MIELKE, R.: *Psychologie des Lernens: eine Einführung.* Stuttgart
            : Kohlhammer, 2001

[MMN02]   MELVILLE, P. ; MOONEY, R.J. ; NAGARAJAN, R.: Content-
            Boosted Collaborative Filtering for Improved Recommendations.
            In: *Proceedings of the Eighteenth National Conference on Artifi-
            cial Intelligence,* 2002, S. 187–192

[Mor06]   MORGENROTH, K.: *Kontextbasiertes Information Retrieval. Mo-
            dell, Konzeption und Realisierung kontextbasierter Information
            Retrieval Systeme.* Berlin : Logos, 2006

[MS00]   MAEDCHE, A. ; STAAB, S.: Discovering Conceptual Relations
            from Text. In: *ECAI 2000, Proceedings of the 14th European
            Conference on Artificial Intelligence, 2000,* IOS Press, Amster-
            dam, 2000, 321–325

[MVVA07]   MANOUSELIS, N. ; VUORIKARI, R. ; VAN ASSCHE, R.: Simulated
            Analysis of MAUT Collaborative Filtering for Learning Object
            Recommendation. In: *Proceedings of the Workshop on Social In-
            formation Retrieval for Technology-Enhanced Learning (SIRTEL
            2007), 2nd European Conference on Technology Enhanced Lear-
            ning (EC-TEL'07),* 2007

[ND02]   NEVEN, F. ; DUVAL, E.: rning objects: a survey of LOM-based
            repositories. In: *Proceedings of the tenth ACM international con-
            ference on Multimedia.* Juan-les-Pins, France : ACM Press, 2002,
            S. 291–294

[New04]   NEW MEDIA CONSORTIUM N.M.C.: The Horizon Report 2004
            / New Media Consortium, 2004. – Forschungsbericht

[NK91]   NYCE, J.M. ; KAHN, P.: *From Memex to hypertext: Vannevar
            Bush and the mind's machine.* San Diego : Academic Press Pro-
            fessional, Inc., 1991

[NKVD05]   NAJJAR, J. ; KLERKX, J. ; VUORIKARI, R. ; DUVAL, E.: Fin-
            ding Appropriate Learning Objects: An Empirical Evaluation.
            In: *Lecture notes in computer science* 3652 (2005), S. 323–335

[NPB⁺03]   NILSSON, M. ; PALMER, M. ; BRASE, J. u. a.: The LOM RDF
            binding-principles and implementation. In: *Proceedings of 3rd
            Annual Ariadne Conference,* 2003

264

[NTD03]   NAJJAR, J. ; TERNIER, S. ; DUVAL, E.: The actual use of meta data in ARIADNE: an empirical analysis. In: DUVAL, E. (Hrsg.): *Proceedings of the 3rd Annual ARIADNE Conference*, ARIADNE Foundation, 2003, S. 1–6

[ON97]   OHLER, P. ; NIEDING, P.: Kognitive Modellierung der Textverarbeitung und der Informationssuche im World Wide Web. In: BATINIC, B. (Hrsg.): *Internet für Psychologen*. Göttingen : Hogrefe-Verlag, 1997, S. 219–239

[Ope03]   OPEN ARCHIVES FORUM: *OAI for Beginners - the Open Archives Forum online tutorial.* http://www.oaforum.org/tutorial/index.php (05.05.2009), 2003

[Ope09]   OPEN ARCHIVES INITIATIVE: *Mission Statement.* http://www.openarchives.org/OAI/OAI-organization.php (05.05.2009), 2009

[Paw01]   PAWLOWSKI, J.M.: *Das Essener-Lern-Modell (ELM): Ein Vorgehensmodell zur Entwicklung computerunterstützter Lernumgebungen*, Universität Essen:, Diss., 2001

[Paz99]   PAZZANI, M.J.: A Framework for Collaborative, Content-Based and Demographic Filtering. In: *Artificial Intelligence Review* 13 (1999), Nr. 5, S. 393–408

[PK03]   PARALIC, J. ; KOSTIAL, I.: Ontology-based information retrieval. In: *Proceedings of the 14th International Conference on Information and Intelligent systems (IIS 2003)*, 2003, S. 23–28

[Pol03]   POLSANI, P.R.: Use and Abuse of rning Objects. In: *Journal of Digital Information. Article No. 164* 3 (2003), Nr. 4

[PR02]   PAQUETTE, G. ; ROSCA, I.: Organic Aggregation of Knowledge Objects in Educational Systems. In: *Canadian Journal of Learning Technologies* 28-3 (2002), S. 11–26

[RDL05]   REHAK, D.R. ; DODDS, P. ; LANNOM, L.: A Model and Infrastructure for Federated Learning Content Repositories. In: *Interoperability of Web-Based Educational Systems. A workshop at the 14th International World Wide Web Conference (WWW2005)* Bd. 143, 2005

[Rei79]   REIGELUTH, C.M.: In Search of a Better Way to Organize Instruction: The Elaboration Theory. In: *Journal of Instructional Development* 2 (3) (1979), S. 8–15

[REL09]   RELOAD (REUSABLE ELEARNING OBJECT AUTHORING AND DELIVERY): *Reload Editor.* http://www.reload.ac.uk/ (05.05.2009), 2009

[Res08]   RESEARCH, G.: *MovieLens Data Sets.* http://www.grouplens.org/node/73 (05.05.2009), 2008

[Ric79]   RICH, E.: User modeling via stereotypes. In: *Cognitive Science* 3 (1979), Nr. 4, S. 329–354

[RIS+94]   RESNICK, P. ; IACOVOU, N. ; SUCHAK, M. ; BERGSTROM, P. ; RIEDL, J.: GroupLens: an open architecture for collaborative filtering of netnews. In: *CSCW '94: Proceedings of the 1994 ACM conference on Computer supported cooperative work*, ACM, 1994, S. 175–186

[Riv92]   RIVEST, R.: The MD5 Message-Digest Algorithm. In: *Request for Comments (RFC)* 1321 (1992)

[RMHF02]   RICHARDS, G. ; MCGREAL, R. ; HATALA, M. ; FRIESEN, N.: The Evolution of Learning Object Repository Technologies: Portals for On-line Objects for Learning. In: *JOURNAL OF DISTANCE EDUCATION* 17 (2002), Nr. 3, S. 67–79

[Rob99a]   ROBSON, R.: *Object-oriented Instructional Design and Applications to the Web*. robby.orst.edu/papers/2206.pdf (12.03.2009), 1999

[Rob99b]   ROBSON, R.: Object-oriented Instructional Design and Applications to the Web. In: COLLIS, B. (Hrsg.) ; OLIVER, R. (Hrsg.): *Proceedings of World Conference on Educational Multimedia, Hypermedia and Telecommunications 1999*, AACE, 1999, S. 698–702

[Roc71]   ROCCHIO, J.J.: Relevance feedback in information retrieval. In: SALTON, G. (Hrsg.): *The SMART retrieval system: experiments in automatic document processing*. Englewood Cliffs : Prentice-Hall, 1971, S. 313–323

[Ros04]   ROSUMEK, L.: *Zauberer macht E-Learning wirtschaftlicher (Pressemitteilung vom 24.10.2004)*. http://idw-online.de/pages/de/news87624 (05.05.2009), 2004

[Run00]   RUNTE, M.: *Personalisierung im Internet: Individualisierte Angebote mit Collaborative Filtering*. Bd. 1. Wiesbaden : Dt. Univ.-Verl., 2000. – 2000 S.

[RV97]   RESNICK, P. ; VARIAN, H.R.: Recommender systems. In: *Communications of the ACM* 40 (1997), Nr. 3, S. 56–58

[RW03]   RECKER, M.M. ; WALKER, A.: Supporting 'Word-of-Mouth' Social Networks through Collaborative Information Filtering. In: *Journal of Interactive Learning Research* 14 (2003), Nr. 1, S. 79–99

[Sal71]   SALTON, G.: *The SMART retrieval system: experiments in automatic document processing*. Englewood Cliffs : Prentice-Hall, 1971

[Sar96]   SARACEVIC, T.: Modeling Interaction in Information Retrieval
             (IR): A Review and Proposal. In: *Proceedings of the ASIS Annual
             Meeting*, 1996, S. 3–9

[SB88]   SALTON, G. ; BUCKLEY, C.: Term-weighting approaches in auto-
             matic text retrieval. In: *Information Processing & Management*
             24 (1988), Nr. 5, S. 513–523

[SB99]   SCHMITT, S. ; BERGMANN, R.: Applying case-based reasoning
             technology for product selection and customization in electro-
             nic commerce environments. In: *12th Bled Electronic Commerce
             Conference*, 1999, S. 7–9

[Sch81]   SCHULZ, W.: *Unterrichtsplanung: mit Materialien aus Unter-
             richtsfächern*. München : Urban und Schwarzenberg, 1981

[Sch98]   SCHREIBER, A.: *CBT-Anwendungen professionell entwickeln*.
             Berlin : Springer Verlag, 1998

[Sch02]   SCHULMEISTER, R.: Taxonomie der Interaktivität von Multime-
             dia - Ein Beitrag zur aktuellen Metadaten-Diskussion. In: *It+ti.
             Informationstechnik und Technische Informatik* 44 (2002), Nr. 4,
             S. 193–199

[Sch04a]   SCHMIDT, A.: Kontext-Middleware zur Verwaltung dynamischer
             und unvollkommener Kontextinformationen. In: *GI-Workshop
             Grundlagen und Anwendungen mobiler Datenbanken und Infor-
             mationssysteme (MDBIS)*, 2004

[Sch04b]   SCHMIDT, A.: Kontextgesteuertes E-Learning in Unternehmen-
             sumgebungen: Der Learning-in-Process-Ansatz. In: *Deutsche
             E-Learning Fachtagung der Gesellschaft für Informatik (DeLFI
             '04)*, 2004, S. 259–270

[Sch04c]   SCHULMEISTER, R.: Didaktisches Design aus hochschuldidakti-
             scher Sicht–Ein Plädoyer für offene Lernsituationen. In: RINN, U.;
             Meister D. M. (Hrsg.): *Didaktik und Neue Medien. Konzepte und
             Anwendungen in der Hochschule* Bd. 21. Münster : Waxmann,
             2004, S. 19–49

[Sch06]   SCHMITT, I.: *Ähnlichkeitssuche in Multimedia-datenbanken: Re-
             trieval, Suchalgorithmen und Anfragebehandlung*. München : Ol-
             denbourg Wissenschaftsverlag, 2006

[SH02]   SOSTERIC, M. ; HESEMEIER, S.: When is a Learning Object not
             an Object: A first step towards a theory of learning objects. In:
             International Review of Research in Open and Distance Learning
             3 (2002), Nr. 2, S. 1–16

[Shu92]   SHUELL, T.J.: Designing instructional computing systems for
             meaningful learning. In: JONES, P. H. M.; Winne W. M.; Winne

(Hrsg.): *Adaptive Learning Environments: Foundations and frontiers*. Berlin : Springer, 1992, S. 19–54

[SKH⁺98]   SARWAR, B.M. ; KONSTAN, J.A. ; HERLOCKER, J. ; MILLER, B. ; RIEDL, J.: Using filtering agents to improve prediction quality in the GroupLens research collaborative filtering system. In: *Proceedings of the 1998 ACM conference on Computer supported cooperative work*, 1998, S. 345–354

[SKKR00]   SARWAR, B. ; KARYPIS, G. ; KONSTAN, J. ; RIEDL, J.: Analysis of recommendation algorithms for e-commerce. In: *Proceedings of the 2nd ACM conference on Electronic commerce*, 2000, S. 158–167

[SKR99]   SCHAFER, J.B. ; KONSTAN, J. ; RIEDI, J.: Recommender systems in e-commerce. In: *Proceedings of the 1st ACM conference on Electronic commerce*, 1999, S. 158–166

[SL68]   SALTON, G. ; LESK, M.E.: Computer Evaluation of Indexing and Text Processing. In: *J. ACM* 15 (1968), Nr. 1, S. 8–36

[SL71]   SALTON, G. ; LESK, M.E.: Information analysis and dictionary construction. In: SALTON, G. (Hrsg.): *The SMART Retrieval System: experiments in automatic document processing*. Englewood Cliffs : Prentice-Hall, 1971, S. 115–142

[SM95]   SHARDANAND, U. ; MAES, P.: Social information filtering: algorithms for automating 'word of mouth'. In: *CHI '95: Proceedings of the SIGCHI conference on Human factors in computing systems*, 1995, S. 210–217

[Som04]   SOMMER, D.: *Qualitätsinformationssysteme für E-Learning-Anwendungen*. Norderstedt, Universität Karlsruhe (TH), Diss., 2004

[Spa87]   SPARCK JONES, K.: *Eine statistische Interpretation von Begriffsspezifität und ihre Anwendung für das Retrieval / Karen Spark Jones. Übers. u. bearb. von Christoph Albers.* . Saarbrücken ; Fachrichtung Informationswissenschaft, Universität des Saarlandes, 1987

[SS96]   SANDER, J. ; SCHEER, A.W.: Multimedia Engineering: Rahmenkonzept zum interdisziplinären Management von Multimedia-Projekten. In: *Veröffentlichungen des Instituts für Wirtschaftsinformatik der Universtität Saarbrücken* Heft 132 (1996)

[Sta02]   STAAB, S.: Wissensmanagement mit Ontologien und Metadaten. In: *Informatik Spektrum* 25 (2002), Nr. 3, S. 194–209

[Sto98]   STOCK, W.: Lexis-Nexis' Freestyle: Natürlichsprachige Suche – More like this! In: *Password* 11 (1998), S. 21–28

[Sto07]   STOCK, W. G.: *Information Retrieval: Informationen suchen und finden.* München : Oldenbourg, 2007 (Einführung in die Informationswissenschaft; 1)

[Swe73]   SWETS, J.A.: The Relative Operating Characteristic in Psychology A technique for isolating effects of response bias finds wide use in the study of perception and cognition. In: *Science* 182 (1973), Nr. 4116, S. 990–1000

[Swe05]   SWERTZ, C.: Web Didaktik. Eine didaktische Ontologie in der Praxis. In: *Medienpädagogik. Zeitschrift für Theorie und Praxis der Medienbildung* 10 (2005), S. 1–24

[SWWT91]   SHAW, W. ; WOOD, J. ; WOOD, R. ; TIBBO, H.: The cystic fibrosis database: Content and research opportunities. In: *Library & information science research* 13 (1991), Nr. 4, S. 347–366

[TC00]   TRAN, T. ; COHEN, R.: Hybrid Recommender Systems for Electronic Commerce. In: *Knowledge-Based Electronic Markets, Papers from the AAAI Workshop (AAAI Technical Report WS-00-04)*, 2000, S. 78–83

[TH01]   TERVEEN, L. ; HILL, W.: Beyond Recommender Systems: Helping People Help Each Other. In: CARROLL, J. M. (Hrsg.): *Human-Computer Interaction in the New Millennium.* New York : ACM Press, 2001, S. 487–509

[The02]   THE OPEN DIGITAL RIGHTS LANGUAGE INITIATIVE: *Open Digital Rights Language (ODRL) Version 1.1.* http://www.w3.org/TR/odrl/ (05.05.2009), 2002

[The08]   THE LERNING FEDERATION: *Learning Federation Metadata Application Profile.* http://www.thelearningfederation.edu.au/verve/_resources/ANZ-LOM.pdf (05.05.2009), 2008

[Thi97]   THISSEN, F.: Das Lernen neu erfinden - konstruktivistische Grundlagen einer Multimedia-Didaktik. In: BECK, Winfried Uwe; S. Uwe; Sommer (Hrsg.): *Grundlagen einer konstruktivistischen Multimedia-Didaktik: LearnTec97. Tagungsband*, 1997, S. 69–79

[Tit03]   TITTMANN, P.: *Graphentheorie. Eine anwendungsorientierte Einführung.* München : Carl Hanser Verlag, 2003

[TM03]   TANG, T.Y. ; MCCALLA, G.: Smart Recommendation for an Evolving E-Learning System. In: *Workshop on Technologies for Electronic Documents for Supporting Learning, International Conference on Artificial Intelligence in Education (AIED 2003)*, 2003

[TMA⁺04]   TORRES, R. ; MCNEE, S.M. ; ABEL, M. ; KONSTAN, J.A. ; RIEDL, J.: Enhancing digital libraries with TechLens. In: *Proceedings of the 4th ACM/IEEE-CS joint conference on Digital libraries*, 2004, S. 228–236

[TMV07]   TZIKOPOULOS, A. ; MANOUSELIS, N. ; VUORIKARI, R.: An Overview of Learning Object Repositories. In: TAYLOR NORTHRUP, P. (Hrsg.): *Learning Objects for Instruction: Design and Evaluation*. Hershey : Information Science Pub., 2007, S. 29–55

[TQ00]   TOWLE, B. ; QUINN, C.: Knowledge Based Recommender Systems Using Explicit User Models. In: *Knowledge-Based Electronic Markets, Papers from the AAAI Workshop (AAAI Technical Report WS-00-04)*, 2000, S. 74–77

[Tsc92]   TSCHEULIN, D.K.: *Optimale Produktgestaltung: Erfolgsprognose mit analytic hierarchy process und Conjoint-Analyse*. Wiesbaden : Gabler, 1992

[Van07]   VANDER WAL, T.: *Folksonomy Coinage and Definition*. http://www.vanderwal.net/folksonomy.html (02.06.2009), 2007

[VFC05]   VALLET, D. ; FERNÁNDEZ, M. ; CASTELLS, P.: An ontology-based information retrieval model. In: *2nd European Semantic Web Conference 2005 (ESWC)* Springer, 2005, S. 455–470

[VMD07]   VUORIKARI, R. ; MANOUSELIS, N. ; DUVAL, E.: Metadata for Social Recommendations: Storing, Sharing and Reusing Evaluations of Learning Resources. In: GOH, S. G.; F. G.; Foo (Hrsg.): *Social Information Retrieval Systems: Emerging Technologies and Applications for Searching the Web Effectively. Hershey, PA: Idea Group Publishing*. Hershey : Information Science Reference., 2007, S. 87–108

[Voo99]   VOORHEES, E.M.: Using WordNet for text retrieval. In: FELLBAUM, Christiane (Hrsg.): *WordNet: an electronic lexical database*. Cambridge : MIT Press, 1999, S. 285–303

[Wag02]   WAGNER, E.: Steps to Creating a Content Strategy for Your Organization. In: *eLearning Developers' Journal. eLearning Guild*. October 29 (2002), S. 1–9

[Wen03]   WENDT, A.: Standardisierungen im E-Learning zur Unterstützung der automatisierten Komposition von Lernmaterialien. In: BUDIN (Hrsg.) ; MEDER (Hrsg.) ; OHLY (Hrsg.): *Wissensorganisation in kooperativen Lern- und Arbeitsumgebungen. Proceedings der 8. Tagung der Deutschen Sektion der Internationalen Gesellschaft für Wissensorganisation (ISKO) in Regensburg*. Würzburg : Ergon-Verlag, 2003, S. 133–142

[Wil97] WILSON, T.D.: Information behaviour: An interdisciplinary perspective. In: *Information Processing and Management* 33 (1997), Nr. 4, S. 551–572

[Wil01] WILEY, D.A.: Connecting learning objects to instructional design theory: A definition, a metaphor, and a taxonomy. In: WILEY, D.A. (Hrsg.): *The Instructional Use of Learning Objects.* Bloomington : Agency for Instructional Technology and Association for Educational Communications of Technology, 2001, S. 571–577

[Wit95] WITTE, K.-H.: *Nutzeffekte des Einsatzes und Kosten der Entwicklung von Teachware : empirische Untersuchung und Übertragung der Ergebnisse auf den praktischen Entwicklungsprozeß*, Göttingen, Diss., 1995

[WS03] WIESNER, A. ; SCHMECK, H.: Teaching Multimedia-Engineering: a conceptual framework for project based learning. In: *Proceedings of the World Conference on Educational Multimedia, Hypermedia & Telecommunications (edmedia 2003).* Denver, Colorado, USA, 2003, S. 2542–2547

[WWKT93] WEIJTS, W. ; WIDDERSHOVEN, G. ; KOK, G. ; TOMLOW, P.: Patients' Information-Seeking Actions and Physicians' Responses in Gynecological Consultations. In: *Qual Health Res* 3 (1993), Nr. 4, 398–429. http://dx.doi.org/10.1177/104973239300300402. – DOI 10.1177/104973239300300402

[WZW85] WONG, S.K.M. ; ZIARKO, W. ; WONG, P.C.N.: Generalized vector spaces model in information retrieval. In: *SIGIR '85: Proceedings of the 8th annual international ACM SIGIR conference on Research and development in information retrieval*, ACM, 1985, S. 18–25

[YU05] YAPRIADY, B. ; UITDENBOGERD, A.L.: Combining Demographic Data with Collaborative Filtering for Automatic Music Recommendation. In: *Knowledge-Based Intelligent Information and Engineering Systems, LNCS* 3684 (2005), S. 201–207

[Zai02] ZAIANE, O.R.: Building a recommender agent for e-learning systems. In: *Proceedings of the International Conference on Computers in Education*, 2002, S. 55–59